U0868728

岳麓書社

读名著　选岳麓

国语

李维琦　张幼军　导读　注译

岳麓書社·长沙

前　言

《国语》是中国最早的一部国别体史书，其作者相传是左丘明，班固《汉书·艺文志》和司马迁《报任少卿书》中都已提到。对此后人多有质疑，大都认为《国语》是战国后期史官综合春秋时期史料汇编成书。

《国语》凡二十一卷，分别记载了周、鲁、齐、晋、郑、楚、吴、越等八个国家从公元前990年到公元前453年共五百多年的历史。《周语》三卷，记叙从西周穆王、厉王直至东周襄王、景王、敬王时期部分重大政治事件，着重记录这一时期一些重要历史人物如祭公、邵公、虢文公、仲山父、富臣等对周王的谏言，折射出从西周到东周的社会政治生态。《鲁语》二卷，着重记载鲁国历史人物如曹刿、臧文仲、里革、季文子、叔孙穆子、季桓子、公父文伯、仲尼等人的言行，生动反映出鲁国这个礼仪之邦上层社会对礼仪的重视、对礼制的恪守。《齐语》一卷，主要记载管仲对齐桓公的进言献策，体现了管仲的内政外交思想及其对齐桓公称霸诸侯的主导作用。《晋语》九卷，篇幅最大，相对完整地记载了从公元前709年武公伐翼替晋为诸侯、献公诸子争夺君权、文公称霸，一直到公元前453年韩、赵、魏三家分晋、赵襄子被围晋阳的政治历史；突出记录了历史人物宫之奇、齐姜、舅犯、赵盾、赵衰、范武子、范文子、范宣子、叔向等在历史事件中的言行及其所起的作用。《郑语》一卷，记录周太史伯与郑桓公论议西周末年天下兴衰继替的大局势，突显出周太史见微知著、鉴往知来的历史眼光。

《楚语》二卷，记载楚庄王到楚惠王时期的历史事件，着重记录楚国历史人物申叔时、子囊、蔡声子、范无宇、白公子张、伍举、左史倚相、观射父、鬬且、蓝尹亹、子高等的言论及其历史影响。《吴语》一卷、《越语》二卷记载春秋末期吴、越争霸的史实。《吴语》一卷着重记录吴国大夫伍子胥对吴王夫差的谏言，吴王对子胥的不信任，子胥的绝望自杀，反映吴王的刚愎自用、子胥的智慧与忠勇。《越语》二卷主要记载范蠡对越王勾践的反复进谏和出谋划策，体现了范蠡在越灭吴过程中一再隐忍以求一举破敌的超凡智慧及其对越王的指导作用。

整体而言，《国语》通过众多历史人物的语言，反映了历史人物的思想。比如《鲁语》记录仲尼之言语，体现儒家思想；《齐语》记述管仲之计谋，大谈王霸权谋之术；《越语》详细阐述范蠡“持盈者与天，定倾者与人，节事者与地”的观点，描写其苦苦等待天时地利人和的时机，刻画出范蠡韬晦阴柔的性格，绘声绘色记叙其功成身退，表现出道家思想。

《国语》表达了非常丰富的思想内容。八个国家五百多年历史，史料繁多，不能做到面面俱到，必须有所取舍。虽然历史事件纷繁复杂，各路历史人物你方唱罢我登场，观点迥异，从作者所选史料中，读者仍然看得出《国语》有很强的伦理倾向。

有团结合作的观点。春秋时期，各国纷争，团结协作，争取最大的助力是现实需要。《国语》多次提到团结合作的重要性，如《周语中》“富辰谏襄王伐郑”：富辰谏曰：“不可！古人有言曰：‘兄弟谗阋，侮人百里。’周文公之诗曰：‘兄弟阋于墙，外御其侮。’……”强调兄弟国家和睦相处共同抵御外侮的重要性。还谈到团结与结党的区别：《晋语八》“叔向论比别”：“君子比而不别。比德以赞事，比也。引党以封己，利己而忘君，别也。”

有忠信的观点。如《周语上》“祭公谏征犬戎”：“不敢怠业，时

序其德，纂修其绪，修其训典，朝夕恪勤，守以敦笃，奉以忠信，奕世载德，不忝前人。”又如《晋语二》“宫之奇谓其子”：“夫国非忠不立，非信不固。”宣扬仁德，尊崇礼法，突出忠君思想。还强调领导人要讲忠信才能管理好老百姓，如《周语上》“内史过论晋惠公无后”：“然则长众使民之道，非精不和，非忠不立，非礼不顺，非信不行。”

有重农的观点。如《周语上》“虢文公谏不籍千亩”：“夫民之大事在农，上帝之粢盛于是乎出，民之蕃庶于是乎生，事之供给于是乎在，和协辑睦于是乎兴，财用蕃殖于是乎始，敦庬纯固于是乎成，是故稷为大官。”一连摆出农业的六大意义，表达了强烈的农本思想。

有重视家庭教育、传承尚德家风的观点。比如《鲁语下》用了三分之一的篇幅记录公父文伯之母对季康子、公父文伯、公父文伯的妾等人的谆谆教导，刻画了一个伟大的女性形象：她率先垂范，对后辈高标准严要求，她重视德行，看重儿子的死后哀荣。突出了家庭教育、家风传承在社会政治生活中的重要性。

多处强调节俭不贪（《周语上》“芮良夫论专利”、《鲁语上》“季文子论妾马”、《晋语九》“智襄子室美”），重农（《周语上》“虢文公谏不籍千亩”），安民（《周语下》“太子晋谏壅谷水”），重视民生（《鲁语下》“仲尼非难”），重视人才（《齐语》“管仲佐政”“桓公为政”），具有浓重的民本思想，有其进步性。

《国语》也谈论天命，遇事祭祀祖先，求告神灵，占卜问卦，但在思想上并不是只在乎神，而是人神并重。有对天命的崇拜，也有对人民百姓的重视，重视人民百姓的地位和作用，弘扬上体下情，要求体察民心，且以民心向背为施政依据。比如《周语上》“内史过论神”，从头到尾都是将神明和人民并列起来讨论，认为神明跟人民是一样的，带福祉给明君，带灾祸给昏君。

《国语》重视民意，甚至认为民意比天意更重要。比如《周语下》

“太子晋谏壅谷水”：“天所崇之子孙，或在畎亩，由欲乱民也。畎亩之人，或在社稷，由欲靖民也。无有异焉！”《鲁语上》“里革论君过”，鲁太史里革评论晋人弑其君厉公时，认为暴君被逐被杀是咎由自取，罪有应得，臣民反抗无可厚非。体现了作者的思想，要忠君，但不要愚忠。再比如《周语上》“邵公谏厉王弭谤”中，邵公认为“厉王虐”，提出老百姓有表达思想的自由：“民虑之于心，而宣之于口，成而行之，胡可壅也？”主张国家治理应该执行这样的原则：凡是老百姓认为好的就做，反之就得加以防备；强调广开言路，让老百姓畅所欲言，强调从老百姓的口中考察国家兴衰，政策得失；提醒国君只有体察民情，顺应民心，施行百姓之所愿，去除百姓之所恶，只有不违民意，让老百姓丰衣足食，国家才能长治久安。《国语》记录里革、邵公之言，思路清晰，字字铿锵，如雷贯耳，无可辩驳，一定程度上反映了作者的立场。

《国语》涉及传统文化的许多方面，比如春秋时期的丧葬制度（《周语中》“襄王不许请隧”），音律（《周语下》“景王问钟律”），税法（《鲁语下》“仲尼非难”），兵器（《齐语》“诸侯归桓公”），卜筮（《晋语四》“重耳亲筮”），天象（《晋语四》“秦伯纳重耳于晋”），祭祀（《鲁语上》“展禽论祀爰居”、《楚语下》“观射父论祀牲”），计数（《楚语下》“观射父论祀牲”），户籍制度（《晋语九》“智果对智宣子”），等等。

《国语》还涉及春秋时期的人名地名、军事政策、用兵之法、外交礼仪、经济制度、财政情况、教育状况、法律条文、婚姻礼法等各种内容，对理解同期相关文献有着非常重要的参考作用，也是研究先秦历史的重要文献。

《国语》记语，其实质是当时各国最高统治者和他们各自的智囊团之间的聊天记录。面对各诸侯国纷繁复杂的局面，处在重大的历史事件中，最高统治者与智囊团重要成员共商国是，议论时局，盘点江山，谋取己方利益最大化，制定行动方案。智囊团成员学富五车还强调学习，他们教育太子德智体全面发展；他们重视生态保护，他们对待财富超然物外；对待各国风云变幻的朝局，思虑周全，胸怀开阔，格局远大。于国于家于个人修为，可借鉴之处比比皆是。通读《国语》，时时可见他们的智慧在闪光，常有被耳提面命、醍醐灌顶之感。

《国语》的训诂，东汉有郑众的《国语解诂》，贾逵的《国语注》，三国魏晋有孙炎、王肃、唐固、虞翻、韦昭、孔晁等六家注，唯韦昭《国语解》存有完本。北宋时，宋庠曾整理《国语》及韦解，并作有《国语补音》三卷。清代训诂大兴，校注《国语》者主要有：汪远孙，作《国语校注本三种》(《国语三君注辑存》《国语发正》《国语明道本考异》)；陈瑑，作《国语翼解》；董增龄，作《国语正义》等。更有王引之《经义述闻·国语》、俞樾《群经平议·春秋外传国语》、于鬯《香草校书·国语》，多有发明创获。

20世纪90年代，陆续出版了好几种《国语》注译本，有1991年吉林文史出版社出的薛安勤、王连生的《国语译注》，有1992年百花洲文艺出版社出的汪济民等的《国语译注》，有1994年上海古籍出版社出的邬国义、胡果文等的《国语译注》，还有1994年岳麓书社出的李维琦的《白话国语》。

1994年的《白话国语》重点在“白话”，所以译文在前。译文不可太长，必须简练，简练就不好懂，怎么办？后面加上注释。所以《白话国语》的排版不同于教科书，有些注释形式上不是针对原文的，是针对译文的，是对译文的必要补充。本质上讲，这些注释当然也是针对原文的。注释非常珍贵。就《国语》而言，读古文献多、对文言文语感好的读者大体上自己能琢磨出个译文来，但是不一定能做得出这些注释。

先大字排出译文，再给译文加上注释，最后排出原文，这是1994年《白话国语》的体例，这样的体例要求读者对文言文的用字用词非常熟悉。现在重出，为方便普通读者阅读，要求做到一目了然。这样排版就要变化，原文排在左，译文在右，注释在下。内容上也要求给原文中的生僻字词补充注释，主要是给生僻字注音，给生僻字词释义。体例一变，内容也跟着变，工作量非常之大。

岳麓书社通知我婆母邹文芳女士，安排重出《白话国语》——这当然是好事——要求补充一个前言及原文注释。其时，主要译者，我的公爹李维琦教授离世刚刚三个月，婆母深受打击，身心俱损，故嘱我代为担此重任。本不敢冒昧，然公爹临终前曾将生活、工作事宜殷殷嘱累于我，工作量再大也只得硬着头皮答允。《白话国语》的初版是在1994年，二十八年前，现在得以重出，感谢这个伟大复兴的时代，感谢岳麓书社对两位老人家译注的器重。

张幼军

2022年春节

目　录

卷一 周语上

1.祭公谏征犬戎

原文

穆王将征犬戎[1]，祭公谋父[2]谏曰："不可！先王耀德不观兵。夫兵戢而时动，动则威，观则玩，玩则无震。[3]是故周文公之《颂》曰[4]：'载戢干戈，载櫜[5]弓矢。我求懿德，肆于时夏，允王保之。[6]'先王之于民也，懋正其德而厚其性[7]，阜其财求而利其器用，明利害之乡[8]，以文修之，使务利而避害，怀德而畏威，故能保世以滋大。

译文

周穆王将要征伐犬戎，祭公谋父进谏说："不可征伐。先世圣王显示德义，而不炫耀武力。兵器平时收藏起来，到时候才动用，一动用就有威权；如果无缘无故炫耀兵威，就会轻慢，一轻慢就没有威严了。所以周文公的《颂》诗说：'把干戈收藏，把弓矢装进弓袋箭囊。我们追求美好的德行，推行到这华夏的城乡，我周王定能保有天下四方。'先世圣王对于人民，劝勉他们，使他们德行端正，性情敦厚；为他们广辟生财之道，改进器物用具，使它们便利好用；（让人民）懂得利在哪里，害在何方；用礼法来治理他们；使他们追求利益，回避祸害；怀恋恩德，畏惧威严，所以能永保世代相传，并且日益强大。

注释

1 穆王：姬姓，名满，康王的孙子。 犬戎：西戎部族的一个分支。

2 祭(zhài)公谋父:周公的后裔,穆王的大臣,字谋父。
3 戢(jí):收藏。 玩:轻慢。
4 周文公:周公姬旦的谥号。《颂》:今见于《诗经·周颂·时迈》。祭公谋父认为此诗为周公所作。
5 载:连词,则,就。 櫜(tuó):小而有底的口袋,这里用如动词,收藏进口袋。
6 懿:美。 肆:陈。 时:通"是",这。 允:相信。
7 懋(mào):劝勉。 性:性情。
8 乡:通"向",方向。

"昔我先王世后稷[1],以服事虞、夏。及夏之衰也,弃稷不务,我先王不窋用失其官,[2]而自窜于戎、狄之间[3]。不敢怠业,时序其德,纂修其绪,修其训典,朝夕恪勤,守以敦笃,奉以忠信,奕世载德,不忝前人。[4]至于武王,昭前之光明而加之以慈和,事神保[5]民,莫弗欣喜。商王帝辛[6],大恶于民。庶民不忍,欣戴武王,以致戎于商牧。是先王非务武也,勤恤民隐而除其害也。

"古时候我们先世圣王父子相承作农官,在虞代、夏代供职。到夏代衰落的时候,荒弃农业,不致力于耕作,我们先世圣王不窋因而丢掉了农官,自行逃匿到戎狄之间。对农业不敢懈怠,时时记叙先世(务农)的功德,继续从事祖先已开头的事业,实行先人的教导和遗法,早晚都恭谨勤劳,厚重自守,奉行忠信,累世积德,不玷辱前人。传到武王,发扬光大前世的光荣睿智,加之以慈爱平和,侍奉神灵,保养人民,(神、人)没有不欣喜的。商王帝辛,为人民所痛恨。民众不能忍受,欢欣地拥戴武王,在商的牧野作战(推翻了商的统治)。这说明先世圣王不是专用武力,而是忧念人民的痛苦,为民除害。

注释

1 世:父子相继。 后稷(jì):周的始祖,姓姬名弃。称后稷是以官名代替人名。后,君。稷,官名,掌管农耕。周的始祖后稷做农官,他的儿子不窋(zhú)也做农官,还不是王。这里称王,王的祖先也得称王。

2 弃:抛弃、荒废。 稷:农耕事务。夏朝荒废农耕事务,废除农官,不窋(zhú)因此丢了官职。

3 窜:逃匿。尧封弃于邰,至不窋失官,去夏而逃匿于邠,邠西接戎、北近狄。

4 纂(zuǎn):继续。 绪:事业。 奕:重复。 载:成就。 忝:辱没。

5 保:供养。

6 帝辛:就是纣(zhòu),商朝末代君王。

“夫先王之制:邦内甸服,邦外侯服,侯、卫宾服,蛮、夷要服,戎、狄荒服。[1] 甸服者祭,侯服者祀,宾服者享,要服者贡,荒服者王。日祭、月祀、时享、岁贡、终王,先王之训也。有不祭则修意,有不祀则修言,有不享则修文,有不贡则修名,有不王则修德,序成而有不至则修刑。于是乎有刑不祭,伐不祀,征不享,让不贡,告不

“先世圣王的制度:邦畿之内叫甸服,邦畿之外叫侯服,从侯到卫统称宾服,蛮夷之地叫要服,戎狄之地名曰荒服。属于甸服的供奉日祭,侯服的供奉月祀,宾服的按四时进献物品,要服的每岁纳贡,荒服的一世一朝王。日祭,月祀,按四时进献祭品,一年一纳贡,终生一朝王,这是先世圣王的教导。如果有不供日祭的,王就修养思想;有不供奉月祀的,就修明号令;有不按时进献祭品的,就修治礼法;有不岁贡的,就修正名分;有不来朝拜王的,就修备文德;(以上五者)按顺序完成了而有不来尽责的,就使用刑罚。于是乎有施刑于不日祭的,攻伐不每月供祭祀的,征讨

王。于是乎有刑罚之辟，有攻伐之兵，有征讨之备，有威让之令，有文告之辞。布令陈辞而又不至，则增修于德而无勤民于远，是以近无不听，远无不服。

不按四时进献的，谴责不纳岁贡的，通报不来朝王的等等措施。于是乎有考量刑罚的法律，有攻伐的武力，有征讨的军备，有以威压谴责的命令，有以文词通告的辞章。发布政令、陈述言辞仍不来尽责，就增修德业，而不使民劳苦远征。所以近处没有不听从的，远处没有不臣服的。

注释

1 邦：邦畿(jī)，王城周围天子领地，相传广千里。 甸服：王田所在地区。甸，王田；服，地区，取服事于王的意思。 侯服：诸侯地区。 侯、卫宾服：指从侯到卫，包括侯、甸、男、采、卫五种区域，每区五百里，其地首领宾服于王。 宾服：诸侯纳贡朝见天子，《礼记·乐记》："暴民不作，诸侯宾服。" 要(yāo)服：邀约取信之意。 荒服：是说它荒远。

"今自大毕、伯士[1]之终也，犬戎氏以其职来王。天子曰'予必以不享征之'，且观之兵。其无乃废先王之训而王几顿乎！吾闻夫犬戎树惇，帅旧德而守终纯固，其有以御我矣。"

"现在从大毕、伯士逝世以后，犬戎部落按照他们的职分来朝拜天子。天子却说'一定要用不按四时进献的罪名征讨他们'，并向他们炫耀武力。这岂不是既废弃先世圣王的教导又让王自身也陷于危险困顿之中吗！我听说那犬戎部落性情纯朴，遵守道德传统，专一、坚定，终身不移，必定有用来抵抗我们的依靠了。"

王不听，遂征之，得四白狼、四白鹿以归。自是荒服者不至。

穆王不听，征伐犬戎，获得四只白狼、四只白鹿回国。从此，处在荒服的人不再来朝拜王。

注释

1 大毕、伯士:犬戎的两位酋长。

2.密康公母论小丑备物

原文

恭王游于泾上[1],密康公从,有三女奔之。[2]其母曰:"必致之于王。夫兽三为群,人三为众,女三为粲[3]。王田不取群,公行下众,王御不参一族[4]。夫粲,美之物也。众以美物归女[5],而何德以堪之?王犹不堪,况尔小丑[6]乎?小丑备物,终必亡。"

康公不献。一年,王灭密。

译文

周恭王在泾河岸边游玩,密康公跟从。有三个女子私奔到密康公那里。密康公的母亲说:"一定要把这三个女人送给王。三只野兽为群,三人为众,三个女人叫粲。王田猎不猎尽一群野兽;诸侯在道路行走,见众人就谦恭有礼;王御用妇女,不在同族取三个女子。粲,是美好的事物。可是,众多的美人归你,你有什么德行可以承受?王都不能承受,何况你这样的小人物?对于小人物来说,具备美好的东西,终究会灭亡。"

密康公不献出这三个女人。过了一年,周王消灭了密国。

注释

1 恭王:周穆王的儿子周恭王,名伊扈(hù)。 泾:水名。

2 密康公:密国国君,姬姓。密国属地在今河南新密市东南。 奔:私奔。

3 粲:艳丽。

4 不参一族:不在同族取三个女子。参,三,用如动词。

5 众以美物归女:众多的美人归你。女,汝,你。

6 小丑:小人物。丑,类。

3.邵公谏厉王弭谤

原文

厉王虐,国人谤王。[1]邵公告曰:"民不堪命矣!"[2]王怒,得卫巫[3],使监谤者。以告,则杀之。国人莫敢言,道路以目。王喜,告邵公曰:"吾能弭[4]谤矣,乃不敢言。"

译文

厉王暴虐,国都里的人议论厉王的过失,邵公报告说:"人民不能忍受政令啦!"厉王发怒,找来卫国的巫人,叫他监察议论他过失的人。(卫巫)告发谁,就把谁杀掉。国都里的人,没有人敢讲话,在路上碰到只能用眼睛示意。厉王高兴了,告诉邵公说:"我能制止人们说我的坏话了,他们再不敢说三道四了。"

注释

1 厉王:周夷王的儿子,名胡,公元前877年至前841在位。好利,专制,公元前841年,国人发难,逃奔到彘,十四年后死于彘。 谤:指责。

2 邵公:名虎,周王朝卿士,谥穆公。邵,一作召。 命:指周厉王苛虐的政令。

3 卫巫:卫国的巫者。巫,以装神弄鬼为职业的人。

4 弭(mǐ):消除。

邵公曰："是障之也。防民之口，甚于防川。川壅而溃，伤人必多，民亦如之。是故为川者决之使导，为民者宣之使言。故天子听政，使公卿至于列士献诗[1]，瞽献曲，史献书，师箴，瞍赋，矇诵，百工谏，庶人传语，近臣尽规，亲戚补察，瞽、史教诲，耆、艾修之，[2]而后王斟酌焉，是以事行而不悖。民之有口，犹土之有山川也，财用于是乎出；犹其原隰之有衍沃也[3]，衣食于是乎生。口之宣言也，善败于是乎兴。行善而备败，其所以阜财用衣食者也。夫民虑之于心，而宣之于口，成而行之，胡可壅也？若壅其口，其与能几何？"

王不听，于是国莫敢出言。三年，乃流王于彘[4]。

邵公说："这是堵塞人们的嘴巴。堵塞人们的嘴巴，比堵塞河道还严重。河道堵塞，堤防溃决，伤害的人必定很多，人也像这一样。因此治理河道的人疏通河道使水畅流，治理庶民的人开导他们，使他们讲话。所以天子处理政事，叫公卿直到各级士献诗，乐师献（反映民意的）乐曲，史官献史书，乐官献箴言，无眼珠的盲乐师吟咏，有眼珠的盲乐师朗诵，百官劝谏，平民的意见让人传给王听，王身边的臣子进献规劝之辞，王的亲戚弥补王的过失、督察政务，乐师、史官教诲，老臣们加以修饰整理，然后王对这些加以选取实行，所以事情办好了而不违背情理。人有口，就像大地有山河一样，财用从这里生出；就像平原和湿地上有平坦、灌溉条件好的耕地一样，衣食从这里产生。口发表议论，好的、坏的从这里出来。推行好的，防范坏的，那是用来增加财用衣食的办法。人民在脑子里考虑它，从口里把它讲出来，这是考虑成熟之后的自然流露，怎么可以去堵塞呢？假若硬要堵塞他们的口，将能堵多久呢？"

厉王不听从，于是国都里没有谁敢讲话。过了三年，（国人）就把厉王流放到彘去了。

注释

1 公卿:指执政大臣。古代有三公九卿之称。《尚书·周书·周官》:“立太师、太傅、太保,兹唯三公。”九卿指少师、少傅、少保、冢宰、司徒、宗伯、司马、司寇、司空。 列士:古代官员有上士、中士、下士之分,统称列士,位在大夫之下。 诗:指有讽谏意义的诗篇。

2 瞽(gǔ):盲人。因古代乐官多由盲人担任,故也称乐官为瞽。 史:史官。 书:指史籍。 师:少师,乐官。 箴(zhēn):规劝告诫。 瞍(sǒu):没有眼珠的盲人。 赋:有节奏地诵读。 曚(méng):有眼珠而没视力的盲人。瞍曚均指乐师。 耆(qí)艾:年六十叫耆,年五十叫艾。 修:修饰。

3 原隰(xí):平原和湿地。 衍沃:平坦肥沃的良田。

4 彘(zhì):地名,在今山西霍州市。

4.芮良夫论专利

原文

厉王说荣夷公[1]。芮良夫[2]曰:“王室其将卑乎!夫荣夷公好专利而不知大难。夫利,百物之所生也,天地之所载也。而或专之,其害多矣。天地百物,皆将取焉,胡可专也?所怒甚多,而不备大难,以是教王,王能久

译文

厉王喜欢荣夷公。芮良夫说:“王室大概要衰微了吧!荣夷公欢喜擅占财利,而不知道(这么做会有)大的祸患。财利是各种物资产生的,是天地所造就的。如果有人独自占有它,那祸患就多了。天地间各种物资,大家都将取用它,怎么可以独自占有呢?激怒的人太多,而不警惕大难的发生,用这些来教导王,王能长久吗?做人民的王的

乎？夫王人者，将导利而布之上下者也，使神人百物无不得其极，犹日怵惕[3]，惧怨之来也。故《颂》曰：'思文后稷，克配彼天。立我蒸民，莫匪尔极。'[4]《大雅》曰：'陈锡载周。'[5]是不布利而惧难乎？故能载周，以至于今。今王学专利，其可乎？匹夫专利，犹谓之盗，王而行之，其归鲜矣。荣公若用，周必败。"

既，荣公为卿士，诸侯不享，王流于彘。

人，将开辟财利，把它奉献给上天，赐给臣民，使神鬼臣民和各种事物无不得到他们的正确位置，(这样做)尚且天天恐惧，害怕怨恨的到来。所以《诗经·周颂》上说：'有文德的后稷，功堪比天。使我众民得到粮食，没有不是你的恩德所带来的。'《诗经·大雅》说：'布施财利，以开创周的统治。'这不是施利而害怕祸患吗？所以能建成周的天下，并持续到现在。现在王学着独占财利，难道可以吗？一般人擅占财利，还说他是盗贼，王如果这么做，归附的人就少了。荣公如果得到重用，周一定要败亡。"

不久，荣夷公担任卿士，诸侯不来朝献，厉王被流放到彘。

注释

1 说(yuè)：喜欢，后来写作"悦"。 荣夷公：荣，国名。夷，谥号。公，爵位。

2 芮良夫：周大夫芮伯。

3 怵惕(chù tì)：恐惧。

4 "《颂》曰"句：言周公思有文德者后稷，其功乃能配于天。尧时遭洪水，稷为农官，播百谷，使人得到粮食，封于周原，建立周国。《颂》，《诗经·周颂》，这里指《诗经·周颂》中的《思文》篇。经纬天地曰文。克，能。蒸，众。

5 "《大雅》曰"句：言文王布赐施利，建成周王朝。《大雅》，《诗经·大雅》，这里指《诗经·大雅》中的《文王》篇。陈，布。锡，赐。

5.邵公以子代死

原文

彘之乱，宣王在邵公之宫[1]。国人围之。邵公曰："昔吾骤谏王，王不从，是以及此难。今杀王子，王其以我为怼而怒乎！夫事君者险而不怼，怨而不怒，况事王乎？"乃以其子代宣王，宣王长而立之[2]。

译文

（国人流放厉王于）彘的那场暴乱，周宣王躲在邵公家里。国人包围邵公的住所。邵公说："以前我多次劝谏王，王不听从，因此遭遇这场灾难。现在如果杀掉王的儿子，王将以为我是怨恨报复而对他发怒吧！为君主服务的人，在危险中不怨恨他，有埋怨但不对他发怒，何况是为王服务呢？"就用自己的儿子代替宣王（交给国人处置）。宣王长大后便被立为王。

注释

1 宣王：周宣王，周厉王的儿子姬靖，公元前 827 至前 782 年在位。 在邵公之宫：（为避难投奔邵公，）躲在邵公家里。

2 宣王长而立之：彘之乱（即上篇厉王被流放到彘），公卿共参政事，号曰"共和"，历经十四年，宣王长大，立为王。

6.虢文公谏不籍千亩

原文

宣王即位，不籍千亩[1]。虢文公[2]谏曰："不可！

译文

宣王即位后，不实行天子籍田千亩的古制。虢文公劝谏说："不可以这样。

夫民之大事在农，上帝之粢盛[3]于是乎出，民之蕃庶于是乎生，事之供给于是乎在，和协辑睦于是乎兴，财用蕃殖于是乎始，敦庬纯固于是乎成，是故稷为大官。古者，太史顺时覛土，阳瘅愤盈，土气震发，农祥晨正，日月底于天庙，土乃脉发。[4]

百姓的大事在于农耕，祭祀上帝的谷物从这里出产，百姓众多的子孙从这里繁衍出来，侍奉君上的供给也在这里，和睦团结从这里兴起，财用的增长从这里开始，敦厚的品德、宽大的胸怀、纯正的思想、坚强的性格从这里养成。因此农官是大官。古时候，太史随着时令观察土壤，暖气积聚充足，土气冲动升起，房星早上出现在正南方，太阳月亮到了室宿的位置，土地于是就脉理发动了。

注释

1 籍：借，借民力以为之。天子田籍千亩，诸侯百亩。每年春耕前，天子诸侯举行籍田仪式，亲执耒耜，在籍田上三推或一拨，以此劝勉农耕，并用籍田所获奉祀宗庙。自厉王之后，籍田礼废，宣王即位，不复遵古。

2 虢(guó)文公：西虢的国君，周文王弟虢叔的后代，他的封地宣王时在王畿内。

3 粢盛(zī chéng)：古代盛在祭器内以供祭祀的谷物。

4 太史：朝廷大臣，掌管文书、典籍，兼管天文、历法、祭祀。 覛(mì，又读 mò)：察视。 瘅(dàn)：通“亶”，充盈。 农祥：星宿名，即房宿。房星早上出现在南方就是立春日。 天庙：星宿名，即营室，亦称室宿，二十八宿之一。日月都到了室宿的位置，是夏历正月初一。 土乃脉发：脉理发动，指土地复苏，可以生长五谷百物。

“先时九日，太史告稷曰：‘自今至于初吉[1]，阳气俱蒸，土膏其动。弗震弗渝，脉其满眚，[2]谷乃不殖。’稷以告王曰：‘史帅阳官[3]以命我司事曰：“距今九日，土其俱动，王其祗袚[4]，监农不易。”’王乃使司徒咸戒公卿、百吏、庶民，司空除坛于籍，命农大夫咸戒农用。[5]

“在立春的前九天，太史告诉农官说：‘从今天起直到立春，温暖的气候都在升腾，土壤的润泽就要启动。（如果）不翻动宣泄，土的脉理就将遏塞成灾，谷物就不能生长。’农官把这些告诉王，说：‘太史率领阳官要我们主持农事，说：“（立春）离今天只有九天了，土气将要都发动起来，请王敬神斋戒除邪，监理农事，不变更土壤宜于种植什么作物的原则。”’王就命令司徒遍告公卿百官和耕种籍田的百姓，司空在籍田旁修筑祭坛，命令农大夫准备好农用器具。

注释

1 初吉：王引之说：“谓立春之日也。立春多在正月上旬，故谓之初吉。”

2 蒸：升腾。 膏：润泽。 震：动。 渝：变化。 眚(shěng)：灾祸。

3 阳官：周代官名，即春官，掌管典礼。

4 祗袚(zhī fú)：在祭祀之前，沐浴换衣，不食荤饮酒，不与妻妾同房，清洁身心，也称作斋戒。

5 司徒：官名，掌管国家的土地和人民，官司籍田、征发徒役等。 司空：掌管建筑工程、制造车服器械。 农大夫：劝勉农耕的官。

“先时五日，瞽告有协风至，王即斋宫，百官御事，各即其斋三日。王乃淳濯飨醴。

“在开耕前五天，乐师报告将有和风吹来。王来到进行斋戒的宫里，百官各有其职，各自到自己的房里斋戒三天。王于是沐浴、饮用甜酒。到开耕的那天，郁人献进

及期，郁人荐鬯，牺人荐醴，王祼鬯飨醴，[1]乃行，百吏、庶民毕从。及籍，后稷监之，膳夫、农正陈籍礼[2]，太史赞王，王敬从之。王耕一墢[3]，班三之，庶民终于千亩。其后稷省功，太史监之；司徒省民，太师[4]监之。毕，宰夫陈飨，膳宰监之[5]。膳夫赞王，王歆大牢[6]，班尝之，庶人终食。

郁鬯酒，牺人奉上甜酒。王于是把郁鬯酒灌注到地上，并且饮用甜酒（使自身芳香、洁净），这才出发，百官、众百姓都跟随在后面。来到籍田，农官负责督察，膳夫、农正报告籍田礼节，太史引导王，王恭敬地跟着他。王用单铧犁翻起土块，百官顺次耕地，各自耕的数量是前面耕的三倍，最后是耕种籍田的农夫将这千亩籍田耕完。那农官察看耕地成绩，太史进行监察；司徒察看百姓勤惰，太师进行监察。这些仪式进行完毕，宰夫摆出祭祀的酒食，膳宰监督他执行。膳夫引导王，王用太牢祭祀鬼神，然后百官顺次尝这些祭祀过的牛羊猪肉，最后百姓将它吃光。

注释

1 郁人：掌管祭祀和宴请宾客时的玉器和郁鬯酒。 牺人：掌管酒樽、供应甜酒的官。 祼(guàn)：祭祀时把酒浇在地上的礼仪。 鬯(chàng)：用郁金香草煮的水和黑黍酿成的酒。

2 膳夫：掌管天子膳食，上士，食官之长。 农正：掌管农事和农耕祭礼的官。

3 墢(bá，又读 fá)：翻耕过的土块。

4 太师：辅助国王执政的官。

5 宰夫、膳宰：都是掌管膳食的官。膳宰想必高于宰夫。

6 太牢：祭祀时牛羊猪三牲齐备，称为太牢。

"是日也，瞽帅音官以风土[1]。廪于籍东南，钟而藏之，而时布之于农。稷则遍诫百姓，纪农协功，曰：'阴阳分布[2]，震雷出滞。土不备垦，辟在司寇。'乃命其旅曰：'徇！'农师一之，农正再之，后稷三之，司空四之，司徒五之，太保六之，太师七之，太史八之，宗伯九之，王则大徇。[3]耨获亦如之。民用莫不震动，恪恭于农，修其疆畔，日服其镈，不解于时，财用不乏，民用和同[4]。

"这一天，瞽帅、音官用音律体察风气和土气。在籍田的东南方建御仓，准备将籍田里收获的谷物聚集起来，收藏在里面，到时候发放给农人。农官普遍告诫百姓，综理农事，协同耕作，说：'夜晚和白天长短均分，雷声震动，蛰虫从洞穴里爬出来。(这时候)田地没有全部开垦出来，将由司寇治罪。'于是命令他所带领的众人：'去巡视农耕！'农师首先去，农正再去，农官第三去，司空第四去，司徒第五去，太保第六去，太师第七去，太史第八去，宗伯第九去，王(率领公卿大夫)大巡视。播种收割也像这样。农民因而没有不发动起来的，(他们)对耕种态度严肃恭敬，修理地边田塍，每天都操起他们的锄头劳作，农忙季节不懈怠，财用因而不缺，老百姓因而和睦同心。

注释

1 瞽帅：乐官之长。瞽，盲眼。古代乐官多用瞎子。 音官：乐官。

2 阴阳分布：夜晚与白天时间均分，为立春日。

3 司寇：掌管刑法。 农师：掌管农事，上士。 太保：国王的辅佐官。 宗伯：掌管礼仪的官，官阶是卿。 徇(xùn)：巡视。

4 民用莫不震动：农民因而没有不发动起来的。用，因此。 恪恭于农：农民对耕种态度严肃恭敬。 修其疆畔：修理地边田塍。 日服其镈：

每天都操起他们的锄头劳作。服,劳作。 不解于时:农忙时节不懈怠。解,懈怠,松懈。这个意义后来写作"懈"。 财用不乏,民用和同:财用因而不缺,老百姓因而和睦同心。

"是时也,王事唯农是务,无有求利于其官以干农功,三时务农而一时讲武,故征则有威,守则有财。若是,乃能媚于神而和于民矣,则享祀时至而布施优裕也。

"这时候,王的事务唯有农耕,没有向官府求利以干扰农事的。春夏秋三季务农而冬季习武,征战起来就有威力,守备就有财用。这样,就能使神高兴,使百姓和睦,就能按时祭祀,这时的用度和颁赐就会丰饶宽绰。

"今天子欲修先王之绪而弃其大功,匮神乏祀而困民之财,将何以求福用民?"

"现在您弘扬先王的功业,却丢掉农耕这件大事,敬神祭祀缺乏祭品,(只能向百姓征敛)使百姓的财用贫困,将靠什么向神求福和役使百姓?"

王不听。三十九年[1],战于千亩,王师败绩于姜氏之戎。

宣王不听从虢文公的劝谏。三十九年,在千亩打仗,宣王的军队被姜姓西戎打得大败。

注释

1 三十九年:宣王三十九年,公元前789年。 千亩:地名,在今山西介休南。姜姓西戎是西戎的别种,居今山西南部。

7.仲山父谏立戏

原文

鲁武公以括与戏见王[1],王立戏。樊仲山父[2]谏曰:“不可立也!不顺必犯,犯王命必诛,故出令不可不顺也。令之不行,政之不立,行而不顺,民将弃上。夫下事上,少事长,所以为顺也。今天子立诸侯而建其少,是教逆也。若鲁从之而诸侯效之,王命将有所壅;若不从而诛之,是自诛王命也。是事也,诛亦失,不诛亦失,天子其图之!”王卒立之。

鲁侯归而卒,及鲁人杀懿公而立伯御。

译文

鲁武公带领儿子括与戏见宣王,宣王立戏为鲁太子。樊仲山父劝谏说:“不可立戏!不按长幼顺序立太子,鲁国一定会犯命不从,犯命不从,就一定要诛伐它,所以发布命令不可不顺理。命令不能执行,政事就无法治理,勉强执行而不合情理,老百姓将要抛弃君上。在下的侍奉在上的,年少的侍奉年长的,这就是顺理。现在您立诸侯的储君立他的小儿子,这是教他们逆理。如果鲁国顺从您的这个决定,别的诸侯仿效它,先王立长的命令将不能贯彻执行;如果鲁国不顺从您这个决定而诛伐它,这是自己诛伐先王的遗令。在这件事情上,讨伐是错,不讨伐也是错,希望天子您好好考虑它!”宣王最终还是立戏为储君。

鲁武公回国后死去,(戏为国君,事情发展)到鲁国人杀了懿公,立伯御为君。

注释

1 鲁武公:鲁国国君,公元前825到前816年在位。 括:鲁武公的长子。他的儿子伯御与鲁人攻杀懿公而自立,公元前806至前797年在位。戏:括的弟弟,谥号懿,即懿公,公元前815到前807年在位。

2 樊仲山父:宣王卿士,封于樊(今陕西长安南),也称樊仲。

8.穆仲论孝

原文

三十二年春，宣王伐鲁，立孝公，[1] 诸侯从是而不睦。

宣王欲得国子之能导训诸侯者[2]，樊穆仲[3]曰："鲁侯孝。"王曰："何以知之？"对曰："肃恭明神，而敬事耇[4]老；赋事行刑，必问于遗训而咨于故实；不干所问，不犯所咨。"王曰："然则能训治其民矣。"乃命鲁孝公于夷宫[5]。

译文

三十二年春季，宣王讨伐鲁国，（废掉伯御，）立孝公为鲁君。诸侯从此和宣王不亲。

宣王要物色一个能引导诸侯使之恭顺的国子作州伯。樊穆仲说："鲁侯孝顺。"宣王问："你根据什么知道他孝顺？"樊穆仲回答说："他敬神尊老；赋税的事情和施行刑罚，一定询问祖宗的遗教，并且根据过去的事例征询商量；不和所问到的遗教相抵触，不违反他征询的结果。"宣王说："既然这样，那么他能治理好他的百姓了。"就在夷宫中策命鲁孝公为州伯。

注释

1 三十二年：宣王三十二年，公元前796年。 孝公：名称，鲁懿公的弟弟。公元前796到769年在位。

2 国子：王同姓的贵族子弟。 导训诸侯者：统治一方或若干部族的诸侯之长，州伯。

3 樊穆仲：仲山父的谥号。

4 耇(gǒu)：老。

5 夷宫：宣王祖父夷王的庙。古代颁爵命赐在祖庙进行。

9.仲山父谏料民

原文

宣王既丧南国之师,乃料民于太原。[1]仲山父[2]谏曰:“民不可料也!夫古者不料民而知其少多,司民协孤终,司商协民姓,司徒协旅,司寇协奸,牧协职,工协革,场协入,廪协出,[3]是则少多、死生、出入、往来者皆可知也。于是乎又审之以事,王治农于籍,蒐于农隙,耨获亦于籍,狝于既烝,狩于毕时,[4]是皆习民数者也,又何料焉?不谓其少而大料之,是示少而恶事也。临政示少,诸侯避之。治民恶事,无以赋令。且无故而料民,天之所恶也,害于政而妨于后嗣。”

译文

宣王已损失在南方诸国的军队,就在太原统计百姓的数量。仲山父劝谏说:“百姓的多少不能去统计呀!古代不统计而知道百姓的多少。司民合计无父孤儿和人民死亡情形,司商合计人的族姓,司徒合计军队的数目,司寇合计罪犯和死刑的数字,牧人合计系牲口木桩的数量,百工合计(各种器物的)改进状况,场人合计(果品珍异的)敛取收藏,廪人合计(粮食)支出的多少。这样,人的多少、生死,物的出入、往来就都能知道了。于是又从耕猎等事中加以审核。王孟春在籍田里耕种,在农闲时搜猎,夏秋季也在籍田除草收割,谷物成熟时举行秋季田猎,冬季农事完毕又进行狩猎,这都是通晓百姓数量的时候,又单独去统计什么呢?不说百姓数量少,而大规模地去统计,这就显示人民寡少并厌恶政事。当朝执政显示人民寡少,诸侯们就不会亲附王室。治理百姓而厌恶政事,就没有用来颁布政令的威望。而且无缘无故统计百姓的人数,是天神所厌恶的,对政事有害,对后代有妨碍。”

王卒料之，及幽王[5]乃废灭。

宣王最后还是对百姓进行了统计，到幽王的时候，西周就灭亡了。

注释

1 南国：指江汉之间的一些诸侯国家。宣王伐姜戎，结果被打败在江汉之间。 太原：西周时在今山西南部。

2 仲山父：即上文的樊穆仲。

3 司民：官名，掌管户口登记。 司商：官名，主管赐族授姓。 牧：官名，主管牧养六畜。 工：指百工之官，主管营建制造等事。 场：官名，主管国家的场圃，种植瓜果珍异，收藏备用。 廪：官名，主管粮食的出入。

4 蒐于农隙……狩于比时：春蒐、夏苗、秋狝、冬狩这四种举动，都是在农业空闲时进行。蒐(sōu)，春天打猎。狝(xiǎn)，秋天打猎。

5 幽王：周幽王，宣王子。公元前781到前771年在位。

10.伯阳父论周将亡

原文

幽王二年，西周三川皆震。伯阳父[1]曰："周将亡矣！夫天地之气，不失其序；若过其序，民[2]乱之也。阳伏而不能出，阴迫而不能烝，于是有地震。今三川实震，是

译文

幽王二年，西周地区（泾、渭、洛）三条河流域都发生了地震。伯阳父说："周代将要灭亡了！天地的气，不能失去它们的位次；如果位次错了，是人把它搞乱的。阳气沉伏在下不能出来，为阴气所逼，不能升起，这个时候就有地震。现在这三条河流域确实地震了，这是阳

阳失其所而镇阴也。阳失而在阴,川源必塞;源塞,国必亡。夫水土演而民用也。水土无所演,民乏财用,不亡何待?昔伊、洛竭而夏亡,河竭而商亡。[3]今周德若二代之季矣,其川源又塞,塞必竭。夫国必依山川,山崩川竭,亡之征也。川竭,山必崩。若国亡,不过十年,数之纪也。夫天之所弃,不过其纪。”

是岁也,三川竭,岐山[4]崩。十一年,幽王乃灭,周乃东迁。[5]

气丧失了它的出处,而被阴气所镇压的缘故。阳气失去了它的位次,处在阴气的下面,河源必定会堵塞;河源被堵塞,国家一定会亡。水气和土气通畅,人民赖以生存。水土没有通气的地方,百姓缺乏财用,国家不亡还能等待到什么?过去伊水、洛水枯竭,夏代灭亡;黄河干涸,商朝灭亡。现在周室的德行像夏商两朝的末代一样了,它的河源又被阻塞,阻塞必定干涸。国都一定依山靠河,山崩塌,河干涸,是亡国的征兆。河流干涸,山必崩塌。如果国家灭亡,不超过十年,这是数的一纪。上天所抛弃的,不超过一纪。”

这一年,(泾、渭、洛)三条河干枯,岐山崩塌。幽王十一年,幽王就死了。于是周的国都向东迁徙。

注释

1 伯阳父:周大夫。

2 民:不敢指责王,只好说是“民”。

3 昔伊、洛竭而夏亡,河竭而商亡:夏曾建都阳城(今河南登封东)、斟鄩(zhēn xún,今山东潍坊西南),与伊水、洛水相近。商王盘庚迁都于殷(今河南安阳小屯村),地近黄河。

4 岐山:古山名,亦名“天柱山”。传说周初有凤凰在此鸣叫,因而又叫“凤凰堆”。在今陕西岐山县东北。

5 十一年，幽王乃灭，周乃东迁：幽王政治腐败，又连年旱灾地震，用兵失败，于公元前 771 年，被申侯联合犬戎攻杀于骊山。周东迁洛邑，史称东周。

11.郑厉公与虢叔杀子颓

原文

惠王三年，边伯、石速、蒍国出王而立子颓。[1]王处于郑三年。

王子颓饮三大夫酒，子国为客，乐及遍僛。[2]郑厉公见虢叔[3]，曰："吾闻之，司寇行戮，君为之不举，而况敢乐祸乎！今吾闻子颓歌舞不息，乐祸也。夫出王而代其位，祸孰大焉！临祸忘忧，是谓乐祸。祸必及之，盍纳王乎？"

虢叔许诺。郑伯将王自圉门入[4]，虢叔自北门入，杀子颓及三大夫，王乃入也。

译文

惠王三年，边伯、石速、蒍国将惠王赶走，立子颓为王。惠王在郑国待了三年。

王子颓请（边伯、石速、蒍国）三位大夫饮酒，子国为上客，乐曲演奏到遍僛。郑厉公见虢叔说："我听说，司寇处决罪犯，国君为这事减膳撤乐，何况敢因祸患而高兴呢！现在我听说子颓欣赏歌舞不停，这是以祸患为快乐。把王赶出去而取代他的位置，什么祸患有这么大？面临祸患而忘记忧愁，这就叫以祸患为快乐。祸患必定降临到他的头上，何不将王送回去复位呢？"

虢叔答应了。（第二年）郑伯侍奉惠王从圉门入王城，虢叔从北门入王城，杀了王子颓和三位大夫，惠王于是进入王宫。

注释

1 惠王:周惠王姬阆(láng),周庄王孙,公元前676年至公元前652年在位。 边伯、石速、蒍(wěi)国:都是周大夫。 子颓:周庄王的小儿子,妾王姚所生。

2 子国:即蒍(wěi)国。子颓的师傅。 遍儛(wǔ):指六代的乐曲。黄帝的叫《云门》,尧的叫《咸池》,舜的叫《箫韶》,禹的叫《大夏》,殷的叫《大濩》,周的叫《大武》。儛,同"舞"。

3 郑厉公:郑国国君姬突。 虢叔:周王卿士,疑为虢公丑。

4 伯:即郑厉公。 围(yǔ)门:王城南门。

12.内史过论神

原文

十五年,有神降于莘。[1]王问于内史过曰[2]:"是何故?固有之乎?"对曰:"有之。国之将兴,其君齐明、衷正、精洁、惠和,其德足以昭其馨香,其惠足以同其民人。神飨而民听,民神无怨,故明神降之,观其政德而均布福焉。国之将亡,其君贪冒、辟邪、淫佚、荒怠、

译文

惠王十五年,有神降临在莘地。惠王问内史过说:"这是什么事?以前曾有过吗?"回答说:"有的。国家将要兴盛,它的国君处处贤明、正直、精诚纯洁、仁爱和气,他的德行足以使那祭品芳香气味更为明显,他的仁爱足以使他的民心统一。神享受祭品,百姓听命,百姓和神都无怨恨,所以神降临这里,考察他的政德而公平地赐福给他。国家将要衰亡,它的国君贪图财利、偏邪不正、纵欲放荡、怠慢荒废政事、粗鲁污

粗秽、暴虐；其政腥臊，馨香不登；其刑矫诬，百姓携贰[3]。明神不蠲而民有远志，民神怨痛，无所依怀，故神亦往焉，观其苛慝而降之祸。是以或见神以兴，亦或以亡。昔夏之兴也，融降于崇山；其亡也，回禄信于聆隧。[4]商之兴也，梼杌次于丕山；其亡也，夷羊在牧。[5]周之兴也，鸑鷟鸣于岐山；其衰也，杜伯射王于鄗[6]。是皆明神之志者也。"

秽、残暴酷虐；他的政治发出腥臊的气味，祭品的香气神不享用；他的刑罚欺诈不信，诬陷无辜，老百姓离心离德。神明不享用不洁之物，人民有反叛之心，民和神都怨恨，没有归附的对象，所以神也去到那里，考察他的暴虐邪恶，降给他灾祸。因此，有时神出现而国兴盛，也有时神出现而国衰亡。过去，夏代的兴起，融降在崇山；它的败亡，回禄在聆隧停了两晚。商代的兴起，梼杌在丕山待了几天；它的灭亡，夷羊降在牧野。西周的兴起，鸑鷟在岐山鸣叫；它的衰微，杜伯在镐地射杀宣王。这都是记录在书的神。"

注释

1 十五年：惠王十五年，公元前662年。 莘(shēn)：虢国领地，在今河南三门峡市陕州区。

2 内史：周大夫，掌管爵禄废置及策命诸侯等。 过：内史名。

3 贰：背叛，离异，生二心。

4 融：祝融，高辛氏的火正(掌火的官)，死后为火官之神，火神。 崇山：就是现在的嵩山，在河南登封北，称为中岳。 回禄：传说中的火神。为祝融的两个后人的合称，一说即祝融。 聆(qín)隧：古地名，今所在不详。

5 梼杌(táo wù)：即鲧，禹的父亲。 丕山：山名，疑在今河南巩县东。 夷羊：传说中的神兽。

6 鸑鷟(yuè zhuó):凤的别名。 杜伯:周大夫,封于杜国,伯爵。杜伯被宣王所杀。据说后来宣王与诸侯田猎,杜伯的鬼魂射杀宣王。 鄗(hào):又作镐,即西周国都镐京,故址在今陕西西安市西。

王曰:"今是何神也?"对曰:"昔昭王娶于房,曰房后,实有爽德,协于丹朱,丹朱凭身以仪之,生穆王焉。[1]是实临照周之子孙而祸福之。夫神壹不远徙迁,若由是观之,其丹朱之神乎?"王曰:"其谁受之?"对曰:"在虢土。"王曰:"然则何为?"对曰:"臣闻之:道而得神,是谓逢福;淫而得神,是谓贪祸。今虢少荒,其亡乎?"王曰:"吾其若之何?"对曰:"使太宰以祝、史帅狸姓[2],奉牺牲、粢盛、玉帛往献焉,无有祈也。"

惠王说:"现在的这个神,是什么神呢?"回答说:"以前昭王从房国娶来妻子,叫房后,她确有二心,与丹朱合得来,丹朱依凭着她的肉身,与她为配,生下穆王。是他丹朱临察周的子孙而给他们福祸。神一心依凭着人而不远迁,如果从这点看来,岂不是丹朱神吗?"惠王说:"将是谁接受他的祸或福?"回答说:"在虢国的土地上。"惠王说:"那么为什么要降在虢国?"回答说:"我听说:遵循道义而获得神的降临,这就叫迎福;骄奢淫逸而导致神的降临,这就叫以贪取祸。现在虢国君主年少荒淫,恐怕要灭亡了吧?"惠王说:"我们将怎么对待他?"回答说:"派太宰率领祝、史,带上狸姓,奉上祭祀的牛羊、粮食、玉器、束帛前往莘地献给神,不要请求什么。"

注释

1 昭王:西周国王姬瑕,周康王子。 丹朱:传说中尧的儿子,名朱,因居丹水而称丹朱。这里是说丹朱之神。 穆王:西周国王姬满,周昭王子。

2 太宰:官名,在王左右,助王治国,辅佐王命的施行。 祝:太祝,官名,掌管祝辞祈祷等事。 狸姓:丹朱的后人。下文称为傅氏。

王曰:"虢其几何?"对曰:"昔尧临民以五,今其胄见,神之见也,不过其物。若由是观之,不过五年。"王使太宰忌父帅傅氏及祝、史奉牺牲、玉鬯往献焉[1]。内史过从至虢,虢公亦使祝、史请土焉。内史过归,以告王曰:"虢必亡矣,不禋[2]于神而求福焉,神必祸之;不亲于民而求用焉,人必违之。精意以享,禋也;慈保庶民,亲也。今虢公动匮百姓以逞其违,离民怒神而求利焉,不亦难乎!"

十九年[3],晋取虢。

惠王问:"虢国还将存在多少年?"过回答说:"过去尧巡视地方是五年一次,现在他的后代出现,神灵显现的时间不会超过那个数字。如果从这点看来,不超过五年了。"惠王派了太宰忌父率领傅氏和祝、史奉上祭祀的牛羊、玉鬯前去虢国敬献给神。内史过跟着他们也到了虢国,虢公也派祝、史请求拓宽虢国的土地。内史过回国,把这些告诉惠王说:"虢国必定要亡了,对神不洁祀而向它求福,神一定给他祸患;对百姓不亲而向百姓求取财用,人们一定背叛他。诚心诚意地祭献,这就是洁祀;慈爱地保养众百姓,这就是亲。现在虢公使百姓劳累贫穷,从而使自己的邪恶行径称心如愿,使百姓离心,使神灵愤怒,却求神赐给土地,岂不是太难了吗?"

十九年,晋国攻取虢国。

注释

1 忌父:太宰的名字,即周公忌父。 玉鬯(chàng):以郁鬯酒灌地祭神的玉器。

2 禋(yīn):洁祀,意思是使祭祀清洁。

3 十九年:周惠王十九年,即公元前 658 年。

13.内史过论晋惠公无后

原文

襄王使邵公过及内史过赐晋惠公命[1],吕甥、郤芮相晋侯不敬[2],晋侯执玉卑,拜不稽首。

译文

襄王派遣邵公过和内史过赐给晋惠公命圭。吕甥、郤芮举行仪式时态度不敬。晋侯拿着信圭的手放在胸以下,拜时头不至地。

注释

1 襄王:周襄王姬郑,周惠王子。公元前 651 年至前 619 年在位。 邵公过:邵穆公之后邵武公,名过。 晋惠公:晋国国君姬夷吾,公元前 650 至前 637 年在位。因其父晋献公立少子为嗣而出奔。献公死,由秦帮助回国即位。 命:命圭。

2 吕甥:即瑕吕饴甥。 郤芮:即冀芮。二人都是晋国大夫。 相:举行仪式。

内史过归,以告王曰:“晋不亡,其君必无后,且吕、郤将不免。”王曰:“何故?”对曰:“《夏书》有之曰:‘众非元后,何戴?后非众,无与守邦。’在《汤誓》[1]曰:‘余一人有罪,无以万夫;万夫有罪,在余一

内史过回朝,把这事告诉襄王说:“晋国如果不亡,它的国君必定没有后代,而且吕甥、郤芮也将不免于灾祸。”襄王说:“什么原因?”回答说:“《夏书》上有这样的话:‘老百姓没有好君王,拥戴什么人?君王没有老百姓,就没有人和他一起保卫邦国。’《汤誓》上说:‘我有罪,就不要把罪罚在众人身上;众人有罪,罪过在我。’《盘庚》上说:‘国家治理得好,是你

人。'在《盘庚》[2]曰:'国之臧,则惟女众。国之不臧,则惟余一人,是有逸罚。'如是则长众使民,不可不慎也。民之所急在大事,先王知大事之必以众济也,是故祓除其心,以和惠民,考中度衷以莅之,昭明物则以训之,制义庶孚以行之。祓除其心,精也;考中度衷,忠也;昭明物则,礼也;制义庶孚,信也。然则长众使民之道,非精不和,非忠不立,非礼不顺,非信不行。今晋侯即位而背外内之赂[3],虐其处者[4],弃其信也;不敬王命,弃其礼也;施其所恶,弃其忠也;以恶实心,弃其精也。四者皆弃,则远不至而近不和矣,将何以守国?

们众人的功劳。国家治理得不好,是我一个人有过有罪。'这样,做万民之主役使人民,不可不谨慎。庶民所急的事情,是兵戎和祭祀,先王懂得这些事情必须依靠大众才能办成,因此除去他们心上的恶念,使百姓和睦仁爱。考察自己的内心,(用以)推测别人的真心实意,用这样的心思来治理人民;把事物法度表明出来,用以开导人民;建立合适的制度使众人相信,从而去执行它。除去邪念,是精;考察自己的内心,推测他人的真意,是忠;把事物法度表明出来,是礼;建立合适的制度使众人相信,是信。这样看来,做万民之主役使庶民的道理就是:不精,他们就不会和睦;不忠,他们就不能在位;没有礼,他们就不会顺从;没有信,他们就实行不了。现在晋侯即位就违背了他对国外国内给予利益的诺言,虐待那些(惠公流亡时)处于国内的官员,是抛弃信;对王命不敬,是抛弃礼;把自己所厌恶的给予别人,是抛弃忠;把邪恶装满心中,是抛弃精。(信、礼、忠、精)四样全抛弃了,远方的就不会来归附,近边的也不会和睦,将凭什么保卫国家?

注释

1《汤誓》:《尚书》中的《汤誓》篇。

2《盘庚》:《尚书》中的《盘庚》篇。

3 今晋侯即位而背外内之赂:夷吾曾用五城贿赂秦国,用田百万和七十万亩贿赂大夫里克、丕郑,请他们帮助自己回国即君位。而他即位后却违背诺言,不给他们城与田。

4 虐其处者:指杀大臣里克、丕郑等人。

"古者,先王既有天下,又崇立上帝、明神而敬事之,于是乎有朝日、夕月以教民事君。诸侯春秋受职于王以临其民,大夫、士日恪位著以儆其官,庶人、工、商各守其业以共其上。犹恐其有坠失也,故为车服、旗章以旌之,为贽币、瑞节以镇之,[1] 为班爵、贵贱以列之,为令闻嘉誉以声之。犹有散、迁、懈慢而著在刑辟,流在裔土,于是乎有蛮夷之国,有斧钺、刀墨之民,而况可以淫纵其身乎?

"古代,先王已经取得了天下,又尊崇天神和日月之神,恭敬地祭祀它们,于是有祭日祭月的礼仪,用这个教育庶民侍奉君主。诸侯春季、秋季在王这里受命,去统治他的百姓。大夫、士每天谨慎地在朝堂处理公务,对自己的官位保持警惕,农夫、工匠、商人坚持做好各自的职事,以供奉他们的君上。(即使这样)仍然担心这些人有所失误,所以用不同的车舆、服饰、旗帜、印章来表明各人的地位职责,用不同的贽币、瑞节来倚重他们,用官阶、爵位、贵贱来排列他们,给予荣誉来宣扬他们。(为他们制定的制度这样齐备)仍有散漫、转移、懈怠的人被施加刑罚,流放到荒远的边地,于是有成了蛮、夷这样的国家,有被斧钺砍杀、被刀刻墨涂面额的罪人,何况可以用淫乐放纵自身呢?

注释

1 车服：车舆和服饰。 贽(zhì)币：见面时赠送的礼物。某种等级的人赠送某些礼物，礼制上有具体的规定。 瑞节：瑞与节，出使时所用的信符。瑞，玉制；节，竹制。天子、诸侯、卿、大夫等级不同，所用的瑞节不同。

“夫晋侯非嗣也，而得其位，亹亹怵惕，保任戒惧，犹曰未也。若将广其心而远其邻，陵其民而卑其上，将何以固守？

“夫执玉卑，替其贽也；[1]拜不稽首，诬其王也。替贽无镇，诬王无民。夫天事恒象，任重享大者必速及。故晋侯诬王，人亦将诬之；欲替其镇，人亦将替之。大臣享其禄，弗谏而阿之，亦必及焉。”

“晋侯不是嫡嗣，而得到君位，即使勤勉惶恐，谨守职位，保持警惕，害怕出事，仍然不够。如果放纵自己的情欲，疏远邻国，欺凌臣民，看不起他的君上，将凭什么固守君位？

“拿玉圭的手放在胸以下，是废弃执贽的礼仪；跪拜时头不至地，是欺侮王。废弃执贽的礼仪就无以自重，欺侮王就是不要人民。上天对人事的处置常常（事先）显出迹象，职位高的、受禄大的必定很快遭到报应。所以晋侯欺侮王，别人也将欺侮他；想废除赖以自重的，别人也会废除对他的尊重。大臣食他的俸禄，不去劝谏他，反而迎合他，也一定会遭到祸患。”

注释

1 夫执玉卑，替其贽也：替其贽，即废弃执贽之礼。持天子赐予的器物的手要放在胸以上，晋侯的手却在胸以下，所以说是废执贽之礼。

襄王三年而立晋侯，八年而陨于韩[1]，十六年而晋人杀怀公[2]。怀公无胄，秦人杀子金、子公[3]。

襄王三年立晋侯；八年，晋侯兵败于韩原；十六年，晋国人杀了继位的晋怀公。怀公没有后嗣，（同年）秦国人杀了子金、子公。

注释

1 八年：襄王八年，即公元前644年。秦攻晋，在韩原作战，大败晋军，俘获晋惠公。 韩：即韩原，晋地，在今山西芮城县境。一说在今陕西韩城市西南。

2 怀公：晋怀公，晋惠公的儿子子圉。惠公死，子圉立为国君。秦穆公送公子重耳回晋国即君位，晋人杀怀公。

3 子金、子公：子金指吕甥，子公指郤芮。二人谋杀重耳（文公）未遂，逃至河上，为秦伯所诱杀。

14.内史兴论晋文公必霸

原文

襄王使太宰文公及内史兴赐晋文公命[1]，上卿逆于境，晋侯郊劳，馆诸宗庙，馈九牢[2]，设庭燎。及期，命于武宫[3]，设桑主[4]，布几筵，太宰莅之，晋侯

译文

襄王派太宰文公和内史兴赐给晋文公命服，晋国的上卿到边境外迎接，晋侯自己在都城郊外迎接，致辞慰劳，将他们安排在祖庙里住下，用九牢的宴席招待他们，在庭内设大烛照明。到接受命服那天，在武宫里举行接受命服的仪式，设立桑木神主，置放几案筵席，太宰来到这里，晋侯穿着黑色祭服、戴着黑色礼帽进来。太宰以襄王的名义，

端委[5]以入。太宰以王命命冕服[6]，内史赞之，三命而后即冕服。既毕，宾、飨、赠、饯如公命侯伯之礼，而加之以宴好。

赐给他大帽、鷩服，内史帮助他完成礼节，(太宰)三次以襄王的名义赐晋侯命服，晋侯三次礼让，而后来到面前接受命服。仪式完毕以后，侍奉这些宾客、举行宴饮、赠送礼物、郊外饯别时，按照公受王命，以侯伯相待的礼仪，气氛和乐友好。

注释

1 太宰文公：襄王卿士王子虎。太宰，官名，辅王施政。 内史兴：周内史叔兴父。内史，官名，周大夫，掌管爵禄废置及策命诸侯等。 晋文公：晋惠公异母兄重耳，公元前636年至公元前628年在位，春秋时五霸之一。

2 九牢：牛羊猪三牲齐备为一牢。上公食九牢。

3 武宫：晋文公祖父武公庙。

4 桑主：桑木神主，桑木所做的神主。按古礼，人死葬后，还在停尸的地方祭祀，叫虞。虞祭时用桑木神主。满一年祭，称练祭。练祭时改用栗木所做的神主。当时献公已死很久，晋文公设桑木神主，是不想继惠公、怀公的位，自认为是子继父位，行父死未满一年之礼。

5 端委：礼服。

6 冕服：帝王祭祀祖宗及乡射时所用的衣帽，又是侯伯的命服，帽子上有七旒。

内史兴归，以告王曰：“晋不可不善也，其君必霸。逆[1]王命敬，奉礼义成。敬王命，顺之

内史兴回国，把这些告诉襄王说：“晋国是不能不善待的，它的国君必定会称霸。迎接王赐命服，态度恭敬，遵循礼节，仪式完备。尊敬王的赐命，是顺从之

道也；成礼义，德之则也。则德以导诸侯，诸侯必归之。且礼所以观忠、信、仁、义也，忠所以分也，仁所以行也，信所以守也，义所以节也。忠分则均，仁行则报，信守则固，义节则度。分均无怨，行报无匮，守固不偷，节度不携。若民不怨而财不匮，令不偷而动不携，其何事不济！中能应外，忠也；施三服义[2]，仁也；守节不淫，信也；行礼不疚，义也。臣入晋境，四者不失，臣故曰：'晋侯其能礼矣，王其善之！'树于有礼，艾人必丰。"

道；礼仪完备，是道德的准则。遵守道德用来引导诸侯，诸侯一定会归附他。而且礼仪是用来观察忠、信、仁、义的，忠是用来均分的，仁是用来施行的，信是用来坚守的，义是用来节制的。忠分就均衡不偏，仁行就有报答，信守就会坚定不二，义节就合乎法度。分布均衡不会产生怨恨，行仁有报答不会穷困；信守坚定不二不会苟且偷安，节制适度不会离心。假若百姓无怨气，财用又不缺乏，对王室的政令不苟且，行动上不远离王室，那有什么事办不成功？内心能适应外物，是忠；三次礼让，衣帽得当，这是仁；保守节操而无过失，这是信；施行礼义，内省无歉疚，这是义。我进入晋国，看到他们这四项都没有丢失，所以我说：'晋侯确实能用礼，王要好好待他！'在有礼的国家播下恩惠，给人带来的回报必定很丰厚。"

注释

1 逆：迎接。

2 施三：三次辞让冕服。　服义：服饰合宜。

王从之，使于晋者，道相逮也。及惠

襄王听从了他的意见，派往晋的使臣，在路上前后相及，络绎不绝。待到惠后发

后之难，王出在郑，[1]晋侯纳之。

襄王十六年，立晋文公。二十一年，以诸侯朝王于衡雍，[2]且献楚捷，遂为践土之盟[3]，于是乎始霸。

起祸患的时候，襄王逃了出来，在郑避难，晋文公接纳了他（并且出兵平乱，送襄王回国复位）。

襄王十六年，立晋文公。襄王二十一年，（晋文公）带领诸侯在衡雍朝见襄王，并向王室敬献与楚交战时所获的战利品，接着在践土与诸侯盟誓，从此开始称霸诸侯。

注释

1 及惠后之难，王出在郑：惠后，即惠王妻陈妫。她是襄王继母，想立儿子子带为王，未成。子带又私通襄王后隗氏。襄王废隗氏。周大夫颓叔、桃子等拥立子带的大臣借狄兵伐周，襄王逃去郑国。

2 二十一年：襄王二十一年，公元前631年。 衡雍：在今河南原阳县。

3 践土：地名，在今河南原阳县西南。

卷二 周语中

1.富辰谏襄王

原文

襄王十三年，郑人伐滑。[1]王使游孙伯请滑，郑人执之。[2]王怒，将以狄[3]伐郑。富辰[4]谏曰："不可！古人有言曰：'兄弟谗阋[5]，侮人百里。'周文公之诗[6]曰：'兄弟阋于墙，外御其侮。'若是则阋乃内侮，而虽阋不败亲也。郑在天子，兄弟也。郑武、庄有大勋力于平、桓[7]；我周之东迁，晋、郑是依；子颓之乱，又郑之繇定。[8]今以小忿弃之，是以小怨置大德也，无乃不可乎！且夫兄弟之怨，不征于他，征于他，利乃外矣。章怨外利，不义；弃亲即狄，不祥；以

译文

周襄王十三年，郑国攻打滑国。襄王派游孙伯请求不要攻打滑国，郑君扣押了他。襄王发怒，打算利用狄人攻打郑国。富辰劝谏说："不行。古人有话说：'兄弟之间吵闹争斗，但能抗御侵侮自己的人于百里之外。'周文公的诗说：'兄弟在墙内争斗，而在墙外能共同抵御侵犯自己的外人。'像这样，兄弟间的争斗是内侮，虽然争斗，却不会败坏自己的亲属关系。郑君在天子这里，就如兄弟一般。郑武公、郑庄公在平王、桓王时有大功劳；我们周的东迁，就是依靠晋文侯、郑武公；子颓引起的祸乱，又由郑厉公平定。现在由于小小的怨愤而抛弃它，这是因小的嫌隙废弃大的恩德，怕是不可以吧！兄弟之间的怨愤，不找他人来解决，找他人来，利就在他人了。公开怨愤，让外人得利，不义；抛

怨报德,不仁。夫义所以生利也,祥所以事神也,仁所以保民也。不义则利不阜,不祥则福不降,不仁则民不至。古之明王不失此三德者,故能光有天下,而和宁百姓,令闻不忘。王其不可以弃之。”王不听。十七年,王降狄师以伐郑。

弃亲属,和狄人搞在一起,不祥;用怨愤来报答恩德,不仁。义是用来生利的,祥是用来敬奉神的,仁是用来保民的。不义,财利就不会丰厚;不祥,福就不会降临;不仁,民就不会归附。古代的贤明帝王不失这三德,所以能总有全国,而使平民百姓和睦安定,好名声后代人永不忘记。王不可背弃这些德行。”襄王不听从。十七年,襄王调动狄兵攻打郑国。

注释

1 襄王十三年:公元前 639 年。 郑国:姬姓,开国君主是周宣王弟郑桓公姬友。襄王时,郑的国都在今河南新郑西北。 滑:滑国,姬姓。始建都于滑(今河南睢县西北),后迁于费(今河南洛阳市偃师区东南)。

2 游孙伯:周大夫。 郑人:指郑文公姬捷。

3 狄:隗姓国,此为赤狄(以衣服尚赤而称),居今山西长治市北,黎城县西一带,后为晋所灭。

4 富辰:周大夫。

5 谗阋(chán xì):攻讦争吵。

6 文公之诗:所引诗见于《诗经·小雅·常棣》。周文公,即周公姬旦。富辰认为这首诗是周公所作。

7 郑武:郑桓公的儿子姬滑突。公元前 770 至前 744 年在位。平王东迁后,武公以卿士身份夹辅周室。 庄:即郑庄公,武公的儿子姬寤生。公元前 743 至前 701 年在位,为周桓王卿士。 平:周平王姬宜臼,幽王的儿子。公元前 770 至前 720 年在位。即位后,东迁洛邑(今河南洛阳),史称东周。 桓:周桓王姬林,平王孙。公元前 719 至前

697年在位。

8 晋:晋文侯,晋国君主姬仇,公元前780至746年在位。 子颓:周庄王子,周惠王叔父,夺惠王位,惠王逃出,居于郑。郑厉公和虢叔杀子颓,送惠王复位。 郑之繇定:即"由郑定"。繇,通"由"。

王德狄人,将以其女为后。富辰谏曰:"不可!夫婚姻,祸福之阶也。由之利内则福,利外则取祸。今王外利矣,其无乃阶祸乎?昔挚、畴之国也由大任[1],杞、缯由大姒[2],齐、许、申、吕由大姜[3],陈由大姬[4],是皆能内利亲亲者也。昔鄢[5]之亡也由仲任,密须[6]由伯姞,郐[7]由叔妘,聃[8]由郑姬,息[9]由陈妫,邓[10]由楚曼,罗由季姬[11],卢由荆妫[12],是皆外利离亲者也。"

襄王感谢狄君,准备让狄君的女儿做王后。富辰劝谏说:"不可。婚姻是祸福的阶梯。婚姻有利于本国就得福,有利于他国就取祸。现在王是有利于他国了,莫不是祸患的阶梯了吗?过去,挚国、畴国由太任,杞国、缯国由太姒,齐国、许国、申国、吕国由太姜,陈国由太姬得福,这都是能对内带来利益、亲爱自家人的范例。以前,鄢国因仲任,密须国因伯姞,郐国因叔妘,聃国因郑姬,息国因陈妫,邓国因楚曼,罗国因季姬,卢国因荆妫而亡,这都是有利于外人、离弃自己亲人的事例。"

注释

1 挚、畴:挚国、畴国,都是任姓,王季妃、周武王祖母姓任,称为太任。
2 杞、缯:杞国、缯国,都是姒姓。周文王妃、武王母姓姒(sì),称为太姒。
3 齐、许、申、吕由大姜:齐、许、申、吕,齐国、许国、申国、吕国,都是姜姓。太王妃、王季母姓姜,称为太姜。
4 陈由大姬:大,古通"太"。陈国妫(guī)姓,周武王长女太姬嫁给虞胡公，虞胡公封于陈，建都宛丘（今河南周口市淮阳区）。

5 隔（yān）：同“鄢”，鄢国，是妘（yún）姓国，在今河南鄢陵西北，为郑武公所灭。鄢君娶仲任氏女为夫人。

6 密须：密须国，姞（jí）姓，在今甘肃灵台西南，为周文王所灭。

7 郐（kuài）：郐国是妘姓国，在今河南新密市东南，公元前769年为郑武公所灭，娶同姓女叔妘为夫人。据《公羊传》记载，郑伯先与郐公相好，与他的夫人私通，夺取了郐国。

8 聃（dān）：聃国姬姓，周文王的儿子聃季所封。娶郑国女郑姬为夫人。同姓通婚，古人以为不祥。

9 息：息国姬姓，在今河南息县西南。娶陈女陈妫为夫人，陈妫又称息妫。楚国灭亡息国，取息妫回国。

10 邓由楚曼：邓国曼姓，楚武王夫人邓曼是邓国女，生楚文王，楚文王灭邓。

11 罗：罗国，熊姓之国。　季姬：姬氏女，为罗国夫人。

12 卢：卢国，妫姓之国。　荆妫：卢国女，为荆夫人。

王曰：“利何如而内？何如而外？”对曰：“尊贵、明贤、庸勋、长老、爱亲、礼新、亲旧。然则民莫不审固其心力以役上令，官不易方，而财不匮竭，求无不至，动无不济。百姓兆民，夫人奉利而归诸上，是利之内也。若七德离判，民乃携贰，[1]各以利退，上求不暨，是

襄王问：“怎样对内有利？怎样对外有利？”回答说：“尊崇贵者、彰明贤者、任用有功的人、敬重老人、热爱六亲、以礼对待宾客、亲近君的故旧。这样，百姓就没有不用心谨慎、竭力坚持为君主的政令效劳的，官吏不改变治政之道，财用不穷尽，所需求的没有得不到的，做事没有不成功的。官吏、民众人人奉献利益到君王那里，这是有利于内。假如背离七德，庶民就会离心，各自都因自身的利益而不肯向

其外利也。夫狄无列于王室,郑伯南也,王而卑之,是不尊贵也。狄,豺狼之德也,郑未失周典,王而蔑之,是不明贤也。平、桓、庄、惠,皆受郑劳,王而弃之,是不庸勋也。郑伯捷之齿长矣,王而弱之,是不长老也。狄,隗姓也,郑出自宣王,王而虐之,是不爱亲也。夫礼,新不间旧,王以狄女间姜、任[2],非礼,且弃旧也。王一举而弃七德,臣故曰利外矣。《书》[3]有之曰:'必有忍也,若能有济也。'王不忍小忿而弃郑,又登叔隗以阶狄。狄,封豕豺狼也,不可厌也。"王不听。

前,君王需求的得不到,这是对外有利。狄君在我们王室中没有官位,郑伯南面为君,王却看贱他,这是不尊崇贵者。狄君的德行像豺狼一样,郑国没有违背周的典制礼仪,王却轻蔑他,这是不彰明贤者。郑国对平王、桓王、庄王、惠王都有功劳,王却抛弃它,这是不任用有功之臣。郑伯姬捷年岁已大,王却把他当作晚辈,这是不敬重老人。狄是隗姓,郑出自宣王,您却侵害他,这是不热爱亲属。按照礼制,新的不能替代旧的,王以狄女替代姜姓、任姓,不仅不合礼制,而且是抛弃故旧。您这一举动背弃了七项德行,所以我说是有利于外了。《尚书》上有这样的话:'一定要有忍耐之心,才能有成功。'王不容忍小怨,抛弃郑国,又使叔隗登上王后之位,从而为狄人之祸作阶梯。狄是野猪,是豺狼,是不可能满足的。"襄王不听。

注释

1 七德:指上面所说的尊崇贵者、彰明贤者、任用有功的人、敬重老人、热爱六亲、礼待宾客、亲近君的故旧。 携贰:背叛,有二心。

2 姜、任:姜姓、任姓的贵族女子世代为周王妃嫔。

3《书》:指《尚书》。这里所引的《尚书》文句,今不存。

十八年,王黜狄后。狄人来诛,杀谭伯[1]。富辰曰:"昔吾骤谏王,王弗从,以及此难。若我不出,王其以我为怼乎!"乃以其属死之。

初,惠后欲立王子带[2],故以其党启狄人。狄人遂入周,王乃出居于郑,晋文公纳之。

十八年,襄王废掉狄后,狄人来问罪,杀掉了谭伯。富辰说:"以前我屡次劝王,王不听从,因而遭到了这场祸乱。如果我躲避不出,王可能以为我是在怨恨呀!"他就率领自己的徒属与狄兵作战而死。

当初,惠后想立王子带为周王,所以颓叔等人率领王子带的党羽,引导狄人攻周。狄人入周,周襄王逃出,居住在郑国,晋文公接纳了周襄王(并出兵平乱,送他复位)。

注释

1 谭伯:周大夫原伯毛。

2 王子带:周襄王的异母弟,其生母即为惠后。

2.襄王不许请隧

原文

晋文公既定襄王于郏[1],王劳之以地,辞,请隧[2]焉。王不许,曰:"昔我先王之有天下也,规方千里以为甸服,以供上帝山川百神之祀,以备百姓

译文

晋文公已使襄王在郏坐稳王位,襄王赐地慰劳他,他推辞不受,请求允许在他死后用隧礼葬他。襄王不同意,说:"过去先王统治天下,划出周围千里的地方作为甸服,用甸服的贡物供祭天帝、五岳、河海之神和其他各神,供有世

兆民之用,以待不庭不虞之患。其余以均分公侯伯子男,使各有宁宇,以顺及天地,无逢其灾害,先王岂有赖焉?内官不过九御,外官不过九品,[3]足以供给神祇而已,岂敢厌纵其耳目心腹以乱百度?亦唯是死生之服物采章,以临长百姓而轻重布之,王何异之有?今天降灾祸于周室,余一人仅亦守府,又不佞以勤叔父[4],而班[5]先王之大物以赏私德,其叔父实应且憎,以非余一人,余一人岂敢有爱?先民有言曰:'改玉改行[6]。'叔父若能光裕大德,更姓改物,以创制天下,自显庸也,而缩取备物以镇抚百姓,余一人其流辟旅于裔土,何辞之有与?若由是姬姓也,尚将列为公侯,以复先王之职,大物其未可

功的百官和万民的财用,还用来防备不循理的和意料不到的祸患。其余的土地均分给公侯伯子男,使他们各自有安居,顺从天地的尊卑之意,不要遭到灾害。先王哪里还有私利?宫内的官不超过九御,朝中的大官不超过九品,足够用来供奉、祭祀天地神祇而已,哪里敢放纵自己的声色嗜欲,搞乱各种制度?也只是死后生前服饰、用品的色彩花纹,因为统治百姓、为百姓之长而分别他们的等级,(此外)帝王还有什么特别的不同?这次,天给周室降下灾祸,我仅能守护先王的府藏而已,又因无才能而劳累了叔父。如果颁赐先王的隧制来奖赏对我有私恩的人,那么叔父确实接受的是私赏,这也是叔父所憎恶的。因为不是我一个人的事,否则,我岂敢有所吝惜?古人说:'改换佩玉,就要改换见尊者时步履的速度。'叔父如果能推广充实您的盛德,更换姓氏,改变正朔、服色,创建新的天下,显示自己的功勋,转移整个政制以为己有,统治安抚百姓,我即便流放到边远之地,又有什么话可说呢?如果还是这个姬姓,(叔父)仍将列位在公侯,以恢复先王的职事,那么隧礼这类重大的制

改也。叔父其懋昭明德，物将自至，余何敢以私劳变前之大章，以忝天下？其若先王与百姓何？何政令之为也？若不然，叔父有地而隧焉，余安能知之？”

文公遂不敢请，受地而还。

度就不能改变。叔父勉力昭明光辉的德行，隧礼将自行来到，我怎么敢以私情而改换前人的重大章法，以致有愧于天下？我又将怎样对待先王与百姓呢？还发布什么政令呢？如果不是这样，叔父有地在那里自己要建立隧制，我哪里能够知道？”

晋文公就不敢再请隧，接受土地而回。

注释

1 郏(jiá)：洛邑王城中的地名。王子带私通襄王狄后。襄王废狄后，狄人奉子带攻周，襄王出逃至郑。晋文公出兵杀王子带，送襄王入周复位。

2 隧：隧礼，天子的葬礼，墓道全是地下通道。既用隧礼，就必定设置六隧。周天子远郊有六乡，乡外有六隧，给天子贡赋。

3 九御：就是九嫔。嫔，宫中女官，也是帝王的妃子。 九品：当时朝中的九个高级官员，即少师、少傅、少保、冢宰、司徒、宗伯、司马、司寇、司空。

4 叔父：周天子对同姓诸侯称叔父。

5 班：颁布，赐予。

6 改玉改行：按古礼，行步快慢有定。佩玉是用来调节行步速度的，佩什么玉就行什么礼。这里引这句古话，说明晋侯尚在臣位，不宜用隧礼。

3.阳人不服晋侯

原文

王至自郑,以阳樊[1]赐晋文公。阳人不服,晋侯围之。仓葛[2]呼曰:"王以晋君为能德,故劳之以阳樊,阳樊怀我王德,是以未从于晋。谓君其何德之布以怀柔之,使无有远志。今将大泯其宗祊[3],而蔑杀其民人,宜吾不敢服也!夫三军之所寻[4],将蛮、夷、戎、狄之骄逸不虔,于是乎致武。此羸者阳也,未狎[5]君政,故未承命。君若惠及之,唯官是征,其敢逆命,何足以辱师!君之武震,无乃玩而顿乎?臣闻之曰:'武不可觌,文不可匿。[6]觌武无烈,匿文不昭。'阳不承获甸[7],而只以觌武,臣是以惧。不然,其

译文

襄王从郑国回到王城,把阳樊赐给晋文公。阳樊人不服,晋侯派兵包围阳樊。仓葛大喊道:"王以为晋侯是能布施德行的,所以用阳樊慰劳您。阳樊人怀恋王的恩德,因此没有从命。(大家)以为您将布施什么恩德来使他们归附安定,使他们没有叛离的想法。现在您将完全消灭他们的宗庙,杀害阳樊的人,(可见)我们不从命是应当的了。三军所征讨的,将是如蛮夷戎狄一样骄奢淫逸,对王室不敬的诸夏国家,对这样的国家才使用武力。阳樊人是弱者,不熟习您的政令,所以没有接受您的命令。您如果把恩惠布施给他们,只需遣用您的官吏来晓谕即可,谁敢违逆您的命令!哪里值得屈辱您的部队来征讨!您的武威,难道不会因轻慢地使用以致锐气疲顿?我听说:'武力不能显耀,文德不能隐藏。炫耀武力,武力就无威慑;隐藏文德,文德就不能昭明。'阳樊人得不到为王室甸服的荣耀,而是遇到了前来炫耀武力的君主,我因此惧怕。如果不是这

敢自爱也？且夫阳岂有裔民哉？夫亦皆天子之父兄甥舅也，若之何其虐之也？”

晋侯闻之，曰：“是君子之言也。”乃出阳民。

样，谁敢只顾爱惜自己(而不服从)？阳樊难道有曾流放在边远地带的凶恶之民吗？（其实）他们也都是天子同族的父老兄弟，和异姓的外甥舅父，干吗要残酷地诛灭他们呢？”

晋侯听了这些话，说：“这是君子的言论。”就解了阳樊的围。

注释

1 阳樊：就是阳，在今河南济源市西南。

2 仓葛：阳樊人。

3 祊(bēng)：宗庙门内设祭的地方。

4 寻：找寻，这里指讨伐。

5 狎(xiá)：亲近，这里指熟习。

6 觌(dí)：见，这里指炫耀。　匿：隐藏。

7 甸：甸服，指离王城外五百里的区域。

4.襄王拒杀卫成公

原文

温[1]之会，晋人执卫成公[2]归之于周。晋侯请杀之，王曰：“不可！夫政自上下者也，上作政，而

译文

诸侯们在温地会盟，晋人逮捕了卫成公，将他押送到周京洛邑。晋侯请求杀了他，襄王说：“不行。政令是自上而下的，在上位的君发令，在下的臣子执行

下行之不逆，故上下无怨。今叔父作政而不行，无乃不可乎？夫君臣无狱，今元咺虽直，不可听也。君臣皆狱，父子将狱，是无上下也。而叔父听之，一逆矣。又为臣杀其君，其安庸刑？布刑而不庸，再逆矣。一合诸侯，而有再逆政，余惧其无后。不然，余何私于卫侯？”晋人乃归卫侯。

不违逆，所以君臣不互相怨恨。现在叔父发令而不顺理，那怎么行呢？君与臣之间是无争讼的，现在元咺虽然理直，也不能听从。若君与臣争讼，则父与子也将争讼，这是没有上下之分了。可是叔父您审理了这个案子，是第一次违理。而且为了臣而杀他的君，这如何使用刑法？颁布刑法而不用，是第二次违理。一次会盟诸侯，而有两次乖违的政令，恐怕以后再不能会盟诸侯了。如果不是这样，我何必对卫侯特别照顾？”晋人就把卫侯放回去了。

注释

1 温：在今河南温县西南。公元前632年冬季，晋文公和鲁僖公、齐侯、宋公、蔡侯、郑伯、陈子、莒子、邾子、秦人等在温会盟，商量出兵攻打不顺从的国家。

2 卫成公：卫国国君，公元前634至前600年在位。在晋楚城濮之战中，他站在楚国一边。楚败，他害怕晋加罚而出逃，派大臣元咺(xuān)奉他的弟弟叔武居国摄政，在践土接受晋文公举行的盟誓。接着他听信谗言，杀了元咺的儿子。元咺仍遵命辅佐叔武守国。他回国时，又杀了叔武，元咺逃到晋国。温之会，元咺与卫成公为叔武的事争讼。卫成公败诉，所以晋文公逮捕了他。

5.王孙满[1]观秦师

原文

二十四年，秦师将袭郑，过周北门。左右皆免胄而下拜，超乘者三百乘。

王孙满观之，言于王曰："秦师必有谪[2]。"王曰："何故？"对曰："师轻而骄[3]，轻则寡谋，骄则无礼。无礼则脱[4]，寡谋自陷。入险而脱，能无败乎？秦师无谪，是道废也。"

是行也，秦师还[5]，晋人败诸崤[6]，获其三帅丙、术、视。

译文

襄王二十四年，秦兵将要偷袭郑国，路过周王城北门。兵车上除御者外，车左、车右都脱盔下车跪拜，随即跳上车，有三百辆车上的将士(这么做)。

王孙满看到他们的这种表现，对襄王说："秦兵必定有灾祸。"襄王说："什么原因？"回答说："秦兵轻佻而骄傲，轻佻就会缺少计谋，骄傲就没有礼仪。没有礼仪就会疏略，缺少计谋就会自陷险境。进入险境而又疏略，能不败吗？秦兵如果没有灾祸，这是天理的废弛。"

这次出兵，秦兵半途回还，晋国在崤山打败了他们，俘获他们三个统帅白乙丙、西乞术、孟明视。

注释

1 王孙满：周大夫，姓王孙，名满。

2 谪(zhé)：韦昭释为"犹咎也"，过错义。我们认为这里当释为"惩罚，灾祸"。

3 轻：轻佻，指为显示勇气而跳跃上车，军无威仪。 骄：骄傲。诸侯兵过天子城，应卷起铠甲，束裹兵器，车左、车右都下车行礼，秦兵只脱了头盔，这是骄傲无礼的表现。

4 脱:疏略,指不严整军阵。

5 秦师还:因在周城做买卖的郑国商人弦高,假借郑君的命令犒劳秦兵,以表示郑国已有准备,所以秦军中途返回。

6 崤(xiáo):山名,在今河南洛宁县,西北接三门峡市陕州区界,东接渑县界。

6.定王论不用全烝

原文

晋侯使随会[1]聘于周,定王享之肴烝[2],原公[3]相礼。范子私于原公,曰:"吾闻王室之礼无毁折,今此何礼也?"王见其语,召原公而问之,原公以告。

译文

晋侯派随会到周王室行聘问之礼,定王用肴烝宴请他,原公辅佐宴享成礼。范子私下问原公说:"我听说王室的宴礼,没有将牲体切开折断放在礼器中的,今天的这种宴礼是什么礼呀?"定王看到他在讲话,召原公来问,原公将范子的话告诉他。

注释

1 随会:晋国正卿,字士季。食邑在随、范,所以又称范会。谥号"武",下文称"范子""武子"。

2 定王:周定王姬瑜,周襄王曾孙,公元前606至前586年在位。 肴蒸:把牲体切成块状放在俎内叫肴蒸,也叫折蒸、折俎。

3 原公:周卿士原襄公。

王召士季,曰:"子弗闻乎:禘郊之事,则有全

定王召来士季,对他说:"您没听说过吗?在南郊祭天的事,就用全烝;天

烝[1]；王公立饫，则有房烝[2]；亲戚宴飨，则有肴烝。今女非他也，而叔父[3]使士季实来修旧德，以奖王室。唯是先王之宴礼，欲以贻女。余一人敢设饫禘[4]焉，忠非亲礼，而干旧职，以乱前好？且唯戎、狄则有体荐。夫戎、狄，冒没轻儳[5]，贪而不让。其血气不治[6]，若禽兽焉。其适来班[7]贡，不俟馨香嘉味，故坐诸门外，而使舌人体委与之[8]。女今我王室之一二兄弟，以时相见，将和协典礼，以示民训则，无亦择其柔嘉，选其馨香，洁其酒醴，品其百笾[9]，修其簠簋[10]，奉其牺象，出其樽彝[11]，陈其鼎俎[12]，净其巾幂[13]，敬其祓除[14]，体解节折而共饮食之。于是乎有折俎加豆[15]，酬币宴货，以示容合好，胡有孑然其郊戎、狄也？[16]

子对诸侯行站立的饫礼，就有房烝；宴请亲戚，就有肴烝。今天，你不是外人，叔父是派你来重温旧恩，以辅佐王室的。所以用这先王传下的宴礼，来款待你。我岂敢在此设半牲、全牲呢，那虽然盛情却非亲戚宴会之礼，而且会冒犯以前的例规，搞乱先王确立的友好关系？王室只有招待戎狄时才用半牲体。戎狄鲁莽轻率，不讲规矩，贪婪而不相让。他们的动物本性没有经过整治，像禽兽一样。他们来进贡，等不及馨香美味，所以让他们坐在门外，派翻译把整个牲体抛给他们。现在，你们晋国君臣，是我们王室的几个兄弟，按时相见，将和谐地举行常礼，遵守法则给百姓看，于是选择那些脆的、美的、芳香的，使甜酒干净，品尝各个竹笾中所盛的枣栗等果品，准备盛有黍稷食物的簠簋，奉上画有凤凰、饰以象骨的酒杯，将酒从樽彝中倒出，陈列盛有肉食的鼎俎，弄干净盖酒樽的布巾，恭敬地打扫室内几案，分割牲体，折断骨节，一同饮食。于是就有折俎和加豆，在宴会上以束帛答谢客人，以表示礼貌和交好，哪能像对待戎狄一样用完整的牲体呢？

注释

1 全烝:将整个牲体放置俎中,不煮熟,叫全烝。祭天祭祖用。

2 房烝:将半个牲体放置俎中,叫房烝,也叫体荐。是虚设,宾主不饮不食。

3 叔父:天子对同姓诸侯称叔父。

4 饫禘(yù dì):饫,天子对诸侯行站立的饫礼。禘,帝王祭天。饫礼和禘礼,泛指按一定礼制举行的宴飨。

5 冒没(mào mò):冒昧,轻率。 轻儳(chàn):苟且,不严肃。

6 血气:动物性,本性。 不治:没经过整治。

7 班:归还,缴纳。

8 舌人:翻译官。 体:全体,整个儿地。 委:抛,扔。

9 笾(biān):竹器,盛枣、栗、熟米粉之类。

10 簠簋(fǔ guǐ):都是盛黍稷稻粱之类的器物,方的叫簠,圆的叫簋。

11 樽彝(yí):盛酒的器具。

12 俎:祭祀、宴会时盛牲肉的器具。

13 巾幂:覆盖礼器的布巾。

14 祓(fú)除:扫除。

15 加豆:饮食完后奉上的豆,里面盛有腌芹菜、兔肉酱之类。豆,盛食物的器皿,形似高脚盘,有的有盖。

16 酬币:酬谢宾客的礼物。 孑然:整个地,完完整整地。 郊:通"效"。

"夫王公诸侯之有饫也,将以讲事成章,建大德、昭大物也,故立成礼烝而已。饫以显物,宴以合好,故岁饫不倦,时宴不淫,月会、旬修、日完不忘。

"天子宴请公侯有饫礼,将用它来讲习军旅,议论大事,成立章程,建树大功,辨明宝器,所以站着完成礼仪,按礼将半牲摆出来而已。饫礼用来显示用物齐备,宴会用来和谐全体,所以一年举行一次饫礼,不懈怠疲倦;一个季度举行一次宴礼,不至于太多;一月计一次常用经费,十天

服物昭庸，采饰显明，文章比象，周旋序顺，容貌有崇，威仪有则，五味实气，五色精心，五声昭德，五义[1]纪宜，饮食可飨，和同可观，财用可嘉，则顺而德建。古之善礼者，将焉用全烝？”

武子遂不敢对而退。归乃讲聚三代之典礼，于是乎修执秩以为晋法。

清理一次所作所为，每天完成应做的事，不玩忽懈怠。衣帽旗章等用来表明功勋，上面的五彩装饰用来显示德行，绣的花纹像山、龙、野鸡等的形状，行为举止符合等级秩序，容貌有修饰，威仪有准则，五味鼓足意气，五色使心精诚，五声标明德行，五义做得恰到好处，酒肉能够享用，和睦同心，道德可观，宴会赠礼堪称嘉美，法度顺理而德行树立。古代善于用礼的人，怎么会用全烝？”

武子于是不敢回答而告退。回晋国后，讲论汇集三代典制礼仪，于是整修奉行的常法作为晋国的法度。

注释

1 五义：韦昭原注：“五义，谓父义、母慈、兄友、弟恭、子孝也。”

7.单子知陈必亡

原文

定王使单襄公聘于宋[1]。遂假道[2]于陈，以聘于楚。火朝觌[3]矣，道茀不可行，候不在疆，

译文

定王派单襄公到宋国去聘问。途中向陈国借道聘问楚国。火星早上出现在东方，道路上满是杂草污秽，以致不能行走。候人不在边境上，司空不察视道路，

司空不视途，泽不陂，川不梁，野有庾积，场功未毕，道无列树，垦田若艺，膳宰不致饩，司里不授馆，[4]国无寄寓，县无施舍，民将筑台于夏氏[5]。及陈，陈灵公与孔宁、仪行父南冠以如夏氏[6]，留宾不见。

湖、塘的缺口没有堵塞起来，江河之上没有桥梁，野外有露在外的谷堆，禾场上的事没有完毕，去城中的道路没有树标志，开垦出的田少得就像移植作物一样，膳宰不给宾客送食物，司里不给安排宾馆，国都里没有宾客寓所，县里没有宾客休息的地方，人民将为夏氏建筑观台。来到陈国都城，陈灵公与孔宁、仪行父一起，戴着楚人的帽子到夏家去，丢下使者不予接见。

注释

1 定王：周第二十一代王，姓姬，名瑜，公元前 606 年至公元前 586 年在位。 单(shàn)襄公：周王卿士单朝，下文称“单子”。

2 假道：从宋到楚，路经陈国，当时天子微弱，所以用诸侯聘问之礼借道。

3 火朝觌(dí)：心星在早晨出现。火，心宿，东方苍龙系中的心星，夏正十月出现在东方。觌，见面，出现。

4 茀(fú)：《说文》：“道多草，不可行。”道路上杂草太多，不便走。 候：候人，官名，掌管送迎宾客。 司空：官名，掌管工程、道路等。 陂(bēi)：堤障，用如动词，筑好堤障。 野有庾(yǔ)积：粮食堆在露天里。庾，谷仓。 艺：种植。 膳宰：官名，掌管宾客的饭食。 饩(xì)：粮食生肉等食物。 司里：里宰，官名，掌管安排旅舍。

5 夏氏：陈国大夫夏征舒，他的祖父是陈公子夏。陈灵公与他的母亲夏姬淫乱。

6 陈灵公：陈国国君，名平国。公元前 613 至前 599 年在位。 孔宁、仪行父：陈国二卿。

单子归，告王曰："陈侯不有大咎，国必亡。"王曰："何故？"对曰："夫辰角见而雨毕，天根见而水涸，本见而草木节解，驷见而陨霜，火见而清风戒寒。[1]故先王之教曰：'雨毕而除道，水涸而成梁，草木节解而备藏，陨霜而冬裘具，清风至而修城郭宫室。'故《夏令》[2]曰：'九月除道，十月成梁。'其《时儆》[3]曰：'收而场功，待而畚梮，营室之中，[4]土功其始。火之初见，期于司里。'此先王所以不用财贿，而广施德于天下者也。今陈国火朝觌矣，而道路若塞，野场若弃，泽不陂障，川无舟梁，是废先王之教也。

单子回朝，告诉周定王说："陈侯本人如果没有大灾祸，陈国必定灭亡。"定王问："什么缘故？"回答说："东方苍龙系中的角星在九月初早上出现，表示雨气就要尽了；天根早上出现，表示江河的水就要干涸；氐星出现，表示草木枝叶就要脱落；房星出现，表示就要降霜了；火星出现凉风起，告诫人要备寒。所以先王的教导说：'雨季结束后要修治道路，河水退后要架桥，草木枝叶脱落后要储藏谷物，降霜后要准备好过冬的皮袍，凉风起要修理城廓宫室。'所以《夏令》上说：'九月修路，十月架桥。'那《时儆》书上说：'把你禾场上的事做完，准备好你的畚箕和抬土工具，营室星黄昏时在南方正中出现，土木工程将开始。到火星刚出现，(人与筑作工具)就会集到司里那里。'这是先王不用花钱财，而广泛地向全国人民布施恩德的办法。现在的陈国，火星早上出现了，道路像堵塞了一样(不能行走)，田野、禾场上的庄稼谷物像是被抛弃了一般，湖泽没有筑堤挡水，江河上没有船和桥，这是废弃先王的教导。

注释

1 辰角、天根：古人把东方的七宿星称为角、亢、氐、房、心、尾、箕，并将它们联系起来，想象成一条龙，叫东方苍龙。角星是东方苍龙系中的一宿。 天根：天根星。天根星早上出现，指亢星、氐星早上同时出现。韦昭原注："天根，氐、亢之间。" 本：本星，即氐星。 驷：天驷星，即苍龙系中的房星。

2《夏令》：夏代记载每月物候的书。

3《时儆》：夏代的可能以"营室"之类星象为纲的时令之书，与《夏令》一样失传。

4 而：人称代词，你们。 徛(zhì)：储备，准备。 梮(jū)：抬土的工具。 营室：即室星，又叫定星，是北方玄武七宿中的一宿。

"周制有之曰：'列树以表道，立鄙食以守路。国有郊牧，疆有寓望，薮有圃草，囿[1]有林池，所以御灾也。其余无非谷土，民无悬耜，野无奥草。不夺民时，不蔑民功。有优无匮，有逸无罢。国有班事，县有序民。'今陈国道路不可知，田在草间，功成而不收，民罢于逸乐，是弃先王之法制也。

"周的法制上有这样的规定：'设立标记以指明路途，在边境上建立旅舍餐馆以保卫道路。都城的郊区有牧地，边疆上有客栈和候望的人，水浅的沼泽有茂盛的草，苑囿里有森林、池塘，是用来防备兵祸灾荒的。其余无不是农田，老百姓没有把犁耙挂起来而不用的，野外没有长着深草的地方。官府不耽误百姓耕种的季节，不在农时索求百姓为官府服役。这样百姓就会富裕而不匮乏，安逸而不疲劳。城邑里有办事有条不紊的执事官，县里有劳作有序的百姓。'现在陈国的道路使人看不清在哪里，田土在野草之中，庄稼成熟了却不见收割，百姓为国君的享乐而疲于劳作，这是废弃先王的法度。

注释

1 囿(yòu):苑囿,养禽兽的园林。

"周之《秩官》[1]有之曰:'敌国宾至,关尹以告,行理以节逆之,候人为导,卿出郊劳,门尹除门,宗祝执祀,[2]司里授馆,司徒具徒,司空视途,司寇诘奸,虞人入材,甸人积薪,火师监燎,水师监濯,膳宰致饔,廪人献饩,司马陈刍,[3]工人展车,百官以物至,宾入如归。是故小大莫不怀爱。其贵国之宾至,则以班加一等,益虔。至于王吏,则皆官正莅事,上卿[4]监之。若王巡守[5],则君亲监之。'今虽朝也不才,有分族于周,承王命以为过宾于陈,而司事莫至,是蔑先王之官也。

"周的《秩官》上有这样的话说:'地位相当的国家的客人来到,关尹把这事向上司报告,行理拿着符节迎接他,候人作引导,卿出朝到郊外慰劳,门尹扫除门庭,宗伯、太祝执掌祭祀之礼,司里安排馆舍,司徒准备徒役(修除道路上的障碍),司空察看道路,司寇查究奸盗,虞人运进所需的木材,甸人聚集柴薪,火师监管火烛,水师监管洗濯,膳宰送来熟食,廪人献上粮食,司马摆出马料,工人检查修补车子,各官员都因事而来,客人来到这里就像回到自己家里一样。因此宾客及其助手没有不怀恋喜爱的。那大国的客人来到,就依次用加一级的礼节接待,更加虔敬。至于天子派遣的官吏来到,就都是官长出来接待,上卿负责监察是否办好了。如果是天子巡守,就由国君亲自监察。'今天我单朝虽然没有才能,也是周王室的族亲,受王的命令作为路过陈国的宾客,而主事的官吏没有来过问的,这是欺侮王室的官员。

注释

1《秩官》:周代一种书的篇名。

2 关尹:官名,掌管关务。宾客来关,关尹问清情况,向上司报告。 行理:官名。理,即吏。掌管通使聘问,迎送宾客。 节:符节,使臣的信物。门尹:官名,掌管城门。 宗:宗伯,官名,掌管礼仪。 祝:即太祝,官名,掌管祝辞祈祷等。

3 司寇:官名,掌管刑法。 虞人:官名,掌管山泽苑囿田猎。 甸人:官名,掌管柴薪等事。 火师:官名,掌管灯火。 燎:庭燎,庭内点上大烛照明,国家有大事就设庭燎。 水师:官名,掌管与水有关的事。 廪人:官名,掌管粮食出入。 司马:官名,掌管圉人养马。

4 上卿:周及诸侯都有卿,分上中下三等,上卿是最尊贵的卿。

5 巡守:天子视察诸侯所守的地方。

“先王之令有之曰:‘天道赏善而罚淫,故凡我造国,无从非彝[1],无即慆淫[2],各守尔典,以承天休[3]。’今陈侯不念胤续之常[4],弃其伉俪妃嫔,而帅其卿佐以淫于夏氏,不亦嬻姓[5]矣乎?陈,我大姬[6]之后也。弃衮冕[7]而南冠以出,不亦简彝乎?是又犯先王之令也。

“先王的教令有这样的话:‘天道奖赏善的,惩罚恶的,所以凡是我们治理国家,不顺从违反常礼的,不去怠惰纵乐,各自守着你们的典制以接受天赐福佑。’现在陈侯不念后代子孙相承续的伦常,丢下妻妾妃嫔,而带领他的辅佐大臣到夏氏家里去淫乐,这不就是亵渎族姓了吗?陈国君是我们太姬的后代啊。陈侯脱下衮冕戴着楚冠出来,不就是简略了常礼吗?这又是违反了先王的教令。

注释

1 非彝(yí)：反常行为。彝，常。

2 即：就，与上文“从”近义。 慆(tāo)淫：怠惰放纵。

3 承：接受。 天休：天赐的福分。

4 胤续之常：宗族伦理纲常。胤，后代。

5 嬻(dú)姓：亵渎族姓，夏征舒的父亲御叔是陈公子夏的儿子，陈灵公的从祖父，妫(guī)姓。陈灵公淫通其妻，所以说是亵渎族姓。嬻，媟(xiè)嬻，古同“亵渎”，轻慢，对人不尊敬。

6 大(tài)姬：周武王女，陈国开国君主陈胡公的夫人。大，古通“太”。

7 衮冕：衮衣及冠冕，即绣有卷龙的衣和大冠，帝王及上公的礼服。

“昔先王之教，懋帅[1]其德也，犹恐殒越[2]。若废其教而弃其制，蔑其官而犯其令，将何以守国？居大国之间，而无此四者，其能久乎？”

六年，单子如楚。八年，陈侯杀于夏氏。九年，楚子入陈。

“从前先王的教诲，就是勉力遵循德义，仍然害怕衰败灭亡。如果废除先王的教导，丢掉他的法度，欺侮他们设置的官属，违反他们制定的法令，将凭什么保守国家？处在大国之中，而没有这四点，岂能长久？”

（周定王）六年，单子到楚国去（路过陈国）。八年，陈侯被夏家所杀。九年，楚君打进了陈国。

注释

1 懋帅：努力遵从。懋，勉。

2 殒越：坠落，灭亡。

8.刘康公[1]论俭与侈

定王八年[2],使刘康公聘于鲁,发币于大夫。季文子、孟献子皆俭,叔孙宣子、东门子家皆侈。[3]

定王八年,派刘康公到鲁国聘问,向鲁国大夫分送礼物。(刘康公看到)季文子、孟献子都俭朴,叔孙宣子、东门子家都奢侈。

注释

1 刘康公:周定王卿士王季子。刘是王畿内的封国。

2 定王八年:公元前599年。

3 季文子:鲁国大夫季孙行父。 孟献子:鲁国大夫仲孙蔑。 叔孙宣子:鲁国大夫叔孙侨如。 东门子家:鲁国大夫公孙归父。

归,王问鲁大夫孰贤?对曰:"季、孟其长处鲁乎!叔孙、东门其亡乎!若家不亡,身必不免。"王曰:"何故?"对曰:"臣闻之:为臣必臣,为君必君。宽肃宣惠,君也;敬恪恭俭,臣也。宽所以保本也,肃所以济时也,宣所以教施也,惠所以和民也。本有保则必固,时动而

刘康公回到周,定王问他鲁国大夫哪个最贤。回答说:"季、孟大概要在鲁国长期执政吧!叔孙、东门可能要败亡吧!如果他们的家族不亡,他们自身一定不能免祸。"定王问:"什么原因?"回答说:"我听说:为臣的人一定要像个臣样,做君的人一定要像个君样。宽容、整肃、普遍施恩、仁爱,是君要具备的;敬慎、勤谨、谦恭、俭朴,是臣要具备的。宽容是用来保守根基的,整肃是用来匡时救世的,普遍施恩是用来教人施恩的,仁爱是用来使百姓和睦的。根基有保证就

济则无败功，教施而宣则遍，惠以和民则阜。若本固而功成，施遍而民阜，乃可以长保民矣，其何事不彻？敬所以承命也，恪所以守业也，恭所以给事也，俭所以足用也。以敬承命则不违，以恪守业则不懈，以恭给事则宽于死，以俭足用则远于忧。若承命不违，守业不懈，宽于死而远于忧，则可以上下无隙矣，其何任不堪？上任事而彻，下能堪其任，所以为令闻长世也。今夫二子者俭，其能足用矣，用足则族可以庇。二子者侈，侈则不恤匮，匮而不恤，忧必及之，若是则必广其身。且夫人臣而侈，国家弗堪，亡之道也。”王曰：“几何？”对曰：“东门之位不若叔孙，而泰侈焉，不可以事

稳固，顺时行动而成功就没有失败的事，教人施恩而普遍实行就可人人受惠，仁爱使百姓和睦就会财物丰足。如果根基稳固而事功有成就，教化普及而百姓财物丰足，就可以长久地保有百姓，那还有什么事情办不好？敬慎是用来接受命令的，勤谨是用来继承事业的，谦恭是用来处事的，俭朴是用来使财物充足的。用敬慎的态度接受命令就不会违反命令，用勤谨的态度继承事业就不会懈怠，用谦恭的态度处事就会远离败亡的灾祸，用俭朴使财用充足就不会与忧患接近。如果执行命令不违逆，继承事业不懈怠，远离败亡的灾祸，不近忧患，君臣之间就可以没有隔阂了，哪里有什么职位不能胜任？君上办事办得好，臣下能胜任他的职务，是好名声维持长久的原因。现在，那季孙、仲孙两位生活俭朴，可以使财用充足了，财用充足，家族就能因此受到荫庇。叔孙、东门生活奢侈，奢侈就不会去忧虑财用短缺，不忧虑财用短缺，忧患必定来到他们头上，像这样，他就必定会自我扩张。况且为人臣的人奢侈，国家就经受不起了，这是灭亡之道。”定王说：“还有多少年？”回答说：“东门的地

二君。叔孙之位不若季、孟，而亦泰侈焉，不可以事三君。若皆蚤世犹可，若登年以载其毒，必亡。”

十六年，鲁宣公[1]卒。赴者未及，东门氏来告乱，子家奔齐。简王十一年，鲁叔孙宣伯亦奔齐，[2]成公未殁二年[3]。

位不及叔孙，而骄纵奢侈，他是不能侍奉两代君主的。叔孙的地位，又比不上季、孟，也骄纵奢侈，他不能侍奉三代君主。如果他们早些死去倒还罢了，如果活的年岁长，做坏事害人，家族必定灭亡。”

定王十六年，鲁宣公死。报丧的人还没有到来，东门氏就来通报遭驱逐的祸乱，子家逃奔到齐国。简王十一年，鲁国叔孙宣伯也被逐，逃奔到齐国，当时是鲁成公死前两年。

注释

1 鲁宣公：鲁国国君，名倭，公元前608至公元前591年在位。

2 简王：周简王姬夷，公元前585年至公元前572年在位，简王十一年即公元前575年。 叔孙宣伯：即叔孙侨如。他想在鲁国专权，被国民所逐。

3 成公未殁二年：鲁宣公死，鲁成公继位。成公死前两年，叔孙宣子被逐，印证叔孙宣子不能侍奉三个国君的话。

9.王孙说请勿赐

原文

简王八年，鲁成公[1]来朝，使叔孙侨如先聘且告。见王孙说[2]，

译文

简王八年，鲁成公将要朝见简王，派叔孙侨如先来行聘问之礼，并且向简王报告这件事。(叔孙侨如)见王孙说，与王孙

与之语。说言于王曰："鲁叔孙之来也，必有异焉。其享觐之币薄而言谄，殆请之也；若请之，必欲赐也。鲁执政唯强，故不欢焉而后遣之；且其状方上而锐下，宜触冒人。王其勿赐。若贪陵之人来而盈其愿，是不赏善也，且财不给。故圣人之施舍也议之，其喜怒取与亦议之。是以不主宽惠，亦不主猛毅，主德义而已。"王曰："诺。"使私问诸鲁，请之也。

王遂不赐，礼如行人[3]。及鲁侯至，仲孙蔑为介，王孙说与之语，说让。说以语王，王厚贿之。

说交谈。王孙说对简王说："鲁国叔孙的来访，必定是对我们有另外的意思。他访问朝见的礼物轻而话语谄媚，大概是他自己请求来才要他来的；如果是请求来才来的，那他一定是想讨赏赐。鲁国的执政者，只是畏惧他的强横，才不乐意地派他来；而且他的脸型上方下尖，喜欢触犯他人。您不要赏赐他。如果贪婪强横的人来，而我们满足了他们的愿望，就是不鼓励善行，况且我们的财力也供应不上。所以圣人决定施与不施，是在对那人评论之后；他喜爱谁、恼怒谁，或者接受谁的礼物、赐给谁东西，也是在对那人评论之后。因此不以宽容仁爱为主，也不以严切刚毅为主，以德义为主而已。"简王说："对。"于是派使者私下里向鲁国问叔孙侨如的情况，(果然)是他自己请求来的。

召见时，简王就没有赏赐他，礼节如召见一般使者的礼节一样。到鲁侯来时，仲孙蔑为辅佐，王孙说与仲孙蔑交谈，喜欢仲孙蔑的谦和。王孙说告诉简王，简王厚厚地赏赐了仲孙蔑。

注释

1 鲁成公：鲁国君，名黑肱。公元前 590 年至公元前 573 年在位。

2 王孙说(yuè):周大夫。
3 行人:使节,外交官。

10.单襄公论郤至

原文

晋既克楚于鄢,使郤至告庆于周。[1]未将事,王叔简公[2]饮之酒,交酬好货皆厚,饮酒宴语相说也。

译文

晋国已在鄢陵战胜了楚国,派遣郤至到周王室报捷。在行报捷礼节之前,王叔简公宴请他,互相酬答的礼物和在宴会上赠送用以结好的礼物都很丰厚,饮酒和在宴会上交谈,两人对对方都有好感。

注释

1 "晋既克楚"句:晋厉公伐郑,楚国救郑,在公元前575年战于鄢陵,晋胜楚败。鄢,古国名。郑武公灭鄢,改为鄢陵。在今河南鄢陵西北。郤至,晋卿温季,晋新军的副帅。
2 王叔简公:周大夫王叔陈生。下文称"王叔子"。

明日,王叔子誉诸朝。郤至见邵桓公[1],与之语。邵公以告单襄公曰:"王叔子誉温季,以为必相晋国,相晋国,必大得诸侯,劝二三君子

第二天,王叔子在朝堂上赞誉郤至。郤至见邵桓公,与他交谈。邵桓公把这些告诉单襄公说:"王叔子赞誉温季,认为他一定会在晋国为相,在晋国为相,必定大得诸侯们的拥戴,奉劝在朝的几位公卿先生们一定要先劝导晋侯提升他,

必先导焉，可以树。今夫子见我，以晋国之克也，为己实谋之，曰：‘微我，晋不战矣！楚有五败，晋不知乘，我则强之。背宋之盟[2]，一也；德薄而以地赂诸侯[3]，二也；弃壮之良而用幼弱[4]，三也；建立卿士而不用其言[5]，四也；夷、郑从之，三陈而不整，五也。罪不由晋，晋得其民，四军之帅，旅力方刚，卒伍治整，诸侯与之。是有五胜也：有辞，一也；得民，二也；军帅强御，三也；行列治整，四也；诸侯辑睦，五也。有一胜犹足用也，有五胜以伐五败，而避之者，非人也。不可以不战。栾、范不欲[6]，我则强之。战而胜，是吾力也。且夫战也微谋，吾有三伐：勇而有礼，反之以仁。吾三逐楚军之

（这样做）可以在晋国树立我们的势力。今天，这位郤至来见我，认为晋国的胜利，实际上是他谋划的。说：‘如果不是我，晋国不会打赢。楚国有五个失败因素，晋国不知道乘机攻打，我就强迫晋国攻打。楚国背叛促成晋楚结盟的宋国，攻打它，这是一；楚王德行浅薄，用土地贿赂诸侯，这是二；抛开壮年良将，而任用年幼的弱者，这是三；任子囊为卿士，却不听从他的意见，这是四；东夷、郑国跟从它，三国的军队阵容不整，这是五。发动战争的罪过不在晋国，晋国得到国内的民心，晋国四军的统帅精力正旺盛，战士行列整齐，诸侯们站在晋国一边。这里有五个胜利的条件：出师有理，一；得民心，二；军队统帅强，三；行列整齐，四；诸侯和睦同心，五。有一项取胜的条件就足够用了，用五项胜利的条件攻伐具有五个失败因素的国家，却躲避它，不敢攻它，这不是常人的做法。不能不打。当时栾书、士燮不想打，我就强迫他们打。打了，胜利了，是我的功劳。开起仗来，（那几位统帅却）没有谋略。我有三项功劳：勇敢而有礼貌，根据仁的原则放回郑国君主。我多次追逐楚军的士兵，这

卒,勇也;见其君必下而趋,礼也;能获郑伯而赦之,仁也。若是而知晋国之政,楚、越必朝。'

是勇;见到楚国君主,我一定下车快步走,这是礼;能够俘获了郑伯又放他回去,这是仁。像这样,执掌晋国的政事,楚、越等国一定会(以我为霸主)前来朝见。'

注释

1 邵桓公:周王卿士。

2 背宋之盟:公元前579年,宋华元帮助晋楚两国交好,订立盟约。公元前575年楚国与郑背盟伐宋。

3 德薄而以地赂诸侯:郑国不从楚国,楚国以汝阴之田贿赂郑国,郑国叛晋从楚。

4 幼弱:年幼的弱者,指司马子反,当时是楚中军统帅。子反公元前597年就已是楚国的右军统帅,到鄢陵之战(前575年)已不年幼。这里可能是对年纪更大的人来说,他还比较年轻。

5 卿士:指子囊,楚庄王子,共王弟公子贞,他不赞同背叛与晋的和约。

6 栾:栾书,晋卿,晋中军统帅。 范:指士燮,晋卿范文子,晋中军副帅。

"吾曰:'子则贤矣。抑晋国之举也,不失其次,吾惧政之未及子也。[1]'谓我曰:'夫何次之有?昔先大夫荀伯自下军之佐以政,赵宣子未有军行而以政,今栾伯自下军往。[2]是三子也,吾又过于四之无不及。若佐新军而升

"我说:'您确实是个贤才。然而晋国对官吏的提举,是按顺序进行的,我担心执掌公室政事还轮不到您。'(他)对我说:'哪有什么顺序?过去先大夫荀伯从下军的副将(升为正卿)执政,赵宣子原来没有军职,升为正卿,现在栾伯从下军副将而来。这三位大夫,我都超过了他们,没有不及的地方。如果我作为新军的副帅升为正

为政，不亦可乎？将必求之。’是其言也，君以为奚若？”

卿执政，不也是可以的吗？我将一定求取这个职位。’这是他的话，您以为如何？”

注释

1 在晋卿中，郤至位列第八。他的前面还有中军正副帅栾书、士燮，上军正副帅郤锜、荀偃，下军正副帅韩厥、智罃，新军统帅赵旃。上文说晋国四军，依次是中军、上军、下军、新军。

2 荀伯：荀林父，即中行桓子。从晋下军副帅第六卿升为中军元帅，为上卿，执掌国政。 赵宣子：赵盾，晋襄公七年（前621年）任中军元帅执掌国政。 栾伯：栾书。原帅下军，为第五卿。这次为中军元帅，是正卿。

襄公曰：“人有言曰：‘兵在其颈。’其郤至之谓乎！君子不自称也，非以让也，恶其盖人也。夫人性，陵上者也，不可盖也。求盖人，其抑下滋甚，故圣人贵让。且谚曰：‘兽恶其网，民恶其上’《书》[1]曰：‘民可近也，而不可上也。’《诗》[2]曰：‘恺悌君子，求福不回。’在礼，敌必三让，是则圣人知民之不

单襄公说：“人们说：‘刀架在脖颈上了。’这大概说的是郤至吧！君子不自我吹嘘，不是为了表示谦让，而是厌恶那种掩盖别人的做法。人的本性，是要超越在他人之上的。别人的优点不能掩盖，求取掩盖别人，那么就会被别人压制的更厉害，所以圣人以谦让为贵。’况且谚语说：‘野兽憎恨那罗网，老百姓憎恨那些地位高的人。’《尚书》上说：‘老百姓可以亲近，不可以凌驾在他们头上。’《诗经》上说：‘平易近人的君子，求福不使用不正当的手段。’在礼节上，对同等地位的人，必须要再三谦让，这就是圣人懂得是不可以

可加也。故王天下者必先诸民，然后庇焉，则能长利。今郤至在七人之下而欲上之，是求盖七人也，其亦有七怨。怨在小丑，犹不可堪，而况在侈卿乎？其何以待之？

凌驾在百姓头上的。所以统治天下的人，一定要首先探求百姓的心意，然后给予百姓庇荫，(这样)才能得到长远利益。现在，郤至的地位在那七人之下，却要升到他们上面去，这是要求掩盖那七个人，那他也会有七怨。怨来自地位低的人，尚不能忍受，何况来自有权的大卿呢？郤至将用什么来对付他们呢？

注释

1《书》:《尚书》。这里说的《尚书》是逸书，后世不存。

2《诗》:《诗经》。下文引自《诗经》中的《大雅·旱麓》篇。

“晋之克也，天有恶于楚也，故儆之以晋。而郤至佻天之功以为己力，不亦难乎？佻天不祥，乘人不义，不祥则天弃之，不义则民叛之。且郤至何三伐之有？夫仁、礼、勇，皆民之为也。以义死用谓之勇，奉义顺则谓之礼，畜义丰功谓之仁。奸仁为佻，奸礼为羞，奸勇为贼。夫战，尽敌为上，

“晋国的胜利，是上天对楚憎恨，所以用晋国来警告它。而郤至偷天之功以为己功，不就是祸难吗？偷天之功不祥，凌驾别人之上不义，不祥，天就抛弃他；不义，百姓就背叛他。况且郤至哪里有三项功劳？仁、义、勇，都是凭着百姓力量表现出来的。为了义效力而死称作勇，遵循义理按法则行事称作礼，积累义举、建立大功称作仁。用奸伪行仁是偷仁，用奸伪表示礼貌是羞耻，用奸伪表示勇敢是窃国的贼。战争，以全歼敌人为最好，以保持和平顺从正义为最好。所以

守和同顺义为上。故制戎以果毅，制朝以序成。叛战而擅舍郑君，贼也；弃毅行容，羞也；叛国[1]即仇，佻也。有三奸以求替其上，远于得政矣。以吾观之，兵在其颈，不可久也。虽吾王叔，未能违难。在《太誓》[2]曰：'民之所欲，天必从之。'王叔欲郤至，能勿从乎？"

郤至归，明年死难[3]。及伯舆之狱，王叔陈生奔晋。[4]

掌管军事果敢坚毅，掌管朝政按爵位的序列成就政事。背叛战争(的直接目的)擅自放走郑国国君，是贼；丢掉杀敌的果敢而表现礼貌，是羞耻；背叛本国、亲近敌人，是偷仁。有三项奸伪行为，却想替代官位在他之上的人，他距离正卿的位置还远得很。在我看来，刀已经架在他的脖颈上了，他不会长久了。即使是我们的王叔，也不能逃避祸难。《太誓》上说：'百姓所要的，上天一定依从。'王叔要联结郤至，能不跟着遭难吗？"

郤至回国，第二年遭到杀身之祸。后来王叔陈生与伯舆争政，失败后逃奔到晋国。

注释

1 叛国：指放走郑国国君。

2《太誓》：今《尚书》的《周书》中有《太誓》篇，但没有此句。

3 明年死难：公元前574年，郤至被晋厉公杀死。

4 及伯舆之狱，王叔陈生奔晋：公元前563年，王叔陈生与周大夫伯舆争政，周灵王帮助伯舆，王叔陈生失败逃走。

卷三 周语下

1.单襄公论晋将乱

原文

柯陵之会[1],单襄公见晋厉公[2]视远步高。晋郤锜[3]见,其语犯。郤犫见,其语迂[4]。郤至见,其语伐。齐国佐[5]见,其语尽。鲁成公见,言及晋难及郤犫之谮。[6]

译文

(诸侯)在柯陵的集会,单襄公见晋厉公眼望远处,走路时脚高高举起。郤锜来见,他说的话冒犯人。郤犫来见,他的话夸诞不实。郤至来见,他的话夸耀自己的功劳。齐国国佐来见,他是无话不说。鲁成公来见,说到晋将加罪于己的灾难和郤犫的诬陷。

注释

1 柯陵之会:这是指鲁成公十六年(前575年),晋伐郑,诸侯在柯陵会师。柯陵在郑国西部,约在今河南许昌市南。

2 晋厉公:晋国国君,名州蒲,公元前580年即位,前573年被杀。

3 郤锜(xì qí):与下面的郤犫(chōu)、郤至同为晋卿,号称“三郤”。他们都是郤豹的后代,锜与至是豹的玄孙,犫是曾孙。本篇称锜为“伯”,犫为“叔”,至为“季”,那么,犫也当是豹的玄孙了。

4 迂:不切实际。

5 国佐:齐卿齐武子。下文叫他齐国子。

6 “鲁成公见”句:晋将伐郑,叫鲁国出兵。鲁成公怕叔孙侨如引发内乱,未及时发兵,没有赶上对郑的作战。郤犫受侨如的贿赂,在晋厉公的面前说成公的坏话，说他按兵观望，看谁胜利。这就触怒了晋厉公，不见成公。成公所以要向单襄公诉说就是为了这些。

单子曰："君何患焉！晋将有乱，其君与三郤其当之乎！"鲁侯曰："寡人惧不免于晋，今君曰'将有乱'，敢问天道乎，抑[1]人故也？"对曰："吾非瞽、史，焉知天道？[2]吾见晋君之容，而听三郤之语矣，殆必祸者也。夫君子目以定体，足以从之，是以观其容而知其心矣。目以处义，足以步目，今晋侯视远而足高，目不在体，而足不步目，其心必异矣。目体不相从，何以能久？夫合诸侯，民之大事也，于是乎观存亡。故国将无咎，其君在会，步言视听，必皆无谪[3]，则可以知德矣。视远，日绝其义；足高，日弃其

单襄公对鲁成公说："您怕什么呢？晋国将出祸乱，它的国君和三郤大概将承担祸乱的后果吧！"鲁成公说："我害怕不能避免晋所加的灾祸，而您说晋将出祸乱。请问这是天道呢，还是人为的原因？"回答说："我不是瞽、史，怎么知道天道？我看到了晋君的仪容，听到了三郤的言谈，(他们)一定要遭殃了。对于君子来说，眼睛用以安定身体，脚用来随顺心意，因此观察他的仪容就知道他的心意了。(依常情，)眼睛用来看应该做的，脚步用来和视线相应，现在晋君眼望远处，走路时脚步高高举起，眼睛与身体相违背，脚与眼睛不相应，他的心一定处于异常状态了。眼睛与身体不相顺从，凭什么能持久？集合诸侯，是国家的大事，从这里可以看出是生存还是灭亡。所以，如果国家没有灾祸，它的国君在会议期间，走路、说话、眼看、耳听，一定没有什么过失，由此就可以知道德行不差了。眼望远处，是天天弃绝他所应做的；脚高高举起，是天天抛弃那些美德；自己语言差错，是天天违背信用；

德；言爽[4]，日反其信；听淫，日离其名。夫目以处义，足以践德，口以庇信，耳以听名者也，故不可不慎也。偏丧有咎；既丧，则国从之。晋侯爽二，吾是以云。

滥听别人所说，是天天丢失美好的名声。眼睛是用来看应该做的，脚步是用来履行德行的，口是用来恪守信用的，耳朵是用来明辨是非的，所以不可以不谨慎。这四项丧失了其中一两项，那就自身有灾祸；四项尽丧，国家就跟着灭亡。现在晋君丧失了两项，所以我这样说。

注释

1 抑：连词，表选择，还是。

2 瞽(gǔ)：乐师之长，掌音乐。 史：太史，掌天时。 知天道：就是从天文变化上推知天意。

3 谪(zhé)：过错。

4 爽：爽失，过失。

“夫郤氏，晋之宠人也，三卿而五大夫，可以戒惧矣。高位实疾颠，厚味实腊[1]毒。今郤伯之语犯，叔迂，季伐。犯则陵人，迂则诬人，伐则掩人。有是宠也，而益之以三怨，其谁能忍之！虽齐国子亦将与焉。立于淫乱之国，而好尽言，以招人过，怨之本也。唯善人能

“郤氏，晋国的宠臣，一族之中，三卿五大夫，应当警戒恐惧了。处于高位，的确容易迅速垮下来；味道好的，的确往往有剧毒。现在郤家老大的话冒犯人，老二夸大事实，老三自我夸耀。冒犯就会侵侮人，夸大就会诬陷人，自夸就会掩盖别人的优点。有这样的宠信，而加上这三种怨恨，谁能够容忍？就是齐国的大夫也将受祸。在淫乱的国家里为臣，而喜欢无话不说，招致别人的谴责，这是怨恨的本源。只有好人才能接受别人无

受尽言，齐其有乎？吾闻之，国德而邻于不修，必受其福。今君逼于晋，而邻于齐，齐、晋有祸，可以取伯，无德之患，何忧于晋？且夫长翟之人利而不义[2]，其利淫矣，流[3]之若何？”

话不说，齐国有这样的好人吗？我听说，自己的国家有美德而与不修德者为邻，一定会受到福荫。现在您为强晋所逼而与齐为邻国，齐、晋一旦有难，你就可以取得霸主的地位，只忧虑自己无美德可称，对晋国有什么忧虑的呢？况且叔孙侨如好利而不好义，他喜好骄奢淫逸而已，把他放逐出去怎么样？”

注释

1 腊(xī)：极端，极为。

2 长翟之人：指叔孙侨如。侨如的父亲叔孙得臣打败翟人，俘获翟人一名首领叫长翟侨如，于是得臣给他儿子取名为侨如。 利而不义：指叔孙侨如与成公母亲穆姜私通，还想驱逐季孙氏和孟孙氏，以便在鲁国专权。

3 流：流放。

鲁侯归，乃逐叔孙侨如。简王十一年，诸侯会于柯陵。十二年，晋杀三郤。十三年，晋侯弑，于翼东门葬，以车一乘。[1]齐人杀国武子[2]。

鲁君回国，就驱逐叔孙侨如出国。简王十一年，诸侯在柯陵盟会。十二年，晋国杀死三郤。十三年，晋国君被杀，用车一乘，葬于翼的东门之外。（同年，）齐国人杀死国武子。

注释

1 翼：晋的别都，在今山西翼城南。 以车一乘：按礼，诸侯死葬当用车七乘。用车一乘，是说不成其礼。

2 齐人杀国武子：国武子被杀与晋厉公死，是在同一年。

2.单襄公论晋周

原文

晋孙谈之子周适周[1],事单襄公,立无跛[2],视无还,听无耸,言无远;言敬必及天,言忠必及意,言信必及身,言仁必及人,言义必及利,言智必及事,言勇必及制,言教必及辩,言孝必及神,言惠必及和,言让必及敌;晋国有忧未尝不戚,有庆未尝不怡。

译文

晋国孙谈的儿子周来到周室,侍奉单襄公,站不歪着身子,看不翻来覆去地看,听不耸起耳朵,说话不大声说;说"敬"必定说到运行不息的天,说"忠"必定说到自己的心意,说"信"必定说自身如何,说"仁"必定说到是否应用到众人,说"义"必定说到对人有利与否,说"智"必定说到怎样处理事物,说"勇"必定说到对勇的控制,说"教"必定说到分辨是非,说"孝"必定说到对祖先神明的孝敬,说"惠"必定说到和睦,说"让"必定说到以礼对待地位相当的人。晋国有忧患,未曾不忧愁;晋国有福庆,未曾不高兴。

注释

1 晋孙谈之子周适周:谈是晋襄公的孙子,周是谈的儿子。公元前572年,晋人迎立为国君,就是晋悼公。

2 立无跛:古人站立时,应双足并立,不可歪着身子,跛脚站立。

襄公有疾,召顷公而告之,曰:"必善晋周,将得晋国。其行也文,

单襄公患病,把儿子顷公叫来对他说:"一定要好好对待晋国的周,(他)将得到晋国(的君位)。他的行为有文德,

能文则得天地。天地所胙[1],小而后国。夫敬,文之恭也;忠,文之实也;信,文之孚也;仁,文之爱也;义,文之制也;智,文之舆也;勇,文之帅也;教,文之施也;孝,文之本也;惠,文之慈也;让,文之材也。象天能敬,帅意能忠,思身能信,爱人能仁,利制能义,事建能智,帅义能勇,施辩能教,昭神能孝,慈和能惠,推敌能让。此十一者,夫子皆有焉。

能文就能得天地(之福佑)。天地所保佑的,最小也能得到一个国家。敬,是属于文德的礼节方面;忠,是文德的实际行为;信,是文德的验证;仁,属于文德的普爱方面;义,是文德中用以决断的标准;智,是使文德得以实行的工具;勇,是文德所统率的行为;教,是普施文德的手段;孝,是文德的根本;惠,属于文德的慈和方面;让,是文德的使用。以天为法则能敬,遵循恕己之道而行能忠,考虑修身能信,普爱众人能仁,以利为断事标准能义,事功建树能智,遵行道义能勇,对是非实行辨别能教,尊显神灵能孝,慈爱和睦能惠,使与自己地位相当的人处于前列能让。这十一项美德,公子周都具备了。

注释

1 胙(zuò):祭祀用的福肉,这里指福佑。

"天六地五[1],数之常也。经之以天,纬之以地,经纬不爽,文之象也。文王质文,故天祚之以天下。夫子被之矣,其昭穆[2]又近,可以得国。且

"天有六气,地有五行,这是常数。以天作为经,以地作为纬,经纬没有差失,是文德的表象。文王具有文德的品质,所以上天把天下赐给他。公子周具备了文德,他的族系与晋君又亲近,可以得到晋国。而且站立时不歪着身子,是

夫立无跛，正也；视无还，端也；听无耸，成也；言无远，慎也。夫正，德之道也；端，德之信也；成，德之终也；慎，德之守也。守终纯固，道正事信，明令德矣。慎成端正，德之相也。为晋休戚，不背本也。被文相德，非国何取！

中正；看不翻来覆去地看，是端庄；听不耸起耳朵，是安定；说话不高声，是谨慎。中正，是德的道路；端庄，是德的验证；安定，是德的结果；谨慎，是德的坚持。牢固坚持，善始善终，行道正，处事信，(这就)表明了美好的德行。谨慎、安定、端庄、中正，是对德的辅助。为晋国的事高兴和忧虑，是不背离他的根本。具备文的品质，(又)以德为辅佐，不取国取什么呢？

注释

1 天六地五：天有六气，指阴、阳、风、雨、晦、明；地有五行，金、木、水、火、土。

2 昭穆：父昭子穆，孙复为昭。昭、穆依次排列下去。这里的意思就是“族系”。

“成公之归也，吾闻晋之筮之也，遇《乾》之《否》，曰：‘配而不终，君三出焉。’一既往矣，后之不知，其次必此。且吾闻成公之生也，其母梦神规[1]其臀以墨，曰：‘使有晋国，三而畀驩之

“成公从周归晋为君，我听说晋国占卜这件事，遇上《乾》卦，变而至《否》卦，卦辞说：‘配天为君，但不能世世代代为君，国君三次从周出来(回到晋国)。’一次已经过去了，后来的事不知道，其次一定是这一位。而且我听说成公出生，他母亲梦见神用墨画他的臀部，说：‘使这个孩子领有晋国，传三代再给驩的后

孙[2]。’故名之曰‘黑臀’，于今再矣。襄公曰驩,此其孙也。而令德孝恭,非此其谁？且其梦曰:‘必驩之孙,实有晋国。’其卦曰:‘必三取君于周。’其德又可以君国,三袭焉。吾闻之《大誓》,故曰:‘朕梦协朕卜,袭于休祥,戎商必克。’以三袭也。晋仍无道而鲜胄,其将失之矣。必早善晋子,其当之也。”

顷公许诺。及厉公之乱,召周子而立之,是为悼公。

裔。’所以给他取名黑臀,现在已传到第二代了。襄公名驩,这位周是他的后裔。(周)德行美好,孝慈恭敬,不是他(继君位)是谁？而且,那梦说:‘一定是驩的后裔,实将领有晋国。’那卦说:‘一定三次从周迎立国君。’他的德行又可以为国之君,三条相合了。我听《大誓》里的典故说:‘我的梦合于我的卜,与美好的征兆相重合,用兵伐殷一定会取得胜利。’这是因为(梦、卜、征兆)三者相合的缘故。晋国数次行无道之政,公族之后又寡少,大概将失国了吧。一定要及早好好对待晋国这位公子,他将要担当为国君的重任了。”

顷公许诺。到厉公的祸乱,(晋)召回公子周,立他为君,这就是悼公。

注释

1 规:描画。

2 三而畀(bì)驩(huān)之孙:传三代把君位传给驩的曾孙。畀,给予。驩,晋襄公的名。成公归晋为君。成公黑臀是晋文公的庶子。赵穿杀灵公,赵盾从周迎立黑臀为君。成公公元前606年至前600年在位。三代,成公一代,景公二代,厉公三代。

3.太子晋谏壅谷水

原文

灵王二十二年,谷、洛斗,将毁王宫。[1]王欲壅之,太子晋谏曰:"不可。晋闻古之长民者,不堕山,不崇薮[2],不防川,不窦泽。夫山,土之聚也;薮,物之归也;川,气之导也;泽,水之钟也。夫天地成而聚于高,归物于下。疏为川谷,以导其气;陂塘污庳[3],以钟其美。是故聚不阤[4]崩,而物有所归;气不沉滞,而亦不散越。是以民生有财用,而死有所葬。然则无夭、昏、札、瘥之忧[5],而无饥、寒、乏、匮之患,故上下能相固,以待不虞,古之圣王唯此之慎。

译文

周灵王二十二年,谷水、洛水激流相撞,将要冲坏王宫。灵王想堵住谷水(使不毁坏王宫),太子晋劝阻说:"不可以。晋听说古代为民君主的人,不毁山(使低),不加高薮泽,不堵河流,不在水泽决口(使水流出)。山,是土的聚积;薮,是动植物所生所归之处;河,是通气的;泽,是水的汇集。天地形成的时候,就在高处聚积,使物在低处生长汇集。疏通成为江河溪谷,用来通气;池塘、水洼、湖沼,用来汇集滋润的效益。所以聚积而不崩塌,生物有所归集;气不沉积,也不播散到远处。所以人民生有财用,死有葬身之处。这样,就没有夭折、早死、瘟疫和疾病的忧患,没有挨饿、受冻、短缺、穷困的忧患,所以上下能够凝聚,准备对付料想不到的灾祸,古代圣王对这一点特别谨慎。

注释

1 灵王二十二年,谷、洛斗,将毁王宫:灵王,周灵王,名泄心,公元前571年至前545年在位。灵王二十二年,是公元前550年。谷水在王城之北，洛水在王城之南。当时谷水改道，南流合于洛水，冲毁王城西南。

2 薮(sǒu)：无水的泽。

3 庳(bì)：低矮处，湖泊沼泽。

4 阤(zhì)：崩塌。

5 夭、昏、札(zhá)、瘥(cuó)：夭折、早死、瘟疫、疾病。

"昔共工弃此道也，虞于湛乐，淫失其身，欲壅防百川，堕高堙庳，以害天下。[1]皇天弗福，庶民弗助，祸乱并兴，共工用灭。其在有虞，有崇伯鲧，播其淫心，称遂共工之过，尧用殛之于羽山。[2]其后伯禹念前之非度，厘改制量，象物天地，比类百则[3]，仪之于民，而度之于群生。共之从孙四岳佐之，高高下下，疏川导滞，钟水丰物，封崇九山，决汨九川，陂鄣九泽，丰殖九薮，汨越九原，宅居九隩，[4]合通四海。故天无伏阴，地无散阳，水无沉

"从前共工抛弃了这一点，安于淫乐，让自己过于骄逸，想堵塞众多的河流，削低高山来填塞低洼地带，使天下人受害。皇天不保佑，庶民不辅助，产生了许多起祸乱，共工因而灭亡。在虞舜的时候，有一个崇国封伯叫鲧的，放纵自己骄逸的心意，认为共工的做法是对的，并重蹈共工的覆辙，尧便把他诛杀在羽山。此后的封伯禹想到他父亲鲧法度不当，就修改法度，从天地那里取法，从众多事物中触类旁通，以人民的看法定标准，用是否有利于生育万物来衡量。共工兄弟的孙子做四岳官的辅佐他，高处让它高，低处任其低，疏通江河，清除障碍，引导流水，使水聚积，使物产丰饶，增高加大各处大山，开口子疏通各大河流，为各大湖泊筑堤挡水，使各大薮泽中的动植物生长繁茂，治理各大平原，(使人民)在九州之内安居，使四海之内道路通达。所

气，火无灾燀，[5]神无闲行，民无淫心，时无逆数，物无害生。帅象禹之功，度之于轨仪，莫非嘉绩，克厌帝心。皇天嘉之，祚以天下，赐姓曰'姒'，氏曰'有夏'，谓其能以嘉祉[6]殷富生物也。祚四岳国，命以侯伯，赐姓曰'姜'，氏曰'有吕'，谓其能为禹股肱心膂，以养物丰民人也。[7]

以天没有潜伏的阴，地没有分散的阳，水没有沉积的气，火起不成灾，神没有奸邪淫厉的行为，人民没有放纵的想法，时令没有反常的次序，伤害作物的虫害不产生。用大道和原则来衡量禹建树的业绩，无不是美好的功勋，能使天帝满意。皇天认为禹好，把天下赐给他，（尧）赐禹姓姒，赐氏"有夏"，是说他能用美好的福佑生育万物，使之殷实富足。以国土封给四岳，任命诸侯之长，赐姓姜，赐氏吕，是说四岳能做禹的手臂、大腿、腹心和脊梁，使万物生育，使人民丰衣足食。

注释

1 共工：尧时诸侯，帝尧十九年，曾命共工治河。 虞：安。 湛(dān)：同"耽"。 堕高堙庳(huī gāo yīn bì)：削低高山，填塞洼地。指共工治水违背天地山河自然的本性这一重大原则。堕，同"隳"。

2 鲧(gǔn)：禹的父亲，相传为颛顼之子，字熙。居于崇（今河南嵩山一带），称有崇氏，又称崇伯。他曾用堵塞的办法治水，结果失败。 殛(jí)：诛杀。

3 比类百则：从众多事物中触类旁通。则，种类。百则，各种各样的事物。

4 汩(gǔ)：疏通。 隩(ào)：可居住的边远地区。

5 伏阴、散阳：古人用阴、阳等来反映自然特别是天候现象，认为阴应当分散，若潜伏起来，就会出现夏天降霜下雹等异常情形；阳则应当集中，如果分散了，就会出现冬天李、梅结实等异常现象。 燀(chǎn)：火花四溅将要造成火灾的样子。

6 嘉祉:美好的福佑。"嘉"与"夏","祉"与"姒","姜"与"养",古代音同音近。

7 膂(lǚ):脊梁骨,"膂""吕"古代同字。 养物:使万物生育。

"此一王四伯,岂緊多宠[1]?皆亡王之后也。唯能厘举嘉义,以有胤在下,守祀不替其典。有夏虽衰,杞、鄫犹在;申、吕虽衰,齐、许犹在。[2]唯有嘉功,以命姓受祀,迄于天下。及其失之也,必有慆淫[3]之心间之。故亡其氏姓,踣毙不振;绝后无主,湮替隶圉。[4]夫亡者岂緊无宠?皆黄、炎之后也。唯不帅天地之度,不顺四时之序,不度民神之义,不仪生物之则,以殄灭无胤,至于今不祀。及其得之也,必有忠信之心间之。度于天地而顺于时动,和于民神而仪于物则,故高朗令终,

"这位君王和四岳之伯,难道是受宠信的人物?他们都是亡国的君王的后代。只是能治理好政务,兴办起适合人民需要的事,因而后代有继嗣,维持祭祀,没有废弃常理常法。有夏虽已衰亡,杞国、鄫国还在;申、吕虽已衰亡,齐国、许国还在。只有美好的功业,才能赐姓、封国受命、祭祀社稷山川,以至于领有天下。到他们后代丧失天下国家,必定是骄慢淫逸之心取代了建功立业之心。因此导致氏姓灭亡,倒下地去不能振作;后嗣灭绝,没有主持祭祀的人,子孙沦落为仆役马夫。灭亡的人难道是不受宠信的?都是黄帝、炎帝的后代嘛。只是因为不遵循天地间的大法,不按照四时的顺序行事,不估量对人民与神灵是否合宜,不以养育万物的法则为准则,因而灭绝无后,直到现在无人祭祀。到了他们领有天下国家的时候,必定有忠诚信厚之心代替骄慢淫纵之心。取法天地,顺四时而动,与人民、神灵和谐协调,以养育万物的法则为准则,所以行

显融昭明，命姓受氏，而附之以令名。若启先王之遗训，省其典图刑法，而观其废兴者，皆可知也。其兴者，必有夏、吕之功焉；其废者，必有共、鲧之败焉。今吾执政无乃实有所避，而滑夫二川之神，使至于争明，以妨王宫，王而饰之，无乃不可乎！

为高明，结果美好，光明之德显现长远，受命得姓，受赐得氏，随后就有美好的声誉。如果打开先王的遗训，观看其中的礼教、图像、法令，体察他们兴起灭亡（的缘由），都是可以明白知晓的。他们所以兴起，必定有夏、吕那样的功劳，他们所以灭亡，必定有共工和鲧那样的过失。现在我们的执政者，恐怕确实（于先王的遗训）有所违背，扰动了那谷、洛二水之神，以致他们争夺水道，妨碍王宫（安全），王却设法阻遏它，恐怕不可以吧！

注释

1 岂、繄(yī)：句首语气词，难道。又说，“繄”为“是”义。

2 杞、鄫(zēng)，两小国国名。国君都是禹的后代。申国国君，是四岳的后代，商周之世，有封于申的。齐、许的国君是申、吕的后裔。

3 慆(tāo)淫：享乐过度。

4 踣(bó)：倒毙。 圉(yǔ)：养马的地方。

“人有言曰：‘无过乱人之门。’又曰：‘佐饔[1]者尝焉，佐斗者伤焉。’又曰：‘祸不好，不能为祸。’《诗》曰：‘四牡骙骙，旟旐有翩，乱生不夷，靡国不泯。’又

“人们有俗语说：‘不从狂乱的人门口经过。’又说：‘辅佐烹饪官的尝到美味，帮助斗殴的受到伤害。’又说：‘（如果）不嗜好那些引来灾祸的，就成不了祸。’《诗》说：‘四匹拉车的公马健壮，鹰鸟旗与龟蛇旗飘扬，祸乱发生不得平定，没有一个国家不被灭亡。’又说：‘人民看

曰:‘民之贪乱,宁为荼毒。’[2] 夫见乱而不惕,所残必多,其饰弥章。民有怨乱,犹不可遏,而况神乎?王将防斗川以饰宫,是饰乱而佐斗也,其无乃章祸且遇伤乎?自我先王厉、宣、幽、平而贪天祸,至于今未弭。我又章之,惧长及子孙,王室其愈卑乎?其若之何?

似作乱,其实是因为恶政荼毒。’看到了祸乱而不警惕,所残害的一定众多,越是掩盖阻挡,就会越是显明加剧。人民有乱子,尚且不可阻挡,何况神灵呢?王将防止两河激流冲撞,筑堤堵水保护王宫,这就是阻挡祸乱而帮助斗殴,那岂不是使祸乱加剧并且伤害自身吗?从我们先王厉王、宣王、幽王、平王不知自惕而惹来天灾,到现在还没有平息。我们现在又来扩大这灾祸,恐怕影响长远到贻祸子孙,周王室恐怕要更为卑弱了吧?这怎么办呢?

注释

1 饔(yōng):负责烹煎的官。

2 诗句均见于《诗经·大雅·桑柔》。 骙骙(kuí kuí):形容马强壮。 旟(yú):上面画着鸟隼的军旗。 旐(zhào):上面画着龟蛇的军旗。 翩:动摇不休止之意。 夷:平。 靡:无。 泯:灭。

“自后稷以来宁乱,及文、武、成、康而仅克安民。自后稷之始基靖民,十五王而文始平之,十八王而康克安之,其难也如是。厉始革典,十四王矣。基德十五而始平,基祸

“自后稷以来,平定乱事,到文王、武王、成王、康王仅能做到使百姓安定。自后稷开始打下安民的基础,经过十五王,文王才开始做到削平祸乱,经过十八王也就是到康王方能安定百姓,那困难就有这样大!厉王开始变更常法,(到现在)十四王了。奠定德的根基,经

十五其不济乎！吾朝夕儆惧，曰：'其何德之修，而少光王室，以逆天休？'王又章辅祸乱，将何以堪之？王无亦鉴于黎、苗之王，下及夏、商之季，上不象天，而下不仪地，中不和民，而方不顺时，不共神祇，而蔑弃五则[1]。是以人夷其宗庙，而火焚其彝器，子孙为隶，下夷于民，而亦未观夫前哲令德之则。则此五者而受天之丰福，飨民之勋力，子孙丰厚，令闻不忘，是皆天子之所知也。

过十五王才开始安定；打下祸的基础，经过十五王大概将不行了吧！我早晚警戒恐惧，想道：'将修什么德行，来稍稍光大王室，迎接天赐的喜庆？'现在王却要助长祸乱，那怎么得了呢？王请借鉴（上世）黎、苗的君王，以及夏、商末年的教训，他们上不取法于天，下不取则于地，中不和谐人民，不按四时顺序行事，不敬天地神祇，废弃这五项原则。因此别人毁灭他的宗庙，焚毁宗庙里的祭器，子孙成为仆役，下面的平民百姓也遭祸害，也不看一看那前代圣贤成就美好德业的规律。以此五项为准则，就将受天赐的大福，享受人民的功力（所造就的成果），子孙繁衍众多，美好的声誉永存，这些都是天子您所知道的。

注释

1 蔑弃五则：指上文"上不象天，而下不仪地，中不和民，而方不顺时，不共神祇"。五则，五项原则。

"天所崇之子孙，或在畎亩，由欲乱民也。畎亩之人，或在社稷，由欲靖民也。无有异焉！

"上天所尊崇的（天子的）子孙，有在田野里劳作的，是由于（他们）想使民扰乱。田野里（劳作）的人，有的到朝廷来（做官），是由于（他们）想使民安定。这里没

《诗》云：'殷鉴不远，在夏后之世。'将焉用饰宫？其以徼乱也。度之天神，则非祥也。比之地物，则非义也。类之民则，则非仁也。方之时动，则非顺也。咨之前训，则非正也。观之《诗》《书》，与民之宪言，则皆亡王之为也。上下议之，无所比度，王其图之！夫事大不从象，小不从文，上非天刑，下非地德，中非民则，方非时动而作之者，必不节矣。作又不节，害之道也。"

王卒壅之。及景王多宠人，乱于是乎始生。景王崩，王室大乱。及定王[1]，王室遂卑。

有例外。《诗》说：'殷商（应吸取）的教训不远，就在夏桀之世。'哪里用得着堵水以保护王宫？那是用来导致祸乱的。以天神来衡量，是不祥的征兆。用地物来比方，是不恰当的行为。用人民的准则来类推，不足仁。用依时而动来评议，不合顺序。拿先王的遗训来征询，不是中正。拿《诗》《书》的话和民间格言来参考，就都是亡国君王的作为。不论从上还是从下来衡量议论，都没有可以用来作为依据的，请王考虑一下这件事！大事不取法天象，小事不依从典籍，上不是天的规律，下不是地利所在，中不是人民（所遵循）的准则，不按四时顺序行动，这样去办什么事，就一定没有法度了。办事情没有法度，是通向祸害之路啊。"

灵王终于堵塞谷水。到景王，他有许多宠爱的人，祸乱就从这里产生。景王逝世，王室大乱。到定王时，王室的地位就降低了。

注释

1 定王：指周贞定王介，他公元前 468 年至前 441 年在位，已进入了战国时代。

4.羊舌肸聘于周

原文

晋羊舌肸[1]聘于周,发币于大夫及单靖公。靖公享之,俭而敬;宾礼赠饯,视其上而从之;燕无私[2],送不过郊;语说《昊天有成命》。

译文

晋国羊舌肸到周通好致意,送礼品给大夫们,也送给单靖公。靖公宴请他,礼薄,但是恭敬;待客之礼,赠物,赠食品,根据它的上限去办,不敢逾越;宴饮不赠送礼物,饭后没有加笾加豆,送行不过城郊;宴会上谈到喜欢《昊天有成命》这首诗。

注释

1 羊舌肸(xī):晋国大夫,就是下文所说的叔向,是当时有影响的政治家,他主要活动在晋悼公、晋平公时期。

2 私:饭后加笾、加豆。笾、豆都是盛食品的器皿。加笾加豆是饮食之后再奉上的食器,里面装有腌芹菜、兔肉酱之类。

单之老[1]送叔向,叔向告之曰:"异哉!吾闻之曰:'一姓不再兴。'今周其兴乎!其有单子也。昔史佚[2]有言曰:'动莫若敬,居莫若俭,德莫若让,事莫若咨。'单子之贶我,礼也,皆有焉。夫宫室不崇,器无彤镂,

单靖公的贵臣送叔向,叔向对他说:"奇怪啊!我听说:'一姓不可能两次兴起(为天下主)。'现在周将要(再次)兴盛了吧!那是因为有单子的缘故。从前史佚曾说过:'行为没有什么比得上恭敬,生活没有什么比得上俭约,德行没有什么比得上谦让,办事方法没有什么比得上咨询。'单公加惠于我,合乎礼仪,这些全都具备。宫室不高大,用具没有漆红

俭也；身耸除洁，外内齐给，敬也；宴好享赐，不逾其上，让也；宾之礼事，放上而动，咨也。如是，而加之以无私，重之以不淆，能避怨矣。居俭动敬，德让事咨，而能避怨，以为卿佐，其有不兴乎！

雕刻饰金的，是俭；自身戒惧，操守洁净，内外都没有纰漏，是敬；宴会结好，酬答宾客，赏赐下属，不超过它的上限，是谦让；接待宾客礼仪的事，依照在上位的人的意见行事，是咨询。像这样，又加上没有私心，不混同于流俗，能避免怨恨了。生活俭约，行为恭敬，德行谦让，办事经过商量，又能避免怨恨，任命他为公卿辅政大臣，岂有不兴盛的？

注释

1 老：贵臣，重要的、地位高的家臣。
2 史佚：西周初史官。

“且其语说《昊天有成命》，颂之盛德也。其诗曰：‘昊天有成命，二后受之，成王不敢康。夙夜基命宥密，於，缉熙！亶厥心，肆其靖之。’是道成王之德也。成王能明文昭，能定武烈者也。夫道成命者，而称昊天，翼其上也。二后受之，让于德也。成王不敢康，敬百姓也。夙

“而且他谈到《昊天有成命》，（这诗）是歌颂美德的，这诗说：‘昊天有成命，二后受之，成王不敢康。夙夜基命宥密，於，缉熙！亶厥心，肆其靖之。’这是阐述周成王的德行。周成王能够继承周文王的明德，能够巩固周武王的功烈。（诗中）阐述‘成命’，而说‘昊天’有成命，这是敬上。‘二后受之’，（自身不敢当，）这是德行谦让。‘成王不敢康’，是敬百姓。‘夙夜’，是恭。‘基’，是开始。‘命’，是信的意思。‘宥’，是

夜，恭也。基，始也。命，信也。宥，宽也。密，宁也。缉，明也。熙，广也。亶，厚也。肆，固也。靖，和也。其始也，翼上德让，而敬百姓；其中也，恭俭信宽，帅归于宁；其终也，广厚其心，以固和之。始于德让，中于信宽，终于固和，故曰成。[1]单子俭敬让咨，以应成德。单若不兴，子孙必蕃，后世不忘。

宽的意思。'密'，是宁的意思。'缉'，是光明的意思。'熙'，是广大的意思。'亶'，是深厚的意思。'肆'，是安定的意思。'靖'，是和睦的意思。首先说敬上、谦让、敬百姓；中间说恭谨、俭约、诚信、宽厚，而归结为安宁；最后说使他的心广大深厚，用安定来和谐。从美德谦让开始，中间讲诚信宽厚，以安定和谐结束，所以说是'成'。单公俭约、恭敬、谦让、咨询，和'成'这种美德相应。单公如不兴盛，他的子孙一定繁衍发达，世世代代永志不忘。

注释

1 这是叔向对《昊天有成命》的理解。按现在对这首诗的理解，翻译如下："伟大的天有既定的命，文武二王接受了这个命（为王）。（继承文、武王的）成王不敢安宁，早夜奉持天命，实行宽仁安静的政策。啊，光明（伟大）啊！（成王于政事）尽其心力，于是他安定了全国。"原文见《诗经·周颂》。

"《诗》曰：'其类维何？室家之壶。君子万年，永锡祚胤。'[1]类也者，不忝前哲之谓也。壶也者，广裕民人之谓也。万年也者，令闻不忘

"《诗》说：'其类维何？室家之壶。君子万年，永锡祚胤。''类'，是说不玷辱以前的圣贤。'壶'，是说广泛地引导人民。'万年'，是说美好的声誉永垂不朽。'胤'，是说子

之谓也。胤也者，子孙蕃育之谓也。单子朝夕不忘成王之德，可谓不忝前哲矣。膺保明德，以佐王室，可谓广裕民人矣。若能类善物，以混厚民人者，必有章誉蕃育之祚，则单子必当之矣。单若有阙，必兹君之子孙实续之，不出于他矣。”

孙繁衍众多。单公早晚不忘成就王业的美德，可谓不玷辱以前的圣贤了。保持完美的德性，用来辅佐王室，可谓广泛引导人民了。如果能不断做好事，使人民都富厚，一定有显扬名誉、子孙繁衍的福，单公就一定会享有这个福分。单氏（为朝廷公卿，）如果出缺，一定是这位单靖公的子孙来接替，不会从别的家族中选任了。”

注释

1 诗句见于《诗经·大雅·既醉》。按现在的理解译文如下："那族类是什么？是整个的家族。君子的恩惠有万年之久，永远赐福给后嗣子孙。"叔向有他自己的理解，与我们这里所译的不同。

5.单穆公谏铸大钱

原文

景王二十一年，将铸大钱。[1]单穆公曰："不可。古者，天灾降戾，于是乎量资币，权轻重，以振救民。民患轻，则为作重币以行之，于是乎有母权子而行，

译文

周景王二十一年，准备铸造大钱。单穆公说："不可以。古时候，天灾降下来，于是量度钱财，权衡轻重，用来救济灾民。人民忧虑钱轻了不好，就替他们造重钱使用，于是乎重钱为主，轻钱相辅而行，人民都能得到方便。

民皆得焉。若不堪重,则多作轻而行之,亦不废重,于是乎有子权母而行,小大利之。

如果认为太重了,负担不起,就多造些轻钱来使用,重钱也不废弃,于是以用轻钱为主,重钱相辅而行。钱的轻重大小,用起来都方便。

注释

1 景王二十一年:公元前 524 年。周景王,名贵,公元前 544 年至公元前 520 年在位。 大钱:大的、重的硬币。

"今王废轻而作重,民失其资,能无匮乎?若匮,王用将有所乏,乏则将厚取于民。民不给,将有远志,是离民也。且夫备有未至而设之,有至而后救之,是不相入也。可先而不备,谓之怠;可后而先之,谓之召灾。周固羸国也,天未厌祸焉,而又离民以佐灾,无乃不可乎?将民之与处而离之,将灾是备御而召之,则何以经国?国无经,何以出令?令之不从,上之患也,故圣人树德于民以除之。

"现在王废掉轻钱而铸造重钱,人民失掉了他的积蓄,能不穷困吗?如果人民穷困,王的用度将有所缺乏,缺乏了就将从人民那里多取。人民负担不起,将有远逃的想法,这是使人民离开自己。而且有事情还没有发生就应先做准备的,有发生了然后去救治的,这先备和后救互不干扰。可以事先准备而不准备,叫懈怠;可以事后救治而预先采取措施,叫招致灾祸。周本来是一个弱国,天降灾祸还没有停止,却又使民离心,助成灾祸,恐怕不可以吧?将与人民相处却使他们离心,将预防灾祸反而招祸,将拿什么作为治国的纲要?治国没有纲要,怎么发布政令?人民不听从政令,是君上的忧患,所以圣人在人民面前建树德政,除去不听从政令的

"《夏书》有之曰:'关石和钧,王府则有。'[1]《诗》亦有之曰:'瞻彼旱麓,榛楛济济。恺悌君子,干禄恺悌。'[2]夫旱麓之榛楛殖,故君子得以易乐干禄焉。若夫山林匮竭,林麓散亡,薮泽肆既,民力凋尽,田畴荒芜,资用乏匮,君子将险哀之不暇,而何易乐之有焉?

忧患。

"《夏书》上说:'赋税公平,计量公正,王的府库就会富有。'《诗经》也有这样的句子:'看那旱山脚下,毛栗树和荆条长得茂密。和乐平易的君子,他求俸禄也和乐平易。'旱山脚下毛栗树和荆条生长,所以君子得以和乐平易地求取俸禄。如果山林枯竭,无人管理,薮泽光秃秃的,什么也没有,民力耗尽,田野荒芜,资财穷乏,君子将自危自哀都来不及,还有什么和乐平易?

注释

1 伪古文《尚书》的《五子之歌》篇里载有这些话的原文。

2 诗句见于《诗经·大雅·旱麓》。 榛楛(zhēn hù):榛木与楛木。泛指丛生的杂木。喻平庸之物。 恺悌(kǎi tì):态度和蔼,容易接近。

"且绝民用以实王府,犹塞川原而为潢污[1]也,其竭也无日矣。若民离而财匮,灾至而备亡,王其若之何?吾周官之于灾备也,其所怠弃者多矣,而又夺之资以益其灾,是去其藏而

"而且搜刮人民的财用去充实王的府库,好像堵塞河流的源泉去造水池水洼一样,水流枯竭也就没有几天了。如果人民离心,财用穷乏,灾祸到来又没有备灾的措施,王将怎么办呢?我们周的官府对于备灾的事,懈怠废弃的多着啦,而又夺取人民的资财来助长灾祸,这是使他们失去储藏,并害死他们。王可要

翳[2]其人也。王其图之!"

王弗听,卒铸大钱。

仔细考虑这事。"

王不听这些劝告,最终还是铸了大钱。

注释

1 潢(huáng)污:聚积不流之水。

2 翳:通"殪",杀死。

6.单穆公伶州鸠谏铸大钟

原文

二十三年,王将铸无射,而为之大林。[1]单穆公曰:"不可。作重币以绝民资,又铸大钟以鲜其继。若积聚既丧,又鲜其继,生何以殖?且夫钟不过以动声,若无射有林,耳弗及也。夫钟声以为耳也,耳所不及,非钟声也。犹目所不见,不可以为目也。夫目之察度也,不过步武尺寸之间;其察色也,不过墨丈寻常之间。[2]耳之察和也,在清浊之间;其察清浊

译文

周景王二十三年,王将铸无射钟,先造大的林钟。单穆公说:"不可以。铸大钱使人民积蓄作废了,又铸大钟减少钱财的接济。如果积蓄丧失,又减少接济,财用如何能够增长?而且钟的作用不过是发出声音,如果无射钟按大林钟的规格来造,耳朵就听不了这种声音。钟声是为了让耳朵听,耳朵听不了,那就不算钟声了。犹如眼睛所看不见的,不可以用眼睛来看一样。眼睛观察的范围,不过步武尺寸之间;它观察颜色,不过墨丈寻常之间。耳听乐声,在清浊之间;它体察清浊,局限在个人的能力所及。所以先

也，不过一人之所胜。是故先王之制钟也，大不出钧，重不过石。[3]律度量衡于是乎生[4]，小大器用于是乎出，故圣人慎之。今王作钟也，听之弗及，比之不度，钟声不可以知和，制度不可以出节，无益于乐，而鲜民财，将焉用之！

王造钟，大不超出一钧，重不超出一石。音律高低、事物长短、容积多少和轻重从这里产生，大大小小的度量衡器从这里产生，所以圣人对此谨慎从事。现在王制作大钟，听又听不了，比其大小又不合规矩，钟声不能够听到和声，规格上不能够成为标准，对于音乐没有好处，却减少了人民的钱财，用它来干什么？

注释

1 无射(yì)：钟名。无射本是律名，因此钟与无射律相应，所以叫无射。 大林：也是钟名，它与林钟律相应。律是定乐调的，中国古代音乐有十二律，无射约当于升A调，林钟约当于G调。另有黄钟、大吕等，黄钟相当于C调。

2 步武：六尺为步，半步为武。 墨丈寻常：五尺为墨，倍墨为丈，八尺为寻，两寻为常。

3 钧：用七尺长的木，弄弯它，上系一弦，叫一钧。 石：一百二十斤。

4 律度量衡于是乎生：不同长度的竹管可吹出高低不同的声音，九寸长的竹管(孔径三分)，吹出来的音就是黄钟，黄钟管容秬黍千二百粒。百粒为铢，容百铢叫龠，两龠为一合。一合重一两。所以说音律高低、事物长短、容积多少和轻重都是从这里产生的。

“夫乐不过以听耳，而美不过以观目。若听乐而震，观美而眩，患

“音乐不过用来让耳朵听，美物不过用来让眼睛看。如果听音乐震了耳朵，看美物看得眼发昏眩，祸患就没有比这

莫甚焉。夫耳目,心之枢机也,故必听和而视正。听和则聪,视正则明。聪则言听,明则德昭。听言昭德,则能思虑纯固。以言德于民,民歆而德之,则归心焉。上得民心,以殖义方,是以作无不济,求无不获。然则能乐。夫耳内和声,而口出美言,以为宪令,而布诸民,正之以度量,民以心力,从之不倦,成事不贰[1],乐之至也。口内味而耳内声,声味生气。气在口为言,在目为明。言以信名,明以时动。名以成政,动以殖生。政成生殖,乐之至也。若视听不和,而有震眩,则味入不精,不精则气佚,气佚则不和。于是乎有狂悖之言,有眩惑之明,有转易之名,有过慝之度。出令不信,

更厉害的了。耳朵、眼睛,是心灵的枢纽,所以必须耳听和声,目视正色。耳听和声就聪,目视正色就明。耳聪就能听进去忠言,目明就德行美好。能听忠言并昭明德行,思虑就能专一稳定。对人民以语言实施德教,人民接受德教心悦诚服,民心就归向他了。君上获得民心,建立仁义之道,所以做事无不成功,求取没有得不到的。这样就能作乐听乐了。耳朵听进去乐音,口里说出来好话,在这样的情况下制定法令,把它向人民公布,用规矩和法则纠正他们的行为,人民在心思和体力上都会不倦怠地跟随这样的君上,成就事业,没有差失,这是音乐所起的最大作用。口里接收味道,耳朵接收声音,声音和味道产生精气。精气在口为言语,在目为视觉。言语用来审定号令,视觉用来察时而动。号令用来完成政绩,动作行为用来增殖人们赖以生活的物资。政绩成就、物资增长,这是音乐所起的最大作用。如果看、听不和谐,反而有震振和昏眩,味进口就不精粹了,不精粹就精气涣散,精气涣散就不和谐。于是就有狂放悖理的语言,有糊涂混乱的看法,有反复无常的号令,有处置过当

刑政放纷，动不顺时，民无据依，不知所力，各有离心。上失其民，作则不济，求则不获，其何以能乐？三年之中，而有离民之器二焉[2]，国其危哉！”

的法度。发出号令没有信用，法规政事纷乱，不顺时令而行动，人民没有依据，不知道怎样尽力，各自有背叛的想法。君王失掉了百姓的拥护，做事不能成功，求取不能得到，那怎么能作乐听乐？（短短）三年之内，就有两件使人民背离的器用，国家可真就危险了啊！”

注释

1 贰：变易，不一样。变化无常，没有定准。

2 离民之器二焉：一件是大钱，一件是无射钟。

王弗听，问之伶州鸠。对曰：“臣之守官弗及也。臣闻之，琴瑟尚宫[1]，钟尚羽，石尚角，匏竹利制，大不逾宫，细不过羽。夫宫，音之主也，第以及羽。圣人保乐而爱财，财以备器，乐以殖财。故乐器重者从细，轻者从大。是以金尚羽，石尚角，瓦丝尚宫，匏竹尚议，革木一声。[2]

王不听，拿这事问伶州鸠。回答说：“臣的职守管不了这事。我听说，琴瑟演奏乐曲以宫调为最好，钟以羽调为最好，石磬以角调为最好，笙和箫以声音调和为节制，声音大不超过宫调，声音细不超过羽调。宫，是音乐的主调，由它依次到羽。圣人安享音乐，而爱惜财用，钱财用来置备乐器，音乐用来增加财用。所以乐器重的奏细声，乐器轻的奏大声。所以金属乐器以羽声为最好，石制乐器以角声为最好，瓦制与丝弦乐器以宫声为最好，笙，箫之类的管乐器以调和为最好，皮革和木制乐器只有一种声音，没有清浊的变化。

注释

1 古代分音阶为五，即宫、商、角、徵(zhǐ)、羽，分别相当于1(do)、2(re)、3(mi)、5(sol)、6(la)。宫调，即以1(do)为主音的曲调，所谓主音，指在乐曲旋律中重要的、居于核心地位的音。下面所说的羽调当以6(la)为主音，角调当以3(mi)为主音。

2 是以金尚羽……革木一声：金属乐器指钟。石制乐器指磬。瓦制和木制乐器指埙和琴瑟。埙(xūn)，陶制，烧制的吹奏乐器，像鹅蛋那么大，上尖下平中空。匏(páo)，笙竽一类的乐器，用匏(一种葫芦)做座，上有簧管。皮革和木制乐器指鼗鼓和柷敔。鼗(táo)鼓，一种小鼓，约像后世的拨浪鼓。柷敔(zhù yǔ)，木制，打击乐器，柷在乐曲开始时敲击，敔在乐曲结束时敲击。

“夫政象乐，乐从和，和从平。声[1]以和乐，律以平声。金石以动之，丝竹以行之，诗以道之，歌以咏之，匏以宣之，瓦以赞之，革木以节之。物得其常曰乐极，极之所集曰声，声应相保曰和，细大不逾曰平。如是，而铸之金，磨之石，系之丝木，越之匏竹，节之鼓而行之，以遂八风。于是乎气无滞阴，亦无散阳，阴阳序次，风雨

“政事由音乐反映，音乐讲究和谐，和谐就要做到细声是细声，大声是大声，不相逾越。五声使音乐调谐，音律使五声钧平。钟磬用来发动，弦管用来演奏，诗用来称述，歌用来吟咏，笙用来发扬，埙用来配乐，鼗鼓和柷敔用来调节。各种乐器(发出的声音)合乎常规叫音乐恰到好处，恰到好处的乐声汇集叫声，声与应和之声相安叫和，细声大声不相逾越叫平。像这样，铸金属为钟，磨石为磬，系丝于木以为琴瑟，凿孔于匏竹以为笙箫，裁剪皮革制成鼓而演奏乐曲，用以顺应八方的风。于是阴气不沉积，阳气不分散，阴阳各得其位，风雨应时到来，可喜地产生了众

时至,嘉生繁祉,人民和利,物备而乐成,上下不罢,故曰乐正。今细过其主妨于正,用物过度妨于财,正害财匮妨于乐。细抑大陵,不容于耳,非和也。听声越远,非平也。妨正匮财,声不和平,非宗官[2]之所司也。

“夫有和平之声,则有蕃殖之财。于是乎道之以中德,咏之以中音,德音不愆,以合神人,神是以宁,民是以听。若夫匮财用,罢民力,以逞淫心,听之不和,比之不度,无益于教,而离民怒神,非臣之所闻也。”

王不听,卒铸大钟。二十四年[3],钟成,伶人告和。王谓伶州鸠曰:“钟果和矣。”对曰:“未可知也。”王曰:“何故?”对曰:“上作器,民备乐之,则为和。今财亡民罢,莫不怨恨,臣不知其和

多的福利,人民和谐受益,财物具备,音乐获得成功,上下不疲困,所以说音乐中正。现在铸造应作细声的无射钟,(因有大林)而不具备它所应有的性质,妨碍了正声;消耗财物过度,妨碍了财用;有害于正声,用尽了钱财,妨碍了音乐。无射的细声被抑制,大林的大声响得过头,耳朵容不了,这不是和谐。听它的声音传得遥远,不是钧平。妨碍正声,耗尽财用,声音又不和谐钧平,这不是宗官所应当掌管的。

“有和谐钧平的乐声,就有增长的钱财。于是以中庸之德引导,以中和之音吟咏。中庸之德、中和之音没有差池,合于神灵和人民的心意,神灵因而安宁,人民因而服从。如果耗尽财用,使民力疲困,以使个人淫欲之心得逞,听起来不和谐,加以比量不合于法度,对教化没有好处,反而使人民叛离,使神灵发怒,这就不是我所听说的了。”

王不听劝告,最终铸造了大钟。景王二十四年钟铸成,奏乐的人报告说钟声和谐。王对伶州鸠说:“结果钟声和谐了。”回答说:“还是不可知。”王说:“什么原因?”回答说:“君王制作乐器,人民都因而喜乐,就是和谐。现在钱财消耗、人民疲困,没有不怨恨的,臣不知它的和

也。且民所曹好,鲜其不济也。其所曹恶,鲜其不废也。故谚曰:‘众心成城,众口铄金。’三年之中,而害金再兴焉,惧一之废也。”王曰:“尔老耄矣!何知?”二十五年,王崩,钟不和。

谐在哪里。而且人民共同喜好的事,少有办不成的。他们憎恶的事,少有不被废弃的。所以俗语说:‘大众同心,坚固成城。众口一词,销镕金石。’(短短)三年之内,害民的铸金属的事就做了两件,我怕大钱、大钟都会被废弃。”王说:“你老糊涂了,知道什么?”景王二十五年,景王逝世,钟声不和谐。

注释

1 声:指音阶,即宫、商、角、徵、羽五个音阶。

2 宗官:指大宗伯,乐官是大宗伯的下属。

3 二十四年:指周景王二十四年,即公元前521年。

7.景王问钟律

原文

王将铸无射,问律于伶州鸠。对曰:“律所以立均出度也。古之神瞽考中声而量之以制,度律均钟[1],百官轨仪,纪之以三,平之以六,成于十二,天之道也。[2]夫

译文

景王将铸无射钟,向伶州鸠问钟的音律。回答说:“律是用来建立韵调、订出度量的。古代的神瞽考察中和之声,审量它的韵律,用此制作乐曲,量律吕的长短,使钟声平和,百事依据它以为准则。以‘三’为纲,用‘六’使它和谐,到十二音乐就完成了,这是天道。六,是中

六，中之色也，故名之曰黄钟，[3] 所以宣养六气、九德也[4]。由是第之：二曰太蔟，所以金奏赞阳出滞也；[5] 三曰姑洗，所以修洁百物，考神纳宾也；四曰蕤宾，所以安靖神人，献酬交酢也；五曰夷则，所以咏歌九则，平民无贰[6] 也；六曰无射，所以宣布哲人之令德，示民轨仪也。为之六间，以扬沉伏，而黜散越也。元间大吕，助宣物也；二间夹钟，出四隙之细也；三间仲吕，宣中气也；四间林钟，和展百事，俾莫不任肃纯恪也；五间南吕，赞阳秀也；六间应钟，均利器用，俾应复也。[7]

色，所以叫它黄钟。是用来普遍滋养六气、九德的。由此依次数来，第二叫太蔟，是说金属凑集，用来辅佐发动阳气，使蛰伏的生物出来活动。第三叫姑洗，是用来将百物修饰干净、祭祀神灵、接纳宾客的。第四叫蕤宾，是用来使神、人保持安静，行献享酬酢之礼的。第五叫夷则，是用来歌咏九功的规律，使民有成就而无二心的。第六叫无射，是用来宣布圣贤的美德，叫人民了解行为规范的。（以上是阳律。在阳律之间，）穿插六个阴吕，用以发扬沉伏（的阴），除去分散（的阳）。第一插进大吕，助阳气散布于万物。第二插进夹钟，引出四季间隙之中的细微之气。第三插进仲吕，把阳光从中宣泄出来。第四插进林钟，使万物和舒，使人们都敬慎职事，专一恭谨。第五插进南吕，帮助阳气使禾类吐穗扬花。第六插进应钟，使器用和均便利，与礼数相应，与常规相合。

注释

1 度律均钟：律，又叫律吕（单为律，双为吕），阳为律，阴为吕。律吕的音高，是由不同长度的竹管决定的。量其长短，作为制钟的尺寸，钟声才能协调。例如黄钟律管长九寸，制作钟如果加长一倍半的话，那么，钟身应是 0.9 尺 ×2.5=2.25 尺。

2 百官轨仪……天之道也：天有十二个辰次，所以说十二是天道。三是六、九、十二的约数，说“纪之以三”，取的是这个意思。六是十二的一半，是个均数，所以说“平之以六”。古人把数目引进哲学、天文、历法、音乐、美学这些领域，未必都合乎近代科学。

3 夫六……黄钟：“六”是十二的一半，所以说是中色，中色就是黄色。

4 所以宣养六气、九德也：六气，阴、阳、风、雨、晦、明。九德，水、火、金、木、土、谷，正德（端正德行）、利用（物尽其用）、厚生（使生活物质充足）。下文说“九功”，也是指这“九德”而言。古人以十二律配十二月，以黄钟配十一月，十一月阳气沉伏，万物开始萌动，孕育着明年一切自然现象和某些与自然密切相关的社会现象的产生，所以说“宣养六气、九德”。

5 太蔟，所以金奏赞阳出滞也：律与五音相配，太蔟配商。五音与五行相配，商配金。这样，太蔟又与金相应，所以说“太蔟”是“金属凑集”。“蔟”与“凑”音近。十二律与十二月相配，太蔟配正月，正月蛰虫开始活动。

6 贰：产生背叛之心。

7 根据这样的穿插配合，将十二律列成一表，把所配的月份也注在下面：

1律	2吕	3律	4吕	5律	6吕	7律	8吕	9律	10吕	11律	12吕
黄钟	大吕	太蔟	夹钟	姑洗	仲吕	蕤宾	林钟	夷则	南吕	无射	应钟
十一月	十二月	正月	二月	三月	四月	五月	六月	七月	八月	九月	十月

所有十二律的说明都与它们的名称、所配的月份有关，不能一一注出。

“律吕不易，无奸物也。细钧有钟无镈，昭其大也。大钧有镈无钟，甚大无镈，鸣其细也。大昭小鸣，和之道也。

“不改变律吕的正常状态，各顺其时，就没有妨碍生存的东西。细声的乐调有大钟无小钟，使大乐器明显发挥作用。大声的乐调有小钟无大钟。更大的乐调连小钟也没有，使细小的乐器奏出音响，（各

和平则久，久固则纯，纯明则终，终复则乐，所以成政也，故先王贵之。”

王曰：“七律者何？”对曰：“昔武王伐殷，岁在鹑火[1]，月在天驷，日在析木之津，辰在斗柄[2]，星在天鼋，星与日辰之位，皆在北维。颛顼之所建也，帝喾受之。我姬氏出自天鼋[3]，及析木者，有建星及牵牛焉，则我皇妣大姜之侄伯陵之后，逄公之所凭神也。岁之所在，则我有周之分野也。月之所在，辰马农祥也，我太祖后稷之所经纬也。王欲合是五位三所而用之[4]。自鹑及驷七列[5]，南北之揆七同[6]。凡人神以数合之，以声昭之。[7]数合声和，然后可同也。故以七同其数，而以律和其声，于是乎有七律[8]。

有各的用处，）这是音乐和谐的办法。和谐、细大不相干扰就长久，长久安定就精粹，精粹完美，乐曲就完成了。完成了再演奏就快乐。这些是用来使政事成功的。所以先王看重好的音乐。”

王说：“七律是什么？”回答说：“从前武王伐殷，岁星在鹑火位次，月在天驷处，日在析木位次的汉津，日月相会于北斗星斗柄所指位次，北斗星在天鼋位次。北斗星、日与日月相会处都在北方水位。颛顼所建立的天下，帝喾接受了它。我姬姓从天鼋生出，从天鼋到析木星所在位次，有建星和牵牛星。天鼋是我皇祖妣太姜的侄儿、伯陵的后代逄公所凭依的神主保佑的地方。岁星所在的鹑火，是我大周的分野。月在房星，是一年农事开始吉祥的先兆，农事是我始祖后稷经营成功的事业。武王想把这五个位次和三处所在的有利条件汇在一起，加以利用。自鹑火到天驷七列，从南到北七位，合于七律。凡人、神的音乐，用数去合它，用声去表明它。数目相合，声音相和，然后才可以做到神、人相应。所以用七来统一这个数字，用音律来使声调和谐，于是就有七律。

注释

1 岁在鹑火：古代把黄道附近的一周天按由东向西方向划分为十二个等份，每一等份是一个位次，有专门的名称。这里所说的鹑火在正南。下文所说的天驷即房星，属于大火位次，在正东方。析木位次为东偏北，这个区域叫做汉津。天鼋就是玄枵，在正北方向。

2 这话的意思是说夏历十一月初一，日在北斗星斗柄所指的星纪位次。

3 我姬氏出自天鼋：周文王的祖母太姜，有逄伯陵之后，齐人。太姜的侄儿逄公为殷诸侯，封于齐地。齐为天鼋(yuán，玄枵)的分野。

4 五位：五个位次，岁在鹑火，月在天驷，日在析木，星在天鼋，日月相会在斗柄。　三所：逄公所凭，周之分野，后稷所成就的农事上应房星。

5 七列：从鹑火至天驷，即从张至房七列，合七宿，即张、翼、轸、角、亢、氐、房。

6 七同：指从岁在鹑火到北斗在天鼋，共七个位次。中间五个位次是鹑尾、寿星、大火、析木、星纪。

7 以数合之：用数去合它，指采用"七"这个数字。因为自鹑火到天驷七列，从南到北七位，周武王戊午渡孟津，甲子战胜纣，也是七天。　以声昭之：用声去表明它，指用七律来表明这个"七"。

8 七律：本指七个音阶，即宫、商、角、徵、羽之外，再加变宫、变徵。伶州鸠在这里把它与历史、天象联系起来，代表当时的一种看法。

"王以二月癸亥夜陈，未毕而雨。以夷则之上宫毕[1]，当辰。辰在戌上，故长夷则之上宫[2]，名之曰羽，所以藩屏民则[3]也。王以黄钟之下宫，布戎于牧之野，[4]故谓之厉，所以厉

"武王于周历二月四日夜晚将队伍列成阵势，还没有列完，就下雨了。用夷则的高宫调列完阵势，正值日月相会。日月相会在戌方位之上，所以首先用夷则的高宫调，把这乐曲叫做羽，用来保障人民，使合于法则。武王用黄钟的低宫调，把军队排列在牧野，所以叫做

六师也。以太蔟之下宫[5]，布令于商，昭显文德，底纣之多罪，故谓之宣，所以宣三王之德也。反及嬴内，以无射之上宫，[6]布宪施舍于百姓，故谓之嬴乱[7]，所以优柔容民也。”

厉乐，用来激励军队勇猛前进。用太蔟的低宫调，到商都发号施令，宣扬文王的德行，数列纣众多的罪恶。所以叫做宣，用来宣扬太王、王季、文王的美德。回到嬴内，用无射的高宫调，颁布法令，施舍恩德，赦免罪人，所以叫它嬴乱，用来优待、安定、宽容人民。”

1 以夷则之上宫毕，当辰：意思与前面所说“辰在斗柄”相应。

2 长夷则之上宫：夷则的高宫调，以夷则律为宫音阶的乐曲，相当于现在的升G调。黄钟、太蔟等音较低，以它们为宫音阶的是低宫调，夷则、无射等音较高，以它们为宫音阶的是高宫调。

3 藩屏民则：保障人民，保护民法。则，法则。

4 黄钟之下宫：黄钟的低宫调，约相当于C调。 牧野：地名，在今河南淇县西南。

5 太蔟之下宫：太蔟的低宫调，约相当于D调。

6 嬴内(guī ruì)：地名。 无射之上宫：无射的高宫调，约相当于A调。

7 嬴乱：因在嬴地所作，所以叫“嬴”；目的在治理好天下，所以叫“乱”。乱是治的意思。

8.宾孟见雄鸡自断其尾

原文

景王既杀下门子[1]。宾孟[2]适郊，见雄鸡自断

译文

景王已了杀下门子。宾孟到郊外去，看见公鸡自己弄断尾巴。向左右侍者问

其尾。问之,侍者曰:“惮其牺也。”遽归告王,曰:“吾见雄鸡自断其尾,而人曰‘惮其牺也’,吾以为信畜矣。人牺实难,己牺何害?抑其恶为人用也乎,则可也。人异于是。牺者,实用人也。”

王弗应。田于巩[3],使公卿皆从,将杀单子,未克而崩。

这件事,回答说:“它害怕成为祭祀用的牺牲。”于是赶回来向景王报告说:“我看见公鸡自己弄断尾巴,有人说它害怕成为祭祀用的牺牲,我以为它真是畜生(不懂人性)。只怕别人成为牺牲,自己成为牺牲有什么关系?它憎恶被人用作牺牲,自然可以如此。人与此不同。人自己作牺牲,(有这种精神)就能治人。”

景王不回答。(景王)到巩去打猎,使公卿都跟着去,将要杀单穆公,没有杀成就去世了。

注释

1 下门子:周大夫,王子猛的师傅。景王没有正出的儿子,已立子猛为太子,又想立子朝,所以先杀子猛的师傅。

2 宾孟:亦称宾起,周大夫,子朝的师傅。

3 巩:地名,在今河南巩义市。

9.刘文公与苌弘欲城周

原文

敬王十年,刘文公与苌弘欲城周,[1]为之告晋。魏献子[2]为政,说苌弘而与之,将合诸侯。

译文

周敬王十年,刘文公与苌弘想为敬王居处筑城,为此求助于晋。晋国魏献子当政,喜欢苌弘,同意这个要求,将集合诸侯(来做)。

注释

1 敬王:周敬王,名匄(gài),公元前519年至前476年在位,周敬王十年是公元前510年。 刘文公:王卿士,名卷。 苌(cháng)弘:周大夫,下文彪傒(xī)称他为苌叔。

2 魏献子:晋正卿,魏绛之子,名舒。

卫彪傒[1]适周,闻之,见单穆公曰:"苌、刘其不殁乎?周诗有之曰:'天之所支,不可坏也。其所坏,亦不可支也。'昔武王克殷,而作此诗也,以为饫[2]歌,名之曰'支',以遗后之人,使永监焉。夫礼之立成者为饫,昭明大节而已,少典与焉。是以为之日惕,其欲教民戒也。然则夫《支》之所道者,必尽知天地之为也。不然,不足以遗后之人。今苌、刘欲支天之所坏,不亦难乎?自幽王而天夺之明,使迷乱弃德,而即慆淫,以亡其百姓,其坏之也久矣。而又将补之,殆不可矣!水火之所犯,犹不可救,而况天乎?谚曰:'从善如登,从

卫国彪傒到周来,听说了这件事,谒见单穆公说:"苌、刘二人恐怕不得善终了吧?周诗有这样的句子:'天所支持的,不可毁坏。它所毁坏的,也无法支持。'从前武王战胜殷,写作这首诗,作为饫歌,取名为《支》,留给后人,使后人永远以为借鉴。礼仪站着完成的叫饫,表明大体而已,少有典章仪式介入其间。所以对此天天恐惧,那是想教民戒慎。这样,《支》所说的,就是一定要彻底了解天地要做什么。不然,不值得留给后世人。现在苌、刘二人想支住天所毁坏的,岂不困难吗?自从幽王被天夺去明智,使他迷惑昏乱,抛弃德行,走向怠慢荒淫,因而失去了百姓的拥护,天毁坏王室已经很久了。(现在)却想补救它,大概不可以了。火灾、大水的患害,尚且不可救止,何况天呢?谚语说:'从善像登山一样困难,从恶像山崩一样容

恶如崩。'昔孔甲乱夏，四世而陨；[3] 玄王勤商，十有四世而兴；[4]帝甲乱之，七世而陨；[5]后稷勤周，十有五世而兴。幽王乱之，十有四世矣。守府之谓多，胡可兴也？夫周，高山、广川、大薮也，故能生是良材，而幽王荡以为魁陵、粪土、沟渎，其有悛乎？"

易。'以前，孔甲乱夏，四代就垮台了；玄王为商勤奋经营，十四代才兴盛；帝甲乱商，七代垮了台；后稷为周勤奋经营，十五代才兴盛。幽王乱周，到现在十四代了！能够保住周的府库就算不错了，怎么会兴盛？周，好比是高山、大河、大泽，所以能生这些良材，而幽王把它们破坏成小土丘、粪土、沟潭，周朝的没落怎能靠人力阻止呢？"

注释

1 彪傒：卫国大夫。
2 饫(yù)：一种宴礼，站着完成，仅仅是一种仪式，并不吃什么东西。
3 昔孔甲乱夏，四世而陨：孔甲，禹之后十四世，夏的君主。孔甲至桀，四世而亡。
4 玄王勤商，十有四世而兴：玄王，就是契。自契至汤，一十四世，汤灭夏而有天下。
5 帝甲乱之，七世而陨：帝甲，汤后二十五世。帝甲至纣七世。

单子曰："其咎孰多？"曰："苌叔必速及，将天以道补者也。夫天道导可而省否，苌叔反是，以诳刘子，必有三殃：违天，一也；反道，二也；诳人，三也。周若无咎，苌叔必为戮。虽晋魏子

单子说："苌、刘的灾祸，哪一个重？"回答说："苌弘(的灾祸)一定来得快，他是以人事补天道的。天道扬善抑恶，苌叔与此相反，用来惑乱刘子，必定有三祸：违背天意，是一；与天道相反，是二；惑乱人，是三。如果周没有灾祸，苌叔一定会被杀。就是

亦将及焉。若得天福,其当身乎?若刘氏,则必子孙实有祸。夫子而弃常法,以从其私欲,用巧变以崇天灾,勤百姓以为己名,其殃大矣。"

是岁也,魏献子合诸侯之大夫于狄泉,遂田于大陆,[1]焚而死。及范、中行之难[2],苌弘与之,晋人以为讨,二十八年,杀苌弘。及定王,刘氏亡。

晋国的魏献子,也将遭到灾祸。如果得享天福,只是他自身承当灾殃吧?至于刘氏,他的子孙必定有祸殃。这两位卿大夫抛弃常法不用,依从自己的想法,用机巧加重天灾,使百姓勤苦以成就自己的功名,那灾殃大着啦!"

这一年,魏献子在翟泉会合诸侯,在大陆田猎,被火烧死。到范氏、中行氏作乱,苌弘参与其事,晋人就此进行讨伐,周敬王二十八年,周王室杀死苌弘。到周贞定王时,刘氏家族灭亡。

注释

1 狄泉:一作翟泉,地名,在河南洛阳东北。 大陆:晋国薮名,薮是水少而草多的沼泽。

2 及范、中行之难:范、中行,晋大夫范吉射、中行寅,他们被逼叛晋,事败出逃。事在鲁定公十三年(前 497 年)。

卷四　鲁语上

1.曹刿问战

原文

长勺之役，曹刿问所以战于庄公。[1]公曰："余不爱衣食于民，不爱牲玉于神。"对曰："夫惠本而后民归之志，民和而后神降之福。若布德于民而平均其政事，君子务治而小人务力；动不违时，财不过用，财用不匮，莫不能使共祀[2]。是以用民无不听，求福无不丰。今将惠以小赐，祀以独恭。小赐不咸[3]，独恭不优。不咸，民不归也；不优，神弗福也。将何以战？夫民求不匮于财，而神求优裕于享者也，

译文

长勺之战，曹刿向鲁庄公问（与齐国）作战的依靠是什么。庄公说："我对百姓，不吝惜衣食（肯予赏赐）；对神，不吝惜牺牲玉帛（祭品丰厚）。"曹刿回答说："施惠施在根本上，百姓的心才归向君主；百姓和睦，神才给君降福。如果对百姓施德，政事办得公平，官吏致力于治理国家，百姓以出力为最重要的事。行事不违反季节，财用不超过礼仪的规定，这样财用不缺，没有谁不参加祭祀的。因此动员百姓，（百姓）没有不听从的；（向神）求福，（神降的福）没有不大的。现在，（您）将用临战的赏赐施予恩惠，以（您）一个人的恭敬之心来祭祀。临战对将士的赏赐，不能遍及所有的百姓；一个人对神恭敬，这恭敬不优厚。赏赐不普遍，百姓就不归附；恭敬不优厚，神就不降福。将凭什么作战？百姓所求的是财用不缺乏，而神求的是祭献

故不可以不本。”公曰：“余听狱虽不能察，必以情断之。”对曰：“是则可矣。知夫苟中心图民，智虽弗及，必将至焉。”

的品物丰饶。所以不能不把握根本。”庄公说：“我处理诉讼案件，即使不能一一明察，一定凭实情裁决。”曹刿回答说：“这就能战了。如能衷心地为人民利益考虑，智慧即使有不够的地方，也必定将达到目的。”

注释

1 长勺之役：公元前684年，齐伐鲁，战于长勺，齐败鲁胜。长勺，鲁地，在今山东莱芜东北。 曹刿(guì)：鲁国大臣，他参加过长勺之战和齐鲁在柯的盟会。 庄公：鲁国国君，名同，公元前693年至公元前662年在位。

2 莫不能使共祀：公序本无“能使”二字。莫不共祀，无不共祀，不单单自己祭祀。

3 咸：全体，共同。

2.曹刿谏如齐观社

原文

庄公如齐观社[1]。曹刿谏曰：“不可！夫礼，所以正民也。是故先王制诸侯，使五年四王、一相朝[2]。终则讲于会，以正班爵之义，[3]帅[4]长幼之序，训上下之则[5]，制财用之

译文

庄公要到齐国去观看祭祀社神。曹刿劝阻说：“不行！礼仪是用来端正百姓的行为的。因此先王为诸侯建立规矩，要他们五年之中，四次朝王，一次互相会见。朝见结束后，在会上演习礼仪，来端正爵位等级尊卑的道理，遵循长幼的顺序，理顺上下之间的规矩，规定财用的节

节，其间无由荒怠。夫齐弃太公之法而观民于社，君为是举而往观之，非故业也，何以训民？土发而社[6]，助时也。收攟而蒸[7]，纳要也。今齐社而往观旅，非先王之训也。天子祀上帝，诸侯会之受命焉。诸侯祀先王、先公，卿大夫佐之受事焉。臣不闻诸侯相会祀也。祀又不法，君举必书，书而不法，后嗣何观？”

公不听，遂如齐。

度，朝会之间无从荒淫怠慢。齐抛弃始祖太公的法规，祭祀社神，使民观看，您为此前往观看，是没有先例的，怎么教导民众？土气发动就祭祀社神，是为了帮助人民按时耕作；谷物收藏之后举行蒸祭，是为了接受登记五谷的文书。现在齐国祭祀社神而您前往观看民众游乐，不是先王的遗训。天子祭祀上帝，诸侯到那里集会接受政令。诸侯祭祀先王先君，卿大夫辅佐祭祀，接受任务。臣没有听说诸侯相会进行祭祀的，祭祀又不合法规，君主行动都是要载入史册的，写在史书上却是不合法规的行为，后代子孙将会怎么看呢？”

庄公不听，就到齐国去了。

注释

1 庄公如齐观社：鲁庄公二十三年，齐国社祭，并在会上展览武器装备等，鲁庄公前往观看。

2 使五年四王、一相朝：按照礼制，五年之间诸侯朝拜天子四次，诸侯间互相会见一次。

3 终则讲于会，以正班爵之义：朝拜结束后在会上演习礼仪，目的是端正爵位次序尊卑的规矩。终，结束。讲，学习。班，次序。

4 帅：遵循。

5 则：规则，规矩。

6 土发：春分时土气发动。　社：祭祀为农耕祈福。

7 收攟(jùn)而蒸：攟，古同“捃”，拾取。冬祭曰蒸，冬祭是为了接受登记五谷的账簿。

3.匠师庆谏丹楹刻桷

原文

庄公丹桓宫之楹，而刻其桷。[1]匠师庆[2]言于公曰：“臣闻圣王公之先封者，遗后之人法，使无陷于恶。其为后世昭前之令闻也，使长监于世，故能摄固不解以久。今先君俭而君侈，令德替矣。”公曰：“吾属欲美之。”对曰：“无益于君，而替前之令德，臣故曰庶可已矣。”公弗听。

译文

庄公将桓公庙的柱子漆成红色，在椽上雕刻(图像花纹)。匠师庆对庄公说：“我听说圣王、圣公始封的，留给后代人规矩，使他们不陷于邪恶之中。将使后代人明白前代人的好名声，使(他们)永远把世事成败看在眼里(以为戒)，所以能稳固不散，长久地存在下去。现在先君俭朴而您奢侈，美德消失了。”庄公说：“我们做晚辈的正是要美化先君。”回答说：“(这)对您没有好处，而是毁灭先君的美德，所以我说应该停止了。”庄公不听从。

注释

1 桓宫：鲁桓公的庙，鲁桓公是鲁庄公的父亲。庄公娶齐国哀姜，漆柱刻椽，为了迎接哀姜的到来。匠师庆认为过于奢侈。 桷(jué)：方形的椽(chuán)子。

2 匠师庆：大夫御孙，掌管工匠。

4.夏父展谏用币

原文

哀姜至,公使大夫、宗妇觌用币。[1]宗人[2]夏父展曰:“非故也。”公曰:“君作故。”对曰:“君作而顺则故之,逆则亦书其逆也。臣从有司,惧逆之书于后也,故不敢不告。夫妇贽不过枣、栗,以告虔也。男则玉、帛、禽、鸟,以章物也。今妇贽币,是男女无别也。男女之别,国之大节也,不可无也。”公弗听。

译文

哀姜嫁到鲁国来,鲁庄公命大夫、同宗大夫的妻子见哀姜时,用币作为见面礼物。宗伯夏父展说:“这不是前代留下的传统。”庄公说:“国君的做法就成为传统。”回答说:“国君的做法顺礼就把它作为传统,违礼也(在史书上)写下他的违礼。我备位随从,在主管官员之后,恐怕违逆的事情记录下来传给后世,所以不敢不报告。妇人拿的见面礼物不过枣、栗,表示敬意。男人的礼物是玉、帛、禽、鸟,以(这些不同的礼物)表明尊卑等级。现在妇人拿的礼物与男人同等,这是男女没有分别。男女的分别,是国家的大礼节,不能没有。”庄公不听从。

注释

1 哀姜:姜姓,哀为谥号,齐国国君之女,鲁庄公夫人。 觌(dí):见,相见。 币:用作礼物的车、马、玉、帛等。

2 宗人:宗伯,官名,主管礼仪。

5.臧文仲如齐告籴

原文

鲁饥[1],臧文仲[2]言于庄公曰:“夫为四邻之援,结诸侯之信,重之以婚姻,申之以盟誓,固国之艰急是为。铸名器,藏宝财,固民之殄病[3]是待。今国病矣,君盍以名器请籴于齐[4]!”公曰:“谁使?”对曰:“国有饥馑,卿出告籴,古之制也。辰也备卿,辰请如齐。”公使往。

译文

鲁国饥荒,臧文仲对庄公说:“给四邻援助,结交诸侯取信,加上婚姻关系和缔结同盟订立誓约,这本是为了国家的艰难危急。铸造大的器物,收藏财宝,这本是防备百姓的断粮饥饿。现在国家有饥荒,您何不用器物向齐国请求买粮食!”庄公说:“谁出使?”回答说:“国家有饥荒,卿出使向邻国请求买粮食,(这)是古代的制度。我列在卿位,请求到齐国去(买粮食)。”庄公派他去齐国。

注释

1 鲁饥:在庄公二十八年(前666年)。

2 臧文仲:鲁卿,臧哀伯之孙、伯氏瓶之子臧孙辰。

3 殄(tiǎn)病:这里是大饥荒的意思。殄,灭绝。病,饿。

4 盍,何不。 籴:购买粮食。

从者曰:“君不命吾子,吾子请之,其为选事乎?”文仲曰:“贤者急病而让夷,居官者当事不

随从的人说:“国君不任命您,您请求任命,这是自己选择职事吧!”文仲说:“贤良的人着急(国家的)困苦饥荒,在平常情况下就谦让;居官位的人执掌政事,

避难，在位者恤民之患，是以国家无违。今我不如齐，非急病也。在上不恤下，居官而惰，非事君也。”

文仲以鬯圭[1]与玉磬如齐告籴，曰：“天灾流行，戾于弊邑，饥馑荐降，民羸几卒，大惧乏周公、太公之命祀[2]，职贡业事之不共而获戾。不腆先君之币器，敢告滞积，以纾执事；以救弊邑，使能共职。岂唯寡君与二三臣实受君赐，其周公、太公及百辟神祇实永飨而赖之！”齐人归其玉而予之籴。

不回避困难；在位的人忧虑百姓的灾患，所以国家没有不顺当的事。现在我不到齐国去，就不是着急（国家的）困苦饥荒了。在上位的人不怜恤在下的百姓，当官而懈惰，就不是侍奉君主（的表现）。”

文仲带着鬯圭和玉磬到齐国去请求买粮食，说：“天灾流行，来到敝国，饥荒一再发生，百姓羸弱将死，非常害怕不能举行对周公、太公的命祀，害怕应当进贡物品的事做得不恭敬而获罪。以不丰厚的先君留下的旧器物，请求（你们将）积存了很久的粮食（卖给我们），以缓解你们的职掌粮食的官员（担心粮食朽烂的忧虑）；以救助敝国，使敝国能履行应尽的职责。哪里只是我国国君和大臣们实受您的恩赐，周公、太公及各位先君、天地之神长久地享受鲁的祭祀就靠这个。”齐国归还他们的玉，卖给他们粮食。

注释

1 鬯(chàng)圭：祭祀用的一种玉器，长尺二寸。

2 周公：鲁的始祖伯禽的父亲周公旦，周武王弟，西周初年大政治家。 太公：齐的始祖太公望，即姜子牙。 命祀：受王命而举行的祭祀。

6.展禽使乙喜以膏沐犒师

原文

齐孝公来伐鲁，臧文仲欲以辞告，病焉，问于展禽。[1]对曰："获[2]闻之，处大教小，处小事大，所以御[3]乱也，不闻以辞。若为小而崇，以怒大国，使加己乱，乱在前矣，辞其何益？"文仲曰："国急矣！百物唯其可者，将无不趋也。愿以子之辞行赂焉，其可赂乎？"

译文

齐孝公来攻伐鲁国，臧文仲想用好话向齐国表示歉意（使齐国退兵），苦于想不出词来，问展禽。（展禽）回答说："我听说，处在大国地位教训小国，处在小国地位侍奉大国，是用来防御祸乱的方法，没有听说过用言辞。如果作为小国而自高自大，以激怒大国，使它把祸乱加到自己身上，祸乱就已在眼前了，言辞又有什么用处？"文仲说："国家已危急了！各种东西只要它能够（贿赂的），将没有不送去的。（现在）希望借用您的言辞向它行贿，将能贿赂吗？"

注释

1 齐孝公：齐国国君，桓公子，名昭。齐孝公伐鲁，事在鲁僖公二十六年（前634年）。 臧文仲：鲁卿臧孙辰。 展禽：鲁大夫，就是柳下惠。

2 获：展禽的名。

3 御：抵御，终止。

展禽使乙喜以膏沐犒师[1]，曰："寡君不佞，不能事疆埸[2]之司，使君盛

展禽派乙喜用油脂慰劳齐军，说："我们的国君不才，没有侍奉好（贵国）管疆界的官吏，使您大怒，而陈兵在敝

怒，以暴露于弊邑之野，敢犒舆师。”齐侯见使者曰：“鲁国恐乎？”对曰：“小人恐矣，君子则否。”公曰：“室如悬磬，野无青草，何恃而不恐？”对曰：“恃二先君之所职业。昔者成王命我先君周公及齐先君太公曰：‘女股肱周室，以夹辅先王。赐女土地，质之以牺牲，世世子孙无相害也。’君今来讨弊邑之罪，其亦使听从而释之，必不泯其社稷；岂其贪壤地而弃先王之命？其何以镇抚诸侯？恃此以不恐。”齐侯乃许为平而还。

国的野外，（现在）我壮着胆子来慰劳众将士。”齐侯见到使者说：“鲁国恐惧吗？”使者回答说：“小人恐惧，君子则不恐惧。”齐孝公说：“（你们鲁国）府库像悬挂的磬一样（空虚），野外（干旱得）连青草也没有，凭什么不恐惧？”回答说：“凭我们两国已去世的君主所从事的事业。以前，成王命令我们先君周公和你们先君太公说：‘你们要共同佐助捍卫周王室，辅佐先王的事业。赐给你们土地，（你们要）用牛羊牲体结盟签约取信，世世代代子孙不相危害。’您现在来讨伐我国的罪，大概也是使我们听从您的命令而不追究（其他），一定不会灭掉我们的国家；难道（你们）将贪得土地而抛弃先王的命令？（如果这样）将凭什么安抚诸侯？（我们）凭着这个而不害怕。”齐侯就答应和谈而领兵回国。

注释

1 乙喜：鲁大夫展喜。　膏沐：用来润发的油脂，讲究礼仪时使用，借喻德政或恩泽。用油脂劳军，表明只讲道义，不用贿赂。

2 埸(yì)：田界，这里用引申义疆界、边境。疆埸，同义复用。

7.臧文仲请免卫成公

原文

温之会[1]，晋人执卫成公[2]归之于周，使医鸩之，不死，医亦不诛。

译文

在温地的诸侯之会，晋国逮捕了卫成公，把他押送到周的京城，派医师用鸩酒暗杀他，（由于医师放的毒少，卫成公）没有死，医师也没有被诛杀。

注释

1 温之会：在温地的诸侯之会，与会的有晋侯、齐侯、宋公、蔡侯、郑伯等，逮捕了卫侯，决定出师攻许。事在公元前632年。温，在今河南温县南。

2 卫成公：卫国国君，名郑。他不奉晋为霸主，又杀死弟弟叔武，他的臣子元咺向晋文公控告他，这是逮捕他的缘由。

臧文仲言于僖公[1]曰："夫卫君殆无罪矣。刑五而已，无有隐者，隐乃讳也。大刑用甲兵，其次用斧钺。中刑用刀锯，其次用钻笮。薄刑用鞭扑，以威民也。故大者陈之原野，小者致之市朝，五刑三次[2]，是无隐也。今晋人

臧文仲对鲁僖公说："卫国国君大概没有罪了。刑罚不过五项罢了，其中没有（用毒酒）暗暗杀害一条，（用毒酒）暗暗杀害是人们所忌讳的。大刑用甲兵（诛伐），其次用斧钺（斩杀）。中刑用刀割鼻，用锯锯足，其次用钻剔除膝盖骨，用凿黥面。轻刑用鞭子抽，用戒尺打，用这些刑罚在人民中树威。所以大刑摆在原野上进行，小刑在朝堂、市井进行，五种刑罚，三处地方，这里没有暗暗用刑的。现在晋国毒杀

鸩卫侯不死，亦不讨其使者，讳而恶杀之也。有诸侯之请，必免之。臣闻之：班相恤也，故能有亲。夫诸侯之患，诸侯恤之，所以训民也。君盍请卫君以示亲于诸侯，且以动晋？夫晋新得诸侯，使亦曰：‘鲁不弃其亲，其亦不可以恶。’”公说，行玉二十瑴[3]，乃免卫侯。

自是晋聘于鲁，加于诸侯一等，爵同，厚其好货。卫侯闻其臧文仲之为也，使纳赂焉。辞曰：“外臣之言不越境，不敢及君。”

卫侯，（卫侯）没有死，晋国也不诛罚那个派去下毒的医师，这是隐讳暗杀卫侯的事。如果有诸侯的请求，（晋国）必定释免卫侯。我听说：地位相等的应当互相（为对方）忧虑，所以能亲近。诸侯的忧患，其他诸侯忧虑它，这样才能教导百姓（相互救助）。您何不替卫侯请求释免来向诸侯们表示亲爱，并用这个打动晋侯？晋国新得诸侯拥护为霸主，使（他）也说：‘鲁国不抛弃它对诸侯的爱，我们将也不能与它搞坏关系。’”僖公很高兴，将二十对玉送给晋侯，（晋侯）就释放了卫侯。

从此晋国到鲁国聘问，使者的级别，比其他诸侯加一等；爵级相同，就加重馈送的礼物。卫侯听说是臧文仲建议鲁国请求晋国释放他的，派使者送东西给臧文仲。（臧文仲）推辞说：“我的话不能越过我国的国境，不敢和您国君相交。”

注释

1 僖公：鲁僖公，僖一作釐，姬姓，名申，公元前659年至公元前627年在位。

2 三次：三处地方，野、朝、市。

3 瑴(jué)：同“珏”。双玉曰瑴。

8.臧文仲请赏重馆人

原文

晋文公[1]解曹地以分诸侯。僖公使臧文仲往,宿于重馆[2]。重馆人告曰:“晋始伯而欲固诸侯,故解有罪之地以分诸侯。诸侯莫不望分而欲亲晋,皆将争先;晋不以固班,亦必亲先者,吾子不可以不速行。鲁之班长而又先,诸侯其谁望之?若少安,恐无及也。”

译文

晋文公削减曹国的土地分给一些诸侯国家。鲁僖公派臧文仲前去接受,(臧文仲)停宿在重地的一个候馆里。候馆的守馆仆役告诉(他)说:“晋侯刚开始为诸侯之长,想安定诸侯,所以削有罪国家的土地分送给诸侯。诸侯没有不希望分到土地而要亲近晋国的,都将争先前去;晋国如果不按照原来的等级,也一定会对先去的亲热些,您不可不快走。鲁国的等级尊崇而又先到那里,其他诸侯国将有谁能企望与鲁并列?如果您稍微安闲一点,恐怕不能赶上了。”

注释

1 晋文公:晋国国君,春秋时代的一位霸主,名重耳,公元前636年至公元前628年在位。

2 重:鲁地,在今山东鱼台县西北。 馆:候馆,官办的接待食宿的馆舍。

从之,获地于诸侯为多。反,既复命,为之请曰:“地之多也,重馆人之力也。臣闻之

臧文仲听从了他的意见,所得的土地在诸侯中最多。归来,回复了君主的命令后,替重地候馆的守馆仆役请功说:“分地分得多,是重地守馆人的功劳。我听说:

曰:'善有章,虽贱,赏也;恶有衅[1],虽贵,罚也。'今一言而辟境,其章大矣,请赏之。"乃出而爵之。

'好事必然彰明,即使他地位卑贱,也应该赏;坏事总有痕迹,虽然地位高贵,也应该罚。'现在他一段话就开拓了疆域,功劳是很显著的了,请您赏赐他。"(鲁僖公)于是使他脱离仆役的身份并获得爵位。

注释

1 衅(xìn):征兆,迹象。

9.展禽论祀爰居

原文

海鸟曰"爰居",止于鲁东门之外三日,臧文仲使国人祭之。展禽曰:"越哉,臧孙之为政也!夫祀,国之大节也;而节,政之所成也。故慎制祀以为国典。今无故而加典,非政之宜也。

"夫圣王之制祀也,法施于民则祀之,以死勤事则祀之,以劳定国则祀之,能御大灾则祀之,能扞

译文

有一种海鸟叫"爰居"的,停在鲁国城东门外面三天,臧文仲派国人去祭祀它。展禽说:"臧孙处理政务,迂阔啊!祭祀是国家的大典,而大典是成就政事的,所以慎重地对待制定祭祀以作为国法。现在无故增加祭典,不是处理政事所适宜的。

"圣王制定祭祀礼仪,将礼法留给百姓的就祭祀他,以死尽力于王事的就祭祀他,以辛劳安定国家的就祭祀他,能够防备火灾的就祭祀他,能抵御重大忧患的就祭祀他。不是这几类的,

大患则祀之。非是族也，不在祀典。昔烈山氏之有天下也，其子曰柱，能殖百谷百蔬；夏之兴也，周弃继之，故祀以为稷。共工氏之伯九有也，其子曰后土，能平九土，故祀以为社。黄帝能成命百物，以明民共财，颛顼能修之。帝喾能序三辰以固民，尧能单均刑法以仪民，舜勤民事而野死，鲧[1]鄣洪水而殛死，禹能以德修鲧之功，契为司徒而民辑，冥勤其官而水死，汤以宽治民而除其邪，稷勤百谷而山死，文王以文昭，武王去民之秽。故有虞氏禘黄帝而祖颛顼，郊尧而宗舜；[2]夏后氏禘黄帝而祖颛顼，郊鲧而宗禹；商人禘舜而祖契，郊冥而宗汤；周人禘喾而郊稷，祖文王而宗武王。幕，能帅颛顼者也，有虞氏报[3]焉；杼，能帅禹者也，夏后

不在祭祀范围内。以前，烈山氏统治天下，他的儿子叫柱，能够种植各种谷物蔬果，夏代兴起，周弃继承柱的事业，所以祭祀他，把他立为稷神。共工氏为九州邦国之长，他的儿子叫后土，能够治理九州的土地，所以祭祀，立他为社神。黄帝能给百物命名，以表明百姓贵贱等级，与百姓共有山泽的财利，颛顼能修治他的功业。帝喾能排列（日、月、星）三辰（来制定历法，教百姓稼穑），安定百姓；尧能尽力公平地执行刑法，使百姓从善；舜尽力于百姓的事，死在野外；鲧筑堤障堵洪水（不成功），被诛杀；禹能以美德修治鲧治水的事业；契任司徒，使百姓和睦；冥尽力于他的水官职事，死在水中；汤以宽缓治理百姓，除掉那个邪恶大患（夏桀）；稷尽力于播种各种谷物，死在山里；文王以文德显赫；武王除掉了百姓的污秽（商纣）。所以有虞氏禘黄帝，祖颛顼，郊尧，宗舜；夏后氏禘黄帝，祖颛顼，郊鲧，宗禹；商人禘舜，祖契，郊冥，宗汤；周人禘喾，郊稷，祖文王，宗武王。幕是能遵循颛顼的事业的人，有虞氏为他举行报祭；杼是能遵循禹的事业的人，夏后氏为他举行

氏报焉;上甲微,能帅契者也,商人报焉;高圉、大王,能帅稷者也,周人报焉。凡禘、郊、祖、宗、报,此五者国之典祀也。

报祭;上甲微是能遵循契的事业的人,商代人为他举行报祭;高圉、太王是能遵循稷的事业的人,周人为他举行报祭。总之,禘祭、郊祭、祖祭、宗祭、报德之祭,这五项是国家法定的祭祀。

注释

1 鲧(gǔn):禹的父亲。相传他用筑堤堵塞的方法治水,结果失败,被舜杀死在羽山。

2 有虞氏:舜为有虞氏,这里指舜的后人。 禘(dì):在圆丘(祭天专用的圆坛)祭天,叫禘。禘黄帝是说祭天以黄帝配食,同时让黄帝接受祭祀。 祖:祭上帝于明堂(帝王宣明政教、举行朝会、庆赏等大典的地方,现在的大礼堂与它有一些相似之处),叫祖。祖颛顼,是说在明堂祭上帝,以颛顼(zhuān xū)配食,让颛顼同时接受祭祀。 郊:在郊外祭祀天地叫郊。郊尧,是说祭天地时以尧配食,让尧同时受祭。 宗:也是一种祭祀,与“祖”相似,但配食的人辈份较晚。

3 报:报恩的祭祀。

“加之以社稷山川之神,皆有功烈于民者也;及前哲令德之人,所以为明质也;[1] 及天之三辰,民所以瞻仰也;及地之五行,所以生殖也;及九州名山川泽,所以出财用也。非是不在祀典。

“加上(祭)社稷山川之神,他们都是对百姓有功绩的;和前代贤哲有美德的人,(祭祀他们,)是用来作为崇信对象的;和天上的三辰,它们是百姓所瞻仰的;和地上的五行,它们是生殖(万物)的;以及九州各地的名山川泽,它们是产生财用的。不是以上这些,不在祭祀之列。

“今海鸟至，己不知而祀之，以为国典，难以为仁且智矣。夫仁者讲功，而智者处物。无功而祀之，非仁也；不知而不能问，非智也。今兹海其有灾乎？夫广川之鸟兽，恒知避其灾也。”

“现在海鸟飞来，自己不知道什么原因就祭祀它，把对它的祭祀作为国典，很难把这种做法看成是仁智的行为。仁人能论功，而智者知道事物的名分。没有功绩便祭祀它，不是仁；不了解它又不去请教，不是智。现在海上大概有灾难吧？大河大海的鸟兽，总是知道躲避灾难的。”

是岁也，海多大风，冬暖。文仲闻柳下季之言，曰：“信吾过也，季子之言不可不法也。”使书以为三筴[2]。

这一年，海上多大风，冬天暖和。文仲听到柳下季说的这些话，说：“确实是我的过错，季子的话不能不遵循。”命令记下来作为三策的内容。

注释

1 是说有美德必令人敬仰，以吸引人们向善。

2 三筴(cè)：“筴”同“策”，一种重要的记事册，司马、司徒、司空三卿各一，所以叫三策。

10.文公欲弛宅

原文

文公欲弛孟文子之宅[1]，使谓之曰：“吾欲利子于外之宽者。”对

译文

鲁文公要拆除孟文子的官邸，派人告诉他说：“我想便利你，(让你)到外面宽阔的地方去住。”孟文子回答说：“爵位，

曰:“夫位,政之建也;署,位之表也;车服,表之章也;宅,章之次也;禄,次之食也。君议五者以建政,为不易之故也。今有司来命易臣之署与其车服,而曰:‘将易而次,为宽利也。’夫署,所以朝夕虔君命也。臣立先臣之署,服其车服[2],为利故而易其次,是辱君命也,不敢闻命。若罪也,则请纳禄与车服而违署,唯里人[3]所命次。”公弗取。臧文仲闻之曰:“孟孙善守矣,其可以盖穆伯[4]而守其后于鲁乎!”

是因为政事建立的;署,是官爵的标志;车马服饰,是彰明标志的;官邸,是有明显标志的有爵位的人的住所;俸禄,是这住所中的人所食用的。君主议定这五项来建立政事,这是因为这五项不能改变。今天官员来命令我改换我的标志和与它相适应的车马服饰,说:‘将要改换你的住宅,是为了有利于你到宽阔的地方去。’标志,是用来便于早晚虔诚地执行君主命令的。我用父祖之官的标志,使用他们的服饰车马,(如果)为了‘便利’而改变他们的住宅,这有辱君命,我不敢听到这样的命令。假若我有罪,就请收回我的俸禄、服饰车马,去掉官爵的标志,听凭里宰授予我住所。”文公没有收取孟文子的官邸。臧文仲听到这事,说:“孟孙善于守职了,将能掩盖穆伯的恶处,在鲁国保住他的后代吧。”

注释

1 鲁文公:名兴,公元前626年至公元前609年在位。 孟文子:鲁大夫伯谷。

2 服其车服:第一个“服”是“使用”的意思,第二个“服”是“服饰”的意思。

3 里人:即里宰。二十五家为里,里有长,就是里宰。

4 穆伯:文子的父亲公孙敖,得罪出奔,死于齐国。

公欲弛[1]郈敬子之宅，亦如之。对曰："先臣惠伯以命于司里[2]，尝、禘、蒸、享之所致君胙者[3]，有数矣。出入受事之币以致君命者，亦有数矣。今命臣更次于外，为有司之以班命事也，无乃违乎！请从司徒以班徙次[4]。"公亦不取。

文公要拆毁郈敬子的官邸，也像要拆毁孟文子的官邸时说的一样。郈敬子回答说："我的高祖惠伯受司里之命居住于此，尝、禘、蒸、享，掌管为君主赐臣下胙肉，在这里已有数年了。在这里接受君主命令出访、回国，携带聘问礼物，传达君主的意图，在这里也有数代了。现在命令我更换官邸到外面去住，如果主管官员按爵任命职事于我，(而我住在外面，)莫不是远了(不方便)吗？请听从司徒按照爵位迁徙(我的)住所。"文公也没有收取他的官邸。

注释

1 郈(hòu)敬子：鲁大夫，名同。

2 司里：司空的下属，掌管分配人民的住房。

3 尝、禘、蒸、享：祭祀，秋季叫尝，夏季叫禘，冬季叫蒸，春季叫享。

4 请从司徒以班徙次：司徒，主管里宰政事的官。郈敬子这句话，与孟文子"唯里人所命次"那句话，意思基本相同。

11.夏父弗忌改常

原文

夏父弗忌为宗[1]，蒸将跻僖公[2]。宗有司曰："非昭穆也。"曰："我为宗伯，明者为昭，其次为穆，何常之有！"有司曰："夫宗庙之有昭穆也，以次世之长幼，而等胄之亲疏也。夫祀，昭孝也。各致齐敬于其皇祖，昭孝之至也。故工史书世，宗祝[3]书昭穆，犹恐其逾也。今将先明而后祖。自玄王以及主癸莫若汤，自稷以及王季莫若文、武，[4]商、周之蒸也，未尝跻汤与文、武，为不逾也。鲁未若商、周而改其常，无乃不可乎？"弗听，遂跻之。

译文

夏父弗忌作宗伯，祭祀祖先时将升僖公的神位到闵公之上。属于宗官的办事官员说："这不是昭穆的顺序。"（夏父弗忌）说："我任宗伯，有显德的人为昭，其次为穆，（昭穆）有什么固定的制度？"办事官员说："宗庙里有昭穆顺序，用来排列世系的先后，理顺后代的亲疏关系。祭祀，用来表明孝道。各向自己的先祖致敬，是最能表明孝顺的。所以乐师、太史记下世代的先后，宗伯和太祝记下昭穆顺序，还唯恐它有逾越。现在将升僖公的神主，这就是把有显德的亡父的神主放在先，而把先于僖公的闵公的神主放在后。从玄王起直到主癸，没有谁像汤一样（有显德），从后稷起到王季，没有谁像文王、武王一样（有显德），而商、周的祭祀，不曾将汤与文王、武王的神主升在他的父祖之前，是为了不超越顺序。鲁国不如商、周，而改变它的常制，恐怕不可以吧？"夏父弗忌不听从，还是将僖公的神主提到前面了。

注释

1 夏父弗忌:鲁大夫。 宗:即宗伯,掌祭祀典礼的长官。

2 蒸:冬季祭祀。 跻(jī):登,上升。僖公是兄,闵公是弟,但僖公是接闵公的位。这里“跻”的意思是升僖公的神位到闵公之上。

3 祝:即太祝,官名,掌祭祀神灵。

4 主癸:汤的父亲。 王季:文王的父亲。

展禽曰:“夏父弗忌必有殃。夫宗有司之言顺矣,僖又未有明焉。犯顺不祥,以逆训民亦不祥,易神之班亦不祥,不明而跻之亦不祥。犯鬼道二,犯人道二,能无殃乎?”侍者曰:“若有殃,焉在?抑刑戮也,其夭札也?[1]”曰:“未可知也。若血气强固,将寿宠得没,虽寿而没,不为无殃。”

既其葬也,焚,烟彻于上[2]。

展禽说:“夏父弗忌一定有祸殃。那个属于宗伯的办事官员的话是顺应礼的,况且僖公又没有显德。违反顺礼的事不吉祥,用违逆教诲百姓也不吉祥,改变神主的上下秩序也不吉祥,没有显德而要把神主提升上去也不吉祥。违反了两项鬼道,违反了两项人道,能没有祸殃吗?”侍候在他左右的人说:“如果有祸殃,祸殃在哪里?将是受刑罚而被杀呢,还是患瘟疫而夭折呢?”(展禽)说:“不知道。如果(他的)血气强盛稳固,将能保宠而寿终,即使寿终,也不是没有祸殃。”

(夏父弗忌死后,)他的灵柩已经下葬,(却起火)棺材被烧了,烟升到地面上来。

注释

1 抑:连词,表选择。夭札(yāo zhá),意思是遭疫病而早死。

2 彻:通。

12.里革更书

原文

莒太子仆弑纪公[1]，以其宝来奔。宣公使仆人以书命季文子曰[2]："夫莒太子不惮以吾故杀其君，而以其宝来，其爱我甚矣。为我予之邑。今日必授，无逆命矣。"里革[3]遇之而更其书曰："夫莒太子杀其君而窃其宝来，不识穷固又求自迩，为我流之于夷。今日必通，无逆命矣。"

译文

莒国的太子仆杀了莒纪公，携带他们国家的玉器投奔到鲁国来。鲁宣公派仆人拿着亲笔字条告诉季文子说："莒太子因为我的缘故无所忌惮地杀了他的君主，携带他们国家的玉器来投奔，他对我的敬爱是很深的了。替我赐给他采邑。今天一定要授给，不要违反我的命令。"里革碰到仆人，更改了那张字条的内容，说："莒太子杀了他的国君，偷了他们国家的玉器逃来，不懂得自己的困厄和被废黜，又求亲近于鲁，替我将他流放到东夷。今天一定要到达，不要违反我的命令。"

注释

1 莒太子仆弑纪公：莒国国君纪公生仆，立为太子，随后又废掉。仆怀恨杀死父亲。

2 宣公：鲁文公之子，名倭，公元前608年至公元前591年在位。 季文子：鲁正卿季孙行父。

3 里革：鲁太史克。

明日，有司复命，公诘之，仆人以里革对。公

第二天，官员复命，宣公诘问仆人（为什么违反他的命令），仆人把里革

执之，曰："违君命者，女亦闻之乎？"对曰："臣以死奋笔，奚啻[1]其闻之也！臣闻之曰：'毁则者为贼，掩贼者为藏，窃宝者为宄[2]，用宄之财者为奸。'使君为藏奸者，不可不去也。臣违君命者，亦不可不杀也。"公曰："寡人实贪，非子之罪。"乃舍之。

（更改公文内容的事）上报。宣公逮捕了里革，说："违反国君命令的（是什么下场），你听说过吗？"里革回答说："我冒着死罪拿起笔，哪里只是听说过这一件事呢！我听说：'毁坏法度的叫贼，隐匿贼的叫藏，偷盗宝器的叫宄，用宄的财的叫奸。'使国君成为藏奸的命令，不能不去掉。臣违反君主的命令，也不能不杀掉。"宣公说："我确实贪财，不是您的罪过。"就释放了里革。

注释

1 奚啻（xī chì）：何止，岂但；亦作"奚翅"。

2 宄（guǐ）：奸人，坏人。

13.里革断罟匡君

原文

宣公夏滥于泗渊，里革断其罟而弃之[1]，曰："古者大寒降，土蛰发，水虞于是乎讲罛罶，取名鱼，登川禽，[2]而尝之寝

译文

鲁宣公夏天把网投入泗水深处捕鱼，里革割断他的网，把网扔掉，说："古时候大寒降下，土中的蛰虫开始动起来，渔师在这时讲习如何用渔网、渔笱捕取大鱼、鳖、蜃等，把首先捕得的鱼鳖陈列在宗庙里祭祀祖先，在全国实行，帮助疏通阳气。这时候，鸟兽

庙，行诸国，助宣气也。鸟兽孕，水虫成，兽虞[3]于是乎禁罝罗，矠[4]鱼鳖以为夏槁，助生阜也。鸟兽成，水虫孕，水虞于是禁罜䍡，设阱鄂，以实庙庖，畜功用也。[5]且夫山不槎蘖，泽不伐夭，鱼禁鲲鲕，兽长麑麇，鸟翼鷇卵，虫舍蚳蝝，蕃庶物也，古之训也。[6]今鱼方别孕，不教鱼长，又行网罟，贪无艺[7]也。"

公闻之曰："吾过而里革匡我，不亦善乎！是良罟也，为我得法。使有司藏之，使吾无忘谂。"师存侍，曰："藏罟不如寘[8]里革于侧之不忘也。"

怀子，水中动物成熟，兽虞下令禁止用兔网、鸟网（捕捉鸟兽），而用矛等刺取鱼鳖，将它制作成鱼干，以备夏天食用，（这样做）促使鸟兽生长。（到夏天）鸟兽长成，水中动物孕育，渔师在这时下令禁止使用大小鱼网（捕鱼），（只是）设陷阱，在陷阱中装设捕兽的装置，（捕取禽兽）来充实宗庙中的祭品和厨房里的食物，（使鱼鳖生长，）为了积蓄物力，补足国家的财用。在山上不砍伐树木所生的新芽；在沼泽里，不割取未长成材的草木；对鱼，禁止捕捞有卵的鱼和小鱼；对兽，要使那些幼鹿麋子等小兽长大；对鸟，要使那些鸟卵孵出、小鸟长成；对可食的虫，要留下卵和未生翅的幼虫，使各种植物、动物生息繁衍，是古人的遗训。现在鱼正在怀孕，不使鱼生长，又用网捕，是贪婪无尽头。"

宣公听了说："我有过错，而里革纠正我，不也是很好吗？这是一张好网，使我懂得了（使鱼虫鸟兽等繁衍的）规矩，叫（有关）官员把它收藏起来，让我不忘（里革的）告诫。"叫存的乐师在旁边侍候，说："收藏网，不如把里革放在身边，就不会忘他的话。"

注释

1 滥：浸渍。渍罟于泗水之渊，以取鱼也。泗在鲁城北也，又曰南门。罟：

鱼网。

2 水虞:官名,渔师,掌管川泽的禁令。 讲:讲习。 罛(gū):渔网。 罶(liǔ):捕鱼的竹篓子,鱼进去就出不来。 名鱼:大鱼。 川禽:鳖蜃之类。

3 兽虞:官名,掌鸟兽的禁令。

4 矠(zé):用矛刺取鱼、鳖等。

5 罜麗(zhǔ lù):捕鱼小网。 阱:陷阱。 鄂:柞格(zuò gé),捕兽陷阱。谓立夏鸟兽已成,水虫怀孕之时,禁捕鱼之网,设捕兽之陷阱。

6 槎蘖(chá niè):指砍伐幼林。槎,斫。蘖,被砍去或倒下的树木再生的枝。 鲲鲕(kūn ér):鱼子鱼卵。 麑䴠(ní yǎo):小鹿崽。 鷇(kòu):雏鸟。 蚔蝝(chí yuán):蚂蚁卵和蝗虫子。

7 艺:准则,限度。

8 寘(zhì):安排,放置的意思,同"置"。

14.子叔声伯辞邑

原文

子叔声伯如晋谢季文子[1],郤犨[2]欲予之邑,弗受也。归,鲍国[3]谓之曰:"子何辞苦成叔之邑,欲信让耶?抑[4]知其不可乎?"

译文

子叔声伯到晋国去,替季文子谢罪(并请求释放季文子),郤犨(要向晋侯请求)赐给子叔声伯采邑,子叔声伯不肯接受。回国后,鲍国对子叔声伯说:"你为什么要谢绝苦成叔为你请封的采邑?是真的辞让,还是知道那是不可能的?"

注释

1 子叔声伯，鲁大夫公孙婴齐。季文子，鲁国正卿。有人到霸主晋国那里说季文子的坏话，晋国逮捕了季文子，所以子叔声伯去请求晋人释放。

2 郤犨(xì chōu)：姬姓，苦成氏，名犨。因苦成氏出自郤氏，故史料中称之郤犨，尊曰苦成叔子。下文叫苦成叔。

3 鲍国：鲍叔牙之玄孙鲍文子，去齐适鲁。

4 抑：连词，表选择，或者，还是。

对曰："吾闻之，不厚其栋，不能任重。重莫如国，栋莫如德。夫苦成叔家欲任两国而无大德，其不存也，亡无日矣。譬之如疾，余恐易焉。苦成氏有三亡：少德而多宠，位下而欲上政，无大功而欲大禄，皆怨府也。其君骄而多私，胜敌而归，必立新家。立新家，不因[1]民不能去旧；因民，非多怨民无所始。为怨三府，可谓多矣。其身之不能定，焉能予人之邑！"

（子叔声伯）回答说："我听说，不用那粗大的栋梁，不能承受重物。重没有比得上像国家的，栋梁没有比得上德行的。苦成叔家族要担负（晋鲁）两国的政事重任，而无大的功德，将不能存在下去，灭亡没有几天了。就像瘟疫一样，我恐怕延及到我。苦成叔有三个灭亡的原因：德行不够而受宠多，地位在下（卿）而要为上（卿）专国政，无大功而要享受厚禄，这都是怨恨所聚集的。他的国君骄傲而宠幸者多，（这次）战胜敌人回来，必然要将宠臣立为新的大夫。立新的大夫，不依顺百姓，（同其所恨，）就不能去掉原来的大夫；依顺百姓，不是怨恨多的大夫，百姓就没有开始攻伐的（对象）。（苦成叔）造成的怨恨聚集成三个方面，可以说是很多的了。他本身不能安稳下来，哪里还能给别人采邑！"

鲍国曰："我信不若子，若鲍氏有衅[2]，吾不图矣。今子图远以让邑，必常立矣。"

鲍国说："我确实不如您，如果我们鲍氏有败的征兆，我是不能预先图谋的。现在您从长远考虑辞让采邑，必定会永远在鲁国为官。"

注释

1 因：凭借，倚靠，依从。

2 衅：征兆，迹象。

15.里革论君过

原文

晋人杀厉公，边人以告，成公在朝。[1]公曰："臣杀其君，谁之过也？"大夫莫对，里革曰："君之过也。夫君人者，其威大矣。失威而至于杀，其过多矣。且夫君也者，将牧民而正其邪者也，若君纵私回而弃民事，民旁有慝无由省之，益邪多矣。[2]若以邪临民，陷而不振，用善不

译文

晋人杀了晋厉公，边境官员把这事报告（给成公），成公当时正在朝堂上。成公说："臣子杀死他们的君主，是谁的过错？"大夫们没有谁能回答，而里革说："是君主的过错。作为人君，他的威望可大了。丧失威望而至于被杀，他的过错就多了。君主呢，将是统治百姓而纠正他们邪恶的，如果君主放纵私心邪念丢下百姓的事不办，百姓身边有邪恶却无从省察，增加的邪恶就多了。如果用邪恶的方法统治百姓，百姓陷于邪恶而不去救助，行善政、用好人不能专一，百姓就不堪役使，直到灭亡也没有

肯专,则不能使,至于殄灭而莫之恤也,将安用之?桀奔南巢,纣踣于京,厉流于彘,幽灭于戏,皆是术也。[3]夫君也者,民之川泽也。行而从之,美恶皆君之由,民何能为焉?"

谁去怜恤他们,这样还要君主做什么呢?夏桀(被汤打败)出奔南巢,商纣(被周武王打败)死于殷的京师,周厉王(被国人)流放到彘地,周幽王(被西戎)杀在戏地,都是(失去威望和过失多)这个缘故。(百姓好比是鱼,)君主呢,是他们的江河湖泊,百姓做事跟随着国君,善恶都从国君那里来,百姓(自己)怎么能无故弑君呢?"

注释

1 晋厉公:名州蒲,公元前580年即位,在位八年被杀。 成公:鲁宣公之子鲁成公,名黑肱。

2 回:邪。 慝:邪恶。 省:察。

3 南巢:巢伯之国,在今安徽巢湖市一带。 踣(bó):倒毙。 京:京师,指殷都朝歌。 厉:周厉王。 幽:周幽王,为西戎所杀。 戏:戏山,在今陕西临潼东北。

16.季文子论妾马

原文

季文子相宣、成,无衣帛之妾,无食粟之马。仲孙它[1]谏曰:"子为鲁上卿,相二君矣,妾不衣帛,

译文

季文子辅佐宣公、成公,(他家里)没有穿绸缎的妾,没有吃粮食的马。仲孙它劝谏说:"您为鲁国的上卿,辅佐两代君主,(家中)妾不穿绸缎,马不吃粮食,

马不食粟，人其以子为爱，且不华国乎！”文子曰：“吾亦愿之。然吾观国人，其父兄之食粗而衣恶者犹多矣，吾是以不敢。人之父兄食粗衣恶，而我美妾与马，无乃非相人者乎？且吾闻以德荣为国华，不闻以妾与马。”

文子以告孟献子，献子囚之七日。自是，子服之妾衣不过七升之布，马饩不过稂莠。[2]文子闻之，曰：“过而能改者，民之上也。”使为上大夫。

别人将以为您是吝啬，而且，（这也）不能使国家光荣啊！”文子说：“我也愿意荣华奢侈。然而，我看到我国人民，他们的父兄吃粗食、穿坏衣的还很多呢，我因此不敢（那样做）。别人的父兄吃粗食、穿坏衣，而我让妾穿得美、马吃得好，难道是辅助人君的人该做的吗？况且，我听说以德行荣耀作为国家的光荣，没有听说因妾与马穿得美、吃得好使国家光荣的。”

文子把（仲孙它的话）告诉孟献子，孟献子关了仲孙它七天禁闭。从此，子服的妾，穿不超过七升的布，马料不过是稂莠等杂草。文子听说这事，说：“有过错而能够改的人，是百姓的长上。”让仲孙它做了上大夫。

注释

1 仲孙它：孟献子（仲孙蔑）的儿子，下文叫子服。

2 七升之布：粗布。一升八十缕，七升为五百六十缕。二尺二寸宽的布，含五百六十缕经纱。 饩(xì)：谷物；饲料。 稂(láng)：童稂草，有谷壳而无米。 莠(yǒu)：狗尾草。

卷五　鲁语下

1.叔孙穆子聘于晋

原文

叔孙穆子聘于晋，晋悼公飨之，[1]乐及《鹿鸣》之三[2]，而后拜乐三。晋侯使行人[3]问焉，曰：“子以君命镇抚弊邑，不腆先君之礼，以辱从者，不腆之乐以节之。吾子舍其大而加礼于其细，敢问何礼也？”

译文

叔孙穆子到晋国聘问，晋悼公设飨礼招待他，奏乐奏到《鹿鸣》诗三篇，（每奏完一篇，拜答一次，共）拜答赐乐三次。晋侯派行人问他，说：“您奉国君的命令来安抚我国，我国不丰厚的、先君留下的礼仪，使您随从人员受辱，不丰厚的音乐用来适应礼仪。您舍弃那些重大的，而对那细小的以礼答拜，请问这是什么礼仪？”

注释

1 叔孙穆子：鲁卿叔孙得臣之子叔孙豹。　晋悼公：名周，公元前572年至公元前558年在位。

2《鹿鸣》之三：《鹿鸣》诗三篇，下文明白指出是《鹿鸣》《四牡》《皇皇者华》三篇。

3 行人：使节，外交官。

对曰：“寡君使豹来继先君之好，君以诸

（叔孙穆子）回答说：“我的国君命令我来（贵国）继续先君的友好关系，贵国君

侯之故，贶[1]使臣以大礼。夫先乐金奏《肆夏》《樊遏》《渠》，天子所以飨元侯也；[2]夫歌《文王》《大明》《绵》[3]，则两君相见之乐也。皆昭令德以合好也，皆非使臣之所敢闻也。臣以为肄业及之，故不敢拜。今伶箫咏歌及《鹿鸣》之三，君之所以贶使臣，臣敢不拜贶！夫《鹿鸣》，君之所以嘉先君之好也，敢不拜嘉！《四牡》，君之所以章使臣之勤也，敢不拜章！《皇皇者华》，君教使臣曰'每怀靡及'，诹、谋、度、询，必咨于周，[4]敢不拜教！臣闻之曰：'怀和为每怀[5]，咨才为诹，咨事为谋，咨义为度，咨亲为询，忠信为周。'君贶使臣以大礼，重之以六德[6]，敢不重拜！"

王按照诸侯接待使臣的旧例，把大礼赐给使臣。奏乐时，先用钟奏《肆夏》《樊遏》《渠》，（这些是）天子用来以飨礼见诸侯领袖时的音乐；（用钟伴奏）歌咏《文王》《大明》《绵》，（这些是）两国国君相见时的音乐。以上歌乐都是表明美德以加强友好的，都不是使臣们所敢听的。我还以为是乐官们在练习才演唱演奏的，所以不敢答拜。现在，乐官用箫管伴奏，歌唱到《鹿鸣》三篇，这三篇是君主用来赐给使臣的音乐，我敢不拜谢（贵国君主）对我的惠赐！《鹿鸣》，本是君主用来赞美先君的友好的，我敢不拜谢（贵国君主）对先君友好的赞美！《四牡》是君主用来表彰使臣出使的勤劳的，我敢不拜谢（贵国君主）用它对我表彰慰劳！在《皇皇者华》中，君主教导使臣说'每怀靡及'，诹、谋、度、询，必须咨询于周。我敢不拜谢（贵国君主）对我这一教诲！我听说：'怀私就是每怀，咨询贤才就叫诹，咨询政事就叫谋，咨询礼义就叫度，咨询他人亲历的事就叫询，咨询忠信的人就叫周。'（今天）贵国君主将大礼赐给我这个使臣，又加上用（这）六德教诲我，我敢不再三拜谢！"

注释

1 贶(kuàng):赏赐,赠送。

2 金奏:用钟奏乐。《肆夏》《樊遏》《渠》:钟乐三夏曲名。 元侯:牧伯,诸侯领袖。

3《文王》《大明》《绵》:两国国君相见时用钟伴奏的乐曲。

4 诹(zōu)、谋、度、询,必咨于周:《皇皇者华》共五章,第一章末句为“每怀靡及”,按穆子的理解,意思是:怀有私心,任务将完不成。第二、三、四、五章末句分别为“周爰咨诹”“周爰咨谋”“周爰咨度”“周爰咨询”,所以这里说“诹、谋、度、询,必咨于周。”诹,在一起商量事情,询问。

5 怀,指怀有私心。韦昭注引郑司农“和当为私”。

6 六德:指诹、谋、度、询、咨、周。

2.叔孙穆子谏季武子

原文

季武子为三军[1],叔孙穆子曰:“不可。天子作师,公帅之,以征不德。元侯[2]作师,卿帅之,以承天子。诸侯有卿无军,帅教卫以赞元侯[3]。自伯、子、男有大夫无

译文

季武子建立三军,叔孙穆子说:“不行。天子建立军队,任天子卿大夫的诸侯率领它,用来征讨不德之人。大国的君主建立军队,卿率领它,随从天子的军队征伐。次一等的诸侯国的君主有天子赐爵的卿,没有三军,(如果大国有征伐的事,)命令卿率领所教练的卫士去佐助大国诸侯。从伯起,到子、男这些小国,有大夫而无天子赐爵的卿,(他

卿，帅赋以从诸侯[4]。是以上能征下，下无奸慝。今我小侯也，处大国之间，缮[5]贡赋以共从者，犹惧有讨。若为元侯之所，以怒大国，无乃不可乎？”

弗从，遂作中军。自是齐、楚代讨于鲁，襄、昭皆如楚。[6]

们）率领从国中征来的兵车甲士，随大国诸侯征伐。因此，在上位的能使下位端正（不致超越）；在下位的没有邪恶的举动。现在我国已是小诸侯国了，处在（齐、楚）大国之间，收取赋税，征召兵车甲士，以供应随从大国统帅的人，还害怕因供应不上而被讨伐。如果做大国诸侯的事情——建立三军，来激怒大国，恐怕不可以吧？”

（季武子）没有听从，就建立了中军。从此齐、楚轮番讨伐鲁国，襄公、昭公都到楚国去朝楚王。

注释

1 季武子为三军：季武子，鲁卿，季文子的儿子季孙夙。季武子建立三军，在鲁襄公十一年（前 562 年）。

2 元侯：诸侯之长。

3 教卫：受过训的卫士。 赞：辅助。

4 赋：应出的兵车甲士。

5 缮：整治。

6 代，替代，交替。襄，鲁襄公。昭，鲁昭公。如楚，朝事楚。事在襄公二十九年、昭公七年。

3.诸侯伐秦

原文

诸侯伐秦，及泾莫济。[1]晋叔向见叔孙穆子[2]曰："诸侯谓秦不恭而讨之，及泾而止，于秦何益？"穆子曰："豹之业，及《匏有苦叶》矣，不知其他。"[3]叔向退，召舟虞与司马[4]，曰："夫苦匏不材于人，共济而已。鲁叔孙赋《匏有苦叶》，必将涉矣。具舟除隧，不共有法。"是行也，鲁人以莒人先济，诸侯从之。

译文

诸侯(派卿、大夫领兵)伐秦，来到泾水边上，没有谁去渡河。晋国的叔向见叔孙穆子说："诸侯们认为秦国无礼而讨伐它，来到泾水边上停止前进，对伐秦的事有何益处？"穆子说："我的事情，就是诵读《匏有苦叶》了，不知道别的。"叔向退下，召集舟虞与司马，说："苦匏不能供人食用，(只是)供人佩戴渡水而已，鲁国的叔孙吟诵《匏有苦叶》，必将渡过去。(我们要)准备好船只，清理好道路。不准备好，将受到律法处置。"这次渡河行动，鲁国指挥莒国的军队先渡，其他诸侯国(领着自己的军队)跟在他们后面。

注释

1 诸侯伐秦，及泾莫济：晋使六卿率领诸侯国(晋、齐、鲁、宋、卫、郑、曹、莒等)的军队伐秦，事在公元前559年。泾水，经陕西彬州市、泾阳、高陵入渭河。

2 叔孙穆子：鲁卿叔孙豹。

3《诗经·邶风·匏有苦叶》说："匏有苦叶，济有深涉，深则厉，浅则揭。(葫芦瓜有苦味叶，济水有深水渡口，水深就和衣而过，水浅就提起衣裳过。)"穆子的话意思是只有过河，别无选择。

4 舟虞：官名，掌舟渡。 司马：官名，掌军事。

4.襄公如楚

原文

襄公如楚，及汉，闻康王卒，欲还。[1]叔仲昭伯[2]曰："君之来也，非为一人也，为其名与其众也。今王死，其名未改，其众未败，何为还？"诸大夫皆欲还。子服惠伯[3]曰："不知所为，姑从君乎！"叔仲曰："子之来也，非欲安身也，为国家之利也，故不惮勤远而听于楚；非义楚也，为其名与众也。夫义人者，固庆其喜而吊其忧，况畏而服焉？闻畏而往，闻丧而还，苟芈姓实嗣，其谁代之任丧？王太子又长矣，执政未改，予为先君来，死而去之，其谁曰不如先君？将

译文

鲁襄公到楚国去(朝见楚王)，走到汉水那里，听说楚康王死了，想转身回国。叔仲昭伯说："您的前来，并不是因为(楚王)一个人，而是因为他的盟主名位和他的兵甲多。现在楚王死了，但他的盟主之名没有改换，他的军事力量没有衰败，为什么要回国？"(同去的)各大夫都想回，子服惠伯说："(我)不知道做什么，姑且随着君主呀！"叔仲说："您这次来，不是要使自身安逸，而是为了国家的利益，所以不怕辛劳路远到楚国去，听从它的命令；(我们去)不是认为楚国有道义，而是害怕它的(盟主)名位和军事力量。认为别人有道义，本当是要贺别人的喜、吊别人的忧，何况我们是害怕楚国向楚国屈服呢？听到他的可怕之处前往，听说他死了就回还，如果芈姓继承王位，将有谁能代替他担当丧主呢？王太子又长大了，执政的人没有变动，我们因为(他们的)先君来，(他们的先君)死了(我们)就回去，(他们)将有谁肯说(自己的德行)不如先君？(如果在国内，听说楚国有丧，我们)也将前去吊丧，现在听说他们有丧，

为丧举，闻丧而还，其谁曰非侮也？事其君而任其政，其谁由己贰[4]？求说[5]其侮，而亟于前之人，其仇不滋大乎？说侮不懦，执政不贰，帅大仇以惮小国，其谁云待之？若从君而走患，则不如违君以避难。且夫君子计成而后行，二三子计乎？有御楚之术而有守国之备，则可也；若未有，不如往也。”乃遂行。

反而回去，将有谁肯说（鲁国）不是轻慢他们？侍奉他们的君主，担当国君委任的政事，将有谁肯从自己这时候起（容许诸侯）有叛离之心？（他们）谋求除去那次轻侮，将比他们的前一代人更加急切，（我们和他们之间的）那种怨仇不是扩大了吗？除掉轻侮不示弱，执政的人没有二心，他们率领有大仇的人来为难我们小国，将有谁能抵御他们？如果随从君主走向祸患，那不如违反君主的意愿避免灾难。君子办事，谋划妥当了以后再行动，你们几位谋划了吗！有抵御楚的办法而又有保卫我们国家的准备，就可以回去；如果没有，不如前往楚国。”于是（他们）就前进了。

注释

1 襄公：鲁襄公，名午，公元前572年至公元前542年在位。 康王：楚康王，名昭，公元前559年至公元前545年在位。

2 叔仲昭伯：鲁大夫叔仲带。

3 子服惠伯：鲁大夫子服椒。

4 贰：产生背离之心。

5 说（tuō）：通“脱”，解脱，解除。

反，及方城，闻季武子袭下，[1]公欲还，出楚师以伐鲁。荣成伯

返回时，走到方城，听说季武子袭取了卞邑。襄公想转身回（楚国），请求楚国出兵攻打鲁国的季氏政权。荣成伯说：“不

曰："不可。君之于臣，其威大矣。不能令于国，而恃诸侯，诸侯其谁昵之？若得楚师以伐鲁，鲁既不违夙之取卞也，必用命焉，守必固矣。若楚之克鲁，诸姬不获窥焉，而况君乎？彼无亦置其同类以服东夷，而大攘诸夏，将天下是王，而何德于君，其予君也？若不克鲁，君以蛮、夷伐之，而又求入焉，必不获矣。不如予之。夙之事君也，不敢不悛。醉而怒，醒而喜，庸何伤？君其入也！"乃归。

行。君对于臣，他的威势可大了。不能在国内发号施令，而依靠别的诸侯（维持统治），诸侯们将有谁肯亲近他？如果请到楚兵攻打鲁国，鲁国官员过去不反对季孙夙袭取卞邑，现在必然听命于他，防守必定牢固。如果楚军胜了鲁，各姬姓国家不敢对楚窥视，何况您呢？楚国将把他们的同姓安置在鲁国使东夷宾服，而大肆排斥华夏诸国，意图统治整个中国，这对您有何益处？难道会将卞邑给您吗？如果不能胜鲁，您借用蛮、夷的兵力攻打了他，而又要回到国内为君，必定达不到目的了。不如将卞邑给他。季孙夙侍奉您，不敢不改（过去的不是）。（您要攻打他，）等于是酒醉后发怒；（决定不攻打他，）等于是酒醉后的高兴，有什么关系？您尽管进入国内。"（鲁君）于是回国。

注释

1 方城：山名，在今河南省。 卞：鲁邑名，季武子（季孙夙，又作季孙宿。）袭取以为己有。

5.季冶致禄

原文

襄公在楚，季武子取卞，使季冶逆[1]，追而予之玺书，以告曰："卞人将畔[2]，臣讨之，既得之矣。"公未言，荣成子[3]曰："子股肱鲁国，社稷之事，子实制之。唯子所利，何必卞？卞有罪而子征之，子之隶也，又何谒焉？"子冶归，致禄而不出，曰："使予欺君，谓予能也。能而欺其君，敢享其禄而立其朝乎？"

译文

襄公在楚国的时候，季武子攻取了卞邑，（襄公归国时，季武子）派季冶到路上迎接，（季冶启程后，季武子）派人追上他，给他一封用封泥加印的信，在信上说："卞邑的守卫者们准备叛变，我派兵讨伐他们，已取得卞邑了。"襄公（看后）没有作声，荣成子说："你辅佐鲁国，社稷的事，实际上是你在控制它。只要你方便的，（你都可以做，）何必只是卞邑？卞邑的守卫者有罪，你去攻打他们，是你的职责，又何必报告呢？"子冶归国，（向季武子）归还采邑，不出来做官，说："（您）使我欺骗君主，认为我贤能。贤能而欺骗他的君主，我敢享受他的禄位而站在他的朝堂上（做官）吗？"

注释

1 逆：迎，迎接。

2 畔：通"叛"，叛变。

3 荣成子：即鲁大夫荣成伯，名驾鹅。

6.叔孙穆子论楚公子围

原文

虢之会,楚公子围二人执戈先焉。[1] 蔡公孙归生与郑罕虎见叔孙穆子[2],穆子曰:"楚公子甚美,不大夫矣,抑[3]君也。"郑子皮曰:"有执戈之前,吾惑之。"蔡子家曰:"楚,大国也;公子围,其令尹也。有执戈之前,不亦可乎?"穆子曰:"不然。天子有虎贲,习武训也;诸侯有旅贲,御灾害也;大夫有贰车,备承事也;士有陪乘,告奔走也。[4] 今大夫而设诸侯之服,有其心矣。[5] 若无其心,而敢设服以见诸侯之大夫乎?将不入矣。夫服,心之文也。如龟焉,灼其中,必文于外。若楚公子不为君,必死,不合诸侯矣。"

译文

虢地的集会,楚国的公子围(出来时),让两个人拿着戈在他前面导引。蔡国的公孙归生与郑国的罕虎来见叔孙穆子,穆子说:"楚公子(仪仗服饰)很壮观,不像大夫了,却像个国君。"郑国的子皮说:"有拿戈的(二人)走在前面,我对他感到疑惑惊讶。"蔡国的子家说:"楚国是大国,公子围是楚国的令尹,有拿戈的人在前面导引,不也是可以的吗?"穆子说:"不是这样。天子有虎贲,是用来练习军训的;诸侯有旅贲,是用来防备灾祸的;大夫有副车,是准备接受办事命令的;士有陪车,是传告使令的。今天大夫都陈设诸侯的服饰仪仗,有那个(篡国的)心了。如果没有那个心思,而敢陈设诸侯的服饰仪仗来见各诸侯国的大夫吗?(他)将不再回国为大夫了。服饰用品是心的纹理。就像龟壳,用火烧它的里面,必定有纹理出现在外面。如果楚公子做不了国君,一定会死,不会再来会合诸侯了。"

公子围反，杀郏敖[6]而代之。

（后来）公子围反叛，杀了郏敖，代替他做了（楚国的）国君。

注释

1 虢之会：公元前541年，晋、楚、齐、鲁、宋、郑、卫、陈、蔡等国的代表在虢集会，重申公元前546年在宋的盟约。虢故城在今河南郑州市北古荥镇。 公子围：代表楚出席会议的令尹，次年杀楚君而代之，就是楚灵王。

2 公孙归生：与会的蔡国代表，下文称“子家”。 罕虎：与会的郑国代表，下文称“子皮”。

3 抑：连词，表转折，却。

4 虎贲（bēn）：天子的卫队、仪仗队。 旅贲：出巡时的护车勇士，持戈夹车而行。 贰车：副车。 陪乘：随从的车。

5 服：服饰仪仗。 其心：这里是指篡国的心。

6 郏（jiá）敖：楚国国君麇，公元前544年即位，有病，被公子围缢死，葬于郏（今河南郏县旧治），在位四年。

7.叔孙穆子不以货私免

原文

虢之会，诸侯之大夫寻盟未退。季武子伐莒取郓[1]。莒人告于会，楚人将以叔孙穆子为戮。

译文

虢地的集会，诸侯国的大夫们重申前盟还未结束。季武子攻打莒国，夺取了郓邑。莒国向盟会报告，楚国打算把叔孙穆子杀掉。

注释

1 郓(yùn)：郓邑，莒地，在今山东沂水北。

晋乐王鲋[1]求货于穆子，曰："吾为子请于楚。"穆子不予。梁其踁[2]谓穆子曰："有货，以卫身也。出货而可以免，子何爱焉？"穆子曰："非女所知也。承君命以会大事，而国有罪，我以货私免，是我会吾私也。苟如是，则又可以出货而成私欲乎？虽可以免，吾其若诸侯之事何？夫必将或循之，曰：'诸侯之卿有然者故也。'则我求安身而为诸侯法矣。君子是以患作。作而不衷，将或道之，是昭其不衷也。余非爱货，恶不衷也。且罪非我之由，为戮何害？"楚人乃赦之。

晋国的乐王鲋向穆子索求财货，说："我替你向楚国请求(不要杀你)。"穆子不给。梁其踁对穆子说："有财货，是用来保护自身的。拿出财货可以免(遭杀戮)，您还吝惜什么呢？"穆子说："不是你所懂得的。(我)奉君主之命前来参加诸侯盟会，国家有罪，我用财货私免，这是我参加盟会办我的私事。(以后)如果再有这样的情况，就又可以用出财货(求免)的办法来成全私欲吗？即使我能免祸，我将对诸侯的事怎么办？那必将有人仿效我，说：'诸侯的卿有这样做的，(这是)旧例。'那么，我求自身安全，成了诸侯们用财货免祸效法的先例。君子因此忧虑自己的所作所为。所作所为不正当，沿着这条路走，是肯定那些不正当的东西。我并不是吝惜财货，(只是)厌恶不正当的做法。况且罪不是我犯下的，(我)被杀戮，(对义)又有什么害处？"楚国人就赦免了他。

穆子归，武子劳之，日中不出。其人曰："可

穆子归国，季武子慰劳他，直到太阳当顶他还没有出来见(季武子)。他的

以出矣。”穆子曰：“吾不难为戮，养吾栋也。夫栋折而榱崩，吾惧压焉。故曰虽死于外，而庇宗于内，可也。今既免大耻，而不忍小忿，可以为能乎？”乃出见之。

家臣说：“可以出来（见他）了。”穆子说：“我不怕被杀，是（因为想要）守住（我们的）栋梁。栋梁折断，椽条就崩塌，我怕被它压着。所以说，即使死在外面，对内能庇护宗族，也是可以的。现在已经免了大耻辱，而不能忍耐小愤怒，可以看成贤能吗？”于是出来见季武子。

注释

1 乐王鲋(fù)：晋大夫乐桓子。

2 梁其踁(jìng)：穆子家臣。

8.子服惠伯如晋

原文

平丘之会，晋昭公使叔向辞昭公，弗与盟。[1]子服惠伯[2]曰：“晋信蛮夷而弃兄弟，其执政贰也。[3]贰心必失诸侯，岂唯鲁然？夫失其政者，必毒于人，鲁惧及焉，不可以不恭。必使上卿从之。”季平子[4]曰：“然则意如

译文

在平丘的会盟中，晋昭公派叔向拒绝鲁昭公，不肯与鲁昭公结盟。子服惠伯说：“晋国相信蛮夷，而抛开兄弟国家，它的执政之臣（对莒国与我国）心思不相同。两种心思对人，必然失去诸侯国的拥护，难道只是鲁国如此？（将）丧失政权的人，必定会加害别人，鲁国害怕受到（晋国）加害，（对晋国）不能不恭敬。（我们）一定要派上卿去。”季平子说：“既

乎！若我往，晋必患我，谁为之贰[5]？”子服惠伯曰：“椒既言之矣，敢逃难乎？椒请从。”

然这样，那么让我去吧！如果我去了，晋国必然要扣押我，谁做我的副手？”子服惠伯说：“我已说过这回事了，还敢躲避这次灾难吗？我请求跟着去。”

注释

1 平丘之会……弗与盟：晋昭公，名夷，公元前531年至公元前526年在位。昭公，即鲁昭公，名裯(dǎo)。公元前529年，晋将讨鲁，在平丘(今河南长垣南)集会，与会的有晋、齐、宋、卫、郑、曹等。

2 子服惠伯：鲁国大夫子服椒。

3 蛮夷：指莒国。 贰：不平等对待，区别对待。

4 季平子：名意如，季武子的孙子，季悼子的儿子，当时是鲁国的上卿。

5 贰：副手。

晋人执平子。子服惠伯见韩宣子[1]曰：“夫盟，信之要也。晋为盟主，是主信也。若盟而弃鲁侯，信抑阙矣[2]。昔栾氏之乱，齐人间晋之祸，伐取朝歌。[3]我先君襄公不敢宁处，使叔孙豹悉帅敝赋，踦跂毕行，[4]无有处人，以从军吏，次于雍渝，与邯郸胜击齐之左，掎止晏莱焉。[5]齐师退而后敢

晋国扣押了平子。子服惠伯见韩宣子说：“诸侯会盟，信义是关键。晋国做盟主，是主持信义的。如果结盟而丢开鲁侯，信就有缺了。过去栾氏作乱，齐国乘着晋的(那次)祸乱，攻取了朝歌。我的先君襄公不敢安逸地闲处，派了叔孙豹率领全国甲兵，就是跛脚的人都去了，(国内)没有安闲地待着的，都跟着军吏，在雍渝宿营，与邯郸胜(配合)攻击齐国的左军，从后面抄过去，俘虏了晏莱。齐军从晋国撤退以后(我们)才敢率军回国。(现在我说这件事)不是要用它来请

还。非以求远也，以鲁之密迩[6]于齐，而又小国也；齐朝驾则夕极于鲁国，不敢惮其患，而与晋共其忧，亦曰：'庶几有益于鲁国乎！'今信蛮夷而弃之，夫诸侯之勉于君者，将安劝矣？若弃鲁而苟固诸侯，群臣敢惮戮乎？诸侯之事晋者，鲁为勉矣。若以蛮夷之故弃之，其无乃得蛮夷而失诸侯之信乎？子计其利者，小国共命。"宣子说，乃归平子。

求奖赏过去的功劳，而是因为鲁国与齐国靠近，又是小国；齐军早上驾车晚上就到了鲁国，（我们）不害怕齐国的灾祸，而与晋国共同分担那些忧患，不过是说：'也许这样对鲁国有利些吧！'现在（你们）相信蛮夷而抛弃鲁国，那些对您尽力的诸侯，将怎么去努力呢？如果抛弃鲁国还能稳定诸侯（对晋国的拥护），我们这些臣子敢害怕被杀戮吗？在侍奉晋国的诸侯们中，鲁国是最卖力的了。如果因为蛮夷的缘故而抛弃鲁国，恐怕是得了蛮夷而丧失了中原诸侯的信任吧？您谋划那些有利的方面，（我们）小国敬从（您的）命令。"宣子（听了）高兴，就放回了平子。

注释

1 韩宣子：晋卿韩起。

2 抑：连词，表转折。　阙：缺失。

3 昔栾氏之乱……伐取朝歌：晋大夫栾盈，得罪奔楚，又自楚奔齐，公元前550年，齐庄公强行送栾盈归晋，没有成功。于是举兵伐晋，夺取晋邑朝歌（在今河南淇县）。间，乘隙。

4 敝赋（bì fù）：对自己军队的谦称。敝是谦辞。赋，春秋战国时期按田亩而出的兵卒、车辆。　踦跂（qī qí）：脚有残疾，行走困难者。踦，一只脚，引申为脚跛。跂，多出一个脚趾。

5 邯郸胜：晋大夫，采邑在邯郸。　掎止：从后截获。掎，从旁或从后拖住。止，俘获。　晏莱：晏婴的儿子，齐国大夫。

6 密迩：接近。

9.季桓子穿井

原文

季桓子[1]穿井，获如土缶，其中有羊焉。使问之仲尼曰："吾穿井而获狗，何也？"对曰："以丘之所闻，羊也。丘闻之：木石之怪曰夔、蝄蜽[2]，水之怪曰龙、罔象，土之怪曰羵羊[3]。"

译文

季桓子挖井，得到一个像土坛子的东西，里面有一个土羊。派人去问仲尼说："我家挖井得到一只狗，是怎么一回事？"（仲尼）回答说："凭我的所见所闻，（这）是羊。我听说：山上的奇异兽叫夔、蝄蜽，水中的奇异兽叫龙、罔象，土里的奇异兽叫羵羊。"

注释

1 季桓子：鲁国正卿，季平子的儿子，名斯。"如"字疑衍。

2 夔(kuí)、蝄蜽(wǎng liǎng)：怪兽。

3 羵(fén)羊：牝牡不分的怪羊。

10.公父文伯之母对问

原文

季康子问于公父文伯之母曰[1]："主亦有以语肥也！"对曰："吾能老而已，何以语子？"康子曰："虽然，肥愿有闻于主。"对曰：

译文

季康子向公父文伯的母亲询问说："您是有可以用来告诫我的话吧！"（公父文伯的母亲）回答说："我已经老迈了，还有什么可以向您说的呢？"康子说："即使如此，我还是希望能在您这

"吾闻之先姑曰：'君子能劳，后世有继。'"子夏闻之，曰："善哉！商闻之曰：'古之嫁者，不及舅、姑，谓之不幸。'夫妇，学于舅姑者也。"

里听到教诫。"回答说："我听去世的婆婆说：'君子能够劳苦（不骄贵），就有后代继承。'"子夏听说这事，说："好啊！我听说：'古代嫁来的媳妇，如果没有听到公婆的教诲，叫做不幸。'媳妇是向公婆学习的。"

注释

1 季康子：即鲁正卿，季平子的孙子，季桓子的儿子，名肥。　公父文伯：即鲁大夫公父歜(chù)。季康子是季悼子的曾孙，公父文伯是季悼子的孙子。公父文伯的母亲比季康子长两辈。

11.公父文伯被逐

原文

公父文伯饮南宫敬叔酒，以露睹父为客。[1]羞[2]鳖焉，小。睹父怒，相延食鳖，辞曰："将使鳖长而后食之。"遂出。

文伯之母闻之，怒曰："吾闻之先子曰：'祭养尸[3]，飨养上宾。'鳖于何有？而使夫人怒也！"

译文

公父文伯请南宫敬叔饮酒，以露睹父作为上客。将甲鱼进上，甲鱼很小。睹父发怒，等到请客人吃甲鱼的时候，睹父辞谢说："请让甲鱼长大了以后再吃它。"（说完）就走了。

文伯的母亲听说后，发怒说："我听去世的公公说：'祭祀的礼节是要尊奉尸主；宴请宾人要尊奉上宾。'甲鱼有什么舍不得的，而让客人生气！"就把公父文伯赶

遂逐之。五日，鲁大夫辞而复之。

出家门。过了五天，鲁国的大夫们(为他)说情，(文伯的母亲)这才让他回到家里。

注释

1 南宫敬叔：鲁大夫南宫说。 露睹父：鲁大夫。

2 羞：献上食物。

3 尸：象征死者神灵、代死者受祭的人。

12.公父文伯之母如季氏

原文

公父文伯之母如季氏，康子在其朝[1]，与之言，弗应，从之及寝门[2]，弗应而入。康子辞于朝而入见，曰："肥也不得闻命，无乃罪乎？"曰："子弗闻乎？天子及诸侯合民事于外朝，合神事于内朝；自卿以下，合官职于外朝，合家事于内朝；寝门之内，妇人治其业焉。上下同之。夫外朝，子将业君之官职焉；内朝，子

译文

公父文伯的母亲去季氏家里，季康子在他内朝办公事，同她讲话，她不作声，跟着他走到内室寝门，(她仍)不应声，进入内室。康子在内朝向家臣交代之后就离开了，进入内室见她，说："我没有听到您的吩咐，莫不是有罪吧？"(公父文伯的母亲)说："您没听说过吗？天子及诸侯(与百官)决定政事，是在外朝；决定祭祀的事，是在内朝。从卿以下，完成官吏的职责，是在国君的外朝；完成大夫自家的职事，是在大夫的内朝。寝门之内，是妇人做她们的事的地方。君臣上下都相同。在外朝，您将处理官

将庀[3]季氏之政焉：皆非吾所敢言也。”

职以内的事；在内朝，您将治理季氏家政：这些都不是我敢说话的地方。”

注释

1 康子：鲁国正卿季康子，名肥。朝是议事治事的地方。一般来说，外朝处理政事，内朝处理家事。

2 寝门：通向内室的门。

3 庀(pǐ)：治理。

13.敬姜论劳逸

原文

公父文伯退朝，朝其母，其母方绩。文伯曰：“以歜之家而主犹绩[1]，惧忏季孙之怨也[2]，其以歜为不能事主乎！”

译文

公父文伯退朝回到家，看望母亲，他的母亲正在纺麻。文伯说：“凭我们家的地位，而您还纺麻，恐怕触怒季孙，将认为我不能侍奉您啊！”

注释

1 歜(chù)：公父文伯名歜，鲁国大夫。 主：大夫或大夫之妻，这里指公父文伯之母。

2 忏(gān)：触犯。 季孙：季康子，鲁国权臣。位尊，又为大宗。

其母叹曰：“鲁其亡乎！使僮子备官而未之闻耶？居，吾语

他的母亲叹息说：“鲁国大概要灭亡了吧！让(你这样)幼稚不懂事的人在官位上充数却没有把大道理告诉你吗？坐下来，我

女。昔圣王之处民也，择瘠土而处之，劳其民而用之，故长王天下。夫民劳则思，思则善心生；逸则淫，淫则忘善，忘善则恶心生。沃土之民不材，淫也；瘠土之民莫不向义，劳也。是故天子大采朝日，与三公、九卿祖识地德；[1]日中考政，与百官之政事，师尹维旅、牧、相宣序民事；少采夕月，与大史、司载纠虔天刑；[2]日入监九御，使洁奉禘、郊之粢盛，而后即安。[3]诸侯朝修天子之业命，昼考其国职，夕省其典刑，夜儆百工，使无慆淫，[4]而后即安。卿大夫朝考其职，昼讲其庶政，夕序其业，夜庀其家事，而后即安。士朝受业，昼而讲贯，夕而习复，夜而计过无

告诉你。以前圣王安顿百姓，选择瘠薄的土地居住下来，使那些百姓勤劳，役使他们，所以能长久地统治天下。百姓劳累就会想着节俭，想着节俭就会产生向善的心；安逸就会淫纵，淫纵就会失去向善的心，失去向善的心就会产生恶心。肥沃土地上的百姓不成材，是因为生活安逸的缘故；瘠薄土地上的百姓没有不心向义的，是因为勤劳的缘故。因此天子穿着大采礼服早晨祭日，与三公九卿研习、了解土地的性质；中午考核政务，与（三公九卿以下的）官长、一般办事人员、管总的官员和处理常务的吏员、民政官员、官的副职等官吏，全面安排有关百姓的政事；穿着少采礼服祭月，与太史，司载恭敬地观察、研讨天象（以知妖祥）；日落后，视察宫内的女官，命令他们保持供奉祭祀天地祖宗的谷米的洁净，（这）以后（才）去安歇。诸侯早上研习天子下达的任务与命令，白天考察国家的政事，傍晚检查那典制、法令（的执行情况），晚上警戒百官，使（他们）不得怠慢职守与放纵淫乐，（这）以后（才）去安歇。卿大夫早上考察各自的职事，白天处理各种政务，傍晚安排（第二天要做的）政事，晚上处理他们的家事，（这）以后（才）去安歇。士早上（在朝堂）接受任务，白天讲论研习，傍晚

憾,而后即安。自庶人以下,明而动,晦而休,无日以怠。

复习,夜里自省(当天的)过失没有遗憾,以后(才)去安歇。以下的平民百姓,天亮就去劳动,天黑了休息,没有哪一天懈怠。

注释

1 大采:大采礼服,指玄冕之服(衣无纹,裳刺黑青相间纹),腰带上插玉圭长三尺,手执镇圭一尺二寸,圭用五采垫板承托。《礼记·玉藻》:"天子玄冕以朝日。冕服之下则大采,非衮织也。"我们的翻译用王引之说,见《经义述闻》卷二十。 三公:太师、太傅、太保。 九卿:少师、少傅、少保、冢宰、司徒、宗伯、司马、司寇、司空。

2 少采:少采礼服,黑白丝刺绣如斧形的礼服,所执玉用三采垫板承托。 司载:掌天文的官员。

3 监:视。 九御:九嫔之官,主管粢盛、祭服。 粢盛(zī chéng):古代盛在祭器内以供祭祀的谷物。

4 儆:警戒,警醒。 慆淫:轻率怠慢。

"王后亲织玄紞,公侯之夫人加之以纮、綖,[1] 卿之内子为大带,命妇成祭服,列士之妻加之以朝服,自庶士以下,皆衣其夫。社而赋事,蒸而献功,男女效绩,愆则有辟,古之制也。君子劳心,小人劳力,先王之训也。自上以下,

"王后亲自织黑色的紞,公侯的夫人除了织这种紞外,又加上织纮、綖。卿的嫡妻织祭服上的大丝带,大夫的妻子织、缝祭服,天子的士的妻子除织、缝祭服之外,还加上织、缝朝服。从下士至庶人的妻子,都织、缝衣服给丈夫穿。(春分)祭社神时接受农桑之类的任务,冬季祭祀时献上劳动成果,男女各人献出自己一年的劳绩,有过失就要处罚,这是古代的制度。君子劳动心思,平民百姓劳动体

谁敢淫心舍力？今我，寡也，尔又在下位，朝夕处事，犹恐忘先人之业。况有怠惰，其何以避辟！吾冀而朝夕修[2]我曰：'必无废先人。'尔今曰：'胡不自安。'以是承君之官，余惧穆伯之绝嗣也。"

仲尼闻之曰："弟子志之，季氏之妇不淫矣。[3]"

力，这是先王的教诲。从上到下，谁敢使自己的欲望过分而不用力气？现在，我是寡妇，你又在大夫这个不高的职位上，早晚处理公事，还担心忘了先人的事业。何况懈怠懒惰，将凭什么来避免罪责！我希望你早晚警戒我说：'一定不能废弃先人（的成业）。'而你今天却说：'为什么不使自己安闲？'用这种思想承奉国君给予的官职，我害怕你父亲穆伯的后嗣会断绝。"

仲尼听说这事后说："学生们记住这些，季氏家的妇人不超越自己的地位。"

注释

1 紞(dǎn)：冠上系瑱的带。瑱是挂在头两旁当耳的玉。 纮(hóng)：帽带，由颔下挽上系在笄的两端。 綖(yán)：覆在冕上的布。

2 修：勉励，修养，警戒。

3 志：通"识"，记住。 淫：超越本分。

14.公父文伯之母别于男女之礼

原文

公父文伯之母，季康子之从祖叔母

译文

公父文伯的母亲，是季康子的堂叔祖母。季康子去到她家里，（她）打开寝门和

也。康子往焉，闟[1]门与之言，皆不逾阈[2]。祭悼子[3]，康子与焉，酢不受，彻俎不宴，宗不具不绎，绎不尽饫则退。[4]仲尼闻之，以为别于男女之礼矣。

他讲话，他们两人都不跨过门槛。祭祀季悼子时，康子参与祭礼，向她敬酒，她不亲自接受，祭祀完毕她就撤除祭品，不与康子宴饮，主持祭祀之礼的宗臣不都在场，她就不参与第二天的续祭，参与续祭，宴饮未完就退下。仲尼听了这件事，认为她懂得区分男女的礼节。

注释

1 闟(wěi)：打开(门)。

2 阈(yù)：门槛，引申为界限。

3 季悼子：公父文伯母亲的名字叫敬姜，季悼子是敬姜的公公，公父文伯的祖父，季康子的曾祖父。

4 酢：宾客以酒回敬主人。 彻俎：祭祀完毕，撤下礼器。彻，通"撤"，撤下。 宗：宗族主管祭祀的人。 绎：祭祀的第二天再祭。 饫(yù)：家庭私宴。韦昭注："立曰饫，坐曰宴。"

15.公父文伯之母欲室文伯

原文

公父文伯之母欲室[1]文伯，飨其宗老，而为赋《绿衣》之三章。[2]老请守龟卜室之族。师

译文

公父文伯的母亲想给文伯娶妻，请他们的家臣、宗人饮酒，给他们吟诵《绿衣》的第三章。家臣请卜人占卜要娶的是哪一姓的女子。师亥听说这事，说："好

亥[3]闻之曰："善哉！男女之飨，不及宗臣；宗室之谋，不过宗人。[4]谋而不犯，微而昭矣。诗所以合意，歌所以咏诗也。今诗以合室，歌以咏之，度于法矣。"

啊！男女在一起宴饮，男的范围不能到同姓之臣；宗室里谋划事情，男的不能超过同宗之臣。（她与人）谋划并不违反男女礼节，（她赋诗言志，）既隐微又明显。诗是用来表达心意的，歌是用来唱诗的。现在用诗来表达要娶妻的心意，用歌来咏唱诗，合乎法度。"

注释

1 室：为子娶妻。

2 宗老：主持礼乐的家臣。《绿衣》之三章：《诗经·邶风·绿衣》第三章说："我思古人，俾无訧兮。"（我想念古人，使我没有过错。）

3 师亥：鲁乐师名。

4 宗臣、宗人：同姓同宗族之家臣。

16.敬姜之戒

原文

公父文伯卒，其母戒其妾曰："吾闻之：好内[1]，女死之；好外，士死之。今吾子夭死，吾恶其以好内闻也。二三妇之辱共先者祀，请无

译文

公父文伯死了，他的母亲告诫他的妾说："我听说：贪女色，女人为他死；好结交朋友，士为他死。现在我的儿子夭折，我讨厌他因贪女色闻名。你们几个人在供奉亡者的祭祀上委屈一下，请不要毁损了容颜，（哭时）不要抽泣，不要捶

瘠色,无洵涕,无掐膺,[2]无忧容,有降服,无加服。[3]从礼而静,是昭吾子也。”仲尼闻之曰:“女知莫若妇,男知莫若夫。公父氏之妇智也夫!欲明其子之令德。”

胸,不要面带忧愁,丧服要减等级,不要加等级。举止遵从礼仪,保持安静,这是(为了)昭明我儿子(的好名声)。”仲尼听了这事说:“处女的智慧,赶不上妇人;童男的智慧,赶不上成年人。公父氏家里的妇人,确实很聪明啊!(她这样做)是要彰明她的儿子(不贪女色)的美德。”

注释

1 好内:宠爱妻妾。

2 瘠色:过度悲伤,容貌毁损。 洵(xún)涕:无声流泪。 掐(tāo)膺:捶胸。掐,叩。膺,胸。

3 降服:丧服降级。 加服:丧服升级。

17.敬姜之哭

原文

公父文伯之母朝哭穆伯,而暮哭文伯。仲尼闻之曰:“季氏之妇可谓知礼[1]矣。爱而无私,上下有章[2]。”

译文

公父文伯的母亲,早上哭(她的丈夫)穆伯,傍晚哭(她的儿子)文伯。仲尼听说这事后说:“季氏家的妇人可以说是懂得礼制。爱(她的丈夫、儿子)无私情,对上对下都合规矩。”

注释

1 礼:寡妇不夜哭。

2 章:礼法,规矩。

18.仲尼论大骨

原文

吴伐越,堕会稽,获骨焉,节专车。[1]吴子使来好聘[2],且问之仲尼,曰:“无以吾命。”宾发币于大夫,及仲尼,仲尼爵之。[3]

译文

吴国攻打越国,毁坏了会稽山,得到一节骨头,载在车上,有一车长。吴子派使者来(鲁国)访问修好,并且要他向仲尼请教这个问题,说:“不要用我的命令(问)。”来访的客人送礼物给(鲁国)大夫,送到仲尼那里时,仲尼请他饮酒。

注释

1 鲁哀公元年,吴王夫差在夫椒打败越国,越王勾践栖于会稽,吴国包围攻打会稽山。堕,毁坏。会稽,山名。 节专车:一节骨头,长度够一车。

2 吴子:夫差。来好聘:来访问鲁国修复两国关系。

3 及仲尼:吴国来宾发所携带的礼币给鲁国大夫,轮到仲尼。 爵之:请来宾饮酒。

既彻俎而宴[1],客执骨而问曰:“敢问骨何为大?”仲尼曰:“丘闻之:昔禹致群神[2]于会稽之山,防风氏后

行礼完毕,撤去俎举行宴饮。客人拿着(俎中的)肉骨头问(仲尼)说:“请问骨头中什么骨大?”仲尼说:“我听说:以前,禹在会稽山召来各国君

至，禹杀而戮之，其骨节专车，此为大矣。”客曰：“敢问谁守为神？”仲尼曰：“山川之灵，足以纪纲天下者，其守为神；社稷之守者，为公侯。皆属于王者。”客曰：“防风[3]何守也？”仲尼曰：“汪芒氏之君也，守封、嵎之山者也，为漆姓。[4]在虞、夏、商为汪芒氏，于周为长狄，[5]今为大人。”客曰：“人长之极几何？”仲尼曰：“僬侥[6]氏长三尺，短之至也。长者不过十之，数之极也。”

主（集会），防风氏违命迟到，禹杀了他，陈尸示众，他的骨头一节有一车长，这是最大的了。”客人说：“请问山川的哪个守主称神？”仲尼说：“山川的精灵，足以治理天下的，那个守主是神；社稷的守主是公侯。都是隶属于王的。”客人说：“防风氏是什么守主？”仲尼说：“（他是）汪芒氏的国君，是守封山、嵎山一带地方的，是漆姓，在虞、夏、商时叫汪芒氏，在周时叫长狄，现在叫大人。”客人说：“人的长度最长的有多长？”仲尼说：“僬侥氏长三尺，是最短的。长的不超过他的十倍，那个数字到了顶点。”

注释

1 彻：通“撤”，撤下。 俎(zǔ)：礼器，盛牛羊。

2 群神：主山川之君，为群神之主。

3 防风：汪芒氏的国君名。

4 汪芒：长狄的国名。 封：封山。 嵎(yú)：嵎山。 漆：汪芒氏的姓。

5 在虞、夏、商为汪芒氏，于周为长狄：汪芒氏周时北迁，改国名为长狄。

6 僬侥(jiāo yáo)：古代传说中的矮人，也是其国名。

19.仲尼论楛矢

原文

仲尼在陈，有隼集于陈侯之庭而死，楛矢贯之，[1]石砮[2]，其长尺有咫。陈惠公使人以隼如仲尼之馆问之。

译文

仲尼在陈国时，栖息在陈侯庭院树上的隼，有一只死了掉在地上，楛木作杆的箭贯穿了它，石制箭头，长一尺八寸。陈惠公派人拿着这鸟到仲尼的馆舍去请教。

注释

1 隼(sǔn)：一种鸷鸟。 楛(hù)：木名，形似荆，红色。

2 砮(nǔ)：石制的箭镞。

仲尼曰："隼之来也远矣！此肃慎氏[1]之矢也。昔武王克商，通道于九夷[2]、百蛮，使各以其方贿来贡，使无忘职业。于是肃慎氏贡楛矢、石砮，其长尺有咫。先王欲昭其令德之致远也，以示后人，使永监焉，故铭其栝曰'肃慎氏之贡矢'，以分大姬，配虞胡公而封诸陈。[3]古者，分同姓以

仲尼说："这隼鸟来得远啊！这是肃慎氏的箭。以前武王克商，将君臣之道贯彻到九夷和蛮族各国，要他们各自用他们那里所产的财货物品来进贡，使他们不忘记自己的职事。于是肃慎氏进贡楛木箭，石箭头，箭长一尺八寸。先王想昭明自己的美德，使它达到远方部落，告诉给后代人，使他们永远看到它，所以在箭杆末端扣弦的地方刻上字说：'肃慎氏的贡箭'，把它分给太姬，(后来太姬被)许配给虞胡公，(武王)将虞胡公封在陈国。古代，将珍宝玉器赐给同姓之国，这

珍玉，展亲也；分异姓以远方之职贡，使无忘服也。故分陈以肃慎氏之贡。君若使有司求诸故府，其可得也。”

使求，得之金椟[4]，如之。

是加重亲族的情谊；将远方宾服者的贡物赐给异姓诸侯，使他们不忘记自己服侍天子的职责。所以将肃慎氏的贡物赐给陈国。您如果命令官员到以前的府库中去找这样的箭，也许可以找到。”

（陈侯）派人去找，在金匮中找到了这样的箭，和仲尼所说的一样。

注释

1 肃慎氏：北方夷族国。

2 九夷：指夷族各国。

3 大姬：武王长女。 虞胡公：舜的后代胡公满。

4 金椟：金匮，外面用金绳捆束的木柜。

20.闵马父笑子服景伯

原文

齐闾丘[1]来盟，子服景伯戒宰人曰[2]：“陷而入于恭。”闵马父[3]笑，景伯问之，对曰：“笑吾子之大也。昔正考父校商之名颂十二篇于周太师，以《那》为首，其辑之乱曰：‘自古

译文

齐国的闾丘明来结盟，子服景伯告诫宰人说：“如有过失，宁愿恭敬一些。”闵马父笑了，景伯问他笑什么，（他）回答说：“笑您骄傲自大。以前正考父在周太师那里校正商代的有名的十二篇颂诗，用《那》篇作为首篇，诗篇的结尾说：‘很久以前，先人行事就是

在昔，先民有作。温恭朝夕，执事有恪。'[4]先圣王之传恭，犹不敢专，称曰'自古'，古曰'在昔'，昔曰'先民'。今吾子之戒吏人曰'陷而入于恭'，其满之甚也。周恭王能庇昭、穆之阙而为'恭'，[5]楚恭王能知其过而为'恭'。今吾子之教官僚曰'陷而后恭'，道将何为？"

这样。早晨晚上温和恭敬，办事敬慎。'先前圣王宣扬恭敬，还不敢专擅，称说'从古代起'，古代说'在往昔'，在往昔说是'先人'。现在您告诫官员说'如有过失，宁愿恭敬些'，那种自大已到顶点了。周恭王能够遮盖周昭王、周穆王的过失，而定谥号为'恭'，楚恭王能够懂得自己的过失，也定谥号为'恭'。现在您教育属官说：'如有过失，宁愿恭敬些。'（失道还是为恭，如果）得道将是什么？"

注释

1 闾丘：齐大夫闾丘明。

2 子服景伯：鲁大夫子服何，子服惠伯的孙子。 宰人：冢宰属官，掌礼法。

3 闵马父：鲁大夫。

4 正考父：孔子先人，宋大夫。《那》(nuó)：《诗经·商颂》第一篇。原文如下：猗与那与！置我鞉鼓。奏鼓简简，衎我烈祖。汤孙奏假，绥我思成。鞉鼓渊渊，嘒嘒管声。既和且平，依我磬声。於赫汤孙！穆穆厥声。庸鼓有斁，万舞有奕。我有嘉客，亦不夷怿。自古在昔，先民有作。温恭朝夕，执事有恪，顾予烝尝，汤孙之将。 乱：概括大型诗赋意旨的总结部分。乱辞在曲终，变章乱节，所以称为"乱"。

5 周恭王（在位时间为公元前922年至前900年）：一作共王，姬姓，名繄扈(yī hù，一作伊扈)，周穆王姬满之子，西周第六任君主。 穆：周穆王（在位时间为公元前976年至前922年），姬姓，名满，又称"穆天子"，周昭王之子，西周第五任君主。 昭：周昭王（在位时间为公元前

995年至前977年)，姬姓，名瑕，岐周(今陕西岐山)人，西周第四任君主。 庇：遮掩过错。

21.仲尼非难

原文

季康子欲以田赋，使冉有访诸仲尼[1]。仲尼不对，私于冉有曰："求来！女不闻乎？先王制土，籍田以力，而砥其远迩；赋里以入，而量其有无；任力以夫[2]，而议其老幼。于是乎有鳏、寡、孤、疾，有军旅之出则征之，无则已。其岁，收田一井，出稯禾、秉刍、缶米，不是过也。[3]先王以为足。若子季孙欲其法也，则有周公之籍[4]矣；若欲犯法，则苟而赋，又何访焉！"

译文

季康子想按田亩征收赋税，叫冉有去征求仲尼的意见。仲尼不答，私下里对冉有说："求，你过来！你没有听说过吗？先王定土地的等级，收土地税按劳力受田计算，根据田土远近加以调整(使负担均衡)，市面上收税按收入多少，估量他们财产的有无多少；派劳力以夫为计算单位，议定老幼以决定免除力役。于是有鳏夫、寡妇、孤儿、残疾人，国家有军旅之事就征收他们的税赋，没有就不征。有军事行动的年份，田一井，出一稯禾，一秉喂牲口的草，一缶米，不超过这个数。先王认为这就足够了。如果季孙氏想按照税法来，那么已经有周公土地税法在了；如果想冒犯(已有的)税法，那就随意地收取税赋吧，又征求意见做什么？"

注释

1 冉有:孔子弟子冉求,当时为季孙氏的家臣。 访:访问,征求意见。

2 夫:据说古代实行井田制,一夫(一个有强劳力的男人)受田百亩,所以称百亩为夫,实兼劳力与土地二者而言。

3 一井:井字形的田,一格为一百亩,就是九百亩。 稯(zōng)、秉、缶:都是计量单位。十六斗为缶,十缶为秉,一秉十六斛,四十秉为稯。

4 籍:登记,记录。

卷六 齐语

1.管仲对齐桓公

原文

桓公自莒反于齐,使鲍叔为宰。[1]辞曰:“臣,君之庸臣也。君加惠于臣,使不冻馁,则是君之赐也。若必治国家者,则非臣之所能也。若必治国家者,则其管夷吾[2]乎!臣之所不若夷吾者五:宽惠柔民,弗若也;治国家不失其柄,弗若也;忠信可结于百姓,弗若也;制礼义可法于四方,弗若也;执枹鼓立于军门,使百姓皆加勇焉,弗若也。”桓公曰:“夫管夷吾射寡人中钩,是以滨于死。”鲍叔对曰:“夫为其君动也。君若宥而反之,夫犹是也。”桓公曰:

译文

齐桓公从莒国返回齐国(即君位),命鲍叔任太宰。鲍叔推辞说:“我只是您的平庸的臣子。您对我施加恩惠,使我不受冻挨饿,这是君的赐予。如果一定要治理国家,就不是我能做到的了。如果一定要治理国家,那将是管夷吾。我比不上夷吾的有五点:对民宽缓、施恩于民,使民安定,我比不上他;治理国家不丧失根本,我比不上他;用忠和信使百姓凝聚,我比不上他;制定礼仪制度,使四方之人效法,我比不上他;拿着鼓槌和鼓,站在军门前,使百姓倍加勇敢精神,我比不上他。”桓公说:“那管夷吾射中了我的带钩,我因而差点儿死了。”鲍叔回答说:“他是为他的君主出力。您如果赦免他让他回来,他也会像为他原来的君主出力一样(为您出力)。”桓公说:“如何(能使他回来)?”鲍子回答说:“向鲁

"若何?"鲍子对曰:"请诸鲁。"桓公曰:"施伯[3],鲁君之谋臣也,夫知吾将用之,必不予我矣。若之何?"鲍子对曰:"使人请诸鲁,曰:'寡君有不令之臣在君之国,欲以戮之于群臣,故请之。'则予我矣。"

国请求让他回来。"桓公说:"施伯是鲁国国君的谋臣,他如果知道我将任用管夷吾,必定不肯将他给我了。怎么办?"鲍子回答说:"派人向鲁国请求让他回来,说:'我的国君有个不听命令的臣子在您的国家里,想在群臣的面前将他杀了,所以向您请求让他回国。'鲁国就会(把管夷吾)给我们。"

注释

1 桓公:齐桓公,襄公的弟弟,名小白,春秋时代第一个霸主。公元前685年至前643年在位。齐国将发生乱事,鲍叔奉公子小白奔莒。管夷吾、召忽奉公子纠奔鲁。襄公被杀,小白与纠都返国为君,小白先入,得为国君。 鲍叔:齐大夫鲍叔牙。 宰:太宰,官名,辅佐治理国家。

2 管夷吾:管仲,下文称"管子",也是指他。春秋时的大政治家。小白与纠争位,在乾时作战,管仲射中小白带钩(束腰皮带上的金属钩)。

3 施伯:鲁大夫。

桓公使请诸鲁,如鲍叔之言。庄公以问施伯,施伯对曰:"此非欲戮之也,欲用其政也。夫管子,天下之才也,所在之国,则必得志于天下。令彼在齐,则必长为鲁国忧矣。"庄公曰:"若何?"

桓公派人向鲁国请求让管夷吾回来,就照鲍叔的话(那样说)。庄公拿这事情问施伯,施伯回答说:"这不是要杀他,(而是)要用他治政。管子是天下的大才,(他)所在的国家,就必定在天下范围内意得欲从。(如果)让他回到齐国,(齐国)就将长久地成为鲁国的忧患。"庄公说:"怎么办?"施伯回答说:"杀死

施伯对曰:“杀而以其尸授之。”

庄公将杀管仲,齐使者请曰:“寡君欲亲以为戮,若不生得以戮于群臣,犹未得请也。请生之。”于是庄公使束缚以予齐使,齐使受之而退。

比至,三衅三浴之。桓公亲逆之于郊,而与之坐而问焉,曰:“昔吾先君襄公筑台以为高位,田狩罼[1]弋,不听国政,卑圣侮士,而唯女是崇。九妃、六嫔[2],陈妾数百,食必粱肉,衣必文绣。戎士冻馁,戎车待游车之裂,戎士待陈妾之余。优笑在前,贤材在后,是以国家不日引,不月长。恐宗庙之不扫除,社稷之不血食,敢问为此若何?”

他,将他的尸体给齐国。”

庄公将要杀管仲,齐国使者请求说:“我们的国君要亲自杀他,如果不能把他活着带回去在群臣面前杀死,还是没有满足所求的。请让他活着。”于是庄公派人捆绑了管仲交给齐国使者,齐国使者接受后退出(回国)。

将近到齐国都城时,三次用香涂身,三次洗浴,桓公亲自在近郊迎接他(入都城),与他坐在一起问他说:“以前我的先君襄公筑台,表明自己地位高贵,(整天)捕兽、围禽、网兔、射鸟,不处理国政,看轻圣贤,轻侮士人,只看重女色。(宫中有)九妃、六嫔,妾排列起来有数百,吃必定是粱米肉类,穿一定是绣有花纹的衣服。兵士受冻挨饿,兵车是等游猎的车坏了充用,兵士是等优待妻妾之后才给予粮饷装备的。把逗乐的艺人摆在前面,把贤良之材放在后头,因此国家不是一天天扩展,不是一月月增益。恐怕宗庙没有人打扫,社稷之神得不到祭祀,请问面对这些怎么治理?”

注释

1 罼(bì):用长柄网捕捉。

2 九妃、六嫔:是说妻妾众多,女官一大群。妃,本指正妻;嫔,女官。

管子对曰："昔吾先王昭王、穆王，世法文、武远绩以成名，合群叟，比校民之有道者，设象以为民纪，式权以相应，比缀以度，竱本肇末[1]，劝之以赏赐，纠之以刑罚，班序颠毛[2]，以为民纪统。"桓公曰："为之若何？"管子对曰："昔者，圣王之治天下也，参其国而伍其鄙[3]，定民之居，成民之事，陵为之终，而慎用其六柄[4]焉。"

管子回答说："以前，我们的先王昭王、穆王，一生效法文王、武王遥远的功绩而成就功名，集合老年人，考核百姓中的有贤德道艺的人，陈列（他们的）供人效法的事迹，将他们作为百姓的行为标准，用平衡的办法治政、用民，使各方面和谐，用比较连贯的办法来制定税法，使事的根本齐等以端正末节，用赏赐来鼓励他们，用刑罚来使他们收敛谬误，按照头上毛发（的黑白）排列长幼尊卑的顺序，以这些作为纲纪。"桓公说："怎么样做呢？"管子回答说："以前，圣王治理天下，都邑的大小是国都的三分之一，郊以外的地方（行政结构）取五进制，规定百姓的居住地方，成就他们的事业，设置墓地作为他们的最后归宿，对他们慎重地使用六大权力。"

注释

1 竱(zhuǎn)本肇末：令树干长短一致，则树梢就不会参差不齐。指处理问题抓住根本，从根本上做起，不舍本逐末，不本末倒置。竱，整齐。本，树干。肇，端正。末，树梢。

2 班序颠毛(diān máo)：依官爵或年纪排列的次序。班序，班列次序。颠毛，头发。

3 参其国而伍其鄙：城邑的大小为国都的三分之一。参，通"三"。郊外五家为比，五比为闾，四闾为族，五族为党，五党为州，五州为乡。

4 六柄：指生、杀、富、贵、贫、贱。

桓公曰："成民之事若何？"管子对曰："四民者，勿使杂处，杂处则其言哤[1]，其事易。"公曰："处士、农、工、商若何？"管子对曰："昔圣王之处士也，使就闲燕[2]；处工，就官府；处商，就市井；处农，就田野。

桓公说："怎样成就百姓的事业？"管子回答说："四种百姓，不能让他们混杂地住在一起，混杂地住在一起，他们的语言就混杂了，他们所从事的职事就会改变。"桓公说："让士、农、工、商怎么居住？"管子说："以前圣王安顿士，到清净的地方；安顿工，到靠近官府的地方；安顿商，靠近市井；安顿农，靠近田野。

注释

1 哤(máng)：语言杂乱。

2 闲燕(xián yàn)：安静、清净的地方。

"令夫士，群萃而州处[1]，闲燕则父与父言义，子与子言孝，其事君者言敬，其幼者言弟。少而习焉，其心安焉，不见异物而迁焉。是故其父兄之教不肃而成，其子弟之学不劳而能。夫是，故士之子恒为士。

"要那些士集中起来居住在一起，环境清净，就会做父亲的与做父亲的在一起谈论义，做子女的与做子女的在一起谈论孝，那些为君主服务的人谈论恭敬，那些年轻的人谈论友爱兄弟。年少的时候就学习这些，他们的心安于这些，不会看到别的行业而转行。因此他们的父兄教育不急切却能成功，他们的子弟学习不劳累就能学成。这样，所以士的儿子总是士。

注释

1 群萃而州处：把同工种的人安排聚集在一起居住。萃(cuì)，聚集。

“令夫工，群萃而州处，审其四时[1]，辨其功苦，权节其用，论比协材。旦暮从事，施于四方，以饬其子弟，相语以事，相示以巧，相陈以功。少而习焉，其心安焉，不见异物而迁焉。是故其父兄之教不肃而成，其子弟之学不劳而能。夫是，故工之子恒为工。

“要那些工匠集中起来居住在一起，审视四时，辨别材料坚固与脆弱，衡量他们的用处，选择比较，使材料合用。早晚都做工制器，使器用流布到四方去，用这些教他们的子弟，交谈的是手艺，相互看到的是技艺，各自陈列出来给对方看的都是制成品。年少的时候就学习这些，他们的心安于这些，不会看到别的行业就转行。因此，他们的父兄教育不急切却能成功，他们的子弟学习不劳累就能学成。这样，所以工匠的儿子总是工匠。

注释

1 四时：草木有生时，有死时；水有凝结成冰的时候，有冰化成水的时候。所谓“审视四时”，实际上是说观察气候对用材的影响。

“令夫商，群萃而州处，察其四时，而监其乡之资，以知其市之贾，负、任、担、荷，服牛、轺马[1]，以周四方，以其所有，易其所无，市贱鬻贵。旦暮从事于此，以饬其子弟，相语以利，相示以赖，相

“要那些商人集中起来居住在一起，考察春夏秋冬四时（所需），看乡里资财的有无，从而预测市价，背、抱、挑、举，牛车拉，小马车拖，（使货物）流动四方，以其所有，交换其所无，贱价买进，贵价卖出。早晚都做这种事，用这些教育他们的子弟，交谈的是利，相互看到的是赚钱，相互显示自己的本

陈以知贾。少而习焉，其心安焉，不见异物而迁焉。是故其父兄之教不肃而成，其子弟之学不劳而能。夫是，故商之子恒为商。

领是知道物价。年少的时候就学习这些，他们的心安于这些，不会看到别的行业就转行。因此他们的父兄教育不急切却能成功，他们的子弟学习不劳累就能学成。这样，所以商人的儿子总是商人。

注释

1 轺(yáo)：一匹马驾驶的轻便小车。轺马，就是车马。

“令夫农，群萃而州处，察其四时，权节其用，耒、耜、耞、芟[1]。及寒，击菒除田[2]，以待时耕；及耕，深耕而疾耰之[3]，以待时雨；时雨即至，挟其枪、刈、耨、镈，以旦暮从事于田野。脱衣就功，首戴茅蒲，身衣袯襫[4]，沾体涂足，暴其发肤，尽其四支之敏，以从事于田野。少而习焉，其心安焉，不见异物而迁焉。是故其父兄之教不肃而成，其子弟之学不劳而能。夫是，故农之子恒为农。

“要那些农民集中起来居住在一起，考察春夏秋冬四时(各适宜种什么作物)，衡量犁锄、连枷、镰刀等农具的用处，加以改进。到天气寒冷的时候，打草治田，等待春耕季节的到来；到耕田的时候，深耕并赶快耙土，等待春天降雨，春雨来了，挟着各种除草工具等，早晚在田野里做事。脱掉衣服进行劳动，头戴斗笠，身穿蓑衣，躯体沾满汗水，脚上尽是泥巴，曝晒头发皮肤，耗尽四肢的能量，在田野里做事。少年时候学习这些，他们的心安于这些，不会看到别的行业就转行。因此他们的父兄教育不急切却能成功，他们的子弟学习不劳累就能学成。这样，所以农民的儿

野处而不暱[5],其秀民之能为士者,必足赖也。有司见而不以告,其罪五[6]。有司已于事而竣。”

子总是农民。处在野外却不做坏事,其中优秀的能做士人的,一定可靠。主管官员见有优秀分子而不报告,罪在五刑之列。主管官员事情办完就退下来。”

注释

1 枷(jiā):拍打谷物,使籽粒脱落下来的农具,由一个长柄和一排竹条或木条构成。 芟(shān):铲除杂草。

2 击菒(gǎo)除田:把枯草沤到土地深处,再平整土地,除草肥田。菒,枯草。

3 深耕而疾耰(yōu)之:深耕土地,弄碎土块,平整田地。耰,一种农具,用来弄碎土块,平整田地。

4 袯襫(bó shì):农夫穿来遮雨的蓑衣之类。

5 野处而不暱(nì):住在乡野偏远之处。暱,通“慝”,奸恶。

6 其罪五:罪在五刑之列。奴隶制时期即墨、劓、剕、宫、大辟等五种法定刑罚。

桓公曰:“定民之居若何?”管子对曰:“制国以为二十一乡。”桓公曰:“善。”管子于是制国以为二十一乡:工商之乡六;士乡十五。公帅五乡焉,国子帅五乡焉,高子帅五乡焉。[1]参国起案,以为三官:臣立三宰,工立三族,

桓公说:“怎样规定人民居住的地方?”管子回答说:“把国都划分成二十一乡。”桓公说:“好。”管子于是把国都划为二十一个乡:工商(聚居)的乡六个,士(聚居)的乡十五个。桓公直辖五乡(作中军),国子管五个乡,高子管五个乡。把国事(大体上)分为三部分,各种官职各设三名:设立三卿管理群臣,设立三族管理工匠,设置三乡管理

市立三乡，泽立三虞，山立三衡。[2]

商队，设立三虞管理川泽，设立三衡管理山林。

注释

1 国子、高子：都是齐国的上卿，他们各管五乡为左右军。

2 虞：掌川泽的官。 衡：掌山林的官。山林川泽都有大、中、小三类，所以说三虞、三衡。

桓公曰："吾欲从事于诸侯，其可乎？"管子对曰："未可。国未安。"桓公曰："安国若何？"管子对曰："修旧法，择其善者而业用之；遂滋民，与无财，而敬百姓，则国安矣。"桓公曰："诺。"遂修旧法，择其善者而业用之；遂滋民，与无财，而敬百姓。国既安矣，桓公曰："国安矣，其可乎？"管子对曰："未可。君若正卒伍，修甲兵，则大国亦将正卒伍，修甲兵，则难以速得志矣。君有攻伐之器，小国诸侯有守御之备，则难以速得志矣。君若欲速得志于天下诸侯，

桓公说："我想在诸侯之间做一番事业，可以吗？"管子说："不可以。国家还未安定。"桓公说："怎么安定国家？"管子回答说："研习旧时的法令，选择那些好的加以安排实行；育养庶民，救济穷人，敬重百姓，国家就会安定。"桓公说："行。"于是研习旧的法令，选择那些好的加以安排实行；育养庶民，救济穷人，敬重百姓。国家已经安定了。桓公说："国家安定了，（现在）可以了吧？"管子回答说："不可以。君如果整顿军队、修治盔甲兵器，大国就也将整顿军队、修治盔甲兵器，那就难以迅速达到目的了。君有进攻的武器，小国有防守的准备，就难以迅速达到目的了。君如果想要迅速在天下诸侯那里实现志向，军事活

则事可以隐，令可以寄政。”桓公曰：“为之若何？”管子对曰：“作内政而寄军令焉。”桓公曰：“善。”

管子于是制国：“五家为轨，轨为之长；十轨为里，里有司；四里为连，连为之长；十连为乡，乡有良人焉。以为军令：五家为轨，故五人为伍，轨长帅之；十轨为里，故五十人为小戎，里有司帅之；四里为连，故二百人为卒，连长帅之；十连为乡，故二千人为旅，乡良人帅之；五乡一帅，故万人为一军，五乡之帅帅之。三军，故有中军之鼓，有国子之鼓，有高子之鼓。[1]春以蒐振旅，秋以狝治兵。[2]是故卒伍整于里，军旅整于郊。内教既成，令勿使迁徙。伍之人祭祀同福，死丧同恤，祸灾共之。人与人相畴，家与家相畴，世同居，少同游。故夜战声相闻，足以

动可以隐藏起来，军令可以寄托在（平时的）政令上面。”桓公说：“对这种事怎么办呢？”回答说：“治理内政，把军令隐含在里面。”桓公说：“好。”

管子于是为国家制定制度：“五家为轨，设立轨长；十轨为里，设立司里；四里为连，设立连长；十连为乡，乡有为首的人。就用这种制度作为（军事组织的）命令：五家为轨，所以五人为伍，由轨长率领；十轨为里，所以五十人拥有一乘兵车，由司里率领；四里为连，所以二百人为卒，由连长率领；十连为乡，所以二千人为旅，由乡的首脑率领；五乡设一个帅，所以万人为一军，由五乡的帅率领。三军，所以有中军的鼓，有国子的鼓，有高子的鼓。春天用春猎整顿军众，秋天用秋猎进行军事训练。因此卒伍在里整训，军旅在郊外整训。国内的教练已成功，命令民众不要迁徙。同伍的人同祭祀得福，死丧同忧，灾祸共同担当。人与人相伴，家和家相伴，世代同居，从小就共游乐。所以夜战（熟悉的）声音相互能听见，不至于不协同；白天战斗眼睛

不乖;昼战目相见,足以相识。其欢欣足以相死。居同乐,行同和,死同哀。是故守则同固,战则同强。君有此士也三万人,以方行于天下,以诛无道,以屏周室,天下大国之君莫之能御。”

看得见,能相互认识。他们欢爱的情谊能使他们冒死相救。平时同欢乐,行动互相协调,死了一同哀悼。因此防守就共保坚固,战斗就共同团结坚强。您有这样的战士三万人,用来在普天下行动,诛伐无道的国家,保卫周王室,天下大国的君主没有谁能够抵挡。”

注释

1 三军……有高子之鼓:士十五乡,每乡可出二千人,五乡为一万人,万人一军,所以说“三军”。公直辖一军,为中军,高子、国子各五乡,各有一万人的军队,为左、右军。

2 蒐(sōu):春天田猎。振旅:整顿部队,操练士兵。狝(xiǎn):秋天田猎。

2.管仲佐政

原文

正月之朝,乡长复[1]事。君亲问焉,曰:“于子之乡,有居处好学、慈孝于父母、聪慧质仁、发闻于乡里者,有则以告。有而不以告,谓之蔽明,其罪五。”有

译文

正月朝见,乡长报告政事。君主亲自询问,说:“在你那个乡,有没有在日常生活中爱好学习,对父母慈爱孝顺,聪慧、资质仁厚,在乡里出了名的人,有就报告。如果有却不报告,叫障蔽圣明,那罪在五刑之列。”有关官

司已于事而竣[2]。桓公又问焉，曰："于子之乡，有拳勇股肱之力秀出于众者，有则以告。有而不以告，谓之蔽贤，其罪五。"有司已于事而竣。桓公又问焉，曰："于子之乡，有不慈孝于父母、不长悌于乡里、骄躁淫暴、不用上令者，有则以告。有而不以告，谓之下比[3]，其罪五。"有司已于事而竣。是故乡长退而修德进贤，桓公亲见之，遂使役官。

员办成事情就告退。桓公又发问说："在你那个乡，有没有勇敢强健，拳脚多力，在群众中杰出的人，有就报告。如果有却不报告，叫隐蔽贤能，那罪在五刑之列。"有关官员办成事情就告退。桓公又问道："在你那个乡，有没有不慈爱孝顺父母、不尊重长上、与兄弟不友爱、骄躁、淫纵、凶暴、不遵行上级命令的人，有就报告。如果有却不报告，叫包庇，那罪在五刑之列。"有关官员办成事情就告退。因此乡长从朝廷回乡，使民众讲习德行，推荐贤能的人，（贤才推荐上来，）桓公亲自接见，就叫他们做官。

注释

1 复：报告。
2 竣(jùn)：完毕。
3 比：结党，包庇。

桓公令官长期而书伐[1]，以告且选，选其官之贤者而复用之，曰："有人居我官，有功休德，惟慎端悫[2]以待时，使民以

桓公命令长官一年为期记录功勋，向上报告，并且选用有功的人。选取那些为官能干的人进行提拔，说："有人在我下属为官，有功劳和美德，谨慎、端庄、信厚，待时而动，用鼓励的办法役使人

劝，绥谤言，足以补官之不善政。”桓公召而与之语，訾[3]相其质，足以比成事，诚可立而授之。设之以国家之患而不疚，退问之其乡，以观其所能而无大厉，升以为上卿之赞，谓之三选[4]。国子、高子退而修乡，乡退而修连，连退而修里，里退而修轨，轨退而修伍，伍退而修家。是故匹夫有善，可得而举也；匹夫有不善，可得而诛也。政既成，乡不越长，朝不越爵，罢[5]士无伍，罢女无家。夫是，故民皆勉为善。与其为善于乡也，不如为善于里；与其为善于里也，不如为善于家。是故士莫敢言一朝之便，皆有终岁之计；莫敢以终岁之议，皆有终身之功。

民，使谤言止息，完全可以修补官府不好的政令。”桓公召见这样的人，和他谈话，估量他的品质，完全可以辅佐办成政事，真可提拔为大官，就授给他职位。（齐桓公）假设一些国家患难问题进行考问，（他回答时）不感到有困难。到他乡里去访问，看他的长处，没有大的恶行，把他升为上卿的辅佐，叫“三选”。国子、高子从朝见那里退下来整治乡里，乡长下到下级单位，修治连的政务，连长下来修治里的政务，司里下来修治轨的政务，轨下来修治伍，伍下来修治家。因此，平民有善行，能够得到表彰；平民有恶行，能够惩罚杀戮。政令已经成功，在乡里年幼的不越过长辈，在朝廷爵位低的不冒犯高的，无德行的男子不编进卒伍，无德行的女人不能成家。这样，人民就都努力做好事。与其在乡（这一级）做好事，不如在里内做好事；与其在里内做好事，不如在家中做好事。因此士没有敢于计较一时的便宜的，都有整年的（好）打算；没有敢于（只）考虑一年的，都（考虑要）有终身的功勋。

注释

1 伐：功劳。

2 悫(què):诚实,恭谨,忠厚。
3 訾(zī):考察,考量。
4 三选:指乡长推荐,官长选拔,朝廷鉴定。
5 罢(pí):疲沓无行,有毛病,无德行。

桓公曰:“伍鄙[1]若何?”管子对曰:“相地而衰征[2],则民不移;政不旅旧,则民不偷[3];山泽各致其时,则民不苟;陆、阜、陵、墐、井、田、畴均[4],则民不憾;无夺民时,则百姓富;牺牲不略,则牛羊遂。”

桓公曰:“定民之居若何?”管子对曰:“制鄙。三十家为邑,邑有司;十邑为卒,卒有卒帅;十卒为乡,乡有乡帅;三乡为县,县有县帅;十县为属,属有大夫。五属,故立五大夫,各使治一属焉;立五正,各使听一属焉。是故正之政听属,牧政听县,下政听乡。”桓公曰:

桓公说:“郊野怎么治理?”管子回答说:“观察土地的好坏,定出赋税的等级,人民就不会迁徙;治理政事不以故旧与众人齐等,人民就不会(性情)不淳厚。山、泽到了时候才能进去,人民就会不苟且获利。陆、阜、陵、墐、井、田、畴,都处置合理,人民就不会埋怨;不耽误人民的生产时间,百姓就会富足;不掠取牲畜以为祭祀之用,牛羊就会繁育。”

桓公说:“人民的居处怎么划定?”管子回答说:“为郊外制定(行政组织的)政令。三十家为一邑,邑有司邑(为长);十邑为一卒,卒有卒帅;十卒为一乡,乡有乡帅;三乡为一县,县有县帅;十县为一属,属有大夫(为长)。分为五属,所以设立五位大夫,使他们各治理一属;设立五正,使他们各监察一属。因此,正的职责是监察属,大夫的职责是监察县,县的职责是监察乡。”桓公说:“各自治理保

"各保治尔所,无或淫怠而不听治者。"

卫各自(所管辖)的地方,不要有淫纵怠惰,不治理政事的人。"

注释

1 伍鄙:把郊外的土地分成五部分。此处代指郊野。

2 相地而衰(cuī)征:考察土地的好坏,制定赋税的等级。相,考察。衰,差。

3 偷:苟且,敷衍。

4 陆:高平的土地。 阜:大陆叫阜。 陵:大阜叫陵。 墐(jìn):沟上的道路。 田:谷地。 畴:麻地。

3.桓公为政

原文

正月之朝,五属大夫[1]复事。桓公择是寡功者而谪[2]之,曰:"制地、分民如一,何故独寡功?教不善则政不治,一再则宥[3],三则不赦。"

桓公又亲问焉,曰:"于子之属,有居处为义好学、慈孝于父母、聪慧质仁、发闻于乡里者,有则以

译文

正月朝见,五属大夫汇报政事。桓公选择这些人当中缺少功绩的人加以谴责,说:"辖地、分管人民是一样的,什么原因你一个人少有功绩?教令不好,政事就治理不好,一次两次宽宥,三次就不免罪了。"

桓公又亲自问说:"在你那一属,有没有在日常生活中有义举、好学习、慈爱孝顺父母、聪慧、资质仁厚、在乡里出了名的人,有就报告。如果有却

告。有而不以告，谓之蔽明，其罪五。”有司已于事而竣。桓公又问焉，曰：“于子之属，有拳勇股肱之力秀出于众者，有则以告。有而不以告，谓之蔽贤，其罪五。”有司已于事而竣。桓公又问焉，曰：“于子之属，有不慈孝于父母、不长悌于乡里、骄躁淫暴、不用上令者，有则以告。有而不以告，谓之下比，其罪五。”有司已于事而竣。

五属大夫于是退而修属，属退而修县，县退而修乡，乡退而修卒，卒退而修邑，邑退而修家。是故匹夫有善，可得而举也；匹夫有不善，可得而诛也。政既成矣，以守则固，以征则强。

不报告，叫障蔽圣明，那罪在五刑之列。”有关官员办成事情就告退。桓公又发问说：“在你那一属，有没有勇敢强健、拳脚多力，在群众中杰出的人，有就报告。如果有却不报告，叫隐蔽贤能，那罪在五刑之列。”有关官员办成事情就告退。桓公又问道：“在你那一属，有没有不慈爱不孝顺父母、不尊重长上、与兄弟不友爱、骄躁、淫纵、凶暴、不遵从上级命令的人，有就报告。如果有却不报告，叫包庇，那罪在五刑之列。”有关官员办成事情就告退。

五属大夫于是从朝廷退回到属治理所辖地区，（县帅）从属退到县治理县政，（乡帅）从县退到乡治理乡政，（卒帅）从乡退下修卒，卒退修邑，邑退修家。因此平民有善行，能够得到表彰；平民有恶行，能够惩罚杀戮。政令已经成功，凭借这个守卫就坚固，凭借这个征伐就强大。

注释

1 五属大夫：齐国管仲制定的边邑行政组织的长官。即上段所说，“十县为属，属有大夫。五属，故立五大夫，各使治一属焉”。

2 谪(zhé)：谴责，贬官。

3 宥(yòu)：宽宥，宽大处理。

4.管仲论亲邻国

原文

桓公曰:“吾欲从事于诸侯,其可乎?”管子对曰:“未可。邻国未吾亲也。君欲从事于天下诸侯,则亲邻国。”桓公曰:“若何?”管子对曰:“审吾疆埸[1],而反其侵地;正其封疆,无受其资;而重为之皮币,以骤聘眺于诸侯[2],以安四邻,则四邻之国亲我矣。为游士八十人,奉之以车马、衣裘,多其资币[3],使周游于四方,以号召天下之贤士。皮币玩好,使民鬻之四方,以监其上下之所好,择其淫乱者而先征之。”

译文

桓公说:“我想在诸侯之间干一番事业,可以吗?”管子回答说:“还不可以。邻国还没有亲近我国。您(如果)想在天下诸侯之间干一番事业,就与邻国亲近。”桓公说:“怎么(亲近)?”管子回答说:“审察我国边疆,归还那些侵占来的土地;整顿边界,不接受邻国的钱财;备大量的毛皮布帛(作为厚礼),常常聘问看望诸侯,使四邻安定,四邻的国家就会亲近我国了。派遣外访人士八十个,给他们提供车马衣裘,多带资财布帛,使他们周游四方各国,号召天下贤能的人(来齐做官)。毛皮布帛,人们所爱好的赏玩品,让人民卖给四方各地,观察(一个国家)上层人士和下层群众的爱好,选择那荒淫的乱国首先征伐它。”

注释

1 埸(yì):田界,这里引申为疆界、边境。

2 骤:车马奔跑往来。 聘:诸侯之间互相访问。 眺:诸侯之间三年一次互相访问。

3 多其资币:携带较多的财物。多,用如动词。

5.管仲论足甲兵

原文

桓公问曰："夫军令则寄诸内政矣，齐国寡甲兵，为之若何？"管子对曰："轻过而移诸甲兵。"桓公曰："为之若何？"管子对曰："制重罪赎以犀甲一戟，轻罪赎以鞼盾[1]一戟，小罪谪以金分，宥间罪[2]。索讼者三禁而不可上下，坐成以束矢[3]。美金以铸剑戟，试诸狗马；恶金以铸锄、夷、斤、劚[4]，试诸壤土。"甲兵大足。

译文

桓公问道："军令已寄寓在内政上面了，齐国缺少铠甲、兵器，对这事如何办？"管子回答说："减轻对罪犯的惩罚，让罪人用铠甲、兵器赎罪。"桓公说："怎样办这件事？"管子回答说："规定重罪用犀牛铠甲和一支车戟赎罪，轻罪用带有绣文的皮盾和一支车戟赎罪，小罪处以罚金，宽宥只是有犯罪嫌疑的人。要求诉讼的再三禁阻，假如不可改变，构成讼案，双方各出一束箭。好的金属用来铸造剑、戟，在狗、马身上试用；粗金属用来铸造锄、夷、斤、劚，在土壤上试用。"（这样实行，）铠甲兵器大为充足。

注释

1 鞼(guì)盾：绣有花纹的皮盾。

2 间罪(jiàn zuì)：嫌疑罪犯。

3 束矢：一束箭，十二支。

4 夷：削平草地的农具。 斤：形似锄而小的农具。 劚(zhǔ)：大锄。

6.桓公帅诸侯而朝天子

原文

桓公曰:“吾欲南伐,何主[1]?”管子对曰:“以鲁为主。反其侵地棠、潜[2],使海于有蔽,渠弭于有渚,环山于有牢。[3]”桓公曰:“吾欲西伐,何主?”管子对曰:“以卫为主。反其侵地台、原、姑与漆里[4],使海于有蔽,渠弭于有渚,环山于有牢。”桓公曰:“吾欲北伐,何主?”管子对曰:“以燕为主。反其侵地柴夫、吠狗[5],使海于有蔽,渠弭于有渚,环山于有牢。”

译文

桓公说:“我想向南征伐,哪个国家做主人?”管子回答说:“以鲁国为主人,归还所侵占的棠、潜两地给鲁国,使得在海边有屏蔽,在渠弭中有小洲,环绕山麓有像牢一样的栅栏。”桓公说:“我想向西征伐,哪个国家做主人?”管子回答说:“以卫国为主人,归还所侵占的台、原、姑和漆里四邑给卫国,使得在海边有屏蔽,在渠弭中有小洲,环绕山麓有像牢一样的栅栏。”桓公说:“我想向北征伐,哪个国家做主人?”管子回答说:“以燕国为主人,归还所侵占的柴夫、吠狗两邑,使得在海边有屏蔽,在渠弭中有小洲,环绕山麓有像牢一样的栅栏。”

注释

1 主:意思是“做主人”,为军队提供粮草等后勤物资。

2 棠、潜:鲁国两城邑名。棠在今山东鱼台县北。潜在今山东济宁市西南。

3 海于有蔽:海边有屏障,意即便于海中航行。 渠弭:小海或大湖。渠弭中有小洲,借以捕鱼以为军食。 渚(zhǔ):水中的小块陆地。 牢:环山的栅栏,用以捕兽。

4 台、原、姑、漆里：卫国的四城邑名。
5 柴夫、吠狗：燕国的两个城邑名。

四邻大亲。既反侵地，正封疆，地南至于䱗阴[1]，西至于济，北至于河，东至于纪酅[2]，有革车八百乘。择天下之甚淫乱者而先征之。

（这样做后与）四邻建立和睦关系。归还了侵占的土地，整顿边界，疆域南至䱗阴，西至于济水，北至于黄河，东至于纪国酅城，有兵车八百乘。选择天下最荒淫的乱国首先征伐它。

注释

1 䱗(táo)阴：齐国南方边界地名。
2 酅(xī)：原纪国属地，在今山东淄博市东。

即位数年，东南多有淫乱者，莱、莒、徐夷、吴、越[1]，一战帅服三十一国。遂南征伐楚，济汝，逾方城，望汶山，使贡丝于周而反。[2]荆州诸侯莫敢不来服。遂北伐山戎，刜令支、斩孤竹而南归。[3]海滨诸侯莫敢不来服。与诸侯饰牲为载[4]，以约誓于上下庶神，与诸侯戮力同心。西征攘白狄之地，至于西河，方舟设泭，乘桴

齐桓公即位为国君数年，东南多有荒淫的乱国，如莱、莒、徐夷、吴、越等，（齐国）一战就使三十一国服从。于是向南征楚，渡过汝水，越过方城山，望祭汶山，迫使楚向周贡丝才返回。荆州地区的诸侯国，没有哪个敢不来归顺的。于是向北征伐山戎，攻令支、伐孤竹，这才向南返回。海边的诸侯国，没有敢不来归顺的。与诸侯国陈列祭牲，将盟书放在牺牲之上，面对上下众神结约盟誓，和诸侯并力同心。向西征伐白狄的地域，到达西河，联结船只，编成木排，乘小木排过黄河，到达石枕。钩挂车辆，

济河,至于石枕。[5]悬车束马,逾太行与辟耳之溪拘夏,西服流沙、西吴。[6]南城于周,反胙于绛。[7]岳[8]滨诸侯莫敢不来服,而大朝诸侯于阳谷[9]。兵车之属六,乘车之会三,诸侯甲不解累,兵不解翳,[10]弢无弓,服无矢。[11]隐武事,行文道,帅诸侯而朝天子。

绳束马匹,过太行山、辟耳山和这两山之间的溪谷拘夏,使西边的流沙、西吴归服。在南边筑城于周,在晋都绛复晋君之位。恒山周围诸侯没有敢不来归顺的。于是使诸侯到阳谷来开大会。(总共主持)作战的会六次,修好的会三次。诸侯铠甲不从盛甲器具中取出,兵器不从盛兵器的器具中取出。弓衣里没有弓,箭衣里没有箭。不炫耀武力,实行文德,率领诸侯朝见天子。

注释

1 莱:国名,今山东昌邑市东南。 莒:国名,后都莒,今山东莒县。 徐夷:徐州的夷人所建国。

2 济:渡河。 汝:汝水,在今河南。 逾(yú):跨越。 方城:方城,在今河南叶县南、方城县东北。 望:望祭,不亲至其地,遥望而祭,叫望祭。 汶山:即岷山。

3 山戎:北方一个部族的名称,后世称为鲜卑。 刜(fú):用刀砍;攻打。 令支、孤竹:都是古国名。令支在今河北迁安市西。孤竹,在今河北卢龙县南。

4 载:载书,记载盟约的文件。

5 西河:卫西部边境,当时黄河沿岸地区。 泭(fú):古同“桴”,筏子。 石枕:晋地名。

6 太行、辟耳:山名。拘夏,辟耳之山的溪谷。三者皆险峻。流沙:西北部的沙漠地区。 西吴:不详何地,当与流沙相近。

7 周襄王庶弟子带作乱,与戎勾结攻伐襄王。桓公征诸侯兵到周戍守,并为周筑城。事在公元前647年。晋献公卒，晋国产生了谁继君位的问题，桓公使隰朋带军队立公子夷吾为君。事在公元前651年。

8 岳：恒山，在今河北曲阳西北与山西接界的地方。

9 阳谷：齐地，在今山东平阴县西南。公元前657年，齐、宋、江、黄诸国在这里开会，策划伐楚。

10 甲不解累，兵不解翳：铠甲不从盛甲器具中取出，兵器不从盛兵器的器具中取出。累，捆束。翳，遮蔽。

11 弢(tāo)无弓，服无矢：盛武器的袋子空着。弢，盛弓用的袋子。服，盛箭用的袋子，这个意义后来写作“箙”。

7.天子致胙于桓公

原文

葵丘之会，天子使宰孔致胙于桓公[1]，曰：“余一人之命有事于文、武，使孔致胙。”且有后命曰：“以尔自卑劳，实谓尔伯舅[2]，无下拜。”桓公召管子而谋，管子对曰：“为君不君，为臣不臣，乱之本也。”桓公惧，出见客曰：“天威不违颜咫尺，小白余敢承天子之命曰‘尔无下拜’，恐陨越于下，以为

译文

葵丘的大会，周襄王派宰孔给齐桓公送祭肉，说：“我祭祀文王、武王，叫宰孔前来送祭肉。”接着又命令说：“由于您的谦逊和劳绩，并且我实际上是要称您为伯舅，(因此)您接受祭肉时不必下拜。”桓公把管子召来商量，管子回答说：“为君不像君(那样行事)，为臣不像臣(那样行事)，这是乱的本源。”桓公恐惧，出来见贵宾说：“天子的威严离我近在咫尺，我小白岂敢接受天子‘你不要下拜’的诏命？(不下拜)我恐怕会摔下去，使天子蒙羞。”于是桓公便下拜，

天子羞。”遂下拜，升受命。赏服大辂，龙旗九旒，渠门赤旂，[3] 诸侯称顺焉。

起来接受所赐。天子赏桓公乘大辂车，用九条流苏的龙旗和渠门大旗。诸侯认为（桓公下拜是）遵礼行事。

注释

1 葵丘之会：公元前 651 年夏，齐、宋、卫、郑、许、曹在这里集会，宰孔也参加了这次大会，重申以前的盟约，敦睦邦交。葵丘，地名，在今河南兰考县。

2 伯舅：大舅，天子尊称异姓诸侯。

3 大辂：一种贵重的、规格高的车，供诸侯朝见时用。 龙旗：旗幅画有交龙的旗。 旒(liú)：旌旗下边悬垂的饰物。 渠门：两面旗帜，军门两旁各树一面。 赤旂(qí)：大旂。旂是旗的一种。

8.诸侯归桓公

原文

桓公忧天下诸侯。鲁有夫人、庆父之乱，二君弑死，国绝无嗣。[1] 桓公闻之，使高子存之[2]。

译文

桓公为天下诸侯操心。鲁有夫人、庆父之乱，两位君主被杀而死，君位没有人继承。桓公听说这些，叫高子保存鲁国。

注释

1 鲁有夫人……国绝无嗣：夫人，鲁庄公夫人哀姜。庆父，庄公的弟弟，与哀姜私通。庄公死，庆父杀太子般，事在公元前 662 年。前 660 年，又杀闵公。

2 高子:齐卿高奚(敬仲)。 存之:保存鲁国,指的是扶持僖公为国君。

狄人攻邢,桓公筑夷仪以封之,男女不淫,牛马选具。[1]狄人攻卫,卫人出庐于曹,桓公城楚丘[2]以封之。其畜散而无育,桓公与之系马三百。天下诸侯称仁焉。于是天下诸侯知桓公之非为己动也,是故诸侯归之。

狄人攻打邢国,桓公率诸侯修筑夷仪城,给邢君作封地,(使邢国百姓)男不被掠、女不被淫,牛马牲畜也得以保全。狄人攻打卫国,卫国人逃出,寄居在曹邑,桓公修筑楚丘城,给卫君作封地。卫国的牲畜散失,得不到饲养,桓公送给他们三百匹养在马厩里的良马。天下诸侯都称赞桓公仁德。通过这些事天下诸侯都知道了,桓公不是为自己齐国的利益行事,因此诸侯都归向他。

注释

1 邢:国名,姬姓,在今河北邢台市西南。公元前661年,狄攻邢,第二年齐桓公让邢国迁到夷仪(今山东聊城市西南)。 选:齐整,齐备。
2 楚丘:地名,在今河南滑县东北。筑楚丘城在公元前658年。

桓公知诸侯之归己也,故使轻其币而重其礼。故天下诸侯罢马以为币,缕綦以为奉,鹿皮四个;诸侯之使垂橐而入,稛载而归。[1]故拘之以利,结之以信,示之以武,故天下小国诸侯既许桓公,莫之敢背,

桓公知道诸侯归向他,所以使诸侯减少礼物而注重礼节。所以天下诸侯以不役使的马为礼物,用有花纹的麻织品作为玉的承托,鹿皮四张(作为聘问之礼)。诸侯的使节空着袋子来,用绳子捆绑着满载而归。用利牵制他们,用信联结他们,让他们看到武力强大,所以天下小国诸侯一旦与桓公缔结盟约,没有敢违背盟

就其利而信其仁、畏其武。桓公知天下诸侯多与己也，故又大施忠焉。可为动者为之动，可为谋者为之谋，军谭、遂而不有也，诸侯称宽。通齐国之鱼盐于东莱，使关市幾而不征[2]，以为诸侯利，诸侯称广焉。筑葵、兹晏、负夏、领釜丘，[3]以御戎、狄之地，所以禁暴于诸侯也；筑五鹿、中牟、盖与、牡丘，以卫诸夏之地，所以示权于中国也。教大成，定三革，隐五刃，[4]朝服以济河而无怵惕焉，文事胜矣。

是故大国惭愧，小国附协。唯能用管夷吾、甯戚、隰朋、宾胥无、鲍叔牙之属而伯功立[5]。

约的，因为他们趋向（桓公所给予的）利益，相信桓公的仁爱，害怕他的武力。桓公知道天下诸侯多顺从自己，所以又大为施行忠信，可以为它采取行动（救灾除患）的就为它采取行动，可以为它谋划的就为它谋划。进军谭、遂，但齐不占有它们，诸侯称桓公宽厚。使齐国的鱼、盐运往东莱，使市场只检查而不征税，用这办法使诸侯得利，诸侯称（桓公）广施恩惠。在葵、兹晏、负夏、领釜丘筑城，当成抵御戎、狄的地方，用来禁制戎狄对诸侯使用暴力；在五鹿、中牟、盖与、牡丘筑城，保卫华夏的土地，用来在中原地区表示威权。教化大见成效，不用三革，收藏五刃，穿着朝服渡过黄河（去面对晋国也）无所戒惧，文治的事业成功了。

所以大国感到惭愧，小国附和。这都是因为能重用管夷吾、甯戚、隰朋、宾胥无、鲍叔牙这些人，霸业才得以建立。

注释

1 綦(qí)：麻制品。 橐(gāo)：收藏盔甲、弓箭的口袋。 稇(kǔn)：古同“捆”，捆束。

2 幾：察问，稽查。 征：征税。

3 葵:《管子·小匡》作蔡,蔡都上蔡,在今河南上蔡县。 兹晏:《管子·小匡》作鄢陵。鄢陵在今河南鄢陵西北。 负夏:《管子·小匡》作培夏,卫地。 领釜丘:《管子·小匡》作灵父丘。

4 三革:犀甲、兕甲、牛甲,概指铠甲。 五刃:矛、戟、钺、刀、剑,概指兵器。

5 甯戚为大行官,掌宾客接待之礼。隰朋为大司田,掌管农业生产。宾胥无为大司理,掌决狱讼。这三人与管、鲍二人并为齐桓公的名臣。

卷七　晋语一

1.武公伐翼

原文

武公伐翼，杀哀侯，[1]止栾共子[2]曰："苟无死，吾以子见天子，令子为上卿，制晋国之政。"

译文

武公攻打翼城，杀死晋哀侯，(武公)制止栾共子说："如果你不(为哀侯殉)死，我带你去见天子，命你为上卿，在晋国执政。"

注释

1 武公：春秋时晋国国君。他原在曲沃(今山西闻喜东北)做统治者，属于晋国的一个分裂的地方政权。公元前709年，武公攻晋国都翼(今山西翼城县南)，杀死国君哀侯。到公元前678年，被承认为晋君。公元前677年去世。　哀侯：晋国君，公元前717年即位，在位八年被杀。

2 栾共子：晋哀侯大夫共叔成。

辞曰："成闻之：'民生于三，事之如一。'父生之，师教之，君食[1]之。非父不生，非食不长，非教不知生之族也，故壹事之。唯其所在，则致

(栾共子)谢绝说："我听说：'人的存活系于三个人，侍奉他们始终如一。'父生他，师教他，君使他有俸禄。没有父亲，不能出生；没有饭吃，不能长大；不教育，不知生而为人这类事情，所以侍奉他们(要)始终如一。只看在哪里有需要，就

死焉。报生以死，报赐以力，人之道也。臣敢以私利废人之道，君何以训矣？且君知成之从也，未知其待于曲沃也。从君而贰[2]，君焉用之？”遂斗而死。

为这三人而死。用死报答存活我的人，用效力报答赏赐，这是为人的道理。臣岂敢为了私利而抛弃为人的道理，那样的话您用什么来教我（尽忠）？而且您只知道要我跟从，不知道我跟到曲沃（是携有二心）。跟随君主而有二心，君用他干什么？”于是战斗而死。

注释

1 食：给与俸禄养活。

2 贰：有二心。

2.献公卜伐骊戎

原文

献公卜伐骊戎，史苏占之，[1]曰：“胜而不吉。”公曰：“何谓也？”对曰：“遇兆，挟以衔骨，齿牙为猾，戎、夏交捽。[2]交捽，是交胜也，臣故云。且惧有口，携民，国移心焉。”公曰：“何口之有！口在寡人，寡人弗受，谁敢兴之？”对

译文

晋献公占卜攻骊戎，史苏占卜这事，说：“胜利了但不吉利。”献公说：“这是什么意思？”回答说：“碰到的卜兆是，夹物于中间，像衔一根骨头，牙齿摆弄它，（预兆）戎、夏相互厮打。相互厮打，这是互有胜负，所以臣这么说。而且恐怕口有谗言，（谗言）使民背离，国家变心。”献公说：“有什么谗言呢？这事全在我，我不受谗，哪一个敢进

曰:“苟可以携,其入也必甘受,逞而不知,胡可壅也?”公弗听,遂伐骊戎,克之。获骊姬[3]以归,有宠,立以为夫人。公饮大夫酒,令司正[4]实爵与史苏,曰:“饮而无肴。夫骊戎之役,女曰‘胜而不吉’,故赏女以爵,罚女以无肴。克国得妃,其有吉孰大焉!”史苏卒爵,再拜稽首[5]曰:“兆有之,臣不敢蔽。蔽兆之纪,失臣之官,有二罪焉,何以事君?大罚将及,不唯无肴。抑君亦乐其吉而备其凶,凶之无有,备之何害?若有其凶,备之为瘳[6]。臣之不信,国之福也,何敢惮罚!”

谗?”回答说:“如果可以(达到)使民背离(的结果),谗言的进入必将甘心承受,心以为快,不知它是恶的,怎么可以阻挡住?”献公不听,就攻伐骊戎,打了胜仗。俘虏骊姬回来,(骊姬)获得(献公)宠爱,把她立为夫人。献公请大夫饮酒,叫司正斟满酒杯给史苏喝,说:“饮酒,但没有菜肴。征骊戎的战争,你说‘胜利了但不吉利’,所以赏你喝酒,用不给菜肴罚你。战胜骊戎,得到配偶,没有比这更大的吉利!”史苏喝完酒,再拜稽首,说:“卜兆有那种情况,臣不敢隐瞒。隐瞒卜兆的要点,丢弃自己的职守,有两条罪状,怎么侍奉君主?大的惩罚将要来到,不只是没有菜肴。而君请为吉利而欢乐,同时也防备凶祸,如果没有凶祸,防备它有什么害处?如果有凶祸,防备为好。臣说的不灵验,是国家的福,岂敢害怕惩罚!”

注释

1 献公:晋武公的儿子诡诸,公元前676年至前651年在位。 骊戎:西戎居住在骊山(在今陕西临潼县城东南)的一支。 史苏:晋大夫,职掌占卜的史官。

2 兆:卜时以火灼龟板,龟板受火坼裂,看裂纹的样式判断吉凶。这种龟板上的裂纹叫卜兆。 捽(zuó):冲突。

3 骊姬：骊戎君主的女儿。
4 司正：监察宾主礼仪是否得当的官。
5 稽首：叩头到地的跪拜礼。
6 瘳(chōu)：本义病愈，这里引申为好处、益处。

饮酒出，史苏告大夫曰："有男戎必有女戎。若晋以男戎胜戎，而戎亦必以女戎胜晋，其若之何！[1]"里克[2]曰："何如？"史苏曰："昔夏桀伐有施，有施人以妹喜女焉，妹喜有宠，于是乎与伊尹比[3]而亡夏。殷辛伐有苏，有苏氏以妲己女焉，妲己有宠，于是乎与胶鬲[4]比而亡殷。周幽王伐有褒，褒人以褒姒女焉，褒姒有宠，生伯服，于是乎与虢石甫比，逐太子宜臼，[5]而立伯服。太子出奔申，申人、鄫人召西戎以伐周，周于是乎亡[6]。今晋寡德而安俘女，又增其宠，虽当三季之王[7]，不亦可乎？且其兆云：'挟以衔骨，齿牙为猾。'我卜伐骊，龟往离散以应我。夫

饮酒出来，史苏对大夫们说："有男兵，必有女兵。如果晋用男兵战胜了戎，那么戎也将用女兵战胜晋，将怎么办呢？"里克说："（情况）怎样？"史苏说："以前，夏桀讨伐有施，有施进献妹喜，妹喜受到宠爱，于是与伊尹协同，灭亡了夏。殷辛讨伐有苏，有苏进献妲己，妲己受到宠爱，于是和胶鬲协同，灭亡了殷。周幽王讨伐褒，褒人进献褒姒，褒姒受到宠爱，生下伯服，于是和虢石甫协同，驱逐太子宜臼，立伯服为王。太子出奔到申，申人、鄫人召请西戎伐周，周于是灭亡。现在晋君缺乏德行，而安乐于俘虏来的女人，又增加宠爱，就说晋君是相当于三个末代帝王那样的君主，不也可以吗？而且卜兆说：'夹物于中间，像衔一根骨头，牙齿摆弄它。'我占卜伐骊戎，龟纹分散，用来回答我的占卜。像这样，是败亡的征兆，不但是我们居住的地方，（国家都）有

若是,贼之兆也,非吾宅也,离则有之。不跨其国,可谓挟乎?不得其君,能衔骨乎?若跨其国而得其君,虽逢齿牙,以猾其中,谁云不从?诸夏从戎,非败而何?从政者不可以不戒,亡无日矣!”

离散(的风险)。如果不是跨据晋国,能说是‘夹’吗?如果不是在国君面前得志,能说是衔一根骨头吗?如果跨据晋国,在国君面前得志,即使逢着‘牙齿’,在其中‘摆弄’,还有谁不顺从呢?华夏(的晋国)却顺从戎(的女人),不是败亡是什么?从政的人不可不戒惧,灭亡没有多久了。”

注释

1 有男戎……其若之何:戎是部族名称,又有兵戎、兵士的意思。这里连用戎字,有双关的含义。

2 里克:晋大夫里季子。

3 比:伊尹相汤,灭夏有功;妹喜作祸,导致夏的灭亡,所以说“比”,协同的意思。

4 胶鬲:殷贤臣,从殷出走到周,辅佐周武王灭殷。

5 虢石甫:虢公,名石甫,周卿士。史传说他是“谗谄巧佞之人”。 宜臼:就是后来的周平王,公元前770年即位,在位51 年。

6 周于是乎亡:西周灭亡,事在公元前771年。

7 三季之王:指夏桀、殷辛(就是商纣王)和周幽王宫涅。

郭偃[1]曰:“夫三季王之亡也宜。民之主也,纵惑不疚,肆侈不违,流志而行,无所不疚,是以及亡而不获追鉴。今晋国之方,偏侯也。其土

郭偃说:“三个末代皇帝的灭亡,理所应当。(为)民之主,(却)纵恣惑乱,不以为过错,放肆做过分的事而无所违避,任意而行,没有一件事不是过错,所以达到灭国的地步,来不及追悔和吸取教训。现在晋国的地方,是一个偏僻的

又小，大国在侧，虽欲纵惑，未获专也。大家、邻国将师保之，多而骤立，不其集亡。虽骤立，不过五矣。且夫口，三五之门也。[2]是以谗口之乱，不过三五。且夫挟，小鲠也。可以小戕，而不能丧国。当之者戕焉，于晋何害？虽谓之挟，而猾以齿牙，口弗堪也，其与几何？晋国惧则甚矣，亡犹未也。商之衰也，其铭有之曰：‘嗛嗛之德，不足就也，不可以矜，而只取忧也。嗛嗛之食，不足狃[3]也，不能为膏。而祇罹咎也。’虽骊之乱，其罹咎而已，其何能服？吾闻以乱得聚者，非谋不卒时，非人不免难，非礼不终年，非义不尽齿，非德不及世，非天不离数。今不据其安，不可谓能谋；行之以齿牙，不可谓得人；废国而

侯国。它的土地面积又小，大国在旁边，即使想纵恣惑乱，也不能为所欲为。上卿的大家族和邻国将予以开导和保卫。数次立君，还不至于灭亡。即使数次立君，也不超过五位。口，（在星象上）是纪三辰、宣五行的门户。所以说谗言造成的祸，不会超过三君或者五君。而且‘夹’是小的阻塞，可以造成小的伤害，不足以灭亡国家。当事者受到伤害，对于晋国有什么灾害？即使叫‘夹’，而用齿牙摆弄，口不能承受，附和（作乱）的能有多少？晋国危机是严重的了，但还没有濒临灭亡。商的衰落，钟鼎铭文上有这样的话：‘小小的德行，不足成就事业，不可以矜夸，恰恰招致忧患而已。小小的吃食，不可以贪取，不能肥身，只能招致灾祸。’即使骊姬作乱，（她自身）将遭到灾祸而已，怎么能使人服从？我听说有乘乱取得钱财人众的，但没有好的谋划，不能过一个季度，没有人的拥护不能自免于难，不遵循礼法过不完十年，所为非义不能尽其年寿，没有德行不能传世，没有天命佑助不能数世传下去。现在不凭借安定（思考危难状况），不能算善于谋划；用牙齿这样的锐器行事，不能

向己，不可谓礼；不度而迂求，不可谓义；以宠贾怨，不可谓德；少族而多敌，不可谓天。德义不行，礼义不则，弃人失谋，天亦不赞。吾观君夫人也，若为乱，其犹隶农也，虽获沃田而勤易之，将不克飨，为人而已。”

说是得人心；废国家正统以利于己，不能说合乎礼；不依法度而用邪道去求取，不能叫义；凭借国君的宠爱招来怨恨，不能叫德；族类少，敌人多，不可以叫得天命。不行德义，不用礼义作准则，抛弃人民，谋略不当，天也不帮助。我看国君夫人如果作乱，也就像农奴一样，虽然得到肥沃的田地辛勤耕种，将不能享受果实，为别人做事而已。”

注释

1 郭偃：晋大夫卜偃。

2 且夫口，三五之门也：“三”指日、月、星三辰，泛指天象。“五”指仁、义、礼、智、信五行。天文知识通过口来传授，五种德行通过口来宣扬，所以说口是“三五之门”。这种解释较为通达。

3 狃(niǔ)：贪图。

士蔿[1]曰：“诫莫如豫，豫而后给。夫子[2]诫之，抑二大夫之言其皆有焉。”

既，骊姬不克，晋正于秦[3]，五立而后平。

士蔿说：“告诫没有比在事前更好的了，预先告诫然后才来得及。夫子已经告诫了，两位大夫的话都有告诫的意思。”

其后，骊姬没有得逞，晋为秦所辅正，立了五位国君，国家才治理好。

注释

1 士蔿(wěi)：晋大夫子舆。

2 夫子：对男子的敬称。这里指史苏、郭偃两人。

3 晋正于秦：晋为秦所辅正，指秦帮助晋国平定内乱。五位国君：献公死后，曾立奚齐、卓子，都被杀，后立惠公、怀公，到晋文公，是五位国君。

3.史苏论骊姬

原文

献公伐骊戎，克之，灭骊子[1]，获骊姬以归，立以为夫人，生奚齐。其娣生卓子[2]。骊姬请使申生主曲沃以速悬，重耳处蒲城，夷吾处屈，奚齐处绛，[3]以儆[4]无辱之故。公许之。

译文

晋献公征伐骊戎，打了胜仗，灭了骊子（的国），俘获骊姬回来，把她立为夫人，生儿子奚齐。她的妹妹生卓子。骊姬请求让申生主治曲沃（整顿宗邑）以逼他速死，让重耳居蒲城，夷吾居屈，奚齐居绛，（说这样做）是为了戒备（戎狄）使国家不受耻辱。献公同意了。

注释

1 骊子：骊戎的君主。“子”是爵位。

2 其娣(dì)生卓子：骊姬嫁献公，妹妹从嫁，所生儿子即是献公的儿子。对骊姬而言，称她这个妹妹为“娣”。

3 申生：献公太子。曲沃为晋宗庙所在，称为宗邑。 重耳：申生异母弟，就是后来的晋文公。 蒲城：在今山西隰县西北。 夷吾：申生的异母弟，后为晋君，称为惠公。 屈：在今山西吉县北。 绛：晋国都，在今山西翼城县东南。

4 儆(jǐng)：让人自己觉悟而不犯过错。

史苏朝，告大夫曰：“二三大夫其戒之乎，乱本生矣！日，君以骊姬为夫人，民之疾心固皆至矣。昔者之伐也，兴百姓以为百姓也，是以民能欣之，故莫不尽忠极劳以致死也。今君起百姓以自封也，民外不得其利，而内恶其贪，则上下既有判[1]矣。然而又生男，其天道也？天强其毒，民疾其态，其乱生哉！吾闻君之好好而恶恶，乐乐而安安，[2]是以能有常。伐木不自其本，必复生；塞水不自其源，必复流；灭祸不自其基，必复乱。今君灭其父而畜其子，祸之基也。畜其子，又从其欲，子思报父之耻而信其欲。虽好色，必恶心，不可谓好。好其色，必授之情。彼得其情以厚其欲，从其恶心，必败国，且深乱。

史苏上朝，对大夫们说：“大夫们请警惕啊，祸乱的根子已经产生了。当时，君立骊姬为夫人，人民疾恨君的心思本来都已到了很深的程度。古代的征伐，劳动百姓是为了百姓，因此人民能够欢欣地拥护，所以没有不尽忠、不勤劳到极点以至于献出生命的。现在发动百姓是为了自己获得厚利，人民在外没有得到好处，在内憎恨他的贪婪，上下已经离心了。却又生下男孩(可立为君)，莫非是天意(报应)吗？上天加强他的毒害，人民疾恨他的所作所为，祸乱将要发生了啊！我听说国君爱好好的，憎恶恶的，欢欣值得欢欣的，安心于可以安心的，因此能有正常的秩序。伐木不从根上砍断，树必再生；堵塞河水不从源头堵起，水还会再流；消灭祸乱不从根基上消灭，必定会再乱。现在国君灭亡了骊戎的父亲，却蓄养着骊戎的女儿，这是祸乱的根基。蓄养骊戎的女儿，又放纵她的欲望，女儿想报父亲的耻辱而伸张野心欲望。色相虽好，心肠却很坏，不能说是美。爱好她的美色，一定会允许她的请求。她得到献公的宠幸，增益她的欲望，放纵她的坏心，一定会败坏国家，加深祸乱。祸乱一

乱必自女戎，三代皆然。”

骊姬果作难，杀太子而逐二公子[3]。君子曰[4]：“知难本矣。”

定来自女戎，（夏、商、周）三代都如此。”

后来骊姬果然作乱，杀死太子，驱逐两位公子。君子说：“（史苏）知道祸乱的本源。”

注释

1 判：本义是分开、分辨。这里引申为区别明显，导致上下离心。

2 好好而恶恶，乐乐而安安：爱好好的，憎恶恶的，欢欣值得欢欣的，安心于可以安心的。

3 二公子：指重耳、夷吾。

4 君子曰：记历史的人在叙述史实完毕之后进行评论，用“君子曰”开头，假托为君子之言。君子，有道德有地位的人物。

4.献公将黜太子申生

原文

骊姬生奚齐，其娣生卓子。公将黜太子申生而立奚齐。里克、丕郑、荀息[1]相见，里克曰：“夫史苏之言将及矣，其若之何？”荀息曰：“吾闻事君者竭力以役事，不闻违命。君立臣从，何贰[2]之有？”丕郑曰：

译文

骊姬生奚齐，她妹妹生卓子。献公将要废太子申生，立奚齐（为太子）。里克、丕郑、荀息相见，里克说：“史苏预言的事将要应验了，怎么办呢？”荀息说：“我听说侍奉君主的应当竭力做事，没有听说过（可以）违背君命。君立太子，为臣的顺从，怎么可以有二心呢？”丕郑说：“我听说侍奉君主的顺

"吾闻事君者从其义，不阿其惑[3]。惑则误民，民误失德，是弃民也。民之有君，以治义也。义以生利，利以丰民，若之何其民之与处而弃之也？必立太子。"里克曰："我不佞[4]，虽不识义，亦不阿惑，吾其静也。"三大夫乃别。

从他的正确行为，不附和他的惑乱行为。惑乱就贻误人民，贻误人民就丢失德行，这是抛弃人民。人民要君主，是依仗他从事正义的行为。正义产生财利，财利使民丰足，怎么可以和民相处却又抛弃他们？一定要立申生为太子。"里克说："我没什么才智，虽然不知道正义，但也不附和惑乱，我将保持安静。"大夫们于是离别。

注释

1 丕郑、荀息：晋大夫。

2 贰：二心。

3 不阿(ē)其惑：不迎合他的惑乱行为。阿，迎合，偏袒。

4 佞(nìng)：有才智。

烝于武公[1]，公称疾不与，使奚齐莅事。猛足[2]乃言于太子曰："伯氏不出，奚齐在庙，子盍图乎？"太子曰："吾闻之羊舌大夫[3]曰：'事君以敬，事父以孝。'受命不迁为敬，敬顺所安为孝。弃命不敬，作令不孝，又何图焉？且夫

冬祭武公，献公说有病不参加，叫奚齐到场主持。猛足就对太子说："不让长子出面，奚齐在宗庙(主持祭祀)，您为什么不谋划呢？"太子说："我听羊舌大夫说：'用恭敬侍奉君主，用孝顺侍奉父亲。'接受君命不动摇是恭，恭敬地顺从父亲所安乐的是孝顺。背弃君命是不敬，(自作主张)发号施令是不孝，又谋划什么呢？况且离间父亲对所爱

间父之爱而嘉其贶[4],有不忠焉;废人以自成,有不贞焉。孝、敬、忠、贞,君父之所安也。弃安而图,远于孝矣,吾其止也。”

的儿子的爱,从中受益,这里面有不忠;废弃别人,成全自己,这里面有不正。孝、敬、忠、正,是使君父心安的事。舍弃使君父心安的事去谋划(自安),离孝道就遥远了,我是不会谋划什么的。”

注释

1 蒸(zhēng):冬天祭祀。 武公:据王引之,当为“武宫”,晋献公的父庙,在曲沃。

2 猛足:太子臣。

3 羊舌大夫:晋臣,羊舌职的父亲。晋武公庶子伯侨,伯侨有孙子名突,晋献公时被封在羊舌邑,称羊舌大夫。其子孙以邑为姓,称羊舌氏。

4 间父之爱而嘉其贶(kuàng):离间父亲对儿子的爱,从中受益。贶,赠送,赐福。

5.献公伐翟柤

原文

献公田,见翟柤[1]之氛,归寝不寐。郤叔虎[2]朝,公语之。对曰:“床笫之不安邪?抑[3]骊姬之不存侧邪?”公辞焉。

译文

晋献公田猎,看见翟柤的不祥之气,回来睡觉睡不着。郤叔虎朝见献公,献公告诉他睡不着。回答说:“是床不安稳呢,还是骊姬不在旁边?”献公要他退出。

注释

1 翟柤(zhái zhā):国名。

2 郤叔虎:晋大夫郤豹。

3 抑:连词,表选择,还是。

出遇士蒍,曰:"今夕君寝不寐,必为翟柤也。夫翟柤之君,好专利而不忌,其臣竞谄以求媚,其进者壅塞,其退者拒违。其上贪以忍,其下偷以幸[1],有纵君而无谏臣,有冒上而无忠下。君臣上下各餍其私,以纵其回,[2]民各有心而无所据依。以是处国,不亦难乎?君若伐之,可克也。吾不言,子必言之。"士蒍为告,公悦,乃伐翟柤。

(郤叔虎)出来遇见士蒍,说:"今晚君睡觉睡不着,一定是为了翟柤。翟柤的君主,爱好专有财利而无忌惮,他的臣子竞相谄媚讨好,升官的人堵塞言路,贬谪的人(是因为)违抗(不正确的君命)。上面贪婪狠暴,下面苟且侥幸。有放纵的君,而没有谏诤的臣。有贪婪的居上位者,而没有忠心的居下位者。君臣上下各自满足他们的私利,放纵地干邪恶的事情,人民各有各的打算,无所倚仗。像这样治理国政不是很困难吗?国君如果征伐它,可以战胜。我没有说,你一定要说。"士蒍把这些话告诉献公,献公高兴了,于是攻伐翟柤。

注释

1 偷:怠惰,苟且。　幸:侥幸。

2 餍(yàn):满足。　回:邪僻之事。

郤叔虎将乘城[1]，其徒曰："弃政而役，非其任也。"郤叔虎曰："既无老谋，而又无壮事，何以事君？"被羽[2]先升，遂克之。

郤叔虎将要登城(杀敌)，他手下的人说："抛弃政事来打仗，不是你的职责啊。"郤叔虎说："既没有稳当的谋算，又没有壮勇的行为，用什么侍奉君主？"郤叔虎背负羽旗，首先登城，于是把翟柤打败了。

注释

1 乘：升，登。 城：城墙。

2 被羽：大概是拼死战斗的一种装束，详情史籍未载。

6.优施通骊姬

原文

公之优曰施[1]，通于骊姬。骊姬问焉，曰："吾欲作大事[2]，而难三公子之徒，如何？"对曰："早处之，使知其极。夫人知极，鲜有慢心。虽其慢，乃易残也。"骊姬曰："吾欲为难[3]，安始而可？"优施曰："必于申生。其为人也，小心精

译文

(有一个)献公的俳优叫施，与骊姬私通。骊姬问施说："我想做大事，但难于对付这三个公子和他们的人，(该)怎么办？"回答说："早点安排他们，使他们知道他们地位的顶点是什么。人们知道了地位的顶点，就少有怠慢违抗之心。即使怠慢违抗，也容易摧毁。"骊姬说："我想做这件难事，从哪里开始才行？"优施说："一定从申生开始。他的为人，小心谨慎，精纯高洁，志气重大，又不忍心施恶于人。

洁[4]，而大志重，又不忍人。精洁易辱，重偾[5]可疾，不忍人，必自忍也。辱之近行。"骊姬曰："重，无乃难迁乎？"优施曰："知辱可辱，可辱迁重。若不知辱，亦必不知固秉常矣。今子内固而外宠，且善否莫不信。若外殚善而内辱之，无不迁矣。[6]且吾闻之：甚精必愚。精为易辱，愚不知避难。虽欲无迁，其得之乎？"是故先施谗于申生。

精纯高洁，容易侮辱；志气重大，可以迅速颠仆；不忍心施恶于人，就一定能忍心虐待自己。加以不义之名侮辱他，这比较可行。"骊姬说："志气重大，恐怕难以改易吧？"优施说："知耻的人(如果要害他)，可加以不义之名侮辱他，加以不义之名侮辱他，他就改易重大的志气了。如果不知耻辱，也就不知坚持执行常道了。现在您内得君心，外被宠爱，而且说好说不好，君主都会相信。如果(对申生)外表上尽是善意，暗地加以不义之名侮辱他，他的志气不会不改易的。而且我听说：极其精纯，一定愚痴。精纯容易侮辱，愚痴不知躲避灾难。即使想不改易，做得到吗？"所以首先把谗言加到申生身上。

注释

1 优：优俳，以奏乐、跳舞、演滑稽小品为业的艺人。 施：下文叫优施。优是职业，施是名字。

2 大事：指谋求立她的儿子奚齐为太子，将来作晋的国君。

3 难：难事，指陷害太子、重耳、夷吾。

4 小心：多畏忌，谨小慎微。 精洁：不忍辱，人品高洁。

5 偾(fèn)：僵化教条，不知变通。

6 若外殚善而内辱之，无不迁矣：此意指在外假装善待太子，在内极尽羞辱，太子一定会情绪崩溃，心志转移。殚(dān)，尽，竭尽。迁，转移。

骊姬赂二五[1]，使言于公曰："夫曲沃，君之宗也；蒲与二屈[2]，君之疆也，不可以无主。宗邑无主，则民不威；疆埸[3]无主，则启戎心。戎之生心，民慢其政，国之患也。若使太子主曲沃，而二公子主蒲与屈，乃可以威民而惧戎，且旌君伐[4]。"使俱曰："狄之广莫，于晋为都[5]。晋之启土，不亦宜乎？"公说，乃城曲沃，太子处焉；又城蒲，公子重耳处焉；又城二屈，公子夷吾处焉。骊姬既远太子，乃生之言，太子由是得罪。

骊姬向"二五"行贿赂，叫他们两个对献公说："曲沃，是您的宗邑；蒲与二屈，是您的疆域，不可以没有主管的人。宗邑没人主管，人民就无所畏惧；边疆无主，就会使戎产生侵盗之心。戎起心侵盗，人民怠慢政令，这是国家的忧患。如果让太子主持曲沃，二位公子主持蒲和屈，就可以在人民面前树威，使戎恐惧，同时表明您的功德。"（骊姬）指使他们二人同时都说："狄的广大的领土，对于晋国来说是行政区域之所在。晋国开辟疆土，不是应当的吗？"献公喜悦，于是在曲沃筑城，（命）太子在这里居住；又在蒲筑城，（命）公子重耳在这里居住；又在二屈筑城，（命）公子夷吾在这里居住。骊姬既已使太子远离，就捏造关于他的谗言，太子从此蒙受冤屈。

注释

1 二五：献公宠信的两个大夫，一个叫梁五，一个叫东关五。

2 二屈：屈有南屈、北屈，所以叫二屈。

3 埸(yì)：田界，这里是引申义，疆界，边境。

4 旌：彰显。　伐：功绩。

5 狄之广莫，于晋为都：下邑曰都，此指使北狄沙漠作晋的下邑。广莫，北狄沙漠。

7.献公伐霍

原文

十六年，公作二军，[1] 公将上军，太子申生将下军以伐霍 [2]。

译文

晋献公十六年，献公建立两军，献公率领上军，太子申生率领下军讨伐霍国。

注释

1 十六年，公作二军：原来经周王同意，晋国有一军。晋献公十六年，即公元前661年，献公扩建，一年就有两军，上军和下军。每军大约一万人。
2 霍：姬姓国，周文王子霍叔武的封国。故城在今山西霍州市西南。

师未出，士蒍言于诸大夫曰："夫太子，君之贰 [1] 也。恭以俟嗣，何官之有？今君分之土而官之，是左之也。吾将谏以观之。"乃言于公曰："夫太子，君之贰也，而帅下军，无乃不可乎？"公曰："下军，上军之贰也。寡人在上，申生在下 [2]，不亦可乎？"士蒍对曰："下不可以贰上。"公曰："何故？"对曰："贰若体焉，上下左右，以相

军队没有出动（的时候），士蒍对大夫们说："太子，是国君的副手。恭谨地等待接位，担任什么官职？现在，国君分给他土地，叫他担任官职，是把他当外人看待。我将进行谏阻，看是怎么一回事。"就对献公说："太子是国君的副手，却率领下军，恐怕是不行吧？"献公说："下军是上军的副手。我在上，申生在下，不是可以吗？"士蒍说："下军不可以做上军的副手。"献公说："什么缘故？"回答说："副，好像四肢一般，手足有上下左右，用来辅助眼和心，用起来不劳倦，这是身体的利益。上体左右

心目，用而不倦，身之利也。上贰代举，下贰代履，周旋变动，以役心目，故能治事，以制百物。若下摄上，与上摄下，周旋不动，以违心目，其反为物用也，何事能治？故古之为军也，军有左右，阙从补之，成而不知，是以寡败。若以下贰上，阙而不变[3]，败弗能补也。变非声章[4]，弗能移也。声章过数则有衅[5]，有衅则敌入，敌入而凶，救则不暇，谁能退敌？敌之如志，国之忧也。可以陵小，难以征国。君其图之！”公曰：“寡人有子而制焉，非子之忧也。”对曰：“太子，国之栋也。栋成乃制之，不亦危乎？”公曰：“轻其所任，虽危何害？”

手更相举动，下体左右足更相步行，支配移动，为心和眼服务，所以能办事，驾驭各种外物。如果下体的脚牵制上体的手，或者上体的手牵制下体的脚，支配不动，与心和眼乖违，就将反为外物所制，能办成什么事？所以古代建军，有左军右军，有缺失时左右军从而互相补救，相辅相成，敌人就不知有何缺失，所以很少失败。如果用下军为上军之副，有缺失却不能应变，将会失败，不能补救。要变，如果没有金鼓和旌旗，是变不了的。金鼓和旌旗变更频繁，就出现了空子，有空子敌人就会钻进来，敌人进来就凶险了，挽救失败都来不及，谁还能打退敌人？敌人如愿，是国家的忧患。可以侵陵小国，难以征讨大国。请您谋算这事！”献公说：“我有儿子，我安置他，不是你所操心的事。”回答说：“太子是国家的栋梁。栋梁已成却另作安置，岂不危险吗？”献公说：“减轻他承担的任务，即使危险又有什么害处？”

注释

1 贰：副职，与“正”相对。

2 在下：做副手，辅佐者。
3 变：变更。
4 声：作战时的金鼓。 章：作战时的旌旗。
5 衅：空隙。按照军法，进退旗鼓有数，过数就有空隙，敌人见空隙就会进攻犯已。

士蔿出语人曰："太子不得立矣。改其制而不患其难，轻其任而不忧其危，君有异心，又焉得立？行之克也，将以害之；若其不克，其因以罪之。虽克与否，无以避罪。与其勤而不入，不如逃之。君得其欲，太子远死，且有令名，为吴太伯，不亦可乎？[1]"太子闻之，曰："子舆[2]之为我谋，忠矣。然吾闻之：为人子者，患不从，不患无名；为人臣者，患不勤，不患无禄。今我不才而得勤与从，又何求焉？焉能及吴太伯乎？"太子遂行，克霍而反，谗言弥兴。

士蔿出来对人说："太子不能继位了。改更制度却不忧虑由此而造成的灾难，减轻任务却不忧虑这样形成的危险，君主另有心思，又如何能够继位？伐霍之行如果能够成功，将因（得民心）而加害于他；如果不成功，将就此加罪。不管成功与不成功，都没办法回避罪责。与其辛劳而不合君意，不如逃离晋国。国君的欲望得以实现，太子远离死亡，将有美好的名声，成为另一个吴太伯，不是也可以吗？"太子听说了，说："子舆为我谋算，可算得忠心了。但我听说：做人家儿子的，怕的是不顺从父意，不怕没有好名声；为人臣的，怕的是不辛劳用事，不怕没有俸禄。现在我没有能力，却能得到辛劳与顺从，还求什么？怎能赶得上吴太伯呢？"太子于是出征，战胜霍国回来，（有关他的）谗言更多了。

注释

1 君得其欲……不亦可乎:太伯是周文王的伯父,本当继承君位,他看到父亲想传位给弟弟王季,于是出走,逃到吴地。后周武王追封为吴伯,所以称吴太伯。

2 子舆:士芳。

8.骊姬谮申生

原文

优施教骊姬夜半而泣谓公曰:"吾闻申生甚好仁而强,甚宽惠而慈于民,皆有所行之。今谓君惑于我,必乱国,无乃以国故而行强[1]于君。君未终命而不殁,君其若之何?盍杀我,无以一妾乱百姓!"

译文

优施教骊姬夜半抽泣着对献公说:"我听说申生很爱好仁义而坚强,很宽厚仁慈而爱民,实行这些都有一定办法。现在说君被我迷惑,一定会使国家出乱子,恐怕会因为(免于败坏)国家的缘故对君实行强力。君还没有执行完天命就不得善终,君将怎么办啊?何不杀掉我,不要因为一个贱妾而使百姓遭乱!"

注释

1 强:强御,强暴。

公曰:"夫岂惠其民而不惠[1]于其父乎?"骊姬曰:"妾亦惧矣。吾闻之外人言曰:为仁与为国

献公说:"岂有爱人民而不爱他父亲的?"骊姬说:"贱妾也恐惧了。我听外人的话说:修养仁德与治理国家不同。修养仁德的人,爱父母叫仁;治理国家的

不同。为仁者，爱亲之谓仁；为国者，利国之谓仁。故长民者无亲，众以为亲。苟利众而百姓和，岂能惮君？以众故不敢爱亲，众况厚之，彼将恶始而美终，以晚盖者也。[2]凡民利是生，杀君而厚利众，众孰沮[3]之？杀亲无恶于人，人孰去之？苟交利而得宠，志行而众悦，欲其甚矣，孰不惑焉？虽欲爱君，惑不释也。今夫以君为纣，若纣有良子，而先丧纣，无章其恶而厚其败。钧之死也，无必假手于武王，而其世不废，祀至于今，吾岂知纣之善否哉？君欲勿恤，其可乎？若大难至而恤之，其何及矣？”

人，对国家有利叫仁。所以做人民官长的没有私亲，以民众为亲。如果对民众有利，百姓亲和，岂能害怕君主？因为民众的缘故而不敢爱父亲，（这样的人）民众会更加认为他仁厚，他将从邪恶开始，以美好告终，用后来的美政掩盖前面的恶行。凡为民生利的，杀死国君而对民众有重利，众人中哪一个会来击败他？杀死父亲对人民没有害处，哪一个人会来除掉他？如果（各方面）都得到利益，（有关人员）受到宠信，志愿得以实行，民众又喜悦，希望太子（上台的）欲望会很强烈，谁不受到诱惑？即使想爱君，诱惑是解除不了的。现在假设把君当作商纣王来看待，如果纣有个好儿子，先杀死纣，不使他的恶宣扬出去，就不会失败那样惨重。都是死，不必借武王的手来杀，他的帝王世系不会绝，到现在还在享受（王的）祭祀，我们怎能知道纣的善恶？君想不忧虑，难道行吗？如果等到大难来了才忧虑，怎么来得及呢？”

注释

1 惠：爱重，善待。

2 美：善良。 晚：后来。 盖：掩盖。

3 沮：阻止，破坏。

君惧曰:“若何而可?”骊姬曰:“君盍老而授之政?彼得政而行其欲,得其所索,乃其释君。且君其图之,自桓叔以来,孰能爱亲?[1]唯无亲,故能兼翼。[2]”公曰:“不可与政。我以武与威,是以临诸侯。未殁而亡政,不可谓武;有子而弗胜,不可谓威。我授之政,诸侯必绝;能绝于我,必能害我。失政而害国,不可忍也。尔勿忧,吾将图之。”

献公害怕了,说:“怎么办才好?”骊姬说:“君何不告老,把国政大权交给申生?他得到了政权来实行他的想法,得到了他所求的,就会放了你(不加杀害)。请您考虑一下,从桓叔以来,哪个爱亲人了?因为不爱亲人,才能兼并翼。”献公说:“不可以把政权给他。我使用武力和威势,因而能面对诸侯(成为强者)。没有死就丢失政权,不可说是武;有儿子却不能对付他,不可说是威。我把政权交给他,诸侯国一定和我断绝关系;能和我断绝关系,就一定能伤害我国。失去政权,又损害了国家,是不能容忍的。你不要忧虑,我将谋划这事。”

注释

1 且君其图之……孰能爱亲:桓叔系献公曾祖。晋昭侯封叔父桓叔于曲沃。桓叔强大,昭侯微弱。晋臣清父杀昭侯,迎立桓叔,没有成功。桓叔生庄伯,庄伯攻打晋的国都翼,杀死昭侯的儿子孝侯。庄伯生武公,武公又攻翼,兼有其地,杀死哀侯(哀侯是孝侯弟弟的儿子)。武公生献公,献公消灭了桓叔、庄伯的(与献公同时的)其他后人。所以骊姬说:“自桓叔以来,孰能爱亲?”

2 唯无亲,故能兼翼:指武公伐翼,杀哀侯,兼有其地。

骊姬曰:“以皋落狄[1]之朝夕苛我边鄙,使无日

骊姬说:“由于皋落狄早晚侵扰我国边界,以致(边境百姓)没有一天安静

以牧田野，君之仓廪固不实，又恐削封疆。君盍使之伐狄，以观其果于众也，与众之信辑睦焉。若不胜狄，虽济其罪，可也；若胜狄，则善用众矣，求必益广，乃可厚图也。且夫胜狄，诸侯惊惧，吾边鄙不儆，仓廪盈，四邻服，封疆信，君得其赖，又知可否，其利多矣。君其图之！”公说。

日子能在田野放牧，您的粮仓里本不充实，还恐怕疆域被侵占。您何不派申生伐狄，看看他（是否）果真善于使用人众，和他的人众（是否）真的和睦（团结）。如果不能战胜狄，即使加他的罪，也是可以的；如果战胜狄，那就（证明申生）是善于用众了，（他的）要求一定会更多，就可以加紧谋算他了。而且战胜了狄，诸侯国惊恐，我国边境不再警戒，粮仓满盈，四邻服从，疆界没有争议，您从中得了利，又弄明白了可不可以（下手的情况），那利益多着啦。请您谋划这事！”献公喜悦。

注释

1 皋落狄：也就是东山狄。大约皋落是部落名，东山是所居住的地名。

是故使申生伐东山，衣之偏裻之衣，佩之以金玦。[1]仆人赞闻之，曰：“太子殆哉！君赐之奇，奇生怪，怪生无常，无常生不立。使之出征，先以观之，故告之以离心，而示之以坚忍之权，则必恶其心而害其身矣。恶其心，必内险

因此派申生征伐东山，让他穿左右异色的衣服，叫他佩带上金玦。太子仆人赞听说这事，说：“太子危险了！君赐给他的东西奇特，奇特生出怪异，怪异生出无常，无常就不能保住太子的位子了。叫他出征，先看他使用人众的情况，所以（用颜色不一的衣服）告诉他已经离心，让他看到（国君）权势的坚固，（可知）一定是憎恶他的心而想加害于他的身了。憎恶他的心，一定在内使他陷于险境；加

之；害其身，必外危之。危自中起，难哉！且是衣也，狂夫阻之衣也[2]。其言曰：‘尽敌而反。’虽尽敌，其若内谗何？”

申生胜狄而反，谗言作于中。君子曰：“知微。”

害于他的身，一定在外使他处于危亡的边缘。危险从内部产生，困难啊！而且那种衣服，是狂夫诅咒才穿的衣服。那诅咒说：‘消灭干净敌人才回来。’纵使消灭干净了敌人，如何能对付内部的谗言呢？”

申生战胜狄回国，谗言从内部散布出来。君子说：“赞从细小的事能推知大事。”

注释

1 偏裻(dú)之衣：左右异色的衣，中线鲜明，左右都向中线偏离，所以认为那是离心的表示。裻，衣服后背的缝。 佩之以金玦(jué)：金属环有缺，叫金玦。金属坚硬，象征无情。玦、诀同音，象征诀别。下面说“坚忍之权”，就是指“佩之以金玦”说的。坚忍，坚固。

2 狂夫：方相氏的属官，他的职责是驱除病疫和墓葬时驱鬼。 阻：同“诅”，驱鬼时说咒语。

9.申生伐东山

原文

十七年[1]冬，公使太子伐东山。里克谏曰：“臣闻皋落氏将战，君其释申生也！”公曰：“行也！”

译文

晋献公十七年冬天，献公派太子伐东山狄。里克谏阻说：“臣听说皋落氏将会迎战，请君卸去申生的重任！”献公说：“(要他)去吧！”里克回答说：“这

里克对曰："非故也。君行，太子居，以监国也；君行，太子从，以抚军也。今君居，太子行，未有此也。"公曰："非子之所知也。寡人闻之，立太子之道三：身钧以年，年同以爱，爱疑决之以卜、筮。[2]子无谋吾父子之间，吾以此观之。"公不说。

不是有先例的事。国君出征，太子在朝，是监察国政的；国君出征，太子随从，是抚慰兵士的。现在国君在朝，太子出征，(以前)没有这种情况。"献公说："不是你所知道的。我听说，立太子的原则有三条：德行相同，立年长的为太子；年龄相同，立所爱的为太子；爱的程度相同，用卜筮来做决定。你不要在我父子之间谋划什么，我让他出征观察他(的能力)。"献公不高兴。

注释

1 十七年：献公十七年，公元前660年。

2 身钧：德行相同。 以年：按年龄，指立长。 爱疑：同等喜爱。 卜、筮：用龟甲、蓍草占卜。龟曰卜，蓍曰筮。

里克退，见太子。太子曰："君赐我以偏衣、金玦，何也？"里克曰："孺子惧乎？衣躬之偏，而握金玦，令不偷矣。孺子何惧？夫为人子者，惧不孝，不惧不得。且吾闻之曰：'敬贤于请。'孺子勉之乎！"君子曰："善处父子之间矣。"

里克从朝廷退下，见到太子。太子说："君赐我左右异色的衣服和金玦，怎么回事？"里克说："你恐惧了吧？身穿异色衣，并且手握金玦，国君对你不算薄了。你怕什么？做人家的儿子的，害怕不孝，不害怕不能得到父亲的欢心。况且我听说：'恭敬比请求好。'你努力孝敬国君吧！"君子说："(里克)善于处理父子之间的关系。"

太子遂行，狐突御戎，先友为右，[1]衣偏衣而佩金玦。出而告先友曰："君与我此，何也？"先友曰："中分而金玦之权，在此行也。孺子勉之乎！"狐突叹曰："以厖衣纯[2]，而玦之以金铣者[3]，寒之甚矣，胡可恃也？虽勉之，狄可尽乎？"先友曰："衣躬之偏，握兵之要，在此行也，勉之而已矣。偏躬无慝[4]，兵要远灾，亲以无灾，又何患焉？"

太子于是出发，狐突驾车，先友为车右，（太子）穿上左右异色的衣，佩带金玦。出了国都告诉先友说："国君把这些赐给我，什么缘故？"先友说："（拥有）对半分开像金玦一样坚固的权势，在这次出征中。你自勉吧！"狐突叹息说："用杂色衣服给有纯德的太子穿，而用寒气凛凛的金属与他诀（玦）别，冷峻极了，怎么可以依靠？即使勉力而为，狄人可以消灭尽吗？"先友说："身上穿着偏离中线的衣，手中握着军事的机要之权，在这次出征中，勉力行事而已。偏离身的中线的衣服没有恶意，掌握军事的机要权远离灾害，凭借父子之亲，无灾无害，又忧虑什么呢？"

注释

1 狐突：晋臣，狐偃的父亲，晋文公的外祖父。 先友：晋大夫。 车右：立于兵车之右，是主帅的保卫人员。

2 以厖(máng)衣纯：用不纯色的衣服给纯洁的太子穿。厖，杂色。

3 玦：通"决"，分离。 铣(xiǎn)：富有光泽的金属。

4 偏躬无慝(tè)：指给太子穿偏缝的衣服，国君没有恶意。慝，邪恶，罪恶，恶念。

至于稷桑[1]，狄人出逆，申生欲战。狐突谏曰："不可。突闻之：国君好艾，大夫殆；好内，適[2]子殆，社稷危。若惠于父而远于死，惠于众[3]而利社稷，其可以图之乎？况其危身于狄以起谗于内也？"申生曰："不可。君之使我，非欢也，抑欲测吾心也。是故赐我奇服，而告我权，又有甘言焉。言之大甘，其中必苦。谮在中矣，君故生心。虽蝎谮[4]，焉避之？不若战也。不战而反，我罪滋厚；我战死，犹有令名焉。"

果败狄于稷桑而反。谗言益起，狐突杜门不出。君子曰："善深谋也。"

到达稷桑，狄人出兵迎战，申生想开战。狐突谏阻说："不可。我听说：国君喜爱宠臣，大夫危险；喜爱女色，嫡子危险，国家危险。如果顺父意（立奚齐），远离死亡，施恩惠于兵众，使国家得利，大概可以考虑吧？何况将遭受被狄人杀死的危险，并从宫内兴起谗言呢？"申生说："不可。国君命令我（伐狄），不是喜爱我，而是想观察我的心思。所以赐我奇异的衣服和表示权势的金玦，又有美好的话。说话太好了，其中必有苦味，谗言已在其中，所以国君产生了疑心。即使是从内部发生的谗言，怎么能够回避？不如作战。不作战反而回去，我的罪就更重；我作战而死，还有美好的名声。"

结果在稷桑打败了狄人，然后回国。谗言更多地兴起，狐突闭门不出。君子说："（狐突）善于深谋远虑。"

注释

1 稷(jì)桑：皋落狄属地。

2 適：通"嫡"。古人将正妻所生的儿子称为嫡子，王位或家族的继承权一般归嫡长子。

3 惠于众：施惠于兵众，是说不打仗，士兵免于死伤。

4 蝎谮(xiē zèn)：指从内部发生的谗言。

卷八　晋语二

1.骊姬谮杀太子申生

原文

反自稷桑，处五年，骊姬谓公曰："吾闻申生之谋愈深。日，吾固告君曰得众，众不利，焉能胜狄？今矜狄之善，其志益广。狐突不顺，故不出。吾闻之，申生甚好信而强，又失言[1]于众矣，虽欲有退，众将责焉。言不可食，众不可弭，是以深谋。君若不图，难将至矣！"公曰："吾不忘也，抑[2]未有以致罪焉。"

译文

从稷桑（之战）回国，过了五年，骊姬对献公说："我听说申生（策划篡弑）的谋算越来越深。往日，我本就告诉过您，说（申生）已获得了人心，民众没有（申生给的）好处，怎能战胜狄人？现在矜夸伐狄这件好事，他的志向更为广大了。狐突以为太子不顺，所以不出门。我听说申生最讲信用，而且坚强，又在他的人众中失言（流露了夺位的想法），即使想有所退避，众人将责备他。不可以食言，不可能制止众人，所以谋算在加紧进行。您如果不做打算，灾难将要来到了。"献公说："我没有忘记，只是没有加罪的由头。"

注释

1 失言：指答应夺取君权的话。

2 抑：连词，表转折，只是，只不过。

骊姬告优施曰："君既许我杀太子而立奚齐矣，吾难里克，奈何？"优施曰："吾来里克，一日而已[1]。子为我具特羊之飨，吾以从之饮酒。我优也，言无邮[2]。"骊姬许诺，乃具，使优施饮里克酒。中饮，优施起舞，谓里克妻曰："主孟啖我，我教兹暇豫[3]事君。"乃歌曰："暇豫之吾吾[4]，不如鸟乌。人皆集于苑，己独集于枯。"里克笑曰："何谓苑？何谓枯？"优施曰："其母为夫人，其子为君，可不谓苑乎？其母既死，其子又有谤，可不谓枯乎？枯且有伤。"

骊姬告诉优施说："国君已答应我杀死太子改立奚齐了。我觉得里克难以对付，怎么办？"优施说："我让里克站到这边来，一天工夫就成了。你为我准备整羊的酒宴，我在宴席上跟他饮酒。我是个俳优，说话过头没有关系。"骊姬允诺，于是备办酒宴，让优施请里克饮酒。饮酒中间，优施跳起舞来，对里克妻子说："夫人请我饮食，我教这位(大夫)闲暇安乐地侍奉君主。"就歌唱道："闲暇安乐侍奉国君，却不敢亲近主上，还不如乌鸦。别人都栖息在苑囿里，自己独自栖息在枯木上。"里克笑着说："什么叫苑囿？什么叫枯木？"优施说："母亲是国君夫人，儿子是君主，可以不说是苑囿吗？母亲已死，儿子又被人说坏话，可以不说是枯木吗？不但枯，而且还有伤病。"

注释

1 一日而已：说只要花一天的工夫，是说容易。

2 邮：通"尤"，过失，罪过。

3 暇豫：悠闲，快乐。

4 吾吾(yú yú)：不敢主动亲近，疏远的样子。

优施出，里克辟奠，不飧而寝。夜半，召优施，曰："曩而言戏乎？抑[1]有所闻之乎？"曰："然。君既许骊姬杀太子而立奚齐，谋既成矣。"里克曰："吾秉君以杀太子，吾不忍。通复故交，吾不敢。中立，其免乎？"优施曰："免。"

优施从里克家出来，里克撤去所摆饮食，不吃饭就去睡。夜半，把优施找来，说："前面你说的话是开玩笑吧？还是听到了什么呢？"优施说："确有其事。国君已答应骊姬杀死太子，改立奚齐，计谋已经定了。"里克说："我秉承国君的意志去杀太子，我不忍心。与太子通好，恢复已有的交情，我不敢。保持中立，将免于祸难吗？"优施说："可免。"

注释

1 抑：连词，表选择，还是。

旦而里克见丕郑，曰："夫史苏之言将及矣！优施告我，君谋成矣，将立奚齐。"丕郑曰："子谓何？"曰："吾对以中立。"丕郑曰："惜也！不如曰不信以疏之，亦固太子以携之，多为之故，以变其志，志少疏，乃可间也。今子曰中立，况固其谋也，彼有成矣，难以得间。"里克曰："往言不可及也，且

第二天早上，里克见丕郑说："太史苏的预言将要成为现实了！优施告诉我，国君的计谋已经定了，将立奚齐为太子。"丕郑说："你说了什么？"里克说："我回答说中立。"丕郑说："可惜啊！不如说不相信，使骊姬放松执行自己的意图，也巩固太子的地位，离散骊姬的党羽，多为此设置障碍，改变他们的志愿，志愿稍稍放松，才可以离间（他们那一伙人）。现在你说中立，更加固她的阴谋了，她有了决定，就难以离间了。"里克说："说过的话挽不回了，而且她心中

人中心唯无忌之，何可败也！子将何如？”丕郑曰：“我无心。是故事君者，君为我心，制不在我。”里克曰：“弑君以为廉，长廉以骄心，因骄以制人家，吾不敢。抑挠志以从君[1]，为废人以自利也，利方以求成人，吾不能。将伏也！”明日，称疾不朝。三旬，难乃成。

想肆无忌惮地干，怎么可以败坏她的谋算！你将怎么办？”丕郑说：“我没有主见。侍奉君主的，以君主的主见为主见，主动权不在我。”里克说：“以弑君为正直，矜夸正直而骄傲自满，用这种心情去控制别人的家事，我不敢。而使心意屈服，服从君的意志，废黜别人求自己得利，有利于君臣父子之道的实行，求得成全别人，（这些）我（都）不能。我将隐避。”第二天，说是有病不上朝。三十天后，祸乱就发生了。

注释

1 抑：助词，放在句首。 挠志：屈志，违心。

骊姬以君命命申生曰：“今夕君梦齐姜[1]，必速祠而归福。”申生许诺，乃祭于曲沃，归福于绛[2]。公田，骊姬受福，乃寘鸩于酒，寘堇于肉。[3]公至，召申生献，公祭之地，地坟。申生恐而出。骊姬与犬肉，犬毙；饮小臣酒，亦毙。公命杀杜原款[4]。申生奔新城[5]。

骊姬以国君的名义命令申生说：“晚上国君梦见齐姜，（你）一定要快快祭祀，（回来）送祭肉（给国君）。”申生答应，就到曲沃祭祀，把祭肉送到绛。献公田猎，骊姬接受祭肉，就把鸩毒放在酒中，把乌头放在肉中。献公回来，叫申生来献（祭祀过齐姜的祭品），献公先用来祭地，地突起来。申生恐惧退出。骊姬把肉给狗吃，狗死了；把酒给小臣喝，（小臣）也死了。献公命令杀死杜原款。申生出走到新城。

注释

1 齐姜:申生死去的母亲。

2 福:胙肉,祭祀用过的肉。 绛:晋的国都,在今山西翼城东。这里指献公宫里。

3 鸩(zhèn):把鸩鸟羽毛浸在酒中,这种酒能毒死人。鸩毒指这种酒,泛指毒药。 堇(jìn):即乌头,草本植物,煎熬的汁液,能毒死禽兽。

4 杜原款:太子的师傅。

5 新城:就是曲沃,新为太子筑城,叫新城。

杜原款将死,使小臣圉告于申生,曰:"款也不才,寡智不敏,不能教导,以至于死。不能深知君之心度,弃宠求广土而窜伏焉。小心狷介,不敢行也。是以言至而无所讼之也,故陷于大难,乃逮于谗。然款也不敢爱死,唯与谗人钧[1]是恶也。吾闻君子不去情,不反谗,谗行身死可也,犹有令名焉。死不迁情,强也;守情说父,孝也;杀身以成志,仁也;死不忘君,敬也。孺子勉之!死必遗爱,死民之思,不亦可乎?"申生许诺。

杜原款将被处死,派小臣圉向申生报告说:"我杜原款没有才干,少智谋,不聪敏,不能教导,以至于被处死。不能深知国君的心意,(让你)舍弃太子的地位,逃到广大的他国领土上去隐居避祸。(我)心性拘谨,洁身自好,不敢出走。所以谗言到来没有地方申辩,所以陷进了大灾难中,上了谗言的当。但我不敢爱惜生命舍不得死,只是与进谗的人分担了邪恶(心里不安)。我听说君子不除去忠爱之情,不对谗言进行反击,谗言被听信,身死也可以,(因为)还有美好的名声。死不改变忠爱之情是强,始终忠爱使父亲喜悦是孝,杀身完成志愿是仁,死不忘记君父(地位的巩固)是敬。青年人勉力吧!死了必定让活着的人敬爱,死于人民所思慕,不也行吗?"申生允诺。

注释

1 钧:等同。

人谓申生曰:“非子之罪,何不去乎?”申生曰:“不可。去而罪释,必归于君,是怨君也。章父之恶,取笑诸侯,吾谁乡而入?内困于父母,外困于诸侯,是重困也。弃君去罪,是逃死也。吾闻之:‘仁不怨君,智不重困,勇不逃死。’若罪不释,去而必重。去而罪重,不智。逃死而怨君,不仁。有罪不死,无勇。去而厚怨,恶不可重,死不可避,吾将伏以俟命。”

骊姬见申生而哭之,曰:“有父忍之,况国人乎?忍父而求好人,人孰好之?杀父以求利人,人孰利之?皆民之所恶也,难以长生!”骊姬退,申生乃雉经[1]于新城之庙。

有人对申生说:“不是你的罪,为什么不出走?”申生说:“不可以。出走罪就解脱了,责任一定会归到国君的身上,这就是怨恨国君。把父亲的恶行宣扬出去,让诸侯取笑,我到哪一国去?国内为父母所困窘,国外为诸侯所困窘,这是双重的困窘。抛弃君主,逃避罪责,就是怕死。我听说:‘仁爱的人不怨恨国君,智慧的人不双重困窘,勇敢的人不逃避死亡。’如果罪不得解脱,出走就一定会加重罪过。出走反而罪更重大,不智。逃避死亡,怨恨君主,不仁。有罪不死,是没有勇气。出走加深怨恨,罪恶不可加重,死亡不可回避,我将俯首待命。”

骊姬(到曲沃)见申生而哭闹,说:“有父亲却忍心谋害他,何况国内人民呢?忍心谋害父亲却希求与人和好,人民谁愿与他和好?杀父亲求得对人有利,人民谁愿接受这种利?(这些)都是人民所痛恶的,难以长时间生存!”骊姬走后,申生就在新城宗庙里自缢而

将死，乃使猛足[2]言于狐突曰："申生有罪，不听伯氏[3]，以至于死。申生不敢爱其死，虽然，吾君老矣，国家多难，伯氏不出，奈吾君何？伯氏苟出而图吾君，申生受赐以至于死，虽死何悔！"是以谥为共君[4]。

死。将死时，叫猛足对狐突说："申生有罪，没有听伯氏的话，以至于死。申生不敢舍不得死，虽然如此，我们的国君已经老了，国家多有灾难，伯氏不出来(辅政)，我们的国君怎么办呢？伯氏如果出来为我们的国君谋划，我接受君主恩赐而死，即使死了，有什么悔恨？"所以谥为共君。

注释

1 雉经：自缢。

2 猛足：太子臣。

3 伯氏：指狐突。没有听狐突的话，指稷桑之战前，狐突劝谏申生不战出走。

4 谥(shì)：死后根据其行事加称号。　共：同"恭"。

骊姬既杀太子申生，又谮二公子曰："重耳、夷吾与知共君之事。"公令阉楚刺重耳，重耳逃于狄；令贾华刺夷吾，夷吾逃于梁。[1]尽逐群公子，乃立奚齐焉。始为令，国无公族焉。

骊姬已杀死太子申生，又进二位公子的谗言说："重耳、夷吾都知道共君谋逆的事。"献公命令阉楚刺杀重耳，重耳逃到狄；命令贾华刺杀夷吾，夷吾逃到梁。所有的公子全都驱逐出去，于是立奚齐为太子。开始制定法令，国内从此没有了国君的族人。

注释

1 阍楚：阍，阍人，后世称为太监。楚是这个阍人的名字。古书又称他为寺人披，又叫勃鞮。 狄：北狄，隗(wěi)姓。 贾华：晋大夫。梁：嬴姓国。

2.公子重耳出亡

原文

二十二年，公子重耳出亡，及柏谷，[1]卜适齐、楚。狐偃曰："无卜焉。夫齐、楚道远而望大[2]，不可以困往。道远难通，望大难走，困往多悔。困且多悔，不可以走望。若以偃之虑，其狄乎！夫狄近晋而不通，愚陋而多怨，走之易达。不通可以窜恶，多怨可与共忧。今若休忧于狄，以观晋国，且以监诸侯之为，其无不成。"乃遂之狄。

译文

晋献公二十二年，公子重耳出国逃亡，到达柏谷，占卜到齐国去还是到楚国去。狐偃说："不要卜了。齐、楚路程远，(两国的)期望值高，不可以处于困境时前往。路程远，难以到达；期望值高，难以从那里离开(回国)；处于困境前往，多有灾祸。(既然)处于困境，灾祸又多，(就)不可逃去那里，寄希望于他们。如果按照我的想法，(去处)恐怕是狄吧！狄接近晋，但不通聘问，愚陋，对晋君多有怨恨，逃到那里去容易到达。不通聘问，可以隐罪，多有怨恨，可以与它共担忧患。现在如果在狄国免去了(晋加祸的)忧虑，观察晋的动静，并且看诸侯的行为，没有不成功的。"于是就到狄去。

注释

1 二十二年：晋献公二十二年，公元前655年。 柏谷：晋地。

2 望大：指要求人有很丰厚的报答，如土地、贡品等。

处一年，公子夷吾亦出奔，曰："盍从吾兄窜于狄乎？"冀芮[1]曰："不可。后出同走，不免于罪。且夫偕出偕入难，聚居异情恶，不若走梁。梁近于秦，秦亲吾君[2]。吾君老矣，子往，骊姬惧，必援于秦。以吾存也，且必告悔，是吾免也。"乃遂之梁。居二年，骊姬使奄楚以环释言[3]。四年，复为君。

过了一年，公子夷吾也出国奔逃，说："何不跟着我哥哥逃到狄去呢？"冀芮说："不可。后出国却逃走到同一国去，不免人说有同谋罪。况且同到一国去，又同回国为君难。住在一起，性情不同，这也不好，不如逃到梁去。梁与秦邻近，秦与我们的国君是亲戚。我们国君已老，您去到那里，骊姬恐惧，（怕）必定会接受到秦的外援。因为我们在，而且一定会来说后悔的话，这样我们就免罪了。"就去梁。过了两年，骊姬叫阉楚送环给夷吾，做自我解释。过了四年，返回晋国做国君。

注释

1 冀芮：晋国大夫。

2 秦亲吾君：这里"亲"是姻亲的意思。晋献公的女儿是秦穆公的夫人。

3 以环释言："环"与"还"同音，送环表示和好之意。

3.舟之侨告其族

原文

虢公[1]梦在庙，有神人面白毛，虎爪，执钺立于西阿，公惧而走。神曰："无走！帝命曰：'使晋袭于尔门。'"公拜稽首。觉，召史嚚[2]占之，对曰："如君之言，则蓐收[3]也，天之刑神也。天事官成。"公使囚之，且使国人贺梦。

译文

虢公梦见在宗庙里，有神面生白毛，长着虎的爪子，拿着大斧站在西边的重檐那里，虢公恐惧逃走。神说："不要走！天帝命令说：'使晋进你的门。'"虢公跪拜稽首。醒来，叫史嚚来占卜。（史嚚）回答说："像您所说的，那是蓐收，天上主管刑杀的神。天降祸福的事由主管人员去办成。"虢公使人囚禁史嚚，并且使国内的人庆贺自己的梦。

注释

1 虢(guó)公：这里指虢公丑。
2 史嚚(yín)：虢国太史。
3 蓐(rù)收：西方神名，主刑杀。

舟之侨[1]告诸其族曰："众谓虢亡不久，吾乃今知之。君不度[2]而贺大国之袭，于己也何瘳[3]？吾闻之曰：'大国道，小国袭焉曰服；小国傲，大国袭焉曰诛。'民疾君之侈

舟之侨把这件事告诉同族人说："大家说虢不久要灭亡，我现在才知道。国君不揣度神意，反而庆贺大国的进入，对于自己的灾祸又有什么减轻呢？我听说：'大国有道，小国进入叫服从；小国骄傲，大国进入叫诛罚。'人民疾恨国君的过度行为，所以变得抗拒君命。现在认

也,是以遂于逆命。今嘉其梦,侈必展,是天夺之鉴而益其疾也。民疾其态,天又诳之;大国来诛,出令而逆;宗国既卑,诸侯远己。内外无亲,其谁云救之?吾不忍俟也!”将行,以其族适晋。六年,虢乃亡。

为自己的梦好,过度的行为会更加发展,这就是天夺去他的借鉴,加重他的病害。人民疾恨他的作为,天又使他惑乱;大国来诛伐了,发布政令反而倒行逆施;公族已经卑弱,诸侯疏远自己。国内国外都没有人亲近他,谁来救助他呢?我不忍心在这里等待(祸患到来)!”将要出走,率领他的族人去晋国。过了六年,虢国就灭亡了。

注释

1 舟之侨:虢国大夫。

2 度:揣度。

3 瘳(chōu):本义病愈,这里引申为好处、益处。

4.宫之奇谓其子

原文

伐虢之役,师出于虞。[1]宫之奇[2]谏而不听,出,谓其子曰:“虞将亡矣!唯忠信者能留外寇而不害。除暗[3]以应外谓之忠,

译文

伐虢的战役,(晋国)军队(借道)从虞国开出。宫之奇劝谏虞公(不要借道给晋)没有被接受,出来,对自己的儿子说:“虞将要灭亡了!只有忠信的人能让外国侵略军驻扎而不受害。除去愚昧之心与外国交涉叫忠,把安定自身作为行事的原则叫信。

定身以行事谓之信。今君施其所恶于人[4]，暗不除矣；以贿灭亲，身不定矣。夫国非忠不立，非信不固。既不忠信，而留外寇，寇知其衅而归图焉。[5]已自拔其本矣，何以能久？吾不去，惧及焉！”以其孥适西山。三月，虞乃亡。

现在国君把自己所憎恶的加到别人身上，(可见)愚昧没有除去了；因为贪图(晋的)财贿的缘故灭亡亲近的虢国，(可知)自身不得安定了。国家没有忠不能立国，没有信不能巩固。既不忠不信，又驻留外国侵略军，侵略军了解到国内的弱点，回去就会谋算虞国。已经自己拔掉了根本，怎么能够长久？我不离开，恐怕灾祸牵连到我身上啊！”(宫之奇就)带领他的老婆孩子到虞国的西部山区去。三个月后，虞就灭亡了。

注释

1 伐虢之役，师出于虞：公元前655年，晋伐虢，向虞国借道，作为代价，献给虞国名马、宝玉。

2 宫之奇：虞国大夫。

3 暗：愚昧，糊涂。

4 今君施其所恶于人：被灭亡是痛苦的，现在借道给晋，灭掉虢国，所以说是“施其所恶于人”，把自己所憎恶的加到别人身上。

5 既不忠信……归图焉：意指把强大的敌人引进来，就让其看到了自己的弱点，敌人回头就好图谋。衅(xìn)，缺点，弱点。

5.献公问攻虢

原文

献公问于卜偃曰:“攻虢何月也?”对曰:“童谣有之曰:‘丙之晨,龙尾伏辰[1],均服振振,取虢之旂。鹑之贲贲[2],天策焞焞[3],火中成军,虢公其奔。’火中而旦,其九月十月之交乎?”

译文

献公问卜偃说:“攻打虢国哪一个月(好)?”回答说:“童谣有这样的话:‘丙子的早晨,尾星隐伏在日月交会的地方,同着戎装,威武雄壮,虢的龙旂夺到手上。鹑火星像鸟冠一样,天策星黯然无光。鹑火星出现在南方中央,军事行动获得成功,虢公将要逃亡。’鹑火星早晨出现在南方中央,大概在九月和十月之间吧。”

注释

1 龙尾:尾宿,东方苍龙七宿,它居于尾的部位,在大火与析木两个星次之间。 辰:日月交会的地方。指旧历十二个月月朔太阳所在的位置,这里指夏历十月朔。

2 鹑:本是星次名,这里指在鹑火次的柳宿。南方朱雀七宿,柳宿居于从鸟眼到鸟冠的部位,主要在鸟冠的部位,所以说像鸟冠一样。 贲贲(bēn bēn):象声词,形容声音洪大。这里描绘柳宿的形态,跳行争斗的样子。

3 天策:天策星,在尾宿之上的傅说星。 焞焞(tūn tūn):黯淡无光。

6.宰周公论齐侯好示

原文

葵丘之会，献公将如会，遇宰周公，[1] 曰："君可无会也。夫齐侯好示，务施与力而不务德，故轻致诸侯而重遣之，使至者劝而叛者慕。怀之以典言，薄其要结而厚德之，以示之信。三属诸侯，存亡国三，[2] 以示之施。是以北伐山戎，南伐楚，[3] 西为此会也。譬之如室，既镇其甍[4]矣，又何加焉？吾闻之，惠难遍也，施难报也。不遍不报，卒于怨仇。夫齐侯将施惠出责，是之不果奉，而暇晋是皇？[5] 虽后之会，将在东矣。君无惧矣，其有勤也！"公乃还。

译文

诸侯在葵丘盟会，晋献公将到会，遇到宰周公。宰周公说："您可以不去与会。齐侯喜欢做给人看，致力于施惠和武力，而不致力于德行，所以招集诸侯轻装而来，打发他们满载而归，使来的人受到鼓励，背叛的人心里思慕。用合于礼法的话使他们安心，结盟聚会用薄礼，使他们感到齐的厚恩，用这些来让他们相信齐的诚信。三次集会诸侯，保存(将要)灭亡的国家三个，用这来表示齐所施予的恩惠。所以往北征伐山戎，向南征伐楚国，西边在葵丘这里盟会。譬如房屋，现已在栋梁上加盖屋顶了，还有什么再加上去呢？我听说，(小)惠难以普遍给予，施给恩德难以回报。不能普遍，不能回报，最终会以怨仇结束。齐侯把施惠看作如同放债，这类事他还怕做不到，哪有闲空来忙匡正晋国的事情？即使以后还有聚会，将在东方举行了。您不要恐惧了，不必勤于远行了！"献公于是回国。

注释

1 葵丘之会……遇宰周公:葵丘的盟会,在公元前651年。那年齐国在葵丘召集了两次诸侯的会,一次在夏天,一次在秋天。这是秋天的一次。夏天的会宰周公(就是宰孔,周王室的太宰)参加了。葵丘在今河南兰考县。

2 三属诸侯,存亡国三:鲁国的内乱,齐立僖公为君,鲁得以安定。事在公元前660年。狄攻邢,齐帅诸侯迁邢于夷仪,保存了邢国。迁邢在公元前659年。狄人攻卫,卫君逃至曹,齐桓公召集诸侯筑楚丘城,作为卫的新都。筑楚丘城在公元前658年。保存三个将要灭亡的国家,指鲁、邢、卫而言。

3 北伐山戎,南伐楚:伐山戎在公元前663年,伐楚在公元前656年。

4 甍(méng):屋脊。

5 责:同"债"。 奉:施行。 暇:这里是"不暇"的意思。 皇:同"匡",匡正。

7.宰孔论晋侯将死

原文

宰孔谓其御曰[1]:"晋侯[2]将死矣!景霍以为城,而汾、河、涑、浍以为渠[3],戎、狄之民实环之。汪是土也,苟违其违,谁能惧之!今晋侯不量齐德之丰否,不度诸侯之势,释其闭修[4],而轻于行道,失其心矣。君子失心,鲜不

译文

宰孔对他的驾车人说:"晋侯将要死了。(晋)以景霍山为(天然的)城墙,以汾川、黄河、涑水、浍水为(天然的)城池,戎、狄族的人环绕它。有广大的领土,如果离开那些邪僻行为,谁能使它恐惧!现在晋侯不估量齐国德行是否丰厚,不测度诸侯的形势,舍弃他守卫国土的政策,又轻视实行仁德,失去了他的初衷了。君子失去了初衷,很少不

夭昏。”

是岁也,献公卒。八年,为淮之会。[5]桓公在殡,宋人伐之。[6]

夭折昏惑的。”

这一年,献公死。后八年,(齐桓公)召集诸侯在淮集会。(次年)齐桓公死,在未下葬的时候,宋人伐齐。

注释

1 宰孔:周卿士,采邑在周,因又称宰周公。 御:驾车者。

2 晋侯:晋献公。

3 景霍:景霍山,就是霍山,在今山西霍州市东南。 汾:晋国著名大河,源出今山西宁武县西南,流经静乐县、太原市等县市,在河津市西南入于黄河。 涑(sù)、浍(huì):都是晋国的河流。

4 闭修:修明政治,自守其国。闭,守卫。修,整治。

5 八年:晋献公死后的第八个年头,即公元前644年。 淮之会:淮在今江苏盱眙县境。淮之会有齐、宋、陈、卫、郑等国参加,谋划救鄫,并谋划经营东方各国。

6 桓公在殡,宋人伐之:齐桓公死,五公子争立为君,太子出走到宋,宋襄公率军伐齐,立桓公太子为齐君,这就是齐孝公。

8.里克杀奚齐

原文

二十六年,献公卒。[1]里克将杀奚齐,先告荀息[2]曰:“三公子之徒将杀孺子[3],子将如何?”荀息曰:

译文

晋献公二十六年,献公死。里克将杀奚齐,先告诉荀息说:“三位公子的人将杀死(这)孩子,你将怎么办?”荀息说:“我们的国君死了就杀死他

“死吾君而杀其孤，吾有死而已，吾蔑[4]从之矣！”里克曰：“子死，孺子立，不亦可乎？子死，孺子废，焉用死？”荀息曰：“昔君问臣事君于我，我对以忠贞。君曰：‘何谓也？’我对曰：‘可以利公室，力有所能，无不为，忠也。葬死者，养生者，死人复生不悔，生人不愧，贞也。’吾言既往矣，岂能欲行吾言而又爱吾身乎？虽死，焉避之？”

的儿子，我唯有一死而已，我不随顺他们。”里克说：“您死，孩子能立为国君，不是可以吗？您死，孩子被废黜，哪里值得去死？”荀息说：“以前国君问我，臣侍奉君主应当怎样，我回答说‘忠贞’。君说：‘什么意思？’我回答说：‘可以有利于公族，只要力所能及，没有不做的，这是忠。埋葬死了的人，抚养活着的人，死人再活也不会后悔（用错了人），对活着的人无愧于心，这是贞。’我的话已经说过了，岂能要实行我的话却又爱惜我的生命？即使是死，怎能回避它？”

注释

1 二十六年，献公卒：晋献公二十六年，鲁僖公九年，公元前651年。

2 荀息：奚齐的师傅。

3 三公子：指申生、重耳、夷吾三公子。孺子：指奚齐。

4 蔑：无。

里克告丕郑曰：“三公子之徒将杀孺子，子将何如？”丕郑曰：“荀息谓何？”对曰：“荀息曰‘死之’。”丕郑曰：“子勉之。夫二国士[1]之所图，无不遂

里克告诉丕郑说：“三位公子的人将杀死（这）孩子，你将怎么办？”丕郑说：“荀息说什么？”回答说：“荀息说：‘为小主而死’。”丕郑说：“你努力吧。两位杰出人士所谋划的，没有不成功的。我帮助你实现这一打算。你率领

也。我为子行之。子帅七舆大夫[2]以待我。我使狄以动之,援秦以摇之。立其薄者可以得重赂,厚者可使无入。国,谁之国也!”里克曰:“不可。克闻之,夫义者,利之足也;贪者,怨之本也。废义则利不立,厚贪则怨生。夫孺子岂获罪于民?将以骊姬之惑蛊君而诬国人,谗群公子而夺之利,使君迷乱,信而亡之,杀无罪以为诸侯笑,使百姓莫不有藏恶于其心中。恐其如壅大川,溃而不可救御也。是故将杀奚齐而立公子之在外者,以定民弭忧,于诸侯且为援,庶几曰诸侯义而抚之,百姓欣而奉之,国可以固。今杀君而赖其富,贪且反义。贪则民怨,反义则富不为赖。赖富而民怨,乱国而身殆,惧为诸侯载,不可

七位下军大夫等待我的配合。我使狄人撼动晋国(奚齐的政权),向秦求援动摇晋国(奚齐的政权)。拥立功德浅薄的人(当国君),(我们)可以得到丰厚的财利,功德高的,可以叫他进不了晋国。晋国,(还能)是谁的晋国!”里克说:“不可。我听说,义是利的来路,贪是怨的本源。不用义就得不到利,贪心重就怨恨生。难道是这孩子得罪人民了吗?是因为骊姬蛊惑国君,欺骗国内人民,谗言陷害各位公子,夺取他们的正当利益,使君心迷乱,相信了她的话,把公子们驱逐出国,杀死无罪的太子,成为诸侯的笑柄,使百姓心中无不怀藏(犯上的)恶心。恐怕像堵塞大河,河堤溃决不可挽救和抵御啊。所以将杀奚齐而立在国外的公子为国君,用来安定人民,消除忧患,而且诸侯将成为外援,这样才勉强可以说,诸侯认为理所应当,从而安抚晋国,百姓欣喜地拥戴新的晋君,晋国才可以巩固。现在如果杀死国君,以为可以发财致富,(是)贪婪而且违背道义。贪婪,百姓就怨恨;违背道义,即使富有也毫无好处。靠杀君致富,人民怨恨,扰乱国家,自身危险,恐怕被诸

常也。”丕郑许诺。于是杀奚齐、卓子及骊姬，而请君于秦。

侯史书所记载，这是不可以作为行事法则的。”丕郑应允。于是杀奚齐、卓子和骊姬，向秦国请求(帮助)立一个国君。

注释

1 二国士：指里克、荀息。

2 七舆大夫：指申生的七个下军大夫共华、贾华等。

既杀奚齐，荀息将死之。人曰：“不如立其弟而辅之。”荀息立卓子。里克又杀卓子，荀息死之。君子曰：“不食其言矣。”

既杀奚齐、卓子，里克及丕郑使屠岸夷[1]告公子重耳于狄，曰：“国乱民扰，得国在乱，治民在扰，子盍入乎？吾请为子钍[2]。”重耳告舅犯[3]曰：“里克欲纳我。”舅犯曰：“不可。夫坚树在始，始不固本，终必槁落。夫长国者，唯知哀乐喜怒之节，是以导民。不哀丧而求国，难；因乱以入，殆。以丧得

已杀死奚齐，荀息将为他死。有人说：“不如立他的弟弟为君，辅佐他。”荀息立卓子为君。里克又杀死卓子，荀息死难。君子说：“荀息言而有信。”

已经杀了奚齐、卓子，里克和丕郑让屠岸夷到狄去报告公子重耳，说：“国家混乱，人民不安宁，得为国君(的时机)在于国家混乱，治理人民(的时机)在于不安宁，您何不回国去？我们愿为您引路。”重耳告诉舅犯说：“里克想接纳我。”舅犯说：“不可以。使树木坚实重在开始，开始如果不加固根本，终将枯槁凋落。做国君的，当知哀乐喜怒的礼节，用这个来训导人民。不为父丧悲哀而求为国君，困难；乘乱回国，危险。由于丧事得为国君，就一定以丧事为乐，以丧事为乐，就必定产生悲哀。乘

国,则必乐丧,乐丧必哀生。因乱以入,则必喜乱,喜乱必怠德。是哀乐喜怒之节易也,何以导民?民不我导,谁长?”重耳曰:“非丧谁代?非乱谁纳我?”舅犯曰:“偃也闻之,丧乱有小大。大丧大乱之剡[4]也,不可犯也。父母死为大丧,谗在兄弟为大乱。今适当之,是故难。”公子重耳出,见使者曰:“子惠顾亡人重耳,父生不得供备洒扫之臣,死又不敢莅丧以重其罪,且辱大夫,敢辞。夫固国者,在亲众而善邻,在因民而顺之。苟众所利,邻国所立,大夫其从之。重耳不敢违。”

乱回国,就一定喜好乱子,喜好乱子,修德就一定怠惰。这样,哀乐喜怒的礼节就反常了,用什么训导人民?人民不服我们训导,谁能为他们的君长?”重耳说:“不是父丧,代替谁为国君呢?不是混乱,谁接纳我为国君呢?”舅犯说:“我听说,丧事、乱子有小有大。大丧事、大乱子的锋芒,是不可冒犯的。父母死是大丧事,谗言在兄弟之间是大乱子。现在恰好碰上(大丧事、大乱子),所以困难。”公子重耳出来,见使者说:“承蒙您好意来看望我重耳这个流亡者,父在生时,我不能作为洒扫的臣仆的一员而服务,死了又不敢临丧,使罪过加重,而且使大夫蒙辱(来到这里),但我只能冒昧地辞谢。巩固国家,在于与民众亲近、与邻国和好,在于依靠人民,遵循他们的爱憎。假如是众人认为有利的,邻国所立的君主,大夫们就请顺从。我重耳也不敢违背。”

注释

1 屠岸夷:晋大夫。

2 钵(shù):引导。

3 舅犯:狐偃,字子犯,是重耳的舅父,所以说舅犯。舅犯是随从重耳流亡的重要谋士。

4 剡(yǎn):锐利,锋芒。

吕甥及郤称亦使蒲城午告公子夷吾于梁[1],曰:“子厚赂秦人以求入,吾主子。”夷吾告冀芮[2]曰:“吕甥欲纳我。”冀芮曰:“子勉之。国乱民扰,大夫无常,不可失也。非乱何入?非危何安?幸苟君之子,唯其索之也。方乱以扰,孰适御我?大夫无常,苟众所置,孰能勿从?子盍尽国以赂外内,无爱虚以求入,既入而后图聚。”公子夷吾出见使者,再拜稽首许诺。

吕甥和郤称也让蒲城午到梁去向公子夷吾报告,说:“您多送给秦财利,求他们帮助您归国,国内我们为主支持您。”夷吾告诉冀芮说:“吕甥想接纳我(为国君)。”冀芮说:“您努力吧!国家混乱,人民不安宁,大夫(关于立谁为国君)没有固定的想法,时机不可失去。不是混乱,怎么能归国?如果没有危险怎么转为安定?只要是国君献公的儿子,只看能找到谁。正当混乱与不安宁,谁配抵挡得住我们?大夫没有固定的想法,只要是众人所立,谁能不顺从?您何不尽国之所有对国内外进行贿赂,不吝惜府库空虚求得归国,等已经归国,再谋求积聚(财货)。”公子夷吾出见使者,再拜稽首,答应所请。

注释

1 吕甥:又叫瑕甥,又叫阴饴甥,瑕吕饴甥,是晋侯的外甥,惠公、怀公父子的死党。 郤称:晋臣,也是惠公的党羽。 蒲城午:晋大夫。

2 冀芮:郤芮,封于冀,叫冀芮,夷吾的师傅。

吕甥出告大夫曰："君死自立则不敢，久则恐诸侯之谋，径召君于外也，则民各有心，恐厚乱，盍请君于秦乎？"大夫许诺。乃使梁由靡告于秦穆公曰[1]："天降祸于晋国，谗言繁兴，延及寡君之绍续昆裔，隐悼播越，[2]托在草莽，未有所依。又重之以寡君之不禄，丧乱并臻。以君之灵，鬼神降衷，罪人克伏其辜[3]，群臣莫敢宁处，将待君命。君若惠顾社稷，不忘先君之好，辱收其逋迁裔胄而建立之[4]，以主其祭祀，且镇抚其国家及其民人，虽四邻诸侯之闻之也，其谁不儆惧于君之威，而欣喜于君之德？终君之重爱，受君之重贶，而群臣受其大德，晋国其谁非君之群隶臣也？"

吕甥出面告诉大夫们说："国君死，不敢擅自立一位公子来为国君。拖久了，怕诸侯算计，直接从国外迎来公子为国君，又怕民众意见不一，恐怕加重祸乱，何不向秦请求(帮助)立国君呢？"大夫们同意。于是让梁由靡去对秦穆公说："天降灾祸到晋国，谗言产生得多，牵连到敝国国君的后人，心情忧惧，分散远离，寄居在草莽之中，没有依靠。加之敝国国君的去世，丧事与祸乱同时来到。依靠您的神灵，鬼神降福，罪人已经服罪，群臣没有敢安定地过活的，将等待您的命令。您如果仁慈地照看我国，不忘记先君所结下的情好，收录那奔逃迁徙的(我国君的)后人，立为君主，主持晋国的祭祀，并且安定抚慰自己的国家和人民，四邻诸侯听说了，有谁不畏惧您的威势，欢欣于您的恩德呢？您所厚爱的人，您能厚爱到底，他将受到您的重赐，臣子们受您的大德，晋国还有谁不是您的臣仆呢？"

注释

1 梁由靡：晋大夫。 秦穆公：名任好，春秋五霸之一，公元前659年至前 621 年在位。

2 绍续昆裔:继嗣后裔。 隐悼播越:忧惧远逃。

3 罪人克伏其辜:指骊姬伏诛。

4 逋(bū)迁:逃亡。 裔胄:后代。

秦穆公许诺。反使者,乃召大夫子明及公孙枝[1],曰:"夫晋国之乱,吾谁使先,若夫二公子而立之,以为朝夕之急?"大夫子明曰:"君使絷[2]也。絷敏且知礼,敬以知微。敏能窜谋,知礼可使;敬不坠命,微知可否。君其使之。"

秦穆公答应了。叫使者回国,然后召来大夫子明和公孙枝,说:"晋国发生了祸乱,我该选派谁出使,在两位公子中选立国君,以解决(晋国)的急切问题?"大夫子明说:"国君派絷前往吧。絷聪敏知礼,待人恭敬,分析小的征兆能知未来大事。聪敏就能进行缜密的谋划,知礼可以出使,恭敬就不会有负委托,能见未来就懂得可行不可行。国君请派遣他吧!"

注释

1 子明:秦国大将,大夫,百里孟明视。 公孙枝:秦岐州人,字子桑,秦穆公大夫,荐百里奚,助穆公建立霸业。

2 絷:秦公子子显。

乃使公子絷吊公子重耳于狄,曰:"寡君使絷吊公子之忧,又重之以丧。寡人闻之,得国常于丧,失国常于丧。时不可

于是派遣公子絷到狄去吊唁公子重耳,说:"敝国国君派我来慰问公子逃亡的忧愁,以及丧亲之痛。敝国国君听说,得为国君常常在有丧事的时候,失去君位也常在这个时候,时机不可丢

失，丧不可久，公子其图之！”重耳告舅犯。舅犯曰：“不可。亡人无亲，信仁以为亲，是故置之者不殆。父死在堂而求利，人孰仁我？人实有之，我以侥幸，人孰信我？不仁不信，将何以长利？”公子重耳出，见使者曰：“君惠吊亡臣，又重有命。重耳身亡，父死不得与于哭泣之位，又何敢有他志以辱君义？”再拜不稽首，起而哭，退而不私。

失，丧事不会持久，公子请谋划这事！”重耳告知舅犯。舅犯说：“不可以。流亡者没人亲近，凭信与仁得到人们亲近，因此立他为国君不危险。父死还未葬而求有利于己，人们谁肯以我们为仁？别的公子都有同样的继位权利，我们以侥幸取胜，人们谁肯以我们为信？不仁不信，将凭什么获得长远利益？”公子重耳出来，见使者说：“承蒙您的恩惠，慰问我这逃亡在外的臣仆，又加上表明叫我返国的意图。重耳我流亡在外，父死不得列于哭泣的位置，又怎么敢有别的志愿，使您的正义行为蒙上羞辱？”拜两次，但不叩头到地，起身哭泣，（见毕）退下，不再作私自的访问。

公子絷退，吊公子夷吾于梁，如吊公子重耳之命。夷吾告冀芮曰：“秦人勤我矣！”冀芮曰：“公子勉之。亡人无狷洁[1]，狷洁不行。重赂配德，公子尽之，无爱财！人实有之，我以侥幸，不亦可乎？”公子夷吾出，见使者，再拜稽首，起而不哭，退而私于公子絷曰：“中

公子絷退出，到梁去慰问公子夷吾，如同慰问公子重耳那样说话。夷吾对冀芮说：“秦人帮助我了。”冀芮说：“公子努力吧！流亡者不能洁身自好，洁身自好就办不成大事。要用厚礼酬谢（帮你的人的）恩德，公子应尽你所有，不要吝惜财货。大家都有继位权利，我们侥幸得到它，不也可以吗？”公子夷吾出来，见使者，再拜稽首，起身不哭，（见毕）退出，私访公子絷说：“中大夫里克支持

大夫里克与我矣，吾命之以汾阳[2]之田百万。丕郑与我矣，吾命之以负蔡[3]之田七十万。君苟辅我，蔑天命矣！亡人苟入扫宗庙，定社稷，亡人何国之与有？君实有郡县，且入河外[4]列城五。岂谓君无有？亦为君之东游津梁之上，无有难急也。亡人之所怀挟缨纕，以望君之尘垢者。[5]黄金四十镒，白玉之珩六双，[6]不敢当公子，请纳之左右。"

我了，我答应赐给他汾阳的田百万亩。丕郑支持我了，我答应赐给他负蔡的田七十万亩。秦君如果辅助我，就没有什么天命不天命了（，只在秦的决定而已）！流亡者如果回国，得以打扫宗庙，安定国家，国土多一点或少一点，有什么好计较？秦君本来有很多郡县，请并入晋国河外相连的城邑五座。难道是说秦君没有吗？也只是为秦君东游到黄河渡口和桥梁时不至于为难着急。流亡者携带马颈与马腹的革带，是用来遥望秦君车马所扬起的尘土的。四十镒黄金，六双白玉珩，不敢以公子为馈赠的对象，请把它们赏给公子的左右。"

注释

1 狷(juàn)洁：洁身自好。

2 汾阳：地名，在今山西静乐西。

3 负蔡：晋地，无考。

4 河外：春秋晋人称河南为河外。黄河自龙门至华阴，由北而南，晋都于绛（今山西翼城东），所以以河之南为河外。

5 亡人之所怀挟缨纕(xiāng)，以望君之尘垢者：这句是说愿作秦君车乘的侍从人员，极言自己卑下，对方高贵，愿为对方效劳。缨，马缨。纕，马腹带。

6 镒(yì)：重量单位，合二十两。 珩(héng)：佩玉的一种，弧形，似磬而小。

公子絷反，致命穆公。穆公曰："吾与公子重耳，重耳仁。再拜不稽首，不没[1]为后也，起而哭，爱其父也。退而不私，不没于利也。"公子絷曰："君之言过矣。君若求置晋君而载之，置仁不亦可乎？君若求置晋君以成名于天下，则不如置不仁以猾其中，且可以进退。臣闻之曰：'仁有置，武有置。[2]仁置德，武置服。[3]'"是故先置公子夷吾，实为惠公。

公子絷返回秦国，向穆公复命。穆公说："我赞许公子重耳，重耳讲仁义。再拜不稽首，是不贪图为后嗣。起身哭泣，是爱他的父亲。(见毕)退下不私访，是不求私利。"公子絷说："您的话说错了。您如果求得立晋君而成就他的事业，立讲仁义的公子，不是可以吗？您如果求得立晋君使自己成名于天下，就不如立不仁不义的公子，使他们内部混乱，而且可以看形势改变对策。臣听说：'仁有所立，武有所立。讲仁就立有德义的为君王，讲武就立服从的人为君王。'"所以先立公子夷吾为国君，这就是惠公。

注释

1 不没：不贪图。没，贪墨。

2 仁有置，武有置：讲仁也可以拥立君王，讲武也可以拥立君王。置，立，拥立，扶持。

3 仁置德，武置服：仁置有德，武置服从，讲仁就立有德义的为君王，讲武就立服从的人为君王。

9.冀芮答问

原文

穆公问冀芮曰:“公子谁恃于晋[1]?”对曰:“臣闻之,亡人无党,有党必有仇。夷吾之少也,不好弄戏[2],不过所复,怒不及色。及其长也,弗改。故出亡无怨于国,而众安之。不然,夷吾不佞,其谁能恃乎?”君子曰:“善以微劝也。”

译文

秦穆公问冀芮说:“公子夷吾在晋国依靠谁?”回答说:“臣听说,流亡者没有党羽,有党羽就一定有仇敌。夷吾小的时候,不喜欢玩耍,同样的过错不再犯,发怒不流露到脸上。到他长大成人,没有改变这种习性。所以出走了,国内没有人怨恨他,大家对此也没有什么不安。如果不是这样,夷吾没有才能,将能依靠谁呢?”君子说:“冀芮善于微妙地劝谏。”

注释

1 公子:指晋国公子夷吾。 恃:依靠。

2 弄戏:嬉戏,游戏,玩耍。

卷九 晋语三

1.惠公背赂

原文

惠公入而背外内之赂。舆人诵之曰:“佞之见佞,果丧其田。[1]诈之见诈,果丧其赂。[2]得之而狃,终逢其咎。[3]丧田不惩,祸乱其兴。[4]”

既里、丕死祸,公陨于韩。郭偃曰:“善哉!夫众口,祸福之门,是以君子省众而动,监戒而谋,谋度而行,故无不济。内谋外度,考省不倦,日考而习,戒备毕矣。”

译文

惠公归国(为君),(先前)对国内国外允诺送给土地财货,而今概不承认。群众为此编韵语讽诵,说:“伪善被伪善所骗,结果丢失了田。巧诈被巧诈所欺,结果没有得到赂地。得为国君就习以为常,终于遭到了祸殃。丢了田还不接受教训,灾难于是乎就降临。”

不久,里克、丕郑遭到杀身之祸,惠公在韩地战败被俘。郭偃说:“好啊!群众的口是祸福的门,所以君主看群众的情况才行动,接受教训进行谋划,用法度来衡量谋划恰当与否,这才去实行,所以没有不成功的。在内谋划,在外用法度衡量,不倦地考查省察,天天考查省察,不断反复,戒备的道理就完善了。”

注释

1 佞之见佞,果丧其田:惠公答应在归国为君后,给里克在汾阳的田百万亩,给丕郑在负蔡的田七十万亩。惠公归国,违背诺言,没有给他们田。韵语的意思是说他们都是伪善的,伪善受了伪善的骗。

2 诈之见诈,果丧其赂:惠公曾许诺割"河外列城五"给秦,回国后不肯兑现。韵语以为秦穆公、晋惠公都是巧诈的,巧诈者骗了巧诈者。

3 狃(niǔ):习以为常而不重视。 咎:祸殃,指公元前645年,晋军败于韩原,晋惠公为秦所俘。

4 丧田不惩,祸乱其兴:指丕郑未能获得惠公答应给的田,又与秦图谋迎公子重耳为君,于公元前650年被杀。

2.惠公改葬共世子

原文

惠公即位,出共世子[1]而改葬之,臭达于外。国人诵之曰:"贞之无报也[2]。孰是人斯,而有是臭也?贞为不听,信为不诚。[3]国斯无刑,偷居幸生。不更厥贞,大命其倾。威兮怀兮,各聚尔有,以待所归[4]兮。猗兮违兮[5],心之哀兮。岁之二七,其靡有微兮。[6]若狄公子,吾是之依兮。镇抚国家,为王妃兮。"郭偃曰:"甚哉,善

译文

晋惠公即位,把共世子发掘出来改葬,臭气传到外面。国人为此讽诵道:"贞正没有报答!这个人是谁,而有这样的臭气?所谓'贞'是不顺从礼义,所谓'信'是不诚实。国于是无所谓常法,苟且偷安,侥幸生存。如果不改正,君位将要丢失。威仪可观啊,令人想念啊!各积聚你的所有,等待归国的人啊!故土难离啊,民心悲哀啊!十四之年,将没有后啊!(流亡在)狄的公子,我们依靠他啊。安抚国家,功业可与王相比啊!"郭偃说:"为善太难了啊!君改葬共君,以此为荣,反而过错更加明

之难也！君改葬共君以为荣也，而恶滋章。夫人美于中，必播于外，而越于民，民实戴之。恶亦如之，故行不可不慎也。必或知之。十四年，君之冢嗣其替乎？其数[7]告于民矣。公子重耳其入乎？其魄[8]兆于民矣。若入，必伯诸侯以见天子，其光耿于民矣[9]。数，言之纪也；魄，意之术也；光，明之曜也。纪言以叙之，述意以导之，明曜以昭之。不至何待？欲先导者行乎，将至矣！”

显。一个人美在内部，一定会表露在外，宣扬到人民那里，人民就拥戴他。恶也像这样，所以行为不可不谨慎。是善是恶，必定有人知道。十四年后，国君的太子将会被消灭吧？十四这个数字已告诉给人民了。公子重耳大概要归国了吧？那形象已预先出现在人民中间了。如果归国，必在诸侯中称霸，（带领诸侯）朝见天子，那光亮已在人民中闪耀了。数字，是记录言行的；形象，是心意的先导；光亮，闪耀着先见之明。记录言行，叙述这件事；表述心意，引导这件事；闪耀先见之明，显示这件事。这事不到来的话，能等到别的什么事吗？想在前面引路的，行动起来吧，就将要到来了！”

注释

1 共世子：指申生。世子就是太子。申生死后谥为共君，所以叫共世子。

2 贞之无报也：共世子为人忠贞，现在尸体发掘出来臭气远闻，所以说为人忠贞得不到好报。

3 孰是人斯……信为不诚：本是共世子尸体的臭气，现在把惠公拉上，说不知道是哪个的臭气。说贞是不贞，信是不信，这都是指惠公说的。

4 所归：归国的人，指重耳。前面威仪可观那些话，也是指重耳说的。

5 猗兮违兮：感叹故土难离，心中哀伤。猗，感叹。违，离开。

6 岁之二七：二七之年，二七一十四，是说十四年之后。 靡有微：没有后嗣,指惠公儿子怀公被杀。微,原作"征(徵)",从公序本改。微,通"尾",指后嗣、继承人。

7 数:指诵词中的"岁之二七"。

8 魄:形象,指诵词中"若狄公子,吾是之依兮"这话所显示的形象。

9 指"镇抚国家,为王妃兮"这句话。

3.惠公悔杀里克

原文

惠公既杀里克而悔之,曰:"芮也,使寡人过杀我社稷之镇。"郭偃闻之,曰:"不谋而谏者,冀芮也。不图而杀者,君也。不谋而谏,不忠。不图而杀,不祥。不忠,受君之罚。不祥,罹天之祸。受君之罚,死戮。罹天之祸,无后。志道者勿忘,将及矣!"及文公入,秦人杀冀芮而施之。[1]

译文

惠公杀了里克就后悔了,说:"冀芮啊,他使我错杀了国家的重臣。"郭偃听了,说:"不郑重谋虑而出主意的,是冀芮。不仔细考虑就杀人的,是君王。不郑重谋虑就出主意,是不忠;不仔细考虑就杀人,不吉利。不忠,受到君王的惩罚;不吉利,遭到天降的灾祸。受君王的惩罚,被杀死。遭天降的灾祸,没有后嗣。有志于认识规律的人不要忘记,(惩罚和灾祸)将要来到了!"到晋文公归国,秦人杀死冀芮,把他的尸首摆在那里示众。

注释

1 及文公入,秦人杀冀芮而施之:重耳归国为君,就是晋文公。冀芮谋杀文公未遂,秦人诱捕冀芮将他杀死。

4.惠公杀丕郑

原文

惠公既即位，乃背秦赂。使丕郑聘于秦，且谢之。而杀里克，曰："子杀二君与一大夫[1]，为子君者，不亦难乎？"

译文

晋惠公已即位，就背弃割地给秦的诺言。派丕郑到秦国聘问，并且就此事道歉。同时杀死里克，说："您杀死了两位国君和一个大夫，做你的君主，岂不难吗？"

注释

1 二君与一大夫：两位国君，指奚齐、卓子；一个大夫，指荀息。

丕郑如秦谢缓赂，乃谓穆公曰："君厚问以召吕甥、郤称、冀芮而止之，以师奉公子重耳，臣之属内作，晋君必出。"穆公使泠至报问，且召三大夫。郑也与客[1]将行事，冀芮曰："郑之使薄而报厚，其言我于秦也，必使诱我。弗杀，必作难。"是故杀丕郑及七舆大夫：共华、贾华、叔坚、骓歂[2]、累虎、特宫、山祁，皆里、丕之党也。丕豹出奔秦。

丕郑来到秦国，为迟迟未割地道歉，就对秦穆公说："君厚礼问候吕甥、郤称、冀芮，召他们来，扣留他们，用军队奉公子重耳为君，臣等从内配合，晋君一定出奔。"穆公使泠至回访，并且召请吕甥等三位大夫。丕郑与客人将（按计划）行事，冀芮说："丕郑出使秦所带的礼物俭少，而秦的回报却丰厚，他大概向秦说了我什么，一定是让秦诱我去。（如果）不杀，定会作乱。"所以杀了丕郑和（原来隶属于申生的）七位下军大夫：共华、贾华、叔坚、骓歂、累虎、特宫、山祁，这些人都是里克、丕郑的党羽。丕豹出奔到秦国。

注释

1 客:秦国来的客人,指泠至,泠至是秦国的大夫。

2 骓歂(zhuī chuán):申生的七舆大夫(七个下军大夫)之一。

丕郑之自秦反也,闻里克死,见共华曰:“可以入乎?”共华曰:“二三子[1]皆在而不及,子使于秦,可哉!”丕郑入,君杀之。共赐[2]谓共华曰:“子行乎?其及也!”共华曰:“夫子[3]之入,吾谋也,将待也。”赐曰:“孰知之?”共华曰:“不可。知而背之不信,谋而困人不智,困而不死无勇。任大恶三,行将安入?子其行矣,我姑待死。”

丕郑从秦回国,听说里克死了,见共华说:“可以入朝吗?”共华说:“几个人都在,没有受到里克的牵连,你在秦国出使,(应该)可以啊!”丕郑入朝,晋惠公杀了他。共赐对共华说:“您走吗?将牵连到你了!”共华说:“丕郑入朝,是我的主意,我将等待(祸事来临)。”共赐说:“谁知道(是你的主意)?”共华说:“不可。本来知道却背离事实(不承认),是不信;(替人)谋划反而使人遇难,是不智;使人遇难自己不死,是无勇。背负三件大恶,出走到哪里去?您还是走吧,我姑且在这里等死。”

注释

1 二三子:指七位下军大夫等。

2 共赐:晋大夫,共华的族人。

3 夫子:对男子的敬称,这里指丕郑。

丕郑之子曰豹,出奔秦,谓穆公曰:“晋君大失其众,背君赂,

丕郑的儿子叫豹,出奔到秦,对秦穆公说:“晋君大量地失去了民心。背弃割地给您的诺言,杀死里克,忌恨(他流亡时)留在

杀里克,而忌处者[1],众固不说。今又杀臣之父及七舆大夫,此其党半国矣。君若伐之,其君必出。”穆公曰:“失众安能杀人?且夫祸唯无毙,足者不处,处者不足,胜败若化。以祸为违,孰能出君?尔俟我!”

国内的大夫们,众人本就不喜欢他。现在又杀死臣的父亲和七位下军大夫,这说明反对的人群在国中有一半了。您如果征伐晋国,他的君主一定逃出。”穆公说:“失去民心怎么还能杀人?而且为祸只要罪不至死(不要急于去征伐),罪足以死他就不能在晋国统治下去,能在晋国统治下去,就罪不至死,胜败转化无常。你因祸事离开了本国,谁能把(你们的)国君赶出国去?你等着我(从长计议)!”

注释

1 忌处者:忌恨留在国内的大夫。忌,忌恨、猜忌。处者,即处国者,指晋惠公流亡时还留在晋国的大夫们。

2 胜败若化:指胜败之间转化无常。丕郑欲联合秦国废晋惠公而迎立公子重耳,结果却被晋惠公所杀。化,转化。

5.秦晋乞籴

原文

晋饥,乞籴于秦。[1]丕豹[2]曰:“晋君无礼于君,众莫不知。往年有难,今又荐饥[3]。已失人,又失天,其

译文

晋国饥荒,向秦请求买粮食。丕豹说:“晋君对您无礼,大家没有不知道的。往年有人祸,现在又连年饥荒,已失去人心,又失去了天的保佑,它有

有殃也多矣。君其伐之，勿予籴！”公曰：“寡人其君是恶，其民何罪？天殃流行，国家代有。补乏荐饥，道也，不可以废道于天下。”谓公孙枝[4]曰：“予之乎？”公孙枝曰：“君有施于晋君，晋君无施于其众。今旱而听于君，其天道也。君若弗予，而天予之。苟众不说其君之不报也，则有辞矣。不若予之，以说其众。众说，必咎于其君。其君不听，然后诛焉。虽欲御我，谁与？”是故泛舟于河，归籴于晋。

重重灾难，请您征伐它，不要卖给它粮食。”秦穆公说：“我憎恶它的君主，它的人民有什么罪？天灾流行，在各个国家交替出现。补助缺乏，饥荒时运进粮食，这是道义，不可以在天下废弃道义。”对公孙枝说：“卖给晋国粮吗？”公孙枝说：“您对晋君有恩施，晋君对民众没有恩施。现在天旱来听候您的措置，真是天道。您如果不给与，只好等候天给他们好年成了。如果民众对他们的君主不报秦的恩德不高兴，（晋）就有话可以解释了。不如卖给晋国粮，使晋国的民众高兴。民众（因此事）高兴，就一定认为他们的国君有过失。晋君（如果还）不听从民意，这才诛伐他。（那样，晋君）即使想抵挡我们，谁会帮他呢？”因此在黄河上驾船，运粮食卖给晋国。

注释

1 晋饥，乞籴(dí)于秦：请求向秦买粮食。籴，从入从米，也就是买米，事在晋惠公五年（前646年）。

2 丕豹：晋国大夫丕郑的儿子。丕郑为晋惠公所杀后，他逃奔秦国，成为秦国大夫，一心劝说秦穆公攻打晋国。

3 荐饥：连年灾荒，连续灾荒。

4 公孙枝：秦穆公大夫，字子桑，岐州人。荐百里奚，助穆公建立霸业。

秦饥，公令河上输之粟。虢射[1]曰："弗与赂地而予之籴，无损于怨而厚于寇，不若勿予。"公曰："然。"庆郑[2]曰："不可。已赖其地，而又爱其实，忘善而背德，虽我必击之。弗予，必击我。"公曰："非郑之所知也。"遂不予。

（后来）秦国也发生饥荒，晋惠公命令河外地区运粮给秦。虢射说："不给答应割让的土地，却让他买粮，不能减轻（秦的）怨恨，对入侵者却有重利，不如不给。"惠公说："对。"庆郑说："不可。已经获得土地，又舍不得粮食，忘却好意，背弃德义，就算是我们（处在那样的地位），也一定会攻打对方。如果不卖给秦国粮食，秦国一定会攻打我们。"惠公说："这不是你庆郑所能了解的。"于是没卖给秦粮食。

注释

1 虢射：晋国大夫。晋国的卿大夫，晋惠公舅父。小戎族，允姓，曾参与晋狄采桑之战。这里教唆晋惠公不予秦粮，导致秦晋两国后来爆发韩原之战，晋惠公大败被俘。

2 庆郑：晋国大夫。秦国饥荒时向晋求粮，他劝晋惠公还情泛舟之役，惠公不听。次年爆发秦晋韩原之战，不为惠公所用，出言讽谏惠公，终遭杀害。

6.秦晋之战

原文

六年，秦岁定，帅师侵晋，至于韩[1]。公谓庆郑

译文

晋惠公六年，秦国年成好，（秦穆公）率领军队侵入晋国，到达韩原。惠公

曰："秦寇深矣，奈何？"庆郑曰："君深其怨，能浅其寇乎？非郑之所知也，君其讯射也。"公曰："舅[2]所病也。"卜右，庆郑吉。公曰："郑也不逊。"以家仆徒为右，步扬御戎；[3]梁由靡御韩简，虢射为右，以承公。

对庆郑说："秦国侵略深入国土了，怎么办？"庆郑说："您加深了他们的怨恨，能使他们不深入吗？（如何应付）不是我所知道的，您还是去问虢射吧！"惠公说："您这是在责备我。"占卜谁做车右，庆郑吉利。惠公说："庆郑不敬。"家仆徒为车右，步扬驾（惠公所乘）兵车；梁由靡为韩简驾兵车，虢射作车右，接在惠公兵车后面。

注释

1 六年：惠公六年，公元前645年。 韩：韩原，在今山西芮城。
2 舅：指虢射。诸侯尊称异姓大夫为舅。
3 家仆徒、步扬：都是晋国大夫。

公御秦师，令韩简视师，曰："师少于我，斗士众。"公曰："何故？"简曰："以君之出也处己，入也烦己，饥食其籴，三施而无报，故来。今又击之，秦莫不愠，晋莫不怠，斗士是故众。"公曰："然。今我不击，归必狃[1]。一夫不可狃，而况国乎！"公

惠公抵御秦军，命韩简观察秦军（的情况），韩简（观察以后）说："军队比我们的少，战斗的人数比我们多。"惠公说："什么缘故？"韩简说："因为您出亡，（在梁）时依傍秦国，归国继位时劳烦秦，饥荒时吃秦国所卖的米，施恩三次都没有报答，所以（秦军）打进来。现在又攻打它，秦军没有不愤怒的，晋军没有不懈怠的，（秦）战斗人员所以多。"惠公说："对。（但是）现在我如果不攻击就回去，

令韩简挑战，曰："昔君之惠也，寡人未之敢忘。寡人有众，能合之弗能离也。君若还，寡人之愿也。君若不还，寡人将无所避。"穆公衡雕戈出见使者，曰："昔君之未入，寡人之忧也。君入而列未成，寡人未敢忘。今君既定而列成，君其整列，寡人将亲见[2]。"

(秦人)必定习以为常(轻视晋国)。一个人都不可以轻慢，何况国家呢？"惠公命韩简挑战，说："以前您的恩惠，我不敢忘记。(但)我有兵众，能集合不能离散。您如果回国，这是我的愿望。您如果不回国，我将不再逃避。"秦穆公横持有雕饰的戈，出阵见使者，说："以前你们国君未归国，是我所忧心的。君已归国后队列一时没有形成，我不敢忘记。现在已安定，队列已经形成，请你们国君整顿队列，我将亲自与他见面。"

注释

1 狃(niǔ)：习以为常而不重视。

2 亲见：此是假意客气，意思是我将与你厮杀。

客[1]还，公孙枝进谏曰："昔君之不纳公子重耳而纳晋君，是君之不置德而置服也。置而不遂，击而不胜，其若为诸侯笑何？君盍待之乎？"穆公曰："然。昔吾之不纳公子重耳而纳晋君，是吾不置德而置服也。

晋使回去了，公孙枝进谏说："以前您不把公子重耳送归晋国，而把晋君送归晋国，这是您不立德行高的而立服从自己的为君。立了却不遂心愿，(如果)战又不胜，如何对待诸侯的取笑呢？您何不等待晋君的自行败亡？"秦穆公说："是的。以前我不送公子重耳归国而送晋君归国，这就是我不立德行高的而立服从我的为君。但公子重耳他自己实

然公子重耳实不肯，吾又奚言哉？杀其内主，背其外赂，彼塞我施，若无天乎？若有天，吾必胜之。”君揖大夫就车，君鼓而进之。晋师溃，戎马泞而止。公号庆郑曰：“载我！”庆郑曰：“忘善而背德，又废吉卜，何我之载？郑之车不足以辱君避也！”梁由靡御韩简，辂秦公，将止之，庆郑曰：“释来救君！”亦不克救君，遂止于秦。

在不肯，我又有什么话说？（晋君）杀死国内为主支持的，背弃他割地给秦国的诺言，他闭仓不粜而我施给粮食，如果没有天吧（那就算了），如果有天，我一定能战胜他。”秦穆公与大夫们揖别上车，击鼓进军。晋军溃退，军马陷入泥泞不能动弹。惠公大声唤庆郑说：“让我乘你的车！”庆郑说：“忘却（臣子们所做的）好事，背弃（秦立为君的）恩德，又不用吉利的占卜，怎么要乘我的车？我庆郑的车不足以使您委屈来避难。”梁由靡为韩简驾车，迎面碰着秦君，将抓住他，庆郑说：“不要抓秦君了，快来救（我们的）国君！”也没能救得了，（晋君）就被秦俘虏了。

注释

1 客：指晋国使者韩简。

穆公归，至于王城[1]，合大夫而谋曰：“杀晋君与逐出之，与以归之，与复之，孰利？”公子絷曰：“杀之利。逐之恐构诸侯，以归则国家多慝，复之则君臣合作，恐为君忧，不若

秦穆公归国，到达王城，集合大夫商量说：“杀掉晋君，与把他驱逐出晋国，与把他带回秦国，与让他继续为晋国君，哪样有利？”公子絷说：“杀掉有利。驱逐他恐怕诸侯有意见；把他带回国去，恐怕他了解国家的弱点和过失；让他回去继续做晋君，又恐怕他们君臣

杀之。”公孙枝曰：“不可。耻大国之士于中原，又杀其君以重之，子思报父之仇，臣思报君之仇。虽微秦国，天下孰弗患？”公子絷曰：“吾岂将徒杀之？吾将以公子重耳代之。晋君之无道莫不闻，公子重耳之仁莫不知。战胜大国，武也；杀无道而立有道，仁也；胜无后害，智也。”公孙枝曰：“耻一国之士，又曰余纳有道以临女，无乃不可乎？若不可，必为诸侯笑。战而取笑诸侯，不可谓武。杀其弟而立其兄，兄德我而忘其亲，不可谓仁。若弗忘，是再施不遂也，不可谓智。”君曰：“然则若何？”公孙枝曰：“不若以归，以要晋国之成，复其君而质其適子，使子父代处秦，[2]国可以无害。”是故归惠公而质子圉，秦始知河东[3]之政。

合作，成为您的忧患，不如杀掉他。”公孙枝说：“不可。让大国的士兵在韩原蒙受耻辱，又杀掉他们的君主，加重这种耻辱，儿子想报父亲的仇，臣子想报国君的仇！即使没有秦国，对于害人君父的人谁不痛恨？”公子絷说：“我们难道只是杀了他？我们将用公子重耳代他为国君。晋君无道，没有谁没听说过，公子重耳的仁德，没有人不知道。战胜大国是武；杀无道，立有道，是仁；战胜了不留后患，是智。”公孙枝说：“使一国将士蒙受耻辱，还说我把有道的公子送归国统治你们，恐怕不可以吧？如果不可以，一定被诸侯耻笑。作战而被诸侯耻笑，不可说是武。杀掉弟弟，立哥哥为君，哥哥感激我，忘却了他的骨肉之亲，不可以说是仁。如果不忘却，那就是两次施恩都不成功，不可以说是智。”秦穆公说：“那么，怎么办呢？”公孙枝说：“不如把他带回国去，与晋国讲和，恢复他的君位，要他的嫡子来做人质，使儿子、父亲交替居住在秦，秦国可以不受害。”因而放惠公回去，将（惠公嫡子）子圉作为人质，秦开始在河东地区行使管辖权。

注释

1 王城：秦地，在今陕西大荔县东。

2 要(yāo)：求取。 成：讲和。 適：通“嫡”。这里的嫡子即晋惠公嫡子怀公，名子圉。 代：更替，交替。

3 河东：晋河外地区，在秦为河东。

7.吕甥逆惠公

原文

公在秦三月，闻秦将成，乃使郤乞告吕甥。[1]吕甥教之言，令国人于朝曰：“君使乞告二三子曰：‘秦将归寡人，寡人不足以辱社稷[2]，二三子其改置以代圉[3]也。’”且赏以悦众，众皆哭，焉作辕田[4]。

译文

晋惠公在秦三个月，听说秦将讲和，就派郤乞告知吕甥。吕甥教郤乞(对公众)说什么话。(郤乞)在朝向国都的人民命令说：“国君派我郤乞告知各位：‘秦将要我回国，我(能力)不足以使国家蒙受耻辱，各位请改立别的公子，代替子圉为国君。’”同时颁赏取悦众人。众人都哭了，于是创立按田亩出车赋的制度。

注释

1 公在秦三月……吕甥：郤乞，晋国大夫，郤氏，郤芮族人。公元前645年，秦晋韩原之战，郤乞与晋惠公做了秦国的战俘，晋惠公命郤乞回国和吕甥商议与秦国讲和的事情。吕甥让郤乞在朝堂劝服国人接受晋惠公回国。 吕甥：又名吕饴甥、瑕吕饴甥、阴饴甥、瑕甥，字子金，中国春秋时期晋国大夫。与郤芮拥立晋惠公为君，重耳回国时又倒戈。怕被晋文公惩罚，又与郤芮密谋烧掉晋文公寝宫以谋杀晋文公。计划失败，二人逃亡秦国，后被秦穆公诱杀。

2 寡人不足以辱社稷：我无能治理这个国家。把治理国家说成“辱社稷”，是谦虚的说法。

3 圉：晋惠公的太子子圉。

4 辕田：变更旧日田土所有制，以公田赏赐众人。也称爰田。

吕甥致众而告之曰：“吾君惭焉其亡之不恤，而群臣是忧，不亦惠乎？君犹在外，若何？”众曰：“何为而可？”吕甥曰：“以韩之病，兵甲尽矣。若征缮以辅孺子，以为君援，虽四邻之闻之也，丧君有君，群臣辑睦，兵甲益多，好我者劝，恶我者惧，庶有益乎？”众皆说，焉作州[1]兵。

吕甥召集众人对他们说：“我们的国君（对韩原失败）感到痛心，不忧虑自己流亡在国外，而为众臣操心，不是仁惠吗？国君仍在国外，怎么办？”众人说：“怎么做才可以？”吕甥说：“因在韩原战败，军队瓦解了。如果征收赋税，修复军备，辅佐幼君，作为对国君的声援，即使四邻听说了，国君不在国内而国内有君王，群臣和睦，增加了军队的人数和兵器的数量，对我们好的感到鼓舞，对我们怀有恶意的感到恐惧，也许会有益处吧？”众人都高兴，于是创立各州自组军队的制度。

注释

1 州：行政单位。二千五百家为州。

吕甥逆君于秦，穆公讯之曰：“晋国和乎？”

吕甥到秦迎接国君，秦穆公问他说：“晋国和协吗？”回答说：“不和。”穆公说：

对曰:“不和。”公曰:“何故?”对曰:“其小人不念其君之罪,而悼其父兄子弟之死丧者,不惮征缮以立孺子,曰:‘必报仇,吾宁事齐、楚,齐、楚又交辅之。’其君子思其君,且知其罪,曰:‘事秦,有死无他。’故不和。比其和之而来,故久。”公曰:“而无来,吾固将归君。国谓君何?”对曰:“小人曰不免,君子则否。”公曰:“何故?”对曰:“小人忌而不思,愿从其君[1]而与报秦,是故云。其君子则否,曰:‘吾君之入也,君之惠也。能纳之,能执之,则能释之。德莫厚焉,惠莫大焉。纳而不遂,废而不起,以德为怨,君其不然。’”秦君曰:“然。”乃改馆晋君,馈七牢焉。[2]

“什么缘故?”回答说:“我国的(下层)小人不惦念他们君主的罪过,而哀痛他们父兄子弟中的战死者,不怕纳税和修复军备拥立幼主,(他们)说:‘一定要报仇,宁愿侍奉齐国、楚国,齐国、楚国都来援助。’我国的(上层)君子想念他们的国君,并且知道他的罪过,说:‘一定要侍奉秦国,有死而已,别无他心。’所以不和。等到把他们调和了才来(秦),所以拖久了。”穆公说:“你不来,我本来将送你们国君归国。你们国内怎么说你们的国君啊?”回答说:“小人说难逃一死,君子就不这样看。”穆公说:“什么缘故?”回答说:“小人忌恨,不考虑大义,愿意跟随他们的君主参加报秦的仇,所以那样说。我国的君子不是这样,(他们)说:‘我们国君归国为君,是您的恩惠。您能送他归国,能俘虏他,也就能释放他。恩德没有比这更厚的了,恩惠没有比这更大的了。送归国没有成功,废弃他不再起用,把恩德变成怨恨,您肯定不会这样做。’”秦君说:“对。”于是另外为晋君安置住处,送给他七牢之礼。

注释

1 君:这里的"君",指晋惠公的太子子圉。

2 馆:客馆。晋惠公是秦的俘虏,现在要放他回去,所以改置住处,让他住进宾馆。 七牢:牛、羊、猪各一为一牢,七牢是送侯伯的礼。

8.惠公斩庆郑

原文

惠公未至,蛾析[1]谓庆郑曰:"君之止[2],子之罪也。今君将来,子何俟?"庆郑曰:"郑也闻之曰:'军败,死之;将止,死之。'二者不行,又重之以误人,而丧其君,有大罪三,将安适?君若来,将待刑以快君志;君若不来,将独伐秦。不得君,必死之。此所以待也。臣得其志,而使君瞢,是犯也。[3]君行犯,犹失其国,而况臣乎?"

译文

晋惠公未到达(晋国),蛾析对庆郑说:"国君被俘,是你的罪过。现在国君将回来,您等待什么呢?"庆郑说:"我庆郑听说:'军队被打败了,为军队而死;将帅被俘获了,为将帅而死。'这两事该死,我都没有死,又加上耽误了梁由靡,丧失了国君,有大罪三条,将往哪里去?国君如果回来,将等候判刑,使国君的心情舒畅;国君如果不回来,将单独(率领所部)征伐秦国。得不到国君,就一定为他而死。这就是我所等待的。臣得行他的志愿(出奔他国),却使国君心中不快,那是忤逆。国君的行为如果忤逆(常法),还会失去国家,何况是臣呢?"

注释

1 蛾析:晋大夫。

2 止:被俘。

3 志:这里是说出奔。 瞢:烦闷不悦。 犯:忤逆,冒犯。

公至于绛郊,闻庆郑止,使家仆徒[1]召之,曰:"郑也有罪,犹在乎?"庆郑曰:"臣怨君始入而报德,不降;降而听谏,不战;战而用良,不败。既败而诛,又失有罪,不可以封国。臣是以待即刑,以成君政。"君曰:"刑之!"庆郑曰:"下有直言,臣之行也;上有直刑,君之明也。臣行君明,国之利也。君虽弗刑,必自杀也。"蛾析曰:"臣闻奔刑之臣,不若赦之以报仇。君盍赦之,以报于秦?"梁由靡曰:"不可。我能行之,秦岂不能?且战不胜,而报之以贼,不武;出战不克,入处不安,不智;成而反

晋惠公到达都城绛的郊区,听说庆郑没有逃走,让家仆徒叫他来,说:"庆郑啊,你有罪,还在国都里吗?"庆郑说:"臣怨恨您,您如果在归国时就报答(秦国的)恩德,就不会(与秦国)构怨;构怨之后如果能听我劝谏,(卖粮给秦国,)就不会与秦发生战争;作战如果用好的车右,就不会失败。已经打了败仗,诛罚有罪的人,如果有罪的人又逃走了,不可以守国治国。臣所以等待接受刑罚,使您的政令能够贯彻实行。"晋君说:"对他用刑!"庆郑说:"下有正直的话,这是臣的行为;上有公正的刑罚,这是国君的明智。臣有臣的行为,国君有国君的明智,这是国家利益所在。您就是不加刑于我,我也一定要自杀。"蛾析说:"臣听说奔向刑罚(而不惧)的臣子,不如赦免他,让他去报仇。您何不赦免庆郑让他去报秦仇?"梁由靡说:"不可。我们能做的事,秦国难道不能做到?况且与秦作战不胜,而用罪犯去报复它,不武;出战不

之，不信；失刑乱政，不威。出不能用，入不能治，败国且杀孺子，不若刑之。”君曰：“斩郑，无使自杀！”家仆徒曰：“有君不忌，有臣死刑，其闻贤于刑之。”梁由靡曰：“夫君政刑，是以治民。不闻命而擅进退，犯政也；快意而丧君，犯刑也。郑也贼而乱国，不可失也！且战而自退，退而自杀；臣得其志，君失其刑，后不可用也。”君令司马说[2]刑之。司马说进三军之士而数庆郑曰：“夫韩之誓曰：失次犯令，死；将止不面夷[3]，死；伪言误众，死。今郑失次犯令，而罪一也；郑擅进退，而罪二也；女误梁由靡，使失秦公，而罪三也；君亲止，女不面夷，而罪四也：郑也就刑！”庆郑曰：“说！三军之士皆在，有人能坐待刑，而不能面

胜，归国处于不安定的状态，不智；已经讲和又反复，不信；当用刑不用，扰乱政令，不威。（这些不武、不智、不信、不威的做法，）出战不能用，入朝不能治，败坏国家，也将导致为质的子圉被杀，不如对庆郑用刑。”晋君说：“斩庆郑，不要让他自杀！”家仆徒说：“有不记恨的国君，有甘心就死刑的臣，那声誉比杀了庆郑要好。”梁由靡说：“君主的政令刑法，是用来治理人民的。不服从命令擅自进退，违犯了政令；使自己心意痛快，以致丧失了国君，违犯刑法。庆郑啊，他是败国乱国的人，不可让他逃避了刑罚！而且作战擅自后退，后退了就自杀；臣得以实行他的想法，国君失去了施用刑罚的对象，这样的事情，以后不可用来作为先例。”晋君命司马说去斩庆郑。司马说召集三军将士，列举庆郑的罪状，说：“韩原之战的誓词说：错乱行列，违犯军令，死罪；将帅被俘而面部未受伤，死罪；造谣惑众，死罪。现在庆郑错乱了行列，违犯军令，这是第一项罪；庆郑擅自进退，这是第二项罪；你耽误了梁由靡，使他没能抓住秦君，这是第三项罪；国君被俘，你面部未受伤，这是第四项罪：庆郑啊，你受刑！”庆郑说：“司马说！三军将士都在，有人能坐等受

夷？趣[4]行事乎！”丁丑，斩庆郑，乃入绛。

刑，却怕面部受伤吗？赶快行事吧！”丁丑日，斩庆郑，(晋君)于是进入国都绛。

注释

1 家仆徒：晋国大夫。
2 司马说：司马，官名。说，人名。
3 夷：通“痍”，创伤。
4 趣(cù)：催促，赶快。

十五年[1]，惠公卒，怀公[2]立，秦乃召重耳于楚而纳之。晋人杀怀公于高梁[3]，而授重耳，实为文公。

晋惠公十五年，惠公死，怀公立为君，秦于是派人到楚国去召请重耳，送他归国为君。晋人在高梁杀死怀公，把君位授给重耳，这就是文公。

注释

1 十五年：应为“十四年”，晋惠公十四年为公元前637年。
2 怀公：惠公的儿子子圉。
3 高梁：在今山西临汾市东北。

卷十　晋语四

1.重耳适齐

原文

文公在狄十二年，狐偃曰："日，吾来此也，非以狄为荣，可以成事也。吾曰：'奔而易达，困而有资，休以择利，可以戾[1]也。'今戾久矣，戾久将底[2]。底著滞淫[3]，谁能兴之？盍速行乎？吾不适齐、楚，避其远也。蓄力一纪[4]，可以远矣。齐侯长矣，而欲亲晋。管仲殁矣，多谗在侧。谋而无正，衷而思始。夫必追择前言，求善以终。餍迩逐远，远人入服，不为邮矣。[5]会其季年[6]可也，兹可以亲。"皆以为然。

译文

晋文公在狄的第十二个年头，狐偃说："以前我们到这里来，不是以来狄为荣耀，而是以为可以完成回国的事业。我说：'出走容易到达，穷困而有资财可用，(在此)休养来选择有利时机(返国)，可以安定下来。'现在安定已久，安定久了就将止息。止息持续，滞留过分，谁能使他兴起？何不快走呢？我们之前不去齐楚，是回避道路遥远。积蓄力量一十二年，可以远行了。齐侯年老了，想要与晋国亲近。管仲已死，君的左右多有谗言。谋划没有定准，因而想念初年的中正之道。一定会追念并选择以前(管仲)的话，求得善始善终。已使邻近国家满意，现在追求远方国家的友好，远方人来亲附，就不为过了。在桓公晚年到齐国去没有错，这个国家可以亲近。"大家都以为对。

注释

1 戾:安定。

2 底:停止,止息。

3 著:持续。 滞:滞留。 淫:长久,过度。

4 蓄:积蓄。 一纪:岁星十二年运行一周,为一纪。

5 餍(yàn)迩逐远:满足了近处的国家,追求远方国家的友好。迩,近处。逐,追求。 邮:通“尤”,过错。

6 季年:晚年。季,末尾。

乃行,过五鹿,乞食于野人。野人举块以与之,公子怒,将鞭之。子犯曰:“天赐也。民以土服,又何求焉?天事必象,十有二年,必获此土。二三子志之。岁在寿星及鹑尾[1],其有此土乎!天以命矣,复于寿星,必获诸侯。[2]天之道也,由是始之。有此,其以戊申乎!所以申土也。[3]”再拜稽首,受而载之。遂适齐。

于是出发,经过五鹿,向种田人求吃的。种田人拿一块土给他。公子重耳发怒,将鞭打他。子犯说:“这是天的赐予啊!人民捧土表示顺服,还要求什么呢?天(决定的)事一定先有迹象,十二年之后,一定能获得这块土地。(同行的)各位记住:岁星在寿星和鹑尾,将拥有这块土地吧!天已告知(我们)了,再到寿星,一定可获得诸侯的拥护。那是天道,从这里(得土块)开始。拥有这块土地,大概在戊申日吧!戊申,就是用来扩展领土的。”(公子)再拜稽首,接受土块载在车上。于是上路到齐国去。

注释

1 岁在寿星及鹑尾:鹑(chún)尾与寿星是相接连的两个辰次。重耳在卫,在鲁僖公十六年(前644年),岁星在寿星。过十二个年头,就是鲁僖公二十七年(前 633 年),岁星在鹑尾,晋文公伐卫,夺取了五鹿。岁星在寿星是得土块的年,岁星在鹑尾,是得土地的年。

2 天以命矣……必获诸侯:岁星再到寿星,就到了鲁僖公二十八年(前 632 年)。这一年,晋在城濮战胜楚,在践土会集诸侯,向周王献俘,受王的册封。

3 戊:与五行相配,属土。 申:有延伸、扩展的意思。

2.齐姜劝重耳

原文

齐侯[1]妻之,甚善焉。有马二十乘,将死于齐而已矣。曰:"民生安乐,谁知其他?"

桓公卒,孝公[2]即位。诸侯叛齐。子犯知齐之不可以动,而知文公之安齐而有终焉之志也,欲行,而患之,与从者谋于桑下。蚕妾在焉,莫知其在也。妾告姜氏,姜氏[3]杀之,而言于公子曰:"从者将以子行,其闻之者,吾以除之矣。子必从之,不可以贰,

译文

齐侯(将女儿)嫁给重耳为妻,这个妻子(齐姜)待重耳很好。重耳有了八十四马,打算死在齐国算了。他说:"人生下来安于享乐,谁知道别的?"

齐桓公死,孝公即位。诸侯背叛齐国。子犯知道齐国不可能出动(帮重耳归国),又知道公子安于住在齐国并有在齐国老死的意思,想动身离开,忧虑公子不肯走,与随从人员在桑树下商量。当时养蚕的女奴在那里(采桑叶),没有人知道她在。女奴告诉姜氏,姜氏杀了她。(姜氏)对公子说:"你的随从人员将把你弄走,听到这个计划的女奴,我已把她除掉了。你一定要

贰[4]无成命。《诗》云:'上帝临女,无贰尔心。'[5]先王其知之矣,贰将可乎?子去晋难而极于此。自子之行,晋无宁岁,民无成君。天未丧晋,无异[6]公子,有晋国者,非子而谁?子其勉之!上帝临子,贰必有咎。"

跟着他们走,不可犹疑,犹疑办不成大事。《诗经》上说:'上帝关照你了,你的心不要犹疑。'武王知道天命(并不犹疑),(我们)难道可以犹疑吗?你逃避晋国的灾难到这里来。从你走后,晋国没有哪一年安宁,人民没有一个安定的君主。天没有灭亡晋国,已没有别的公子,领导晋国的,不是您是谁?您努力吧!上帝关照您,犹疑一定有灾祸。"

注释

1 齐侯:当时的齐国国君,齐桓公。
2 孝公:名昭,公元前642年至前633年在位。
3 姜氏:齐桓公为重耳娶的妻子。姜氏杀死女奴灭口,恐怕走漏消息。
4 贰:变化无常,犹犹豫豫,不坚定。
5 这里的诗句见于《诗经·大雅·大明》。诗句中的"女",指周武王。这句"尔"也是指他。
6 异:另外的。

公子曰:"吾不动矣,必死于此。"姜曰:"不然。《周诗》[1]曰:'莘莘征夫,每怀靡及。'夙夜征行,不遑启处,犹惧无及。况其顺身纵欲怀安,将何及矣?人不求及,其

公子说:"我不动了,一定死在这里。"姜氏说:"不对。《周诗》说:'从征的汉子一队队,常常恐惧来不及。'早晚征战行动,没工夫坐一下,没时间住下来,还恐怕来不及。何况顺着本能、放纵欲望、怀恋安乐,将怎么来得及呢?人不求上进,他能成事吗?日月运转不

能及乎？日月不处，人谁获安？西方[2]之书有之曰：'怀与安，实疚大事。'《郑诗》[3]云：'仲可怀也，人之多言，亦可畏也。'昔管敬仲[4]有言，小妾闻之，曰：'畏威如疾，民之上也。从怀如流，民之下也。见怀思威，民之中也。畏威如疾，乃能威民。威在民上，弗畏有刑。从怀如流，去威远矣，故谓之下。其在辟也，吾从中也。《郑诗》之言，吾其从之。'此大夫管仲之所以纪纲齐国，裨辅先君而成霸者也。[5]子而弃之，不亦难乎？齐国之政败矣，晋之无道久矣，从者之谋忠矣，时日及矣，公子幾[6]矣。君国可以济百姓，而释之者，非人也。败不可处，时不可失，忠不可弃，怀不可从，子必速行。吾闻晋之始封也，岁在大

停，有谁能获得安定？西方的书有这样的话：'怀恋与安逸，真弄坏大事。'《郑诗》说：'二郎真值得思念啊，(但)人们言多语杂，也是可怕的啊！'我听说以前管敬仲有话这么说的：'害怕威严像害怕疾病一样，这是人民的上等行为。跟着感情走，像水往下流，这是人民的下等行为。碰着感情的事就想到威严，这是人民的中等行为。害怕威严像害怕疾病一样，才能使民畏惧。威严居于人民之上，不畏惧它就有刑罚来到。跟着感情走，像水往下流，离威严就远了，所以叫下等行为。他们在有罪之列，我选择中等行为。《郑诗》的话，我将依它。'这是大夫管仲用来治理齐国、辅佐先君创立霸业的办法。而您抛弃这些，(想成大事)岂不困难吗？齐国的政治已经败坏了，晋国无道的时间也已经很久了，(您的)随从人员的谋划是忠心耿耿的了，时机已经来了，公子归国为君的日期接近了。做国君可以接济百姓(免于苦难)，如果不做，就不是仁德。流亡不可以持久，时机不可以丧失，忠良不可以抛弃，怀恋(安乐)不可以放纵，您一定要赶快动身。我听说晋国开始

火，阏伯之星也，实纪商人。[7]商之飨国三十一王。瞽史之纪曰：'唐叔之世，将如商数。'[8]今未半也[9]。乱不长世，公子唯[10]子，子必有晋。若何怀安？"公子弗听。

封建的时候，岁星在大火，大火是阏伯的星，它统理商人的吉凶大事。商统治天下三十一位君王。史官的记载说：'唐叔传世，将和商的世数相同。'现在还不到一半。祸乱不会长期持续，晋公子只有您在了，您一定会拥有晋国。为什么要迷恋安乐？"公子不听。

注释

1《周诗》：指《诗经·小雅·皇皇者华》。

2 西方：指周。

3《郑诗》：后世见于《诗经·郑风·将仲子》。

4 管敬仲：管夷吾，字敬仲，当时已死。

5 纪纲：治理。 裨(pí)：辅助，辅佐。

6 幾：征兆，迹象，出现征兆。重耳得国出现征兆，时日临近。

7 吾闻晋……实纪商人：阏伯(yān bó)，传说中高辛氏的大儿子。纪，治理。商，殷商。阏伯与兄弟不和，被迁到商丘。古代天文学认为他和天上的心宿相应，而心宿在大火辰次，阏伯在唐尧时曾为管火的官，死后用他配祭大火。所以说"岁在大火，阏伯之星也"。商人以商丘为发祥地，所以心宿又是商的星，随之大火也就是商的星(应当为辰次)了。所以可以说它统理商人的吉凶大事。

8 唐叔之世，将如商数：唐叔是晋的始封君。始封那一年，岁星在大火，而大火是商的星，这样就把晋和商拉在一起，说他们的世数相同。

9 今未半也：从唐叔至惠公十四世，不到三十一世的一半。

10 唯：唯一，仅有。

3.齐姜谋遣重耳

原文

姜[1]与子犯谋，醉而载之以行。醒，以戈逐子犯[2]，曰："若无所济[3]，吾食舅氏之肉，其知餍乎？"舅犯走，且对曰："若无所济，余未知死所，谁能与豺狼争食？若克有成，公子无亦晋之柔嘉[4]，是以甘食。偃之肉腥臊，将焉用之？"遂行。

译文

姜氏和子犯商量，把重耳灌醉，用车载着他出发。（重耳）酒醒了，用戈追赶子犯，说："如果大事不成，我吃舅父的肉，不知能吃饱不？"舅犯逃走，边走边回答说："如果大事不成，我不知道死在哪里，谁能和豺狼争吃（我的肉）？如果大事成功，公子有了晋国柔嫩甘美的食物，用来大快朵颐，我狐偃的肉腥臊，哪能用得上呢？"于是就上路。

注释

1 姜：姜氏，重耳的妻子，齐桓公的女儿。

2 子犯：即狐偃，晋国的卿，字子犯。重耳的舅舅，因此下文称舅氏，也称舅犯。

3 济：成功。

4 柔嘉：柔嫩美味。

4.卫文公不礼重耳

原文

过卫，卫文公[1]有邢、狄之虞，不能礼焉。甯庄子[2]言于公曰："夫礼，国之纪也；亲，民之结也；善，德之建也。国无纪不可以终，民无结不可以固，德无建不可以立。此三者，君之所慎也。今君弃之，无乃不可乎！晋公子，善人也，而卫亲也，君不礼焉，弃三德矣。[3]臣故云：君其图之。康叔，文之昭也。唐叔，武之穆也。周之大功在武，天祚将在武族[4]。苟姬未绝周室，而俾守天聚者[5]，必武族也。武族唯晋实昌，晋胤公子实德。晋仍无道，天祚有德，晋之守祀，必公子也。若复而修其德，镇抚其民，必获诸侯，以讨无礼。君弗蚤图，卫而

译文

（重耳）从卫国经过，卫文公有邢、狄（入侵卫国）的忧患，不能以礼接待。甯庄子对卫文公说："礼是治理国家的，亲是团结人民的，善是建树德行的。国无治理就不能维持到底，民无团结就不能巩固，德无建树就不可以立身。这三项，是君主所必须谨慎从事的。现在您抛弃这些，恐怕不行吧！晋公子是善人，是卫的亲族，您不以礼接待，就是抛弃上述三德了。臣所以才这样说：请您斟酌这事。（卫始祖）康叔，是文王的儿子。（晋始祖）唐叔，是武王的儿子。周朝建大功的是武王，天赐福佑将在武王这一支。如果周王室姬姓不绝，使他们守天所赐予的人民与货财的，一定是武王这一支。武王的后嗣只有晋国昌盛发达，晋的后代（这位）公子确有德行。晋君接连数世无道，天降福给有德行的人，晋国守护宗庙祭祀的，一定是这位公子。如果再加上修德，安抚百姓，一定能得到诸侯的拥护，讨伐无礼的国家。您如果不早做打算，卫国将在被讨伐之列。小人害

在讨。小人是惧[6]，敢不尽心。”公弗听。

怕这个，敢不尽心尽意（劝谏）？”卫文公不听。

注释

1 卫文公：卫国国君，名燬，公元前659年至前635年在位。

2 甯庄子：卫正卿甯速。

3 晋公子，善人也……弃三德矣：所谓三德指以礼接待宾客，亲热地对待亲族，以善意给善人以帮助。这里的“善人”说的是有美好德行的人。

4 天祚(zuò)：天赐予的福分。 武族：武公这一支。

5 俾(bǐ)：使。 天聚：天聚集的人民财物等等。

6 小人：自称“小人”，是一种谦卑的说法。

5.曹共公不礼重耳

原文

自卫过曹，曹共公[1]亦不礼焉，闻其骈胁[2]，欲观其状，止其舍，谍[3]其将浴，设微薄而观之。僖负羁[4]之妻言于负羁曰：“吾观晋公子贤人也，其从者皆国相[5]也，以相一人，必得晋国。得晋国而讨无礼，曹其

译文

（重耳）从卫国经过曹国，曹共公也不以礼相待，听说重耳肋骨连成一片，想看看是什么样子，安排（重耳）住在馆舍里，（共公）探听到重耳将洗澡的时候，设一幅薄帘子，（从帘外）偷看重耳。僖负羁的妻子对负羁说：“我看晋公子是贤能的人，他的随从人员都是（可做）国相的人才。用这些人辅佐（晋公子）一人，定能获得晋国。获得晋国之后讨伐无礼的国家，曹国是第一个

首诛也。子盍蚤自贰焉[6]？”僖负羁馈飧[7]，置璧焉。公子受飧反璧。

被讨伐的对象。您何不早些(设法)区别于其他的人？”僖负羁馈送熟食，把玉璧放在熟食下面。公子接受熟食，退回玉璧。

注释

1 曹共公：曹国国君，名襄。论爵位是伯爵，下文称为曹伯。公元前652年至前618年在位。
2 骈胁(pián xié)：肋骨连在一起，并成一片。
3 谍：侦查。
4 僖负羁：曹国大夫。
5 国相：统领国内所有官吏、协助国君处理国务的高级官员。
6 蚤：通“早”。 自贰：区别于别人。贰，变易，不一样。
7 飧(sūn)：晚饭，亦泛指熟食、饭食。

负羁言于曹伯曰：“夫晋公子在此，君之匹也，不亦礼焉？”曹伯曰：“诸侯之亡公子其多矣，谁不过此！亡者皆无礼者也，余焉能尽礼焉！”对曰：“臣闻之：爱亲明贤，政之干也。礼宾矜穷，礼之宗也。礼以纪政，国之常也。失常不立，君所知也。国君无亲，以国为亲。先君叔振，出自文王，晋

负羁对曹伯说：“晋公子在这里，是与君主您同样地位的人，难道可以不以礼相待吗？”曹伯说：“诸侯国流亡的公子多着啦，谁不从这里经过？流亡者都是无礼的人，我怎么对他们尽礼？”回答说：“臣听说：爱亲人，尊贤者，是治理政事的骨干。以礼待客，怜念穷困，是礼的根本。礼用来治理政事，是国家的常规。失去常规，就不能立国，这是您所知道的。国君(另外)没有亲族，以国家为亲族。先君叔振，是文王的儿子，晋始祖唐叔，是武王的儿子，文王、武王

祖唐叔，出自武王，文、武之功，实建诸姬。故二王之嗣，世不废亲。今君弃之，不爱亲也。晋公子生十七年而亡，卿材三人[1]从之，可谓贤矣，而君蔑之，是不明贤也。谓晋公子之亡，不可不怜也。比之宾客，不可不礼也。失此二者，是不礼宾、不怜穷也。守天之聚，将施于宜。宜而不施，聚必有阙。玉帛酒食，犹粪土也，爱粪土以毁三常[2]，失位而阙聚，是之不难，无乃不可乎？君其图之！"公弗听。

的功业，使他们的子孙得以建国。所以（文、武）二王的后嗣，世世代代不废弃亲族关系。现在您废弃它，是不爱亲人。晋公子生下来十七年就流亡，具备为卿才能的三人跟随他，可以说是贤了，而君看不到，这是不尊敬贤者。我私下以为晋公子的流亡，不可不怜念。把他比作宾客，不可不以礼相待。失去这两点，就是不礼待宾客，不怜念穷困。保守天所赐予的财货，将施给应当受施的人。当施而不施，财货就一定会受损失。玉璧、布帛、酒食，像粪土一样，爱惜粪土，毁坏三常，在这个地位上该做的不做，使财货受损，轻易地这般行事，恐怕是不可以吧？请您谋虑这件事！"共公不听。

注释

1 三人：指狐偃、赵衰、贾佗。

2 三常：这里指政治的骨干、礼的根本和国家的常规。

6.宋襄公赠马

原文

公子过宋，与司马公孙固相善，公孙固言于襄公[1]曰：“晋公子亡，长幼矣，而好善不厌，父事狐偃，师事赵衰，而长事贾佗。[2]狐偃，其舅也，而惠以有谋。赵衰，其先君之戎御赵夙之弟也，而文以忠贞。贾佗，公族也，而多识以恭敬。此三人者，实左右之。公子居则下之，动则咨焉，成幼而不倦，殆有礼矣。树于有礼，必有艾。[3]《商颂》曰：‘汤降不迟，圣敬日跻。[4]’降，有礼之谓也。君其图之。”襄公从之，赠以马二十乘。

译文

公子重耳经过宋国，与司马公孙固交好。公孙固对宋襄公说：“晋公子流亡，自幼年到长大，喜好善行不厌倦，像侍奉父亲一样侍奉狐偃，像侍奉老师一样侍奉赵衰，像侍奉长兄一样侍奉贾佗。狐偃是他的舅父，仁惠有计谋。赵衰是为公子死去的父亲驾驶兵车的赵夙的弟弟，有文采，为人忠正。贾佗是晋国的公族，多有见识，恭敬有礼。这三个人辅佐着重耳。公子重耳平时起居生活总在他们之下，有行动就问他们，从幼年到成人(都如此)，没有厌倦，可算是有礼的了。在有礼的人面前有礼，必有回报。《商颂》说：‘(对于贤人)成汤迅疾降尊相待，圣明、恭敬的德行一天天向上增进。’降尊，就是说的有礼。请您谋虑这件事。”宋襄公听从司马的话，赠送公子重耳八十匹马。

注释

1 襄公：宋襄公，宋国国君，名兹父，公元前650年至前637年在位。

2 赵衰(cuī)：字子余，又称成季，后为晋卿，帮助文公创建霸业。 贾佗

(tuó):晋重臣之一,襄公时为太师。追随重耳流亡的"五贤"是赵衰、狐偃、贾佗、先轸、魏武子。

3 树于有礼,必有艾:播下恩惠在有礼的人身上,必定有报答。

4 降:下,指礼贤下士。 跻(jī):上升,登。

7.郑文公不礼重耳

原文

公子过郑,郑文公[1]亦不礼焉。叔詹[2]谏曰:"臣闻之:亲有天,用前训,礼兄弟,资穷困,天所福也。今晋公子有三祚焉,天将启之。同姓不婚,恶不殖也。狐氏出自唐叔。狐姬,伯行之子也,实生重耳。成而隽才,离违而得所,久约而无衅[3],一也。同出九人,唯重耳在,离外之患,而晋国不靖,二也。晋侯日载其怨,外内弃之;重耳日载其德,狐、赵谋之,三也。在《周颂》曰:'天作高山,大王[4]荒之。'

译文

公子重耳经过郑国,郑文公也不以礼相待。叔詹劝谏道:"臣听说:亲近伟大的天,遵用前王的教训,礼待兄弟,资助穷困,这是天所福佑的。现在晋公子有三点值得上天赐福,上天将开导他。同姓不婚,怕不能繁殖。狐氏是唐叔的后代。狐姬是伯行的女儿,生下重耳。(重耳)长大成人,才能杰出,避祸离开晋国,去到某个地方,长久处于困境,却没有缺点,这是一。兄弟九人,只重耳还在,遭遇外患,晋国国内也不安宁,这是二。晋侯一天天积累怨恨,国外国内都抛弃他;重耳一天天积累功德,狐偃、赵衰为他谋划,这是三。《周颂》上说:'天生高山,大王荒之。'荒,是尊崇的意思。尊崇天所生的,可以

荒，大之也。大天所作，可谓亲有天矣。晋、郑，兄弟也，吾先君武公与晋文侯戮力一心，股肱周室，夹辅平王，[5] 平王劳而德之，而赐之盟质，曰：‘世相起也。’若亲有天，获三祚者，可谓大天。若用前训，文侯之功，武公之业，可谓前训。若礼兄弟，晋、郑之亲，王之遗命，可谓兄弟。若资穷困，亡在长幼，还轸诸侯[6]，可谓穷困。弃此四者，以徼[7]天祸，无乃不可乎？君其图之！”弗听。

说是亲近伟大的天了。晋、郑是兄弟之国。我们已去世的国君武公与晋文侯并力同心，为周王室的栋梁，共同辅佐平王，平王慰劳他们，感激他们，赐给他们信实的盟约，说：‘世世代代互相扶持。’如果说亲近伟大的天，那么，获得三大福佑，可说是尊崇天了。如果说遵用前王的教训，那么，文侯的功劳、武公的业绩，可说是前王的教训。如果礼待兄弟，那么，晋、郑的亲族关系，平王遗留下来的教命，可说是兄弟之亲。如果说资助穷困，那么，从幼到长，回车经诸侯各国，可说是穷困。抛弃这四点，招致天祸，恐怕不可行吧？请您谋虑这件事！”郑文公不听从。

注释

1 郑文公：郑国国君，名捷。公元前672年至前628年在位。

2 叔詹：郑国大夫。

3 久约而无衅(xìn)：久处困难境地而不犯错。衅，缺点。

4 大(tài)王：周文王的祖父。

5 武公：郑国国君，名滑突。公元前770年至前744年在位。 晋文侯：晋国国君，名仇。公元前780年至前746年在位。 平王：周王宜臼，公元前770年至前720年在位。平王东迁，开始了春秋时代。

6 还(xuán)轸诸侯：乘车在各诸侯国打转转。还，通“旋”，旋转，回旋。

7 徼(jiǎo)：求取。

叔詹曰："若不礼焉，则请杀之。谚曰：'黍稷无成，不能为荣。黍不为黍，不能蕃庑[1]。稷不为稷，不能蕃殖。所生不疑，唯德之基。'"公弗听。

叔詹说："如果不以礼相待，就请杀掉他。谚语说：'黍稷长不成，就不能结穗。黍不成为黍，就不能滋长茂密。稷不能成为稷，就不能生长繁殖。种什么生什么，无可怀疑，这是德行的根基。'"郑文公也不听从。

注释

1 蕃庑(fán wǔ)：茂盛，繁茂，繁多。

8.楚成王享重耳

原文

遂如楚，楚成王以周礼享之，九献，庭实旅百。[1]公子欲辞，子犯曰："天命也，君其飨之。亡人而国荐之，非敌而君设之，非天，谁启之心！"既飨，楚子问于公子曰："子若克复晋国，何以报我？"公子再拜稽首，对曰："子女玉帛，则君有之。羽旄齿革，则君地生

译文

于是（重耳）进入楚国，楚成王用周王室待上公的礼宴请他，献酒九次，陈列在庭内的礼物以百计。公子重耳想辞谢，子犯说："这是天命，您还是接受这宴请吧。流亡者却以有国者之礼进献，地位不相当，却以国君之礼设宴，（如果）不是天，谁让他产生这样的想法？"已经宴饮了，楚成王问公子重耳说："您如果能在晋国为君，怎样报答我？"公子重耳再拜稽首，回答说："美女、宝玉、布帛，您都有。翡翠、旄牛尾、象牙、皮革，是贵地的

焉。其波及晋国者，君之余也，又何以报？”王曰：“虽然，不穀[2]愿闻之。”对曰：“若以君之灵，得复晋国，晋、楚治兵，会于中原，其避君三舍[3]。若不获命，其左执鞭弭，右属櫜鞬，[4]以与君周旋。”

出产。这些流到晋国去的，是贵国所剩余的，又用什么来报答呢？”楚成王说：“虽然这样，我还是愿意听听。”回答说：“如果凭借神降给您的福气，得以回晋国（为君），晋楚两国进行军事活动，在原野之中相会，（我军将）回避您三舍。如没有得到楚军还师的命令，那将左手持弓，右手从箭袋里取箭，和您来往驰逐。”

注释

1 楚成王：楚国国君熊頵(jūn)，公元前671年至前626年在位。王是楚国的自称。在周王室那里楚是子爵，所以下文又叫他楚子。 九献：主人敬酒叫献，宾回敬叫酢(zuò)，主人再敬叫酬。一献一酢一酬叫一献。九献是献、酢、酬反复九次。宴享时赠送礼物必陈列在庭中，礼物包括璧玉、布帛，还有当地著名的特产之类。

2 不穀(gǔ)：古代诸侯自称的谦辞。这里是楚成王自称。

3 避君三舍：就是与对方对阵，从阵前往后撤退九十里。一舍三十里，三舍九十里。

4 鞭弭(biān mǐ)：马鞭和弓。 櫜鞬(gāo jiān)：藏箭和弓的器具。

令尹子玉曰[1]：“请杀晋公子。弗杀，而反晋国，必惧楚师。”王曰：“不可。楚师之惧，我不修也。我之不德，杀之何为？天之祚楚，谁能惧之？楚不可

令尹子玉说：“请杀死晋公子重耳。（如果）不杀，他回到晋国，一定会使楚军恐惧。”王说：“不可。楚军恐惧，是因为我不修德。我不修德，杀掉他干什么？天赐福给楚国，谁能使楚国恐惧？如果楚国不能接受天的福佑，

祚，冀州[2]之土，其无令君乎？且晋公子敏而有文，约而不谄，三材侍之，天祚之矣。天之所兴，谁能废之？”子玉曰：“然则请止狐偃。”王曰：“不可。《曹诗》曰：‘彼己之子，不遂其媾。’邮之也。[3]夫邮而效之，邮又甚焉。效邮，非礼也。”

于是怀公自秦逃归。秦伯召公子于楚，楚子厚币以送公子于秦。

冀州土地上，难道没有好的君主吗？况且晋公子聪敏有文采，处于困境却不谄谀，三位人才侍奉他，天已赐福给他了。天叫他兴旺，谁能废弃他？”子玉说：“这样，就请拘留狐偃。”王说：“不可。《曹诗》说：‘他那个人啊，不能始终对人厚爱。’这是指责那人的过失。是过失却又仿效它，过失就更厉害了。仿效过失，不是礼。”

此时，怀公从秦逃回晋国。秦伯（派人）去楚国召请公子重耳。楚成王厚礼送公子到秦国去。

注释

1 令尹：楚王以下的最高官职，掌军事大权。 子玉：就是成得臣。

2 冀州：晋属古冀州地，这里指晋国。

3《曹诗》曰……邮之也：诗句见于《诗·曹风·候人》，这里按楚王所理解的翻译。媾(gòu)，厚爱。邮，通“尤”，过错。

9.重耳逆怀嬴

原文

秦伯归女五人，怀嬴与焉。[1]公子使奉匜

译文

秦穆公赠送公子重耳美女五人，怀嬴也在里面。公子叫她捧着盛水器，侍候

沃盥，既而挥之。嬴怒曰："秦、晋匹也，何以卑我？"公子惧，降服囚命。秦伯见公子曰："寡人之適[2]，此为才。子圉之辱，备嫔嫱焉，欲以成婚，而惧离其恶名。非此，则无故。不敢以礼致之，欢之故也。公子有辱，寡人之罪也。唯命是听。"

倒水洗手，洗完把（沾在手上的）水挥洒在怀嬴身上。怀嬴发怒，说："秦晋是相当的国家，为什么看低我？"公子恐惧，解去上衣，把自己囚禁起来，听从（秦伯）处理。秦伯接见公子重耳说："我的正妃的女儿，数这个有才能。子圉为质时，充数为他的妇官。想（以此女）与您为婚，但怕有坏名声落到您头上。如果不是这样，就没有别的原因。不敢用婚姻大礼相送，是我爱这个女儿的缘故。（这次使）您受辱，是我的罪过。（怀嬴的事）只听公子的处置。"

注释

1 秦伯：指秦穆公，伯是他的爵位。 怀嬴：子圉的妻子。子圉在秦为质，逃归晋国，立为怀公，而秦国嬴姓，所以叫怀嬴。

2 適：通"嫡"，嫡夫人，正室。

公子欲辞，司空季子[1]曰："同姓为兄弟。黄帝之子二十五人，其同姓者二人而已，[2]唯青阳与夷鼓皆为己姓[3]。青阳，方雷氏之甥也。夷鼓，彤鱼氏之甥也。其同生而异姓者，四母之子别为十二姓。凡黄

公子重耳想辞退不要。司空季子说："同姓为兄弟。黄帝的儿子二十五人，同姓的只有两人，只有青阳与夷鼓都是己姓。青阳是方雷氏的外甥，夷鼓是彤鱼氏的外甥。同一个父亲所生，却姓不同，四个母亲的儿子分别为十二个姓。黄帝的儿子，总共发出二十五支，他们当中获得姓的十四

帝之子，二十五宗，其得姓者十四人，为十二姓。姬、酉、祁、己、滕、箴、任、荀、僖、姞、儇、依是也。唯青阳与苍林氏同于黄帝，故皆为姬姓。同德之难也如是。昔少典娶于有蟜氏，生黄帝、炎帝。黄帝以姬水成，炎帝以姜水成。成而异德，故黄帝为姬，炎帝为姜，二帝用师以相济也，异德之故也。异姓则异德，异德则异类。异类虽近，男女相及，以生民也。同姓则同德，同德则同心，同心则同志。同志虽远，男女不相及，畏黩敬也。黩则生怨，怨乱毓灾，灾毓灭姓。是故娶妻避其同姓，畏乱灾也。故异德合姓，同德合义。义以导利，利以阜姓。姓利相更，成而不迁，乃能摄固，保其土房。今子于子圉，道路之人也，取其所弃，以济大事，不亦可乎？”

人，共十二姓，就是姬、酉、祁、己、滕、箴、任、荀、僖、姞、儇、依。只有青阳与苍林氏德行比得上黄帝，所以都是姬姓。德行相同就有这么困难。从前少典娶有蟜氏的女子为妻，生黄帝、炎帝。黄帝在姬水旁长成，炎帝在姜水旁长成。长成后德行不同，所以黄帝姓姬，炎帝姓姜，炎黄二帝用军队相互争战，因为德行不同。不同姓就不同德，不同德就不同类。不同类（血缘关系）虽然相近，男女嫁娶，也可以生育儿女。同姓就德行相同，德行相同就同心，心同志愿就同。志愿相同即使（血缘关系）远，男女不相嫁娶，恐亵渎了恭敬之心。亵渎就产生怨恨，怨恨就产生灾害，产生灾害就会消灭同姓。所以娶妻要避免同姓，是因为害怕祸乱灾害。所以德行不同可合二姓为婚，德行相同就以德行相亲。德义导致财利产生，财利用来使同姓壮大。姓氏与财利相辅相成，相互成就不致离散，这样同姓的人才能凝聚，保持他们的土地住处。现在你对于子圉来说，就是道路上过往的人一样，取得他所不用的，以便成就大事，不是也行吗？”

注释

1 司空季子:就是胥臣,又叫臼季,后官为司空。

2 黄帝之子二十五人,其同姓者二人而已:有官位才能赐姓,德行相同,姓才能相同,所以黄帝儿子二十五个,同姓的只有两人。

3 唯青阳与夷鼓皆为己姓:这里讲的与下文提的姓氏、人名、地名等,或只是传说,大都无可稽考,不一一作注。

公子谓子犯曰:“何如?”对曰:“将夺其国,何有于妻?唯秦所命从也。”谓子余[1]曰:“何如?”对曰:“《礼志》有之曰:‘将有请于人,必先有入焉。欲人之爱己也,必先爱人。欲人之从己也,必先从人。无德于人,而求用于人,罪也。’今将婚媾以从秦,受好以爱之,听从以德之,惧其未可也,又何疑焉?”乃归女而纳币,且逆之。

公子重耳对子犯说:“怎么样?”回答说:“将夺取他的国家,娶他的妻子有什么关系?只依从秦的命令就是了。”公子重耳对子余说:“怎么样?”回答说:“《礼志》上有这样的话:‘将对人有所请求,必定首先要有让人接纳你的东西。想要别人爱自己,必定首先要爱别人。要想人家顺从你,必定要首先顺从人。对人没有恩德,却要求人为你所用,那是罪过。’现在将结成婚姻,以此顺从秦国;接受他所爱的人,以此使他爱你;听从他的命令,使他产生好感,只恐怕做不到,又有什么怀疑的?”于是让怀嬴出嫁,(为此)送上聘礼,并且举行迎亲仪式迎接她。

注释

1 子余:赵衰的字。

10.秦伯享重耳

原文

他日,秦伯将享公子,公子使子犯从。子犯曰:“吾不如衰之文也,请使衰从。”乃使子余从。秦伯享公子如享国君之礼,子余相,如宾。卒事,秦伯谓其大夫曰:“为礼而不终,耻也。中不胜貌,耻也。华而不实,耻也。不度而施,耻也。施而不济,耻也。耻门不闭,不可以封。非此,用师则无所矣。二三子敬乎!”

明日宴,秦伯赋《采菽》[1],子余使公子降拜。秦伯降辞。子余曰:“君以天子之命服[2]命重耳,重耳敢有安志,敢不降拜?”成拜卒登,子余使公子赋《黍苗》[3]。子余曰:“重耳之仰君也,若黍苗之仰阴雨也。若君实庇荫膏泽之,使能

译文

有一天,秦穆公将宴请公子重耳,公子重耳叫子犯随行。子犯说:“我不如赵衰有文采,请叫赵衰随行。”就叫子余随行。秦穆公宴请公子重耳用像对待国君一样的礼节,子余赞礼,像为贵宾赞礼一样。事完,秦穆公对他的大夫们说:“举行礼仪,如果不能始终如一,是耻辱。内心慕敬与外表不相称,是耻辱。表面上花哨,但没有实际内容,是耻辱。不估计自己的力量而施加恩惠,是耻辱。施恩惠,却不能把事办成,是耻辱。不关闭耻辱之门,不可能守封国。不这样,使用众人就没有可使用的了。各位恭敬行事吧!”

第二天宴饮,秦穆公朗诵《采菽》,子余使公子下堂拜谢,秦穆公下堂辞拜。子余说:“君期望天子赐命服给重耳,重耳怎敢有苟安的心思?怎敢不下堂拜谢?”拜后升堂,子余使公子朗诵《黍苗》。子余说:“重耳仰慕君德,正像黍苗仰慕阴雨。如果您庇护他,润泽他,使他成为美好的谷子,进献给

成嘉谷，荐在宗庙，君之力也。君若昭先君[4]之荣，东行济河，整师以复强周室，重耳之望也。重耳若获集德而归载，使主晋民，成封国，其何实不从？君若恣志以用重耳，四方诸侯，其谁不惕惕以从命？”秦伯叹曰：“是子将有焉，岂专在寡人乎！”秦伯赋《鸠飞》，公子赋《河水》。[5]秦伯赋《六月》[6]，子余使公子降拜。秦伯降辞。子余曰：“君称所以佐天子、匡王国者以命重耳，重耳敢有惰心？敢不从德？”

宗庙祭祀，都是您的功劳。您如果发扬贵国先君的荣耀，东征渡过黄河，整顿军伍，再使周室强大，这是重耳的愿望。重耳如果能够使您所施的恩德最终完成，回国主持祭祀，为晋国人民作主，成为诸侯国君之一，有什么事不跟随您的？您如果放心使用重耳，四方诸侯，还有谁不小心从命？”秦穆公叹道：“这位公子就将有这类的建树，难道会专在我吗？”秦穆公朗诵《鸠飞》，公子重耳朗诵《河水》。秦穆公朗诵《六月》，子余使公子重耳下堂拜谢，秦穆公下堂辞拜。子余说：“您的意思是把辅佐天子、整顿王国的重任寄托在重耳身上，重耳岂敢有怠惰的心思？岂敢不顺从施予恩德的好意？”

注释

1《采菽》：《诗经·小雅》篇名，是王赏赐诸侯的诗。

2 命服：按等级穿的官员礼服。

3《黍苗》：《诗经·小雅》篇名，里面有这样的话：“芃芃黍苗，阴雨膏之。”意为“蓬蓬勃勃地生长的黍苗，绵绵阴雨润泽它”。

4 先君：贵国先君，秦襄公。秦襄公讨伐西戎有功，赐爵为伯。

5《鸠飞》：指《诗经·小雅·小宛》的首章。诗说：“宛彼鸣鸠，翰飞戾天。我心忧伤，念昔先人。明发不寐，有怀二人。”大意是：“鸣唤着的小鸠，直往天上飞。我心忧愁悲伤，想念着去世的先人。通宵不能入睡，怀念那两个人。”秦伯诵这些诗句，大概是用来怀念晋献公（重耳的父亲）和秦穆姬（晋献公的女儿、穆公的夫人）的。《河水》：韦昭注《国语》，认为《河水》当作《沔水》，《沔水》也是《诗经·小雅》篇名，里面有这样的句子：“沔彼流水，朝宗于海。”意为“满满的河水，朝向大海流去”。重耳用来表达他返回晋国，必当朝奉秦国的意思。

6《六月》：也是《诗经·小雅》篇名，里面有“以匡王国”“以佐天子”的句子。匡，匡正，有整顿的意思。

11.重耳亲筮

原文

公子亲筮之，曰：“尚有晋国[1]。”得贞《屯》、悔《豫》，皆八也。[2]筮史占之，皆曰：“不吉。闭而不通，爻无为也。”[3]司空季子曰：“吉。是在《周易》，皆利建侯。[4]不有晋国，以辅王室，安能建侯？我命筮曰‘尚有晋国’，筮告我曰‘利建侯’，得国之务也，吉孰大焉！震，车也。坎，水也。坤，土也。屯，厚也。豫，乐也。[5]车班外内[6]，顺以训

译文

公子亲自卜筮，起卦说：“祈求领有晋国。”筮的结果，得《屯》卦，变至《豫》卦，都是八占优势的卦。筮人看卦分析判断，都说：“不吉利。闭塞不通，（可变的）爻无所作为。”司空季子说：“吉利。这两卦从《周易》看来，都利于封建侯国。如果不是领有晋国，辅佐王室，怎能封建诸侯？我们要卜筮的是‘祈求领有晋国’，筮告诉我们说‘利于封建诸侯’，这就是得国的事，没有比这更吉利的了！震是车，坎是水，坤是土，屯是厚的意思，豫是安乐的意思。内外都有

之[7],泉原以资之[8],土厚而乐其实[9]。不有晋国,何以当之?震,雷也,车也。[10]坎,劳也,水也,众也。主雷与车,而尚水与众。[11]车有震,武也。众而顺,文也。文武具,厚之至也。故曰《屯》。其繇[12]曰:'元亨利贞,勿用有攸往,利建侯。'[13]主震雷,长也,故曰元。[14]众而顺,嘉也,故曰亨[15]。内有震雷,故曰利贞。车上水下,必伯。[16]小事不济,壅也。故曰勿用有攸往,一夫之行也。众顺而有武威,故曰'利建侯'。坤,母也。震,长男也。母老子强,故曰豫。其繇曰:'利建侯行师[17]。'居乐、出威之谓也。是二者,得国之卦也。"

车,顺利地引导它,用源泉灌溉它,土层厚,可以安享这土层生出来的财物。(如果)不是领有晋国,什么东西可以与这些相应?震是雷,是车。坎是劳,是水,是众多。雷、车为主,水、众在上。车有震动,是武。众多而顺从,是文。文武齐备,厚到了顶点。所以说是《屯》。那卦辞说:'元亨利贞,勿用有攸往,利建侯。'震雷为主,是长的意思,所以说'元'。众多而顺从,是美好,所以说'亨'。内有震雷,所以说'利贞'。车在上,水在下,必定成就霸业。小事办不成,因为壅塞。所以说'勿用有攸往',这是指一个人的行动。众人顺从,而且有威武,所以说'利建侯'。坤是母亲,震是长男。母亲老迈儿子强壮,所以说《豫》。那卦辞说:'利建侯行师。'意思是居家安乐,出师威武。这两卦,是得国的卦。"

注释

1 尚有晋国:祈求领有晋国,是命筮之辞,就是筮的内容,看这个愿望是吉是凶,可成不可成。筮是用蓍草占卜未来的事。

2 得贞《屯》、悔《豫》,皆八也:《屯》卦,是震卦在下、坎卦在上的卦。

用爻(yáo)来表示，就是䷂。下面三爻是震，上面三爻是坎。两个三爻的卦合成一个六爻的卦。由下往上数，第一爻叫初爻，依次叫二爻、三爻、四爻、五爻、上爻。—是阳爻，— —是阴爻。屯的变卦，初爻、五爻由阳变阴，四爻由阴变阳。于是变成了《豫》卦䷏。《豫》卦的组成，下面是坤卦，上面是震卦。用五十五根蓍草中的四十九根，经过一定方式的组合与运算，所得的数字不外四个：六、七、八、九。凡六、八是阴爻，七、九是阳爻。六、九是老阴老阳，是可变的，八、七是少阴少阳，是不变的。重耳所筮得的《屯》卦，用数字表示(按初、二、三、四、五、上的次序排列)，就是九、八、八、六、九、八。《豫》卦用数字表示是六、八、八、九、六、八。《屯》和《豫》卦里各有三个八，所以说都是八占优势。

3 筮(shì)史：占卦的官。八是不变的少阴，占了优势，所以说“闭塞不通”。其中当有可变的爻，但在八占优势的情况下“无所作为”。

4 司空季子……皆利建侯：司空季子说从《周易》看来如何如何，那么前面筮人就不是用周易来分析，而是用《连山》(夏易)、《归藏》(殷易)来分析了。建侯，指册封诸侯，建立新国，或在原有的诸侯国中册封新的国君。

5 震，车也……豫，乐也：行车会震动，所以说“震，车也”。古人以八卦与自然物质或自然现象相配，坎配水，坤配地，地就是土了，所以说“坎，水也，坤，土也”。“屯”有土堆的意思，土堆是厚实的，所以说屯有“厚”的意思。“豫”有安乐的意思，这是通常的解释。

6 车班外内：有本卦，有变卦，本卦是内，变卦是外。“车班外内”即“内外都有车”，是说本卦里有震，变卦里也有震。就一个六爻的卦来说，下面三爻组成的卦是内，上面三爻组成的卦是外。

7 顺以训之：顺、训都与坤音近，这句是指豫的内卦坤说的。

8 泉原以资之：《屯》卦坎在上，就是源泉在上，可用来灌溉生利。

9 土厚而乐其实：屯是土堆，坤是地，所以这里说“土厚”。

10 震,雷也,车也:雷震是常见的自然现象,所以这里又说震是雷。
11 坎,劳也……而尚水与众:这句话指《屯》卦而言。震是内卦,内卦为主。水众多在上,那是坎卦。
12 繇(zhòu):占卜的文辞,卦辞,概说一卦的词语。
13 卦辞的意思是:大吉利的卦,但不要到什么地方去,有利于封建诸侯。
14 长:是长幼的长。 元:本义是首,首也有长义。
15 亨:据韦昭的解释,美好的聚集在一起是亨。
16 内有震雷……必伯:有震卦,兵车出动震震有声。有坎卦,人民拥戴,像水往下流。有军队、有人民,所以必定能成就霸业。
17 利建侯行师:有利于封建诸侯和行军。

12.秦伯纳重耳于晋

原文

十月,惠公卒。[1]十二月,秦伯纳公子。及河,子犯授公子载璧,曰:"臣从君还轸,巡于天下,怨其多矣!臣犹知之,而况君乎?不忍其死,请由此亡。"公子曰:"所不与舅氏同心者,有如河水。[2]"沉璧以质。

译文

十月,晋惠公死了。十二月,秦穆公送公子重耳回国。到了黄河边上,子犯把祭祀用的玉璧还给公子重耳,说:"臣跟从您的车子周行天下,怨恨多着啦。臣自己都知道,何况是您?(如果您)不忍心我被处死,请(让我)从此(离开您)逃亡到别的地方去。"公子重耳说:"如果不与舅父同心,就像河水一样。"把玉璧沉入河中作为守信用的凭证。

注释

1 十月,惠公卒:《左传》记载,晋惠公死于鲁僖公二十三年(前637年)九月,这里说是十月。

2 这一句是誓词。照后人看来,"有如河水",不像在起誓,但古人就是这样起誓的。它的确切含义还不能说得清楚。

董因[1]迎公于河,公问焉,曰:"吾其济乎?"对曰:"岁在大梁[2],将集天行。元年始受,实沈之星也。实沈之墟,晋人是居[3],所以兴也。今君当之,无不济矣。君之行也,岁在大火,阏伯之星也,[4]是谓大辰。辰以成善[5],后稷是相,唐叔以封。瞽史记曰:嗣续其祖,如谷之滋,必有晋国。臣筮之,得《泰》之八。曰:是谓天地配亨,小往大来。[6]今及之矣,何不济之有?且以辰出而以参入,皆晋祥也,而天之大纪也。[7]济且秉成,

董因到黄河边迎接晋文公。晋文公问他说:"我的事办得成吗?"回答说:"岁星在大梁,(您)将使天道得以实现。元年即位,岁星在实沈。实沈的位次,是晋人主持祭祀的,晋从这里兴旺发达起来。现在您恰好应了这一天象,没有不成功的。您流亡到国外,岁星在大火,大火是阏伯的星,这星叫大辰。大辰可利用它办好事,后稷观察它(以便领导农业生产),唐叔于岁星在大辰时建国。史官记载说:(晋的子孙)继承他们的祖先,像谷物滋长一样,一定会领有晋国。臣卜筮,得《泰》卦,变爻为八数。得到的解释是:这叫天地相配,享受祭祀,小的离去,大的到来。现在就到了这种情况,有什么不成功的?而且,于岁星在大火时出国,于岁星在实沈时回国,这对于晋,都是吉祥的时候,在天来说,大火与实沈,都是重要的辰次。事能成功,而且执掌国政,必定会在诸侯

必霸诸侯。子孙赖之，君无惧矣！”

中称霸。子孙还将依靠霸业，您不要恐惧了！”

注释

1 董因：晋大夫，周太史辛有之后。

2 岁在大梁：岁星在大梁，是僖公二十三年。也就是公元前637年。

3 实沈：原是人名，高辛氏的小儿子，迁于大夏（晋阳），主祀参星。唐人、晋人继承了实沈的这一点，主祀参星。参星是实沈次的星宿。

4 岁在大火，阏伯之星也：阏伯(yān bó)，传说中高辛氏的大儿子。纪，治理。商，殷商。阏伯与兄弟不和，被迁到商丘。古代天文学认为他和天上的心宿相应，而心宿在大火辰次，阏伯在唐尧时曾为管火的官，死后用他配祭大火。

5 辰以成善：大辰就是大火，在大火位次的房星，早晨出现在东方正中，指示春耕应当开始。“辰以成善”，就是指它的这种作用。

6 天地配亨，小往大来：《泰》卦是下乾上坤，乾代表天，坤代表地，所以说“天地配亨”。“小往大来”是《泰》卦卦辞。这里是说子圉离去，文公到来。

7 岁星在大火，唐叔建国。岁星在实沈，实沈次由晋主祀。所以说“皆晋祥也”。

公子济河，召令狐、臼衰、桑泉[1]，皆降。晋人惧，怀公奔高梁[2]。吕甥、冀芮帅师，甲午，军于庐柳[3]。秦伯使公子絷如师，师退，次于郇[4]。辛丑，狐偃及秦、晋大夫盟于郇。壬寅，公

公子重耳渡过黄河，把令狐、臼衰、桑泉三邑的长官召来，他们都归降（听公子指挥）。晋人恐惧，晋怀公逃奔到高梁。吕甥、冀芮统率军队，甲午日驻扎在庐柳。秦穆公派公子絷到晋军去（谈判），晋军后退，驻扎在郇地。辛丑日，狐偃和秦、晋大夫在郇地盟会。

入于晋师。甲辰,秦伯还。丙午,入于曲沃。丁未,入绛,即位于武宫。戊申,刺怀公于高梁。[5]

壬寅日,晋文公进入军队所在地。甲辰日,秦穆公回国。丙午日,晋文公进入曲沃。丁未日,进入绛都,在武宫即位。戊申日,在高梁杀死晋怀公。

注释

1 令狐:晋地,在今山西临猗县西。 臼衰:晋地,在今山西运城市解州西北。 桑泉:晋地,在今山西临猗县西南临晋镇东北。

2 高梁:晋地,在今山西临汾市东北。

3 庐柳:晋地,在今山西临猗县北。

4 郇(xún):晋地,在今山西临猗县西南。

5 辛丑……刺怀公于高梁:甲午日是鲁僖公二十四年(前636)二月六日。依次推算下来,辛丑是十三,壬寅是十四,甲辰是十六,丙午是十八,丁未是十九,戊申是二十。

13.寺人勃鞮求见

原文

初,献公使寺人勃鞮伐公于蒲城[1],文公逾垣,勃鞮斩其祛。及入,勃鞮求见,公辞焉,曰:"骊姬之谗,尔射余于屏内,困余于蒲城,斩余衣祛。又为惠公从余于渭

译文

当初,晋献公派寺人勃鞮到蒲城去杀晋文公,晋文公跳过墙去,勃鞮(去追)砍断了晋文公的衣袖。到晋文公归国,勃鞮求见,晋文公拒绝,说:"骊姬进谗言,你在照墙之内用箭射我,使我受困于蒲城,斩断我的衣袖。又为晋惠公到渭水边追杀我,命令您三日内到达,你隔一

滨[2],命曰三日,若宿而至。若干二命,以求杀余。余于伯楚屡困,何旧怨也?退而思之,异日见我。”对曰:“吾以君为已知之矣,故入;犹未知之也,又将出矣。事君不贰[3]是谓臣,好恶不易是谓君。君君臣臣,是谓明训。明训能终,民之主也。二君之世,蒲人、狄人,余何有焉?除君之恶,唯力所及,何贰之有?今君即位,其无蒲、狄乎?伊尹放太甲[4]而卒为明王,管仲贼桓公而卒以为侯伯。乾时之役,申孙之矢集于桓钩,[5]钩近于袪,而无怨言,佐相以终,克成令名。今君之德宇,何不宽裕也?恶其所好,其能久矣?君实不能明训,而弃民主。余,罪戾之人也,又何患焉?且不见我,君其无悔乎!”

晚就到了。你领了两位君主的命令,想杀死我。我多次被你伯楚所逼迫而处于困境,难道有什么旧怨吗?回去想想,改日来见我。”回答说:“我以为您已经知道(君臣之道)了,所以能够归国;(看来)还不知道,又将出国(流亡)了。侍奉君主没有二心,这就叫臣;爱好与憎恶不(因私而)改变,这就叫君。君像真正的君,臣像真正的臣,这是圣明的教诲。能使圣明的教诲贯彻始终,才是人民的君主。在(晋献公、晋惠公)二君的时代,蒲人、狄人,我有什么关照的必要呢?除去国君所憎恶的,只看力所能及,怎么会有二心呢?现在您即位,难道就没有蒲人、狄人了吗?伊尹流放太甲,太甲最终成了圣明的王;管仲是桓公的敌人,最终辅佐桓公成就了霸业。乾时之战,申孙的箭射到桓公的带钩上,带钩比衣袖还近身,但桓公没有怨恨(管仲)的话,(管仲作为桓公的)辅相终其一生,能成就美好的名声。现在您的德行度量,多么不宽裕啊!憎恶那(作为君主应当)喜好的,岂能长久?您真不能遵循圣明的教训,并抛弃作为人民君主应有的品德。我是个罪人,又怕什么?而且不接见我,您不要后悔啊!”

注释

1 寺人勃鞮(bó dī):寺人就是阉人,勃鞮是他的名字。《晋语二》第一节称他为阉楚,下文称为伯楚,又有称为寺人披的。骊姬乱时,曾奉骊姬命刺杀重耳,未成。后又奉晋惠公命刺杀重耳。

2 渭滨:渭水之滨。重耳跟随狄君到渭滨打猎时,勃鞮受晋惠公之命来杀重耳未成。

3 贰:生二心。

4 太甲:汤的孙子,为商王,不能胜任,伊尹把他流放到桐宫。三年之后,改正了过错,伊尹又让他复位。

5 乾时之役:公元前685年,鲁庄公领兵进入齐国,送公子纠归国为君。当时齐桓公已抢先回国,率领军队与鲁军相遇于乾时,鲁国战败。战斗中,管仲曾以箭射中桓公带钩。乾时,齐地,在今山东淄博市临淄区西南。

于是吕甥、冀芮畏逼,悔纳文公,谋作乱,将以己丑焚公宫,公出救火而遂杀之。伯楚知之,故求见公。公遽出见之,曰:"岂不如女言?然是吾恶心也,吾请去之。"伯楚以吕、郤[1]之谋告公。公惧,乘驲自下,脱会秦伯于王城,告之乱故。及己丑,公宫火,二子求公不获,遂如河上[2],秦伯诱而杀之。

这时,吕甥、冀芮害怕晋文公迫害,后悔接纳晋文公(归国),打算作乱,将在己丑日火烧晋文公的宫室,等晋文公出来救火就杀死他。伯楚知道了这件事,所以求见文公。文公急忙出来接见他,说:"岂不如你所说的那样?只是我的心不善,请允许我改过除了它。"伯楚把吕、郤二人的阴谋告诉晋文公。晋文公恐惧,自乘驿车,沿着偏僻的路行进,不张旗帜,在王城与秦穆公相会,告诉他动乱的事由。到己丑那天,晋文公住所大火,吕、郤二人找晋文公没有找着,就避到黄河岸边。秦穆公引诱他们去,把他们二人杀死。

注释

1 吕、郤：吕甥、郤芮。郤芮封于冀，所以又叫冀芮。

2 河上：黄河岸边地区。

14.文公见竖头须

原文

文公之出也，竖头须[1]——守藏者也，不从。公入，乃求见，公辞焉以沐。谓谒者曰："沐则心覆，心覆则图反，宜吾不得见也。从者为羁绁之仆[2]，居者为社稷之守，何必罪居者！国君而仇匹夫，惧者众矣。"谒者以告，公遽见之。

译文

晋文公出国流亡，竖头须——一个仓库保管没有跟随。晋文公归国，他求见，晋文公拒绝见，说在洗头发。竖头须对传达的人说："洗头发，心就（正面）朝下覆盖，心朝下覆盖，考虑问题就是相反的了，难怪我不被接见。跟随的人员是像犬马一样的仆人，在国内的是国家的守护人，何必给国内的人加罪？身为国君却与平民百姓为仇，害怕的人就多了。"传达的人把这些告诉晋文公，晋文公立即接见他。

注释

1 竖头须：竖，小使，名头须。又叫里凫须。

2 羁绁（jī xiè）之仆：像犬马一样受拘禁的仆人。羁绁，马络头和马缰绳。亦泛指驭马或缚系禽兽的绳索。

15.文公纳襄王

原文

元年春，公及夫人嬴氏至自王城。秦伯纳卫三千人，实纪纲之仆。公属百官，赋职任功。弃责薄敛，施舍分寡。救乏振滞，匡困资无。轻关易道，通商宽农。懋穑劝分，省用足财。利器明德，以厚民性。举善援能，官方定物。正名育类。昭旧族，爱亲戚，明贤良，尊贵宠，赏功劳，事耇老，礼宾旅，友故旧。胥、籍、狐、箕、栾、郤、柏、先、羊舌、董、韩，实掌近官。诸姬之良，掌其中官。异姓之能，掌其远官。公食贡，大夫食邑，士食田，庶人食力，工商食官，皂隶[1]食职，官

译文

晋文公元年春天，文公和夫人嬴氏从王城抵达绛都。秦穆公派三千人做晋文公的卫队，随晋文公来到晋国，他们都是精干的侍卫。晋文公集合百官，授予职事，委任有功的人。废止旧债，少收赋税，施舍恩惠，分财给缺少的人。救济穷困，起用长久未得官职的能人，使处于困境的人得以正常生活，给一无所有的人以资助。减轻关税，治理道路，使贸易往来畅通，使农民宽裕。鼓励务农，劝勉互相帮助，节省用度，使财货充足。使器具便于使用，使德教彰明，使民性厚道。举用贤能，建立常规的官制，决定各种政事。正名分，使良民不受压抑地繁衍增长。显扬有功的旧族，爱亲戚，尊贤良，敬贵族，赏赐有功之臣，侍奉老人，礼待宾客，对故人友好。胥、籍、狐、箕、栾、郤、柏、先、羊舌、董、韩各族旧姓，掌管近朝官员的职事。姬姓中的优秀人士，掌管朝中官员的职事。其他异姓的能人，使他们掌管远郊地区官吏的职事。公食用贡赋，大夫食用从采邑收得的财物，士食用土地的出产，平民靠劳力为生，工匠和官商由官府供给吃用，皂隶靠自己的差

宰食加[2]。政平民阜，财用不匮。

使为生，家臣以大夫加田为生活来源。政治清明，人民丰足，财用不缺。

注释

1 皂隶：低贱的仆役。士以皂为臣，皂以隶为臣。

2 加：既赏之后，又加赐给大夫的田。

冬，襄王避昭叔之难，居于郑地汜。[1]使来告难，亦使告于秦。子犯曰："民亲而未知义也，君盍纳王以教之义？若不纳，秦将纳之，则失周矣，何以求诸侯？不能修身，而又不能宗人，人将焉依？继文之业，定武之功，启土安疆，于此乎在矣，君其务之！"公说，乃行赂于草中之戎与丽土之狄，以启东道。

冬天，周襄王因昭叔的灾难，避居到郑国汜地。周使者来晋通报，也派人向秦通报。子犯说："人民亲附，但还不懂得德义，您何不送王归国，用来教育人民遵循德义？如果晋不送王归国，秦将送王归国，那就失去周的好感了，用什么去求得诸侯的拥护？既不能修身，又不能尊重别人，人们将依靠(您)什么呢？继承文王的事业，创立武王的功勋，开辟疆土，安定边境，就在这上面了，请您致力于此！"晋文公喜悦，就送财货给草中的戎和丽土的狄，打通晋国东部的道路。

注释

1 襄王：周襄王，名郑，公元前651年至前619年在位。昭叔是周襄王的弟弟，他与襄王后私通。王后隗氏，狄人。襄王废后，拥护昭叔的大臣借狄人军队伐周，襄王逃出。 汜(sì)：在今河南省襄城县南。

16.文公出阳人

原文

二年春，公以二军下，次于阳樊[1]。右师取昭叔于温，杀之于隰城。[2]左师迎王于郑。王入于成周，遂定之于郏。王飨醴[3]，命公胙侑[4]。公请隧[5]，弗许。曰："王章也，不可以二王，无若政何。"赐公南阳阳樊、温、原、州、陉、絺、组、攒茅之田[6]。阳人不服，公围之，将残其民，仓葛呼曰："君补王阙，以顺礼也。阳人未狎君德，而未敢承命。君将残之，无乃非礼乎！阳人有夏、商之嗣典，有周室之师旅，樊仲[7]之官守焉，其非官守，则皆王之父兄甥舅也。君定王室而残其姻族，民将焉放？敢私布于吏，唯君图之！"公曰：

译文

晋文公二年春天，晋文公率领左右二军东行，驻在阳樊。右军在温俘获昭叔，把他杀死在隰城。左军从郑国迎接周襄王。周襄王进入成周，就在郏安定下来。周襄王用醴酒宴请晋文公，命晋文公作为宾客用酒回敬，并赐给他币帛。晋文公请求允许死后能用隧礼，周襄王不同意。周襄王说："隧礼是用来表明王与他人有区别的，不可以有两个王，(如果有两个王，)就没有办法治理政事了。"赐给晋文公南阳的阳樊、温、原、州、陉、絺、组、攒茅的田地。阳樊人不服，晋文公派兵围住他们，将杀害那里的人民，仓葛喊道："您弥补王的缺失，用这来遵循道义。阳樊人没有习惯接受您的恩德，不敢奉命行事。您将残害他们，莫不是不合礼义吧？阳樊人有夏、商遗留下来的法典，有周王室的士众和樊仲的职守，如果不是守官的后裔，就是王室的父兄甥舅。您安定王室却残害王室的亲戚和同族，人民将如何依附？我胆敢把这些意思私自向您的官吏们说明，望您谋虑

“是君子之言也。”乃出阳人。

这件事！”晋文公说：“这是君子的话。”于是解围让阳樊人民离去。

注释

1 阳樊：地名。本篇所述，与《周语中》二、三篇说的是一回事，参见那里的注释。

2 温：今河南温县南。周地，后属晋。 隰(xí)城：在今河南武陟县境。周地，后属郑。

3 醴：醴酒，一种甜酒。

4 胙侑(zuò yòu)：赐以祭肉，赠以束帛，表示亲近。

5 隧：隧礼，天子葬礼。

6 南阳：约当今河南新乡地区一带。阳樊等八邑都属南阳。 原：在今河南济源市西北。 州：在今河南沁阳市东南五十里。 陉(xíng)：在今河南沁阳市西北。 绨(chī)：在今河南沁阳市西南。 组：即“鉏(xú)”，在今河南滑县东。 攒茅：在今河南修武县大陆村。

7 樊仲：周王室臣仲山甫。他的职守就是率领士众在这里守护夏、商遗下来的法典。

17.文公伐原

原文

文公伐原，令以三日之粮。三日而原不降，公令疏军而去之。谍出曰：“原不过一二日矣！”军

译文

晋文公讨伐原，命令准备三日的军粮。三天过去了，原仍不降服，晋文公命令撤军，离开原城。侦察人员从城里出来说：“原等不得一两天了。”军官向

吏以告，公曰："得原而失信，何以使人？夫信，民之所庇也，不可失也。"乃去之，及孟门[1]，而原请降。

晋文公报告，晋文公说："得到原却失去信用，怎么役使百姓？信是人民所依赖的，不可丧失。"就离开原城，军队撤到孟门，原人请求归降。

注释

1 孟门：原的属地。

18.文公救宋败楚

原文

文公立四年[1]，楚成王伐宋[2]。公率齐、秦伐曹、卫以救宋。宋人使门尹班[3]告急于晋，公告大夫曰："宋人告急，舍之则宋绝。告楚则不许我。我欲击楚，齐、秦不欲，其若之何？"先轸曰："不若使齐、秦主楚怨。"公曰："可乎？"先轸[4]曰："使宋舍我而赂齐、秦，借之告楚。我分曹、卫之地以赐宋人。楚爱曹、卫，必不许

译文

晋文公立为君四年，楚成王讨伐宋。晋文公率领齐、秦的军队攻打曹国、卫国，用这来救援宋国。宋人派门尹班向晋告急。晋文公告诉大夫们说："宋人告急，如果不管它，宋就与我绝交了。求楚（不攻宋），楚不会允许我的请求。我想攻击楚国，齐、秦又不同意，怎么办呢？"先轸说："不如使齐、秦怨恨楚国。"晋文公说："可以吗？"先轸说："叫宋不要管我们，而送给齐、秦财货土地，凭借他们向楚请求不再攻宋。我国把所得的曹、卫的土地分给宋人。楚舍不得曹、卫，一定不同意齐、秦的请求。

齐、秦。齐、秦不得其请，必属怨焉，然后用之，蔑不欲矣。”公说，是故以曹田、卫田赐宋人。

齐、秦的请求被拒绝，一定与楚结怨，然后借用齐、秦的力量，没有不能实现欲望的。”晋文公喜悦，所以把曹、卫的田赐给宋人。

注释

1 文公立四年：晋文公于公元前636至前628年在位，这里指公元前633年。
2 楚成王伐宋：事在公元前632年。曹、卫是楚的盟国。
3 门尹班：宋大夫。
4 先轸：初为下军佐，后升为中军元帅，掌握国政。采邑在原，也称原轸。

令尹子玉使宛春来告[1]曰：“请复卫侯而封曹，臣亦释宋之围。”舅犯愠曰：“子玉无礼哉！君取一，臣取二，[2]必击之。”先轸曰：“子与之。我不许曹、卫之请，是不许释宋也。宋众无乃强乎！是楚一言而有三施，子一言而有三怨。怨已多矣，难以击人。不若私许复曹、卫以携之，执宛春以怒楚，既战而后图之。”公说，是故拘宛春于卫。

令尹子玉使宛春来告知晋国说：“请让卫侯复位，并让曹君得以守国。臣也解除对宋国的围困。”舅犯发怒说：“子玉无礼啊！君达成一个目标，臣达成两个目标，一定要攻击他。”先轸说：“请您同意他的请求。我们如果不同意关于曹、卫的请求，那就是不允许解除宋的围困，宋人就将灭国。这样一来，楚国一句话而有三项恩德，您一句话有三桩怨恨。怨恨已经多了，难以攻击别人。不如私下允许曹、卫复国，离间他们与楚的关系，抓住宛春，激怒楚国，打起仗来再做打算。”晋文公喜悦，所以把宛春拘留在卫地。

注释

1 宛春:楚大夫。

2 君取一,臣取二:当时率领晋军的是晋文公,是君。解除对宋的围困只一件事,所以说君取一。当时率领楚军的是令尹子玉,是臣;他请求复卫、封曹,是两件事,所以说臣取二。

子玉释宋围,从晋师。楚既陈,晋师退舍,军吏请曰:"以君避臣[1],辱也。且楚师老[2]矣,必败。何故退?"子犯曰:"二三子忘在楚乎?偃也闻之:战斗,直为壮,曲为老。未报楚惠而抗宋,我曲楚直,其众莫不生气,不可谓老。若我以君避臣,而不去,彼亦曲矣。"退三舍避楚。楚众欲止,子玉不肯,至于城濮[3],果战,楚众大败。君子曰:"善以德劝。"

子玉解除对宋的围困,率楚军向晋军接近。楚军已列好阵势,晋军后退三十里驻扎。军中吏员请求说:"以君避臣,是耻辱。而且楚军疲惫了,一定会败。为什么后退?"子犯说:"各位忘记了在楚的时候了吗?我狐偃听说:作战,理直就强壮,理亏就疲惫。还没有报答楚的恩施却救助宋人,我理亏,楚理直,他们的将士没有不生气的,不能说是疲惫。如果我以君避臣,但(楚)不离去,他们就理亏了。"退九十里避开楚军。楚军士众想停止追赶,子玉不肯,军队开到城濮,结果发生了战争,楚军大败。君子说:"(子犯、先轸)善于用德义相劝谏。"

注释

1 以君避臣:晋君在军中,晋军避楚军,就是以君避臣。

2 老:疲惫,无生气。

3 城濮:卫地,即今山东鄄城西南临濮镇。一说在今河南开封陈留附近。

19.郑叔詹疾号

原文

文公诛观状以伐郑[1]，反其陴[2]。郑人以名宝行成，公弗许，曰："予我詹而师还。"[3]詹请往，郑伯[4]弗许，詹固请曰："一臣可以赦百姓而定社稷，君何爱于臣也？"

译文

晋文公因(流亡过郑时郑人)观看自己肋骨连成一片的样子而讨伐郑国，推倒城墙上的矮墙。郑人用重宝求和。晋文公不答应，说："把詹给我就退军。"詹请求到晋军去，郑伯不同意，詹坚定地请求说："舍弃一臣可以挽救百姓，安定社稷，您为什么舍不得臣呢？"

注释

1 文公诛观状以伐郑：史书只有曹共公乘重耳洗澡的时候观看肋骨连成一片的记载，没有郑人观看的说法。但这里明明说晋文公为此而讨伐郑国，后文詹伯也说观看公子肋骨连成一片的样子，行为过分。那么郑国君臣当也有观看重耳肋骨的行为。

2 陴(pí)：从属的土墙，女墙。

3 行成：求和。　詹：郑卿叔詹伯，又称詹伯。晋文公流亡时从郑国经过，詹伯请郑文公以礼相待。郑文公不听，詹伯改请杀死重耳。

4 郑伯：指郑文公。

郑人以詹予晋，晋人将烹之。詹曰："臣愿获尽辞而死，固所愿也。"公听其辞。詹曰："天降

郑人把詹送给晋，晋人将煮死他。詹说："臣希望把话说完再死，这本就是我的愿望。"晋文公同意听他说。詹说："天降祸给郑国，使行为过分，观看

郑祸，使淫观状，弃礼违亲。臣曰：'不可。夫晋公子贤明，其左右皆卿才，若复其国，而得志于诸侯，祸无赦矣。'今祸及矣。尊明胜患，智也。杀身赎国，忠也。"乃就烹，据鼎[1]耳而疾号曰："自今以往，知忠以事君者，与詹同！"乃命弗杀，厚为之礼而归之。郑人以詹伯为将军。

公子肋骨连成一片的样子，舍弃礼义，背离亲族情谊。臣（当时就）说：'不可以。晋公子贤明，他左右的人都是为卿的人才，如得归国为君，在诸侯中得志，灾祸不可赦免了。'现在果真灾祸来临了。（我）尊敬贤明，遏止祸患，是智。杀身为国赎罪，是忠。"于是向鼎走去，靠着鼎耳大呼道："从今以后，大家知道忠心侍奉君主的，（结果）和我相同！"（晋文公）于是命令不杀他，为他准备厚礼送他回去。郑人（因此）命詹为将军。

注释

1 鼎：大的烹饪器具，上有两耳，以便提举。

20.箕郑对问

原文

晋饥，公问于箕郑[1]曰："救饥何以？"对曰："信。"公曰："安信？"对曰："信于君心，信于名，信于令，信于事。"公曰：

译文

晋国饥荒，晋文公问箕郑说："用什么救饥？"回答说："用信。"晋文公说："信在哪些方面？"回答说："国君之心信实，名分信实，政令信实，办事也信实。"晋文公说："那么，怎么样呢？"回

"然则若何?"对曰:"信于君心,则美恶不逾。信于名,则上下不干。信于令,则时无废功。信于事,则民从事有业。于是乎民知君心,贫而不惧,藏出如入,何匮之有?"公使为箕[2]。及清原之蒐[3],使佐新上军。

答说:"国君之心信实,那么美是美,恶是恶,不相逾越。名分信实,就上下不相干犯。政令信实,就按时而动,没有废弃的事功。办事信实,人民做事就有成就。于是人民知道国君的心思,贫困也不害怕,库藏支出就像收入一样,有什么困乏的呢?"晋文公派他做箕地的大夫。到清原阅兵的时候,叫他做新上军的副帅。

注释

1 箕郑:晋大夫。

2 箕:晋地,在今山西蒲县东北。

3 清原:在今山西稷山县东南二十余里。清原阅兵在公元前629年。蒐(sōu):本义田猎。春秋时期,诸侯国借田猎来组织,军队、任命将帅、训练士卒,且用于推行政策、加强统治、准备战争,从而具备了国人大会的性质。因此,蒐便成为一国最为重要的国事与军事活动。

21.赵衰三让贤

原文

文公问元帅于赵衰,对曰:"郤縠[1]可,行年五十矣,守学弥惇。夫先王之

译文

晋文公问赵衰谁可以做军队的统帅,回答说:"郤縠可以。已经五十岁了,还坚持学习,越来越厚实。先王的

法志，德义之府也。夫德义，生民之本也。能惇笃者，不忘百姓也。请使郤縠。”公从之。

法典记载，是道德礼义聚集的地方。道德礼义，是使人民生存繁衍的根本。扎扎实实地学习，是因为不忘记百姓。请派遣郤縠。”晋文公听从了这个意见。

公使赵衰为卿[2]，辞曰：“栾枝[3]贞慎，先轸有谋，胥臣多闻，皆可以为辅佐，臣弗若也。”乃使栾枝将下军，先轸佐之。取五鹿，先轸之谋也。郤縠卒，使先轸代之。胥臣佐下军。

晋文公任命赵衰为卿，赵衰推辞说：“栾枝正直谨慎，先轸有谋略，胥臣见多识广，都可以做辅佐大臣，臣不如他们。”就派栾枝统帅下军，先轸为副。兼并五鹿，是先轸的谋算。郤縠死后，使先轸代他为中军统帅。胥臣做下军的副帅。

注释

1 郤縠(xì hú)：晋大夫。

2 卿：执政官，地位很高。军队的统帅也当是卿，这里的意思是要赵衰做下军统帅。

3 栾枝：晋大夫栾贞子。

公使原季[1]为卿，辞曰：“夫三德[2]者，偃之出也。以德纪民，其章大矣，不可废也。”使狐偃为卿，辞曰：“毛[3]之智贤于臣，其齿又长。毛也不在位，不敢闻命。”乃使狐毛将上军，狐偃佐之。

文公任命赵衰为卿，赵衰推辞说：“三大功德，都是狐偃出的智谋。以德治民，功效卓著，不可不用他。”任命狐偃为卿，狐偃推辞说：“狐毛的智慧比臣高，年龄又大些。狐毛不在位，我不敢受命。”就派狐毛率领下军，狐偃为副。

注释

1 原季:赵衰。赵衰曾为原大夫。

2 三德:一,送襄王归国,用义教育人民;二,伐原三日退兵,用信教育人民;三,大阅兵,用礼教育人民。

3 毛:狐毛,狐偃的哥哥。

狐毛卒,使赵衰代之,辞曰:"城濮之役,先且居[1]之佐军也善,军伐有赏,善君有赏,能其官有赏。且居有三赏,不可废也。且臣之伦,箕郑、胥婴、先都在[2]。"乃使先且居将上军。

狐毛死,任命赵衰代替他,赵衰推辞说:"城濮之战,先且居做军队的副帅做得好,军功有赏,您的事情办理得好有赏,胜任他的职守有赏。先且居有三点值得奖赏,不可不用。况且臣这一辈,还有箕郑、胥婴、先都在。"于是任命先且居统领上军。

注释

1 先且居:先轸的儿子,下文"蒲城伯"也是指他。

2 胥婴、先都:晋大夫。

公曰:"赵衰三让。其所让,皆社稷之卫也。废让,是废德也。"以赵衰之故,蒐于清原,作五军[1]。使赵衰将新上军,箕郑佐之;胥婴将新下军,先都佐之。子犯卒,蒲城伯请佐,公曰:"夫赵衰

晋文公说:"赵衰三次谦让,所让与的人,都是国家的卫护者。废弃谦让,就是废弃美德。"因为赵衰的缘故,在清原阅兵,创建五军。任命赵衰统领新上军,箕郑为副;胥婴统领新下军,先都为副。子犯死,蒲城伯请派副将,晋文公说:"赵衰三次

三让不失义[2]。让，推贤也。义，广德也。德广贤至，又何患矣！请令衰也从子。”乃使赵衰佐新上军[3]。

谦让都合于义。让，推荐贤能；义，推广美德。美德推广了，贤能来任职，还怕什么？请允许我叫赵衰与你合作。”于是使赵衰为上军的副帅。

注释

1 晋原有三军，上军、中军、下军。现创建新上军、新下军。合起来是五军。

2 义：事情做得恰当、做得合理就是义。

3 佐新上军：“新”字应为衍文。赵衰原为新上军主帅，这里是升为上军副帅。

22.文公学读书

原文

文公学读书于臼季[1]，三日，曰：“吾不能行也咫[2]，闻则多矣。”对曰：“然而多闻以待能者，不犹愈也？”

译文

晋文公向臼季学习读书，学了三天，说：“我一点儿也不能运用，知道倒是知道得多了。”回答说：“这样，就多学点东西等待能运用的，不还是比不学习好吗？”

注释

1 臼季：就是上篇的胥臣，第九篇的司空季子。

2 咫(zhǐ)：周制八寸，这里指极短。

23.郭偃论治国

原文

文公问于郭偃[1]曰:“始也,吾以治国为易,今也难。”对曰:“君以为易,其难也将至矣。君以为难,其易也将至焉。”

译文

晋文公对郭偃说:“开始,我以为治国容易,现在才知道困难。”回答说:“您以为容易,困难就将来了。您以为困难,那容易就将来了。”

注释

1 郭偃:晋国大夫,公元前661年出仕晋国。掌管占卜,也称卜偃。主张从经济领域入手实施改革,进而扩展到用人制度。“郭偃之法”虽然没有否定传统“亲亲”的用人政策,但更强调“尚贤”。“郭偃之法”还改革了分配体制,采用“君食贡”制度,要求国君不保留土地,而是从土地拥有者那里收取税赋。

24.胥臣论教诲

原文

文公问于胥臣曰:“吾欲使阳处父傅讙也而教诲之[1],其能善之乎?”对曰:“是在讙也。蘧蒢不可使俯,戚施不可使仰,僬侥不

译文

晋文公问胥臣说:“我想使阳处父做讙的师傅,教诲讙,他能把这事做好吗?”回答说:“这在讙本人。患鸡胸病的人不可以使他弯下身子,驼背不能使他向后仰,僬侥不可以使他举重,

可使举，侏儒不可使援，矇瞍不可使视，嚚瘖不可使言，[2]聋聩不可使听，童昏不可使谋。质将善，而贤良赞之，则济可俟。若有违质，教将不入，其何善之为！臣闻昔者大任[3]娠文王不变，少溲于豕牢，而得文王，不加疾焉。文王在母不忧，在傅弗勤，处师弗烦，事王不怒，孝友二虢，而惠慈二蔡，[4]刑于大姒，比于诸弟。《诗》云：'刑于寡妻，至于兄弟，以御于家邦。'[5]于是乎用四方之贤良。及其即位也，询于'八虞[6]'，而咨于'二虢'，度于闳夭而谋于南宫，诹于蔡、原而访于辛、尹[7]，重之以周、邵、毕、荣，亿[8]宁百神，而柔和万民。故《诗》[9]云：'惠于宗公，神罔时恫。'若是，则文王非专教诲之力也。"

侏儒不可以使他攀高，瞎子不可以使他看见，哑巴不可以使他说话，聋子不可以使他听见，呆子不可以使他谋划。资质本好，贤良的师傅辅导他，成才方有可能。如果资质邪恶，教诲不能接受，如何能使他为善？臣听说，从前大任怀着文王的时候与往常没有不同，到厕所里小便，生下文王，没有感到痛苦。文王在母亲那里，母亲不以为忧，在师傅那里，师傅不劳苦，在师长那里，师长不愁烦，侍奉父王，父王没生过气，对二虢孝顺友爱，对二蔡仁慈，加惠于他们，做妻子太姒的楷模，和同族兄弟亲和。《诗》说：'做妻子的楷模，进而做兄弟的榜样，用这番道理来治理国家。'于是就用四方贤良来辅佐自己。到他即位为君，向'八虞'征询意见，向'二虢'问道，与闳夭商量，与南宫适共同谋划，请教蔡公、原公，访问辛甲、尹佚，加之以周文公、邵公、毕公、荣公，使百神心安，使百姓安宁和顺。所以《诗》说：'依顺大臣，鬼神不为此而忧虑。'这样看来，文王(的成功)就不是专门教诲的功效了。"

注释

1 阳处父:晋大夫阳子。 傅:辅佐并教导太子的人,重在品德和处事方面。师与傅小异,师重在知识的传授。 讙(huān):晋文公儿子襄公名讙。

2 蘧篨(qú chú):患鸡胸病不能仰头的人。 戚施(qī shī):驼背的人。 僬侥(jiāo yáo):传说中的矮人。 侏儒:特短的矮子。 矇瞍(méng sǒu):盲人。 嚚瘖(yín yīn):哑巴。

3 大任:周文王母亲。

4 二虢:文王弟虢仲、虢叔。 二蔡:文王两个后封于蔡的儿子。

5 诗句见于《诗经·大雅·思齐》。

6 八虞:八位贤士,他们都是掌管山泽的官。他们的名字是:伯达、伯括、仲突、仲忽、叔夜、叔夏、季随、季騧(guā)。闳(hóng)夭、南宫适(kuò)都是周的大臣。

7 蔡、原、辛、尹:指蔡公、原公、辛甲、尹佚,都是周的太史。

8 亿:安宁,使安宁。

9《诗》:也指《思齐》篇。

公曰:"然则教无益乎?"对曰:"胡为文?益其质。故人生而学,非学不入。"公曰:"奈夫八疾[1]何?"对曰:"官师之所材也,戚施直镈,蘧篨蒙璆,侏儒扶卢,矇瞍修声,聋聩司火。[2]童昏、嚚瘖、僬侥,官师之所不

晋文公说:"这样说来,教育就没有益处了吗?"回答说:"为什么要文采?就是为了使质地更加美好。所以人生下来要学习,不学习就不能走上正道。"晋文公说:"怎样对待患有八种疾病的人?"回答说:"这就要看官长的因材处置了。驼背要他击钟,鸡胸要他头顶玉磬,侏儒让他缘矛柄为戏,瞎子要他学习音乐,聋子让他看火。呆子、哑巴、僬

材也，以实裔土。夫教者，因体能质而利之者也。若川然，有原，以印浦而后大[3]。”

饶，官长无材可用，就用来充实边远地区。教诲，是根据人的质地和性能，因势利导的。像河流一样，有了源泉，流到入海处这才广阔。”

注释

1 八疾：八种疾病，指上文说的鸡胸、驼背、僬侥、侏儒、瞎子、哑巴、聋子、呆子。

2 戚施直镈(bó)，蘧(qú)蒢(chú)蒙璆(qiú)，侏儒扶卢，矇瞍修声，聋聩司火：让驼背击钟，鸡胸头顶玉磬，侏儒攀缘矛柄杂耍，瞎子学习音乐，聋子看火。指因材施教，使人尽其才。

3 以印浦而后大：流到入海处才广阔。印，迎。浦，河流入大江大海处。

25.文公称霸

原文

文公即位二年，欲用其民，子犯曰：“民未知义，盍纳天子[1]以示之义？”乃纳襄王于周。公曰：“可矣乎？”对曰：“民未知信，盍伐原以示之信？”乃伐原。曰：“可矣乎？”对曰：“民未知礼，

译文

晋文公即位后两年，想用他的国民作战。子犯说：“人民不知道义，何不送天子回周，使人民懂得什么是道义？”就送周襄王回周复位。晋文公说：“可以了吗？”回答说：“人民不知诚信，何不讨伐原，使人民懂得什么是诚信？”于是讨伐原。（晋文公）说：“可以了吗？”回答说：“人民不知礼仪，何不春季大阅

盍大蒐[2],备师尚礼以示之?”乃大蒐于被庐,作三军。[3]使郤縠将中军,以为大政,郤溱[4]佐之。子犯曰:“可矣。”遂伐曹、卫,出穀[5]戍,释宋围,败楚师于城濮,于是乎遂伯。

兵,整顿军队,尊崇礼仪,让人民看到这些?”于是在被庐大猎阅兵,创建三军。使郤縠统率中军,掌管国政大权,郤溱为副帅,辅佐郤縠。子犯说:“可以了。”就出师讨伐曹、卫,使楚撤除在穀的驻防,解除楚军对宋的围困,在城濮打败楚国军队,从此就称霸天下。

注释

1 纳天子:接纳天子,这里指送周天子回周复位。

2 大蒐(sōu):军队五年举行一次的大检阅。

3 被庐(pī lú):晋国地名。晋原有左右两军,文公这时再建一军,合称上、中、下三军。

4 郤溱(xì zhēn):晋大夫。

5 穀(gǔ):齐地,在今山东东阿镇。公元前634年,楚攻齐,夺取穀,派军驻守。次年晋攻曹、卫救宋。公元前632年,楚撤除在穀的驻军。

卷十一　晋语五

1.臼季举冀缺

原文

臼季使,舍于冀[1]野。冀缺薅,其妻馌[2]之,敬,相待如宾。从而问之,冀芮之子也,与之归。

译文

白季出使,在冀的郊外住宿。冀缺在田间除草,他的妻子给他送饭,恭敬地相待,像对宾客一样。(白季)前去询问,(知道)是冀芮的儿子,和他一起回朝。

注释

1 冀:在今山西河津市东北。

2 馌(yè):给在田里耕作的人送饭。

既复命,而进之曰:"臣得贤人,敢以告。"文公曰:"其父有罪,可乎?"对曰:"国之良也,灭其前恶,是故舜之刑也殛鲧[1],其举也兴禹。今君之所闻也。齐桓公亲举管敬子,其贼也。"公曰:"子何以知其贤也?"对曰:"臣见其

(白季)把出使完成任务的情况报告后,就推荐冀缺说:"臣发现一个贤人,冒昧地向君报告。"晋文公说:"他父亲有罪,(用他)可以吗?"回答说:"国家的良材,不计以前的邪恶。所以舜执行刑法,诛杀鲧,推举贤人,起用禹。这是您所知道的。齐桓公亲自起用管仲,管仲曾是他的敌人。"晋文公说:"您凭什么知道他的贤呢?"回

不忘敬也。夫敬,德之恪也。恪于德以临事,其何不济?”

公见之,使为下军大夫。

答说:“臣看他不忘记恭敬。敬,是恭谨的德行。德行恭谨去办事,有什么办不成?”

晋文公接见冀缺,叫他做下军大夫。

注释

1 殛(jí):诛杀。　鲧(gǔn):颛顼之子,禹之父。用筑堤堵塞法治水,失败后被舜杀死在羽山。

2.甯嬴氏论阳处父

原文

阳处父如卫,反,过甯[1],舍于逆旅[2]甯嬴氏。嬴谓其妻曰:“吾求君子[3]久矣,今乃得之。”举而从之,阳子道与之语,及山而还。其妻曰:“子得所求而不从之,何其怀也?”曰:“吾见其貌而欲之,闻其言而恶之。夫貌,情之华也;言,貌之机也。[4]身为情,成于

译文

阳处父到卫国去,回来,经过甯,在姓嬴的老板的旅店里住宿。嬴对他的妻子说:“我长时间寻求君子,现在才碰到。”动身跟阳处父上路,阳子路上与他谈话,嬴到达有山的地方就回去了。他的妻子说:“您遇到了所寻求的君子却又不随他去,怎么这样想念家?”嬴说:“我看见他的相貌想跟从他,听到他说的话就厌恶他。相貌是性情的华彩,言语是相貌的枢机。身产生性情,(性情)在心中形成。言语是身的装饰。作为身的饰

中。言，身之文也。言文而发之，合而后行，离则有衅[5]。今阳子之貌济，其言匮，非其实也。若中不济，而外强之，其卒将复，中以外易矣。若内外类，而言反之，渎其信也。[6]夫言以昭信，奉之如机，历时而发之，胡可渎也！今阳子之情譓矣，以济盖也，[7]且刚而主能，不本而犯，怨之所聚也。吾惧未获其利而及其难，是故去之。"

期年，乃有贾季之难[8]，阳子死之。

物的言语，讲出来与性情、相貌相合，这才可以，如果不相合，那就有毛病了。现在阳子的相貌还行，但他的话与相貌不相称，不是实话。如果心中不行，外表勉强装样子，结果将适得其反，中情不与外貌相同了。如果内外相同，言语却与情貌相反，那就是亵渎诚信。言语是用来表明诚信的，讲话就像枢机一样，观察时机，发表讲话，求得表明诚信，怎么可以亵渎！现在阳子性多智谋，用来装成一种模样，掩盖他的短处，而且他刚直逞能，不行仁义这个根本，却冒犯别人，怨恨将积聚到他一身。我害怕没有得到他的好处却遭到他的灾祸，所以离开他。"

满一年，就有贾季造成的灾难，阳子因此而死。

注释

1 甯：晋地，在今河南获嘉县西北。

2 逆旅：客馆，宾馆。逆，迎接。旅，旅客。

3 君子：这里指既有高位，又有才德的人。

4 吾见其貌……貌之机也：意思是说，一说话就表达出了性情，也就能明白性情与相貌是否相称。

5 离则有衅：情、言、貌不相合就有缝隙，有瑕疵。

6 若内外类，而言反之，渎其信也：情貌一致，语言相反，亵渎诚信。类，一致。

7 今阳子之情譓(huì)矣，以济盖也：阳处父才智过人，足以掩盖他的不讲诚信,言行不一。谲,足智多谋。

8 贾季之难:贾季是狐偃的儿子狐射姑。先做中军帅,因阳子的建议被改为中军副帅。贾季恨阳子,叫人杀死了他。

3.赵宣子论比党

原文

赵宣子言韩献子于灵公[1],以为司马。河曲之役[2],赵孟使人以其乘车干行[3],献子执而戮之。众咸曰:“韩厥必不没矣。其主朝升之,而暮戮其车,其谁安之?”宣子召而礼之,曰:“吾闻事君者比而不党[4]。夫周[5]以举义,比也;举以其私,党也。夫军事无犯,犯而不隐,义也。吾言女于君,惧女不能也。举而不能,党孰大焉?事君而党,吾何以从政?吾故以是观女。女勉之。苟从是行也,临[6]长晋国者,非女其谁?”

皆告诸大夫曰:“二三子可以贺我矣!吾举厥

译文

赵宣子向灵公推荐韩献子,(灵公)任命韩献子做司马。河曲之战,赵宣子使人用他的乘车干犯军阵的行列,献子抓住这个人杀了。众人都说:“韩厥一定不得好死了。他的荐主早上提升了他,晚上就杀了荐主所乘车的仆夫,谁能安心用这样的人?”宣子召请献子,以礼相待,说:“我听说侍奉君主的比谁功大义高,而不结私党。用忠信荐举义士,叫比;荐举私人亲信,叫党。军事不能干犯,干犯了不隐瞒他的罪过,这是义。我向君推荐你,担心你不能胜任。荐举的人不能胜任,还有比这更大的私党吗?侍奉君主却荐举私党,我凭什么执政?我所以用这件事来考验你。你努力吧。如按照这样行事,为晋国官长的,不是你是谁?”

(宣子)遍告各位大夫说:“各位可

也而中,吾乃今知免于罪矣。”

以祝贺我了,我荐举韩厥荐中了,我现在才知道我会免于遭罪了。”

注释

1 赵宣子:赵衰的儿子赵盾,又称赵孟,晋正卿。 韩献子:韩厥,担任晋中军统帅八年。 灵公:晋国国君,他是襄公的儿子,名夷皋,公元前620年至前607年在位。

2 河曲之役:公元前615年,秦伐晋,在河曲作战。黄河流至山西永乐县南折东流,这地方叫河曲。

3 干:干犯。 行:军队的行列。

4 比:团结。 党:勾结。

5 周:忠信。

6 临:统治,管理。

4.赵宣子请师

原文

宋人弑昭公[1],赵宣子请师于灵公以伐宋。公曰:“非晋国之急也。”对曰:“大者天地,其次君臣,所以为明训也。今宋人弑其君,是反天地而逆民则也,天必诛焉。晋为盟主,而不修天罚,将惧及焉。”

译文

宋人杀了宋昭公,赵宣子向晋灵公请求派军队讨伐宋。晋灵公说:“不是晋国的急务。”回答说:“最大的是天地,其次是君臣,这是用来显明教训的。现在宋人杀了君主,这是违反天地、背离人民的法则的,天一定要诛罚他们。晋国是盟主,却不按天的意志进行惩罚,恐怕有灾祸降临。”

注释

1 昭公：宋昭公，名杵臼，公元前619年即位，公元前611年为他弟弟文公（名鲍）所杀。

公许之。乃发令于太庙，召军吏而戒乐正，令三军之钟鼓必备。赵同[1]曰："国有大役，不镇抚民而备钟鼓，何也？"宣子曰："大罪伐之，小罪惮之。袭侵之事，陵也。是故伐备钟鼓，声其罪也；战以錞于、丁宁[2]，儆其民也。袭侵密声，为暂事也[3]。今宋人弑其君，罪莫大焉！明声之，犹恐其不闻也。吾备钟鼓，为君故也。"

乃使旁告于诸侯，治兵振旅[4]，鸣钟鼓，以至于宋。

晋灵公同意了。于是在太庙发布命令，召集军官，告诫乐官，要三军必须预备钟鼓。赵同说："国有征伐的大事，不安抚人民，却准备钟鼓，什么原因？"宣子说："大罪征伐他，小罪恐吓他。偷袭，乘其不备入侵，是以大陵小。因此征伐准备钟鼓，是声讨敌人的罪恶的；战斗时用錞于、丁宁，是用来向人民发警告的。偷袭和入侵不发出声响，因为那是突发事件（不让敌人有所防备）。现在宋人杀了他们的君主，没有比这更大的罪了！公开地增大音量地声讨宋人，还恐怕别人听不见呢。我准备钟鼓，是为了尊敬国君的缘故。"

于是派使者遍告诸侯，整顿军队，振奋士气，敲钟击鼓，直到宋国。

注释

1 赵同：晋大夫，赵盾的弟弟。

2 錞于(chún yú)：战争中指挥进退的乐器。青铜制，形如圆筒，撞击发出声响。 丁宁：行军时所用的打击乐器。似钟而狭长，有柄，又名钲(zhēng)。

3 暂事：突发事件。

4 振旅：整顿部队，操练士兵。是发动战争的委婉说法。

5.灵公杀赵宣子

原文

灵公虐，赵宣子骤谏，公患之，使鉏麑[1]贼之。晨往，则寝门辟矣，盛服将朝，早而假寐。麑退，叹而言曰："赵孟[2]敬哉！夫不忘恭敬，社稷之镇也。贼国之镇不忠，受命而废之不信，享一名于此，不如死。"触庭之槐而死。灵公将杀赵盾，不克。赵穿攻公于桃园[3]，逆公子黑臀而立之，实为成公。

译文

晋灵公暴虐无道，赵宣子多次进谏，灵公恨他，派鉏麑去杀他。鉏麑清晨前往（赵府），寝室门已经打开了，（赵宣子）穿戴整齐，将要上朝，时间还早，坐着打盹。鉏麑退出，叹息说："赵孟恭敬啊！不忘恭敬，是国家的重臣。杀害国家的重臣是不忠，接受命令又不肯干了是不信，不忠或不信的名声，只要有其中的一项，不如死。"头撞在院里的槐树上撞死了。晋灵公还想杀赵盾，也没有杀成。赵穿在桃园攻击晋灵公，（杀了晋灵公）迎立公子黑臀为君，这就是晋成公。

注释

1 鉏麑（chú ní）：一个大力士的名字。

2 赵孟：就是赵盾。

3 赵穿：赵盾的族弟。 桃园：园名。

6.范武子[1]告老

原文

郤献子[2]聘于齐，齐顷公使妇人观而笑之。郤献子怒，归，请伐齐。范武子退自朝，曰："燮乎，吾闻之，干人之怒，必获毒焉。夫郤子之怒甚矣，不逞于齐，必发诸晋国。不得政，何以逞怒？余将致政焉，以成其怒，无以内易外也。尔勉从二三子，以承君命，唯敬。"乃老。

译文

郤献子到齐国聘问，齐顷公使妇人观看他，发笑取乐。郤献子发怒，回国后，请求出征讨伐齐国。范武子退朝，说："燮啊！我听说，别人发怒的时候去触犯他，一定会受害。郤子怒气很大了，不发泄到齐国，就一定要在晋国发泄。如果不执政，怒气怎么能发泄？我将要把执政大权让出来，使他的怒气能够泄出，为的是不要用国内来代替国外(承受他的发怒)。你勉力跟随同僚们，承办君主托付的事，(君主托付的事)要恭恭敬敬地去办。"范武子于是告老退职。

注释

1 范武子：晋正卿士会。燮是他的儿子，称为范文子。

2 郤献子：晋卿，郤缺的儿子郤克，他是个跛子。

7.范武子杖文子

原文

范文子暮退于朝。武

译文

范文子到晚上才退朝。武子说：

子曰:“何暮也?”对曰:“有秦客廋辞[1]于朝,大夫莫之能对也,吾知三焉。”武子怒曰:“大夫非不能也,让父兄也。尔童子,而三掩人于朝。吾不在晋国,亡无日矣。”击之以杖,折委笄[2]。

“为什么这么晚?”回答说:“有一位秦国来的客人在朝出谜语,大夫没有人能猜出,我猜中了三个。”武子生气地说:“大夫们不是不能,是让年长一辈的人。你这小子,在朝三次盖过人家!如果我不在晋国,你灭亡没有几天了。”用杖打他,打断了帽上的簪子。

注释

1 廋(sōu)辞:也叫廋词、廋文、廋语,意思是隐语,谜语。用如动词,出谜语。

2 笄(jī):簪子,用来插住挽起的头发,或插住帽子。

8.郤献子分谤

原文

麋笄[1]之役,韩献子将斩人。郤献子驾,将救之,至,则既斩之矣。郤献子请以徇[2]。其仆曰:“子不将救之乎?”献子曰:“敢不分谤[3]乎!”

译文

麋笄之战,韩献子将斩人。郤献子驾车往救,到达时,已经斩了。郤献子请将斩了的人示众。他的仆从说:“您不是要救他吗?”郤献子说:“岂敢不分担错杀的责任?”

注释

1 麋笄(mí jī):齐山名,一说为今济南历山,一说为今济南华不注山。公元前589年,郤克率领军队攻打齐国,在麋笄山下追赶齐军,在鞌地作战，韩献子当时是司马，掌管军法。

2 徇(xùn)：示众。

3 谤(bàng)：议论或批评别人的过失，这里的意思是错误。

9.张侯御郤献子

原文

靡笄之役，郤献子伤，曰："余病喙[1]。"张侯[2]御，曰："三军之心，在此车也。[3]其耳目在于旗鼓[4]。车无退表，鼓无退声，军事集焉。吾子忍之，不可以言病。受命于庙，受脤于社，[5]甲胄而效死，戎之政也。病未若死，祇[6]以解志。"乃左并辔，右援枹而鼓之，[7]马逸不能止，三军从之。齐师大败，逐之，三周华不注[8]之山。

译文

靡笄之战，郤献子被箭射伤，说："我伤势重，没气力了。"张侯驾车，说："三军的士气，在这辆(主帅乘的)车上。三军的耳目，在旗鼓上。车没有退军的旗帜，鼓没有退军的声音，战事才能胜利。您要忍痛，不可以喊伤重。在宗庙里接受命令，从祭社那里接受祭肉，披甲戴盔战死沙场，是战争中的常事。重伤还没有到死的地步，(如果精神不振，)只能松懈斗志。"于是把马缰绳都放到左手上，右手拿着鼓槌击鼓，拉车的马狂奔不止，三军将士跟在后面进攻。齐国军队大败，晋军追赶他们，环绕华不注山追了三圈。

注释

1 喙(huì)：韦昭注"短气貌"。没气力了。

2 张侯：晋大夫解张。
3 意思是士气是由兵车里的主帅决定的。主帅勇敢，将士也就会勇敢。
4 意思是看旗帜怎么指挥就怎么行动，听鼓声怎么响或进或退。
5 出征前在宗庙里举行仪式，主帅在仪式上接受国君的命令和告诫。出征前还要祭土地之神，祭完，把祭肉分赐给从征的将士。脤(shèn)，祭肉。
6 衹(zhǐ)：只，仅仅。
7 辔(pèi)：驾驭牲口的缰绳。 枹(fú)：同“桴”，鼓槌。
8 华不(huā fū)注：山名，在今山东济南市东北。

10.范文子后入

原文

靡笄之役，郤献子师胜而返，范文子后入[1]。武子曰：“燮乎，女亦知吾望尔也乎？”对曰：“夫师，郤子[2]之师也，其事臧。若先，则恐国人之属耳目于我也，故不敢。”武子曰：“吾知免矣。”

译文

靡笄之战，郤献子率领军队打了胜仗回来，范文子在他后面进城。武子说：“燮呀！你也知道我在望你吗？”回答说：“军队，是郤子率领的军队，仗打得好。如果先进城，恐怕国都里的人注意力集中在我身上，所以不敢在先。”武子说：“我知道我会免祸了。”

注释

1 范文子后入：范文子当时是上军的副帅。
2 郤子：子是对男子的美称，现在没有相当的词可译。郤子，指郤献子。

11.三军推功

原文

靡笄之役，郤献子见，公曰："子之力也夫！"对曰："克也以君命命三军之士，三军之士用命，克也何力之有焉？"范文子见，公曰："子之力也夫！"对曰："燮也受命于中军，以命上军之士，上军之士用命，燮也何力之有焉？"栾武子[1]见，公曰："子之力也夫！"对曰："书也受命于上军，以命下军之士，下军之士用命，书也何力之有焉？"

译文

靡笄之战后，郤献子进见国君。景公说："是您的功劳啊！"回答说："臣郤克用国君您的命令向三军将士发布命令，三军将士听从命令，英勇作战，臣郤克有什么功劳？"范文子进见，景公说："是您的功劳啊！"回答说："臣燮从中军那里接受命令，用来命令上军的将士，上军将士听从命令，英勇作战，臣燮有什么功劳？"栾武子进见，景公说："是您的功劳啊！"回答说："臣书从上军那里接受命令，用来命令下军的将士，下军将士服从命令，英勇作战，臣书有什么功劳？"

注释

1 栾武子：晋卿栾书，当时是下军统帅。

12.郤献子耻国君

原文

靡笄之役也，郤献

译文

靡笄之战，郤献子攻打齐国。齐侯

子伐齐。齐侯来[1]，献之以得殒命之礼，曰："寡君使克也，不腆弊邑之礼，为君之辱，敢归诸下执政，以慭御人[2]。"苗棼皇曰："郤子勇而不知礼，矜其伐而耻国君，其与几何？"[3]

来朝，（晋）用对待俘获的国君的礼，馈送饮食，郤克（对齐侯）说："敝国国君派我郤克，胆敢用敝国菲薄的礼物，因为君的来临，献给君的低级官员，用来使贵国的贵妇们安静。"苗棼皇说："郤子勇敢，但不懂得礼仪。矜夸自己的功劳，使（齐国）国君蒙受耻辱，有几个人能够赞同？"

注释

1 靡笄之战，晋胜齐败。第二年，齐国国君齐顷公朝晋。

2 以慭(yìn)御人：郤克腿跛，出使齐国，被齐国贵妇们所嘲笑。"以慭御人"这句话是针对这件事说的。明道本是"以整御人"，"整"是整顿，语气太重。公序本此字作"慭(yìn)"，表示"安宁、安静"义，"使贵妇们安静"，语气和缓。依公序本。

3 "苗棼(fén)皇曰"句：苗棼(fén)皇，楚臣，奔晋为晋大夫。说郤克不懂得礼仪，指用对待被俘国君的礼对待齐顷公。顷公只是战败，并没有被俘，来朝晋是表示服从晋国。现在郤克以战胜者的姿态说话，说要"使贵国的娘儿们安静"，也是有失体统的。

13.车者论梁山崩

原文

梁山崩，以传召伯宗，[1]遇大车当道而覆，立

译文

梁山崩塌，（晋景公）用驿车召伯宗回朝，遇上一辆翻了的牛车当道，（伯宗）

而辟之，曰："避传。"对曰："传为速也，若俟吾避，则加迟矣，不如捷而行。"

伯宗喜，问其居，曰："绛人[2]也。"伯宗曰："何闻？"曰："梁山崩，而以传召伯宗。"伯宗问曰："乃将若何？"对曰："山有朽壤而崩，将若何？夫国主山川，故川涸山崩，君为之降服、出次，乘缦[3]、不举，策于上帝，国三日哭，以礼焉。虽伯宗亦如是而已，其若之何？"

问其名，不告；请以见，不许。伯宗及绛，以告，而从之。

站起来叫赶车人把车赶开，说："给驿车让路。"回答说："乘驿车是为了快，如果要等我赶车避开，就更加慢了，不如从旁绕过。"

伯宗喜悦，问他的住处，说是绛县人。伯宗说："听说什么了？"回答："梁山崩塌，用驿车召伯宗回都。"伯宗问："将怎么办？"回答说："山有松土崩塌，将怎么办？国是山川的主祭者，所以河流干枯，高山崩塌，国君为这样的事穿低档次的衣服，出宫到郊外去住，乘没有彩饰的车，不奏乐，写成文字报告上帝，全国哭三天，礼待神灵。就是伯宗也不过如此而已，将怎么办？"

问他的名字，他不告诉；请求带他去见国君，他不同意。伯宗到达绛，把这些话向国君报告，国君依从这些话。

注释

1 梁山：晋国的山，在今陕西韩城市境。传：传车，即驿车，驿站上的专用车。

2 绛人：绛县人。绛县系晋国国都，在今山西运城东北。

3 缦(màn)：没有彩绘的丝织品，这里指没有彩饰的车。

14.伯宗妻之劝

原文

伯宗朝,以喜归。其妻曰:“子貌有喜,何也?”曰:“吾言于朝,诸大夫皆谓我智似阳子。”对曰:“阳子华而不实,主言而无谋,是以难及其身。子何喜焉?”伯宗曰:“吾饮诸大夫酒,而与之语,尔试听之。”曰:“诺。”既饮,其妻曰:“诸大夫莫子若也。然而民不能戴其上久矣,难必及子乎!盍亟索士憖庇州犁焉[1]?”得毕阳。

及栾弗忌之难,诸大夫害伯宗,将谋而杀之。[2]毕阳实送州犁于荆。

译文

伯宗上朝,高兴地回到家里。他的妻子说:“您面带喜色,什么原因?”伯宗说:“我在朝廷里发言,大夫们都说我的智慧辩才像阳子一样。”妻回答说:“阳子华而不实,会说话却没有谋略,所以灾难落到了他身上。你高兴什么?”伯宗说:“我请大夫们饮酒,和他们谈话,你试着听听。”妻说:“好。”宴饮完毕,他的妻子说:“大夫们不如你,但是,人民长时间不能拥戴有贤才的人了,灾难一定要落到您头上了吧!何不赶快找个愿意庇护儿子州犁的人呢?”(照妻子的话做)找到了毕阳。

等到栾弗忌遭难,大夫们陷害伯宗,将要谋杀他。毕阳把伯州犁送到楚国。

注释

1 憖(yìn):愿意。 州犁:宗伯的儿子。

2 及栾弗忌之难……将谋而杀之:栾弗忌,晋大夫,与伯宗同党。三郤(郤锜、郤犨、郤至)谋害栾弗忌,连带杀害了伯宗,事在公元前576年。

卷十二　晋语六

1.赵文子冠

原文

赵文子冠，见栾武子，[1]武子曰："美哉！昔吾逮事庄主[2]，华则荣矣，实之不知，请务实乎！"

见中行宣子[3]，宣子曰："美哉！惜也，吾老矣。"

译文

赵文子行完冠礼，拜见栾武子，武子说："美啊！从前我赶上侍奉你父亲，花倒是鲜艳了，但能结实与否不得而知，请务实吧！"

拜见中行宣子，宣子说："美啊！可惜我老了。"

注释

1 赵文子：赵衰的曾孙、赵盾的孙、赵朔的儿子赵武。　冠礼：男子二十岁举行成人典礼，结发戴冠（帽），叫冠礼。　栾武子：晋卿栾书。

2 庄主：赵朔。赵朔曾统领下军，栾书做过下军的副帅。

3 中行宣子：晋大夫荀庚。

见范文子，文子曰："而今可以戒矣，夫贤者宠至而益戒，不足者为宠骄。故兴王赏谏臣，逸王罚之。吾闻古之王者，政德既成，又听

拜见范文子，文子说："现在可以警惕了，贤能人获得宠信就更加警惕，不贤的人因被宠信而更加骄傲。所以兴国的王奖赏肯谏劝的臣，享乐的王处罚肯谏劝的臣。我听说古代为王的人，政治上功业已建立，又听取人民的意见，于是叫乐师在

于民，于是乎使工诵谏于朝，在列者献诗，使勿兜[1]，风听胪言[2]于市，辨祆祥[3]于谣，考百事于朝，问谤誉于路，有邪而正之，尽戒之术也。先王疾是骄也。”

朝中朗诵规劝之辞，在位群臣进献诗歌，免受蒙蔽，在市面上收集传言来听，从民谣里辨别政事的善恶，在朝廷之上考察百官的职事，向过路人问（对于王事和官府的）褒贬，有不对的就改正，这些是在各方面都尽可能警惕的办法。先王痛恨骄傲啊！”

注释

1 兜：受蒙蔽。

2 胪(lú)言：谣言，传言。

3 祆祥(yāo xiáng)：显示灾异的凶兆。

见郤驹伯[1]，驹伯曰：“美哉！然而壮不若老者多矣。”

见韩献子，献子曰：“戒之，此谓成人。成人在始与善。始与善，善进善，不善蔑由至矣；始与不善，不善进不善，善亦蔑由至矣。如草木之产也，各以其物。人之有冠，犹宫室之有墙屋也，粪除而已，又何加焉！”

拜见郤驹伯，驹伯说：“美啊！可是，壮年人不如老年人的多着啦！”

拜见韩献子，献子说：“警惕啊，从现在起就是成人了。成人在于一开始就与善人在一起，善人又引进善人，不善的人就没有路子来了；如果一开始就与不善的人在一起，不善的人引进不善的人，善人也就没有路子来了。正像草木，都是一类一类的滋生。人有冠，就如宫室有墙有屋，不断清扫而已，又有什么更多的措施呢？”

见智武子[2]，武子曰："吾子勉之，成、宣[3]之后而老为大夫，非耻乎！成子之文，宣子之忠，其可忘乎！夫成子导前志以佐先君，导法而卒以政，可不谓文乎！夫宣子尽谏于襄、灵，以谏取恶，不惮死进，可不谓忠乎！吾子勉之，有宣子之忠，而纳之以成子之文，事君必济。"

拜见智武子，武子说："您勉力吧，成子、宣子的后代，到老还是个大夫，岂不可耻！成子的文才，宣子的忠心，难道可以忘记吗！成子遵循古书记载辅佐先君，遵循法典终得执政，还不算文吗？宣子尽可能劝谏襄公、灵公，因为劝谏以致灵公厌恶他，仍不怕死地进谏，还不算忠吗？您勉力吧，有宣子的忠心，再把成子的文才加进去，侍奉君主一定能够成功。"

注释

1 郤驹伯：晋卿郤锜。

2 智武子：晋卿荀罃。

3 成、宣：成子，赵武曾祖赵衰；宣子，赵武祖父赵盾。

见苦成叔子[1]，叔子曰："抑年少而执官者众，吾安容子？[2]"

见温季子[3]，季子曰："谁之不如，可以求之。"

见张老[4]而语之，张老曰："善矣，从栾伯之言，可以滋；范叔之教，可以大；韩

拜见苦成叔子，苦成叔子说："年少而当官的不少，我怎么接纳你呢？"

拜见温季子，季子说："你不如谁，你可以追求达到他(的水平)。"

拜见张老，把以上卿大夫的话相告。张老说："好啦，依从栾伯的话，可以受益；依从范叔的教诲，可以成长壮大；依从韩子的告诫，可以获得成功。

子之戒,可以成。物备矣,志在子。若夫三郤,亡人之言也,何称述焉!智子之道善矣,是先主覆露子也[5]。”

应注意的事已经(说)完备了,只看您自己的志向如何。至于三郤,那是快死的人的话,哪里值得称道!智子的教训可好啦,这是先主对你的荫庇啊。”

注释

1 苦成叔子:晋卿郤犨(chōu),苦是他的食邑。

2 抑:助词,放在句首。 安:怎么。 容:容纳,接纳。

3 温季子:晋卿郤至,温是他的食邑。

4 张老:晋大夫张孟。

5 先主:死去的卿大夫。这里指成子、宣子。 覆露:庇佑。

2.范文子不欲伐郑

原文

厉公[1]将伐郑,范文子不欲,曰:“若以吾意,诸侯皆叛,则晋可为也。唯有诸侯,故扰扰焉。凡诸侯,难之本也。得郑忧滋长,焉用郑?”郤至曰:“然而王者多忧乎?”文子曰:“我王者也乎哉?夫王者成其德,而远人以

译文

晋厉公将要讨伐郑国,范文子不想讨伐,说:“如果按照我的意思,诸侯都背叛(晋),晋才可以治理好。正因为有了诸侯的事,所以不得安宁。诸侯,是灾难的本原。取得郑国,忧患将要增多,要郑国干什么?”郤至说:“这样说来,为王的人忧患多吗?”文子说:“我们晋国是为王的吗?为王的建树德政,远方的人用他们的土地上的生产进贡,

其方贿归之,故无忧。今我寡德而求王者之功,故多忧。子见无土而欲富者,乐乎哉?”

所以没有忧患。现在我们缺少德政,却想求得为王的功业,所以忧患就多。您看见没有土地却想发财的人,他们快乐吗?”

注释

1 厉公:晋厉公,名州蒲,公元前580年至前573年在位。

3.晋败楚师

原文

厉公六年,伐郑,且使苦成叔及栾黡兴齐、鲁之师。[1] 楚恭王帅东夷救郑[2]。

楚半阵,公使击之。栾书曰:“君使黡也兴齐、鲁之师,请俟之。”郤至曰:“不可。楚师将退,我击之,必以胜归。夫阵不违忌[3],一间也;夫南夷与楚来而不与阵,二间也;夫楚与郑阵而不与整,三间也;且其士卒在阵而

译文

晋厉公六年,攻伐郑国,同时派苦成叔和栾黡分别到齐国、鲁国去求他们发兵相助。楚恭王率领东夷军队援救郑国。

楚军列阵刚到一半,晋厉公下命令攻击楚军。栾书说:“您派栾黡他们去齐、鲁请兵,请等候他们的兵到。”郤至说:“不行。楚军将要退兵,我向楚军进攻,一定得胜而归。列阵不避晦日,这是一个空子;南夷军队与楚军同来却不参与列阵,这是第二个空子;楚军与郑军列阵,但不与郑军一样整齐,这是第三个空子;而且他们的士卒在阵前喧哗,这是第

哗,四间也;夫众闻哗则必惧,五间也。郑将顾楚,楚将顾夷,莫有斗心,不可失也。”公说。

于是败楚师于鄢陵[4],栾书是以怨郤至。

四个空子;兵众听到喧哗就一定恐惧,这是第五个空子。郑军将观望楚军的战斗,楚军将观望夷军的战斗,没有人有斗志,(时机)不可丧失。”晋厉公喜悦。

于是在鄢陵打败了楚国军队。栾书因为这一战斗怨恨郤至。

注释

1 厉公六年:晋厉公六年,公元前575年。 栾黶(yǎn):栾书的儿子桓子,后为晋卿。

2 楚恭王:即楚共王,名箴,公元前590年至前560年在位。 东夷:在楚东边的夷人。下文称南夷,因为在晋之南。

3 阵不违忌:用阴历来说,晦是每月最后一天,月亮在这一天看不到光亮。按五行家的说法,兵战之事是阴,晦日是阴(月亮)尽之日,不利于列阵。

4 鄢陵:郑地,在今河南鄢陵县西北。

4.郤至甲胄见客

原文

鄢之战,郤至以韎韦之跗注[1],三逐楚平王[2]卒,见王必下奔退战。王使工尹襄问[3]之以弓,曰:“方事之殷也,有韎韦之跗注,

译文

鄢陵之战,郤至穿赤黄色的熟牛皮的跗注,多次追赶楚共王的军队,遇见共王就下车奔走,退后作战。共王派工尹襄赠弓给他,说:“战斗激烈的时候,穿赤黄色熟牛皮跗注的人,一位有道德

君子也，属见不穀而下[4]，无乃伤乎？"郤至甲胄而见客，免胄而听命，曰："君之外臣[5]至，以寡君之灵，间蒙甲胄，不敢当拜君命之辱，[6]为使者故，敢三肃[7]之。"君子曰："勇以知礼。"

的君子，只要见到我就下车，莫非是受伤了？"郤至穿甲戴盔接见楚使，脱下头盔听使者传达楚王的话，说："您的外臣郤至，依托敝国国君的神灵，在披甲戴盔之列，您蒙辱向我致意，不敢拜受，为了尊重使者的缘故，谨行肃拜礼三次。"君子说："（郤至）勇敢并且懂得礼仪。"

注释

1 韎(mèi)韦：染成赤黄色的牛皮，用作蔽膝护膝。 跗(fū)注：一种军服，裤腿长至脚背。

2 楚平王：就是楚共王，上篇的楚恭王。鄢陵之战在公元前575年，当时楚国国君是楚共王，不是楚平王，楚平王到公元前528年才即位。

3 问：赠送，送礼。

4 属(zhǔ)：副词，适才，只要，刚才。 不穀(gǔ)：古代诸侯自称的谦辞，这里是楚王谦称。

5 外臣：卿大夫们对他国君主自称"外臣"。

6 蒙……辱：这里是谦辞。意思是说，您向我致意，本不相配，现在您致意，是使您受辱了。

7 肃：肃拜礼，两手合拢，身子向前微俯，并未下拜。

5.范文子不欲争郑

原文

鄢之役，晋人欲争

译文

鄢陵之战，晋人想争夺对郑国的控

郑,范文子不欲,曰:"吾闻之,为人臣者,能内睦而后图外,不睦内而图外,必有内争,盍姑谋睦乎?考讯其阜以出,则怨靖。[1]"

制权,范文子不想争,说:"我听说,做国君的臣子的,能够在国内和睦,然后才能在国外求发展,内部不和却到国外去打主意,一定会有内部的斗争,何不暂且谋求内部的团结呢?考察、询问民众的实情,然后出国谋利益,这样,怨恶才能平息。"

注释

1 吾闻之……则怨靖:意思是先对内谋求相亲相爱,询问百姓,知其虚实,然后再去攻打外国,谋取外国利益。考,考察。讯,询问。阜,民众。靖,平息。

6.范文子不欲与楚战

原文

鄢之役,晋伐郑,荆救之。大夫欲战,范文子不欲,曰:"吾闻之,君人者刑其民,成,而后振武于外,是以内和而外威。今吾司寇之刀锯日弊,而斧钺不行。[1]内犹有不刑,而况外乎?夫战,刑也,刑之过也。过由大,而怨由细,故以惠诛怨,

译文

鄢陵之战,晋讨伐郑,楚军援救郑国。(晋国)大夫们要战,范文子不希望作战,说:"我听说,为人君的,用刑法端正人民的行为,取得成功,然后到国外发扬武威,所以内部和睦,在外使人畏威。现在我们的司寇对小民天天用刑,刑具都用坏了,而对大臣们却不用刑罚。内部还有不用刑法的,何况对外呢?战就是刑,就是用刑诛杀有过错的。过错由大臣铸成,怨恨由小民产生,所以用仁惠

以忍[2]去过。细无怨而大不过，而后可以武，刑外之不服者。今吾刑外乎大人，而忍于小民，将谁行武？武不行而胜，幸也。幸以为政，必有内忧。且唯圣人能无外患，又无内忧，讵[3]非圣人，必偏而后可。偏而在外，犹可救也，疾自中起，是难。盍姑释荆与郑以为外患乎？”

消除怨恨，用忍心铲去过错。小民没有怨恨，大臣没有过错，然后才可以耀武扬威，以刑法对付国外不服从的人。现在刑法不加于大臣，而用忍心对待小民，将对谁施行武威呢？武威没有施行却打了胜仗，那是侥幸。用侥幸心理处理政务，一定会有国内的忧患。而且只有圣人才能做到既无外患，又无内忧，如果不是圣人，就一定会偏向一个方面，这才可以行事。偏失在外，还可以救，如果疾病从内部发作，那就困难了。何不放弃楚国和郑国，让它们作为外患呢？”

注释

1 司寇：官名，掌管刑狱。刀锯：小刑具，这里指施与小民的刑罚。斧钺：大刑具，这里指施与大臣的刑罚。

2 忍：忍心，指不留情面。

3 讵：假若，如果。

7.范文子论胜楚必有内忧

原文

鄢之役，晋伐郑，荆救之。栾武子将上军，范

译文

鄢陵之战，晋讨伐郑，楚国救援郑国。栾武子统率上军，范文子统率下军。

文子将下军。栾武子欲战，范文子不欲，曰："吾闻之，唯厚德者能受多福，无德而服者众，必自伤也。称晋之德，诸侯皆叛，国可以少安。唯有诸侯，故扰扰焉，凡诸侯，难之本也。且唯圣人能无外患又无内忧，讵非圣人，不有外患，必有内忧，盍姑释荆与郑以为外患乎？诸臣之内相与，必将辑睦。今我战又胜荆与郑，吾君将伐智而多力，怠教而重敛，大其私昵而益妇人田，不夺诸大夫田，则焉取以益此？诸臣之委室而徒退者，将与几人？战若不胜，则晋国之福也；战若胜，乱地之秩者也，其产将害大，盍姑无战乎？"

栾武子曰："昔韩之役，惠公不复舍；邲之役，三军不振旅；箕之役，先

栾武子要出战，范文子不愿出战，说："我听说，只有德高的人，才能享受众多的福佑；无德而服从的人多，一定会伤害自己。与晋的德行相称，诸侯都该背叛，（这样，）国才可以稍稍安定下来。正因为有诸侯，所以乱哄哄的不得安宁，诸侯是灾难的本原。而且只有圣人才能既无外患又无内忧，如果不是圣人，没有外患就必有内忧，何不放弃楚国和郑国，让它们作为外患呢？（这样，）各位大臣在内部相处，必将和睦团结。现在，我们如果打仗又打胜了楚和郑，我们的国君就将自夸英明，欣赏自己的功业，在文教方面懈怠，加重赋税，增加嬖臣的俸禄，扩大爱妾的田产，如果不夺取大夫们的田，又从哪里取得土地钱财来对付这笔开销呢？大夫们甘愿舍弃家财白白地（从原有地位）退下来的能有几个？作战如果不胜，是晋国的福；作战如果得胜，将打乱原有土地所有的常规，那后果将危害巨大，何不姑且不战呢？"

栾武子说："以前，韩原之战，惠公被俘不得回军；晋楚邲之战，晋不能整顿军伍回国；箕之战，先轸战死，未能向国君报告战争经过：晋国本有这三件奇耻

轸不复命[1]:晋国之政固有大耻三。今我任晋国之政,不毁晋耻,又以违蛮、夷重之,虽有后患,非吾所知也。”

范文子曰:“择福莫若重,择祸莫若轻,福无所用轻,祸无所用重,晋国故有大耻,与其君臣不相听以为诸侯笑也,盍姑以违蛮、夷为耻乎?”

大辱。现在,我在晋国执政,不洗刷晋的耻辱,又逃避蛮夷不与作战,而加重耻辱,即使以后有忧患,也不是我所能知道的了。”

范文子说:“在两福中进行选择,没有比选择大福更好的了;在两祸中进行选择,没有比选择轻祸更好的了;福,没有选择轻的理由;祸,没有选择重的理由;晋国本有奇耻大辱,(但是,)与其君臣互不协调成为诸侯的笑柄,何不姑且逃避蛮夷作为耻辱呢?”

注释

1 昔韩之役……先轸不复命:韩原之战,在公元前645年,前面已有注释。邲之战,在公元前597年。邲,在今河南荥阳市东北。箕之战,在公元前627年。箕之战是晋人与狄人的战事,晋胜狄败。箕,在今山西晋中市太谷区。振旅,整顿部队,操练士兵。是发动战争的委婉说法。

栾武子不听,遂与荆人战于鄢陵,大胜之。于是乎君伐智而多力,怠教而重敛,大其私昵,杀三郤[1]而尸诸朝,纳其室以分妇人,于是乎国人不蠲,遂弑诸翼,葬于翼东门之外,以车一乘[2]。厉公之所

栾武子不听从,就与楚人在鄢陵作战,大胜楚军。于是国君自夸英明,欣赏自己的功业,在文教方面懈怠,加重赋税,增加嬖臣的俸禄,杀死三郤,把他们的尸体摆在朝堂上示众,接收他们的家财,分给爱妾,于是国民认为国君的行为不正当,就把他杀死在翼,用一乘车埋葬在翼东门之外。晋厉公之所以

以死者,唯无德而功烈多,服者众也。

被杀,是因为无德而功多,服从的人太多的缘故。

注释

1 三郤:指三位晋卿郤锜、郤犨、郤至。

2 以车一乘:诸侯葬礼,用车七乘。晋厉公只用车一乘,是说不成其为礼。

8.范文子论德为福之基

原文

鄢之役,荆压晋军,军吏患之,将谋。范匄自公族趋过之,[1]曰"夷灶堙井[2],非退而何?"范文子执戈逐之,曰:"国之存亡,天命也,童子何知焉?且不及而言,奸也,必为戮。"苗贲皇曰:"善逃难哉!"[3]

既退荆师于鄢,将谷,范文子立于戎马之前,曰:"君幼弱,诸臣不佞,吾何福以及此!吾闻之:'天道无亲,唯德

译文

鄢陵之战,楚军逼近晋军布阵,军中吏员为这事忧虑,将商量对策。范匄以公族大夫的身份快步上前,说:"平灶填井(以示必死),楚军不退还能怎样?"范文子持戈撵他,说:"国家存亡,是天命,小孩子知道什么?再说也轮不到你发言,(你来胡说,)是扰乱秩序,(如果不改,)一定不得好死。"苗贲皇说:"善于逃难啊!"

已在鄢陵打败楚军,将吃楚军遗留下来的军粮,范文子站在(拉晋厉公兵车的)战马之前,说:"国君年青,大臣们不才,我们有什么福分达到了这样的地步!我听说:'天道对人没有亲疏之分,只把

是授。’吾庸知天之不授晋且以劝楚乎？君与二三臣其戒之！夫德，福之基也，无德而福隆，犹无基而厚墉也，其坏也无日矣。”

好运赐给有德的人。’我怎么知道天是不赐福给晋而且用失败来鼓励楚的成功呢？国君和大臣们警惕啊！德行是福气的根基，没有德行而福气很大，就像没有基础而加厚墙体一样，它的崩坏没有几天了。”

注释

1 范匄：范文子的儿子范宣子。 公族：公族大夫，官名，掌管贵族子弟的教育。

2 夷灶堙(yīn)井：平灶填井。夷，平。堙，堵塞。

3 苗贲(bēn)皇：《晋语五》第十二篇作苗棼(fén)皇。 善逃难：此是说范文子。言下之意，想盖过人，会招致灾祸，而谦让退避可以免于灾祸。

9.范文子论私难

原文

反自鄢，范文子谓其宗、祝曰[1]：“君骄泰而有烈，夫以德胜者犹惧失之，而况骄泰乎？君多私，今以胜归，私必昭。昭私，难必作，吾恐及焉。凡吾宗、祝，为我祈死，先

译文

从鄢陵回国，范文子对他的宗人和家祝说：“国君骄侈而有功，用德行战胜的还怕丢失，何况是用骄侈呢？国君多嬖臣爱妾，现在打了胜仗回来，嬖臣爱妾一定会出人头地。嬖臣爱妾出人头地，灾难一定会发生，我恐怕会被牵连进去。我的宗人和家祝，替我

难为免。”

七年夏，范文子卒。冬，难作，始于三郤，卒于公。

求死，以免首先遭难。”

晋厉公七年夏天，范文子死。冬天，发生了灾祸，从三郤被杀开始，到晋厉公被杀终结。

注释

1 宗：办理宗族祭祀事务的官。 祝：司祭祀礼仪、向神祷告的官。这里宗人和家祝都是范氏家族管有关事务的人。

10.栾书罪郤至

原文

既战，获王子发钩[1]。栾书谓王子发钩曰：“子告君曰：‘郤至使人劝王战，及齐、鲁之未至也。且夫战也，微郤至，王必不免。’吾归子。”

译文

（鄢陵之战）仗已经打起来，俘获了王子发钩。栾书对王子发钩说：“您告诉我国君说：‘郤至派人劝楚共王趁齐鲁军队还没到就作战。而且这次战斗，如果没有郤至，王一定不免于被俘’。（你这样说了，）我放你回去。”

注释

1 王子发钩：楚公子茷。

发钩告君，君告栾书，栾书曰：“臣固闻之，郤至欲为难，使苦成叔缓齐、鲁之师，己劝君战，战

发钩（如言）告诉晋厉公，晋厉公告知栾书，栾书说：“我本听说，郤至想酿成灾祸，他叫苦成叔要齐、鲁迟迟不发兵，而他自己劝您单独作战。如果

败,将纳孙周[1],事不成,故免楚王。然战而擅舍国君,而受其问,不亦大罪乎?且今君若使之于周,必见孙周。”君曰:“诺。”栾书使人谓孙周曰:“郤至将往,必见之!”郤至聘于周,公使觇[2]之,见孙周。是故使胥之昧与夷羊五刺郤至、苦成叔及郤锜[3]。

打败了,将迎孙周回国为君,这个目的达不到,所以就使楚王免于被俘。这样,作战却擅自放走(敌国)国君,反而接受他的赠送,难道不是大罪吗?再说,您如果派郤至出使到周去,他一定会去看望孙周。”晋厉公说:“行。”栾书派人去对孙周说:“郤至将来周,一定要接见他。”郤至到周聘问,晋厉公派人窥探,郤至果然去看望孙周。因此派胥之昧和夷羊五杀死郤至、苦成叔和郤锜。

注释

1 孙周:名周,是晋襄公的孙子,孙谈的儿子,所以叫孙周。按晋国规定,公子都不得住在国内,这时周住在周,事单襄公。参见《周语下》第二篇。

2 觇(chān):看,偷偷地察看。

3 胥之昧、夷羊五:都是晋厉公的嬖(bì)臣。宠爱狎昵的近臣,叫嬖臣。

郤锜谓郤至曰:“君不道于我,我欲以吾宗与吾党夹而攻之,虽死必败,君必危,其可乎?”郤至曰:“不可。至闻之,武人不乱,智人不诈,仁人不党。夫利君之富,富以聚党,利党以危君,君之

郤锜对郤至说:“国君对我们不讲君臣之道,我想率领我们的宗族和我的同党夹攻他,即使我们战死,国家也受到毁损,国君一定危险,可以吗?”郤至说:“不可。我郤至听说,有武德的人不作乱,明智的人不欺诈,仁厚的人不结私党。受君俸禄之利得以富有,凭借富有结成私党,利用私党危害国君,国君

杀我也后矣。且众何罪？钧之死也，不若听君之命。”是故皆自杀[1]。

既刺三郤，栾书弑厉公，乃纳孙周而立之，实为悼公。

早该杀死我们了。而且众人有什么罪（让他们去跟我们死）？都是死，不如听从君命的处置。”所以三人都自杀而死。

已杀死三郤，栾书杀死晋厉公，于是迎孙周回国立为国君，这就是晋悼公。

注释

1 皆自杀：三人都是被杀，不是自杀，说“自杀”，大概是从情愿接受杀戮这一点说的。

11.长鱼矫劝杀二子

原文

长鱼矫既杀三郤，乃胁栾、中行而言于公曰[1]：“不杀此二子者，忧必及君。”公曰：“一旦而尸三卿，不可益也。”对曰：“臣闻之，乱在内为宄[2]，在外为奸，御宄以德，御奸以刑。今治政而内乱，不可谓德。除鲠而避强，不可谓刑。德刑不立，奸宄并

译文

长鱼矫已经杀死三郤，就劫持栾书和中行偃，对晋厉公说：“如果不杀这两位，忧患必定落到您的身上。”晋厉公说：“一个早上将三卿杀死，陈尸示众，不可以再增加了。”回答说：“臣听说，在朝廷之内作乱叫宄，在朝廷之外作乱叫奸，防御内宄用德，防御外奸用刑。现在治理政事发生了内乱，不可说是德，铲除祸害却又回避强梁，不可以说是刑。德、刑都不能树立，内宄外

至,臣脆弱,不能忍俟也。”乃奔狄。三月,厉公弑。[3]

奸一齐来,臣无能,不能隐忍等待。”于是出走到狄。三个月后,晋厉公被杀。

注释

1 上篇说胥之昧、夷羊五杀三郤,这里又说是长鱼矫。前二人受命杀人,具体执行的则是长鱼矫。长鱼矫也是厉公的嬖臣。中行,中行偃,即荀偃,又称中行献子。后曾为晋中军统帅。

2 宄(guǐ):奸诈之人,在内作乱。

3 三月,厉公弑:据《左传》,晋厉公被杀在鲁成公十八年(前573年)正月。“三月”,即三个月,是说长鱼矫出走后三个月。长鱼矫于鲁成公十七年十二月奔狄,同月,晋厉公被捕,这一年十二月后闰一个月,到次年正月,就是三个月了。

12.韩献子不从召

原文

栾武子、中行献子围公于匠丽氏[1],乃召韩献子。献子辞曰:“弑君以求威,非吾所能为也。威行为不仁,事废为不智,享一利亦得一恶,非所务也。昔者吾畜于赵氏,赵孟姬之谗,吾能违兵。[2]人有言曰:‘杀老牛莫之敢

译文

栾武子、中行献子,把晋厉公围困在匠丽氏,于是召韩献子。韩献子推辞不去,说:“用杀国君建立威权,不是我所能做到的。建立了威权,那是不仁,事如不成,那是不智,享受一项利益,也得到一个恶名,不是我所追求的。以前,我受赵家的抚养,赵孟姬进谗言,我能使赵家免于全遭兵祸。人们有话说:‘杀老牛没有人敢做主。’何况是国君呢?

尸。'而况君乎？二三子不能事君，安用厥也？"

中行偃欲伐之，栾书曰："不可。其身果而辞顺。顺无不行，果无不彻，犯顺不祥，伐果不克。夫以果戾顺行，民不犯也。吾虽欲攻之，其能乎？"乃止。

你们几位不能侍奉国君，哪里用得上我韩厥？"

中行偃想攻伐韩厥，栾书说："不可。他为人果敢，语言顺理。顺理办事就没有不行的，果敢就没有做不到的。侵犯顺理的不吉利，攻伐果敢的不能成功。办事果敢，顺理而行，人民就不会冒犯他。我们即使想攻伐他，能成吗？"这才没有讨伐韩厥。

注释

1 匠丽氏：厉公一个嬖臣的家。

2 赵孟姬：赵盾的儿媳，晋景公的姐姐。鲁成公八年（前583年），赵孟姬向景公进谗，杀害了赵同、赵括，族灭赵氏。当时韩厥进言，建议立赵盾的孙子赵武为赵氏之后，为景公所采纳。 兵：兵祸，这里指用兵器杀害。

卷十三　晋语七

1.栾武子立悼公

原文

既弑厉公，栾武子使智武子、彘恭子如周迎悼公[1]。庚午，大夫逆于清原。[2]公言于诸大夫曰："孤始愿不及此。孤之及此，天也。抑人之有元君，将禀命焉。[3]若禀而弃之，是焚谷也；其禀而不材，是谷不成也。谷之不成，孤之咎也；成而焚之，二三子之虐也。孤欲长处其愿，出令将不敢不成，二三子为令之不从，故求元君而访焉。孤之不元，废也，其谁怨？元而以虐奉之，二三子之制也。若欲奉元以济大义，将在今日；若欲暴虐以离百姓，

译文

已经杀了晋厉公，栾武子派智武子、彘恭子到周去迎接晋悼公。庚午日，大夫们在清原迎接晋悼公。晋悼公对各位大夫说："我当初的愿望没有到这一步。我能到这一步，这是天意。人民有好的君主，将接受他的命令。如果已接受他的命令却又抛弃他，这就等于是烧毁粮食。所受命令不可遵行，就如同粮食作物不结实。如果粮食不成实，那是我的过错。实已结成却毁灭它，那是你们各位的暴虐了。我想长时间在位，发布命令不敢不考虑成熟，你们各位正因为发令得不到听从，所以寻求好的君主才来找到我。我如果不好，就废掉，怨谁呢？如果好而暴虐地对待君主，这就是各位的专横了。如果想侍奉好的君主使大义得以成就，将在今天；如果想暴虐从事，使百姓离散，改变人间常

反易民常，亦在今日。图之进退，愿由今日。”大夫对曰：“君镇抚群臣而大庇荫之，无乃不堪君训而陷于大戮，以烦刑、史，辱君之允令，敢不承业！”乃盟而入。

规，也在今天。考虑是进还是退，请从今天开始。”大夫们回答说：“您安抚我们众臣，大加庇荫，我们只怕不能承受您的教训，以致陷入死罪，麻烦刑官(定罪)史官(记事)，玷辱了您的允当的命令，岂敢不恭敬地办事？”于是君臣结盟进入国都。

注释

1 栾武子：栾书。 智武子：荀罃(yīng)，后曾为晋中军统帅。 彘(zhì)恭子：晋卿士鲂(fáng)，封于彘。

2 庚午：庚午日，即鲁成公十八年正月十五日。 清原：晋地，在今山西稷山县东南二十里。

3 元君：贤明的君主。元，善。 禀命：接受命运。禀，接受。

辛巳，朝于武宫。[1]定百事，立百官，育门子[2]，选贤良，兴旧族，出滞赏，毕故刑，赦囚系，宥闲罪，荐积德，逮鳏寡，振废淹，[3]养老幼，恤孤疾，年过七十，公亲见之，称曰“王父”，敢不承[4]。

辛巳日，在武宫上朝。议定各类大事，设立各种官职，培养门子，选用他们贤良的人，使旧臣的子孙复兴，该赏而未赏的予以奖赏，结束过去被罚做苦役的人的惩罚，赦免囚禁在牢狱里(未定刑)的人，宽恕嫌疑犯，荐举积累德行之士，救济鳏夫和寡居的妇女，起用因小罪而久被废弃的贤人，养育老人小孩，体恤孤儿和残疾人，年过七十岁的，晋悼公亲自接见，称呼他们为“王父”，(这样的优待)不敢不接受。

注释

1 辛巳:辛巳日,即正月二十六日。 武宫:晋国君始祖武公的庙。有大事则到武宫朝会祭祀。

2 门子:大夫的嫡子。

3 旧族:旧臣的子孙。 滞赏:有功于先君却还没得到奖赏的人。 宥:赦免。 闲罪:嫌疑犯。 荐:推荐。 振:起用。 废:因小罪而被废弃的贤人。 淹:久。

4 敢:不敢。七十以上的老人受到悼公亲自接见并被称呼“王父”,(这样的优待)不敢不接受。

2.悼公即位

原文

二月乙酉,公即位。使吕宣子[1]将下军,曰:“邲之役,吕锜佐智庄子于上军,获楚公子榖臣与连尹襄老,以免子羽。[2]鄢之役,亲射楚王[3]而败楚师,以定晋国,而无后,其子孙不可不崇也。”使彘恭子将新军,曰:“武子之季,文子之母弟也。[4]武子宣法以定晋国,至于今是用。文子勤身以

译文

二月乙酉日,晋悼公即位。任命吕宣子为下军统帅,说:“邲之战,吕锜在上军辅佐智庄子,俘获楚公子榖臣和连尹襄老,使子羽获释。鄢陵之战,吕锜亲射中楚王,打败了楚军,安定晋国,却没有后嗣(为官),他的子孙不可以不尊崇。”使彘恭子统帅新军,说:“他是范武子的小儿子,范文子的同母弟。武子严明法制,使晋国得以安定,到现在还在用这些法规。文子亲身劳累,安抚诸侯,到现在还在依

定诸侯，至于今是赖。夫二子之德，其可忘乎！”故以彘季[5]屏其宗。使令狐文子[6]佐之，曰：“昔克潞之役，秦来图败晋功，魏颗以其身却退秦师于辅氏，亲止杜回，[7]其勋铭于景钟。至于今不育，其子不可不兴也。”

靠他的功绩。这两位的功德，难道可以忘记吗？”所以用彘季保护他的宗室。派令狐文子辅佐彘恭子做新军副帅，说：“以前攻克潞狄之战，秦兵前来想毁败晋的功业，魏颗亲身在辅氏打退秦兵，抓获了杜回，他的功勋记载在景公钟上。到现在后代还没被举荐，他的儿子不可以不起用。”

注释

1 吕宣子：吕锜的儿子吕相。

2 郯之役……以免子羽：智庄子，荀首，当时是下军大夫，所以这里“吕锜佐智庄子于上军”的“上”应当改为“下”。郯之战，吕锜为智庄子驾兵车，冲入敌阵，射死连尹（楚官名）襄老，俘获楚公子穀臣。嗣后用穀臣和襄老的尸体交换子羽。子羽就是智武子荀罃，他是智庄子的儿子，郯之战时被楚人俘获。

3 亲射楚王：鄢陵之战，吕锜射中楚共王的眼睛，自己被楚养由基射中颈项而死。

4 武子：晋正卿、中军统帅士会，初封随，后封范，称范武子。 文子：范武子的儿子士燮。

5 彘季：就是彘恭子士鲂(fáng)，士会的儿子，士燮的弟弟。

6 令狐文子：魏颗的儿子魏颉(jié)。令狐是魏颉的封地。

7 克潞之役：攻克潞狄之战在公元前594年。 辅氏：在今陕西大荔县东不足二十里。 杜回：秦国力士。

君知士贞子之帅志博闻而宣惠于教也，使

国君了解士贞子遵循古籍记载行事，博学多闻，热心于对人普遍施行教

为太傅。[1]知右行辛之能以数宣物定功也,使为元司空。[2]知栾纠之能御以和于政也,使为戎御。[3]知荀宾之有力而不暴也,使为戎右[4]。

育,任命他为太傅。了解右行辛擅长计算,能用他的特长阐明物理,成就事功,任命他为首席司空。了解栾纠善于驾车、协调军政,任命他为戎御。了解荀宾有勇力而不粗暴,任命他为戎右。

注释

1 太傅,官名。本为王朝三公之一,傅相天子,官阶很高。晋自文公为侯伯,自设太傅。范武子(士会)曾为太傅,本文说他"武子宣法以定晋国,至于今是用",大概是要士贞子修范武子之法,履行他曾履行过的职务。士贞子是晋卿士穆子的儿子士渥浊。

2 右行(háng)辛:晋大夫贾辛。晋文公成立三个步兵军来抵抗戎人,荀林父担任中行大夫,郤縠担任右行大夫。荀林父后代姓中行,所以右行辛是郤縠后人。在晋悼公时代大量起用老功臣后代,所以任命右行辛为司空。 司空:官名,掌管土木工程。

3 栾纠:晋大夫弁纠。 戎御:职务是驾驶国君的兵车。

4 戎右:站在国君战车右方的勇士,约当于后世的保镖,而地位为高。

栾伯请公族大夫[1],公曰:"荀家惇惠,荀会文敏,黡也果敢,无忌镇静,[2]使兹四人者为之。夫膏粱之性难正也,故使惇惠者教之,使文敏者导之,使果敢者谂[3]

栾伯请求任命公族大夫,晋悼公说:"荀家纯朴宽仁,荀会有文才而且聪敏,栾黡果敢,无忌镇静,任命这四个人做公族大夫。吃肥肉、食精米饭,养成的脾性难以改正,所以使纯朴宽仁的人教诲他们,使有文才而且聪敏的人辅导他们,使果敢的人告诉他们有什么过错,使镇静的人

之,使镇静者修之。惇惠者教之,则遍而不倦;文敏者导之,则婉而入;果敢者谂之,则过不隐;镇静者修之,则壹。使兹四人者为公族大夫。”

培养他们形成好的性格。纯朴宽仁的人教诲他们,就可普遍施教而不倦怠;有文才而且聪敏的人辅导他们,就会顺当,他们也好接受;果敢的人告诉他们有什么过错,有过失就不会不知道;镇静的人培养他们,就会专一(收到好的效果)。任命这四个人做公族大夫。”

注释

1 栾伯:栾武子栾书。 公族大夫:官名,掌管贵族子弟的教育。

2 荀家:晋大夫。 荀会:荀家的族人。 栾黡(yǎn):栾书的儿子栾桓子。 无忌:韩厥的儿子公族穆子。

3 谂(shěn):深谏,规谏。

公知祁奚之果而不淫也,使为元尉。[1] 知羊舌职之聪敏肃给也,使佐之。知魏绛之勇而不乱也,使为元司马。[2] 知张老之智而不诈也,使为元候。[3] 知铎遏寇之恭敬而信强也,使为舆尉。[4] 知籍偃之惇帅旧职而恭给也,使为舆司马。知程郑端而不淫,且好谏而不隐也,使为赞仆。[5]

晋悼公了解祁奚果断而不会有过失,让他做中军尉。了解羊舌职聪明敏捷,让他辅佐祁奚。了解魏绛勇敢而不乱来,让他做中军司马。了解张老多智而不作伪,让他做中军候奄。了解铎遏寇恭敬而信实坚强,让他做上军尉。了解籍偃谨遵向来的职守而且恭敬便捷,让他做上军司马。了解程郑端正无邪,而且乐于规劝君主,无所隐瞒,让他做赞仆。

注释

1 祁奚:晋大夫。姬姓,祁氏,名奚,字黄羊,春秋时晋国人(今山西祁县人),因食邑于祁(今祁县),遂为祁氏。周简王十四年(前572年),晋悼公即位,祁奚被任为中军尉。 尉:是次于帅而高于众官的军职。

2 魏绛:魏颗的兄弟魏庄子。 元司马:中军司马。司马,掌管军法。

3 张老:晋大夫,字孟,名老。 元候:中军候奄,侦察人员的长官。

4 铎遏(duó è)寇:晋国大夫。 铎遏,复姓。 舆尉:上军尉。

5 程郑:与上面所说的铎遏寇、籍偃都是晋大夫。 赞仆:官名,为百官驾车的总领。

3.悼公始合诸侯

原文

始合诸侯于虚朾[1]以救宋,使张老延君誉于四方,且观道逆者。吕宣子卒,公以赵文子为文也,而能恤大事,使佐新军[2]。三年,公始合诸侯。四年,诸侯会于鸡丘,[3]于是乎布命、结援、修好、申盟而还。令狐文子卒,公以魏绛为不犯,使佐新军。使张老

译文

开始在虚朾会合诸侯,援救宋国,派张老到四方去称誉晋君,同时观察有道无道的诸侯。吕宣子死,晋悼公认为赵文子有文才,能操心国家大事,派他为新军统帅。晋悼公三年,晋悼公又开始会合诸侯。晋悼公四年,诸侯在鸡丘会集,在这里公布共同遵守的事项,结成互相救援的关系,加深国与国之间的情谊,重申已有的盟约,这才回国。令狐文子死,晋悼公认为魏绛(严格执行纪律)不可干犯,派他为新军副帅。派张老任司马,派

为司马,使范献子为候奄。[4]公誉达于戎。五年,诸戎来请服,使魏庄子[5]盟之,于是乎始复霸。

范献子任候奄。晋悼公的政声传到戎族那里。晋悼公五年,戎族各部落来请求归服,派魏庄子和他们订立盟约,从这里开始再次称霸。

注释

1 虚朾(chēng):春秋时宋国地名,疑在今河南睢县西北。楚伐宋,悼公令诸侯救宋,诸侯在此会合。

2 这里"佐新军"当为"将新军",因下文有"公以魏绛为不犯,使佐新军"。既派魏绛为"佐",一军不会有两个"佐"。

3 晋悼公四年是鲁襄公四年,公元前569年。鸡丘,就是鸡泽,在今河北邯郸市永年区东南。

4 范献子:晋大夫士富,范文子士燮的族弟。 候奄(hòu yǎn):军中负责侦察敌情的官员。

5 魏庄子:就是魏绛。

四年,会诸侯于鸡丘,魏绛为中军司马,公子扬干乱行于曲梁,[1]魏绛斩其仆[2]。公谓羊舌赤[3]曰:"寡人属[4]诸侯,魏绛戮[5]寡人之弟,为我勿失。"赤对曰:"臣闻绛之志,有事不避难,有罪不避刑,其将来辞。"言终,魏绛至,授仆人书而伏剑。士鲂、张老

晋悼公四年,在鸡丘会合诸侯,魏绛为中军司马,公子扬干在曲梁搅乱军伍行列,魏绛斩杀他的驾车人。晋悼公对羊舌赤说:"我会集诸侯,魏绛侮辱我的弟弟,替我把他抓起来,不要让他跑掉。"赤回答说:"我听说魏绛立志要做到,有事不回避困难,有罪不逃避刑罚,他将自己来请罪。"话刚说完,魏绛就到了,把书信交给传令人,把剑架在脖子上。士鲂、张老(左右各

交止之。仆人授公，公读书曰："臣诛于扬干，不忘其死。日君乏使，使臣狃[6]中军之司马。臣闻师众以顺为武，军事有死无犯为敬，君合诸侯，臣敢不敬！君不说，请死之。"公跣[7]而出，曰："寡人之言，兄弟之礼也。子之诛，军旅之事也。请无重寡人之过。"反役，与之礼食，令之佐新军。

一）同时阻止他（自杀）。传令人把书信交给晋悼公，晋悼公读他的书信说："臣责备了扬干，没有忘记是死罪。前时您缺乏役使的人，叫我担任中军司马之职。臣听说军队以顺从命令为武，军事活动即使是死也不允许干犯，这是敬，您会合诸侯，臣岂敢不敬？现在您不高兴，我请为此而死。"晋悼公光脚跑出来，说："我的话，那是兄弟之礼。您的罚，是军队的事。请不要加重我的过错。"盟会回国，（晋悼公）设宴款待魏绛，叫他做新军副帅。

注释

1 公子扬干：悼公的弟弟。 乱行：搅乱军伍行列。 曲梁：晋地。今山西长治市潞城区北四十里。

2 仆：指车夫，驾车的人。

3 羊舌赤：羊舌职的儿子铜鞮伯华。

4 属(zhǔ)：集合，汇集。

5 戮：羞辱，侮辱。

6 狃(niǔ)：任，充当。

7 跣(xiǎn)：光着（脚）。古人入室脱履，晋悼公为阻止魏绛自杀，来不及穿履，赤脚而出。

4.祁奚荐贤

原文

祁奚辞于军尉，公问焉，曰："孰可？"对曰："臣之子午可。人有言曰：'择臣莫若君，择子莫若父。'午之少也，婉以从令，游有乡[1]，处有所，好学而不戏。其壮也，强志而用命，守业而不淫。其冠也，和安而好敬，柔惠小物，而镇定大事，有直质而无流心，非义不变，非上不举。若临大事，其可以贤于臣。臣请荐所能择而君比义焉[2]。"公使祁午为军尉，殁平公[3]，军无秕[4]政。

译文

祁奚告老，不当军尉。晋悼公问他说："谁可以当军尉？"回答说："臣的儿子祁午可以。人们有句俗话说：'选择臣子，没有谁赶得上君主，选择儿子，没有谁赶得上父亲。'祁午年少的时候，温顺听话，出游有一定的去向，逗留有固定的场所，好学而不嬉戏。他长大了，记得的东西多，听从父命，坚持所从事的事业，没有过失。到他成年的时候，温和安详，恭敬成性，虽是细小的事，也仁惠慈爱，处理大事能镇定自若，有正直质朴的品性，没有放荡不羁的心思，不合大义的事不做，非君上(的意旨)不会有所举动。如果面临大事(加以处置)，他将比臣能干。臣请推荐我所能挑选的，请您比较选定。"晋悼公任命祁午为军尉，直到平公去世，军中的政令没有失误。

注释

1 乡：通"向"，方向。

2 比：比较。　义：同"宜"，合适的，选择合适的。

3 平公：悼公的儿子彪。公元前557年至前532年在位。

4 秕(bǐ)：以谷物中的秕子比喻坏的情形。

5.魏绛谏伐诸戎

原文

五年，无终子嘉父使孟乐因魏庄子纳虎豹之皮以和诸戎。[1]公曰："戎、狄无亲而好得[2]，不若伐之。"魏绛曰："劳师于戎，而失诸华[3]，虽有功，犹得兽而失人也，安用之？且夫戎、狄荐[4]处，贵货而易土，予之货而获其土，其利一也；边鄙耕农不儆[5]，其利二也；戎、狄事晋，四邻莫不震动，其利三也。君其图之！"公说，故使魏绛抚诸戎，于是乎遂伯[6]。

译文

晋悼公五年，无终族酋长派孟乐通过魏庄子向晋进贡虎豹皮革，以求得晋与戎的各部族和睦相处。晋悼公说："戎狄不讲亲和而贪得无厌，不如讨伐他们。"魏绛说："向戎族用兵，使部队疲惫，就会失去诸侯，即使有功，等于获得了兽，失去了人，哪里用得着这么干？再说戎狄聚居，重财货，轻土地，给他们财货而得到他们的土地，这是一项利益；边疆农民不再戒惧，这是第二项利益；戎狄臣服于晋，四方邻国没有不受到震动的，这是第三项利益。请您谋划这件事！"晋悼公高兴，所以派魏绛安抚戎族各部落，晋国从此称霸。

注释

1 五年：晋悼公五年，鲁襄公五年。 无终：山戎之国，今为县，在北平。 子：爵位。 嘉父：名。 孟乐：嘉父的臣。 庄子：魏绛。 和诸戎：让诸戎服从于晋。

2 无亲：无感恩之心。 好得：贪货财。

3 诸华：华夏。

4 荐:聚居。

5 儆(jǐng):本义为使人警醒,不犯过错。这里的意思是畏惧,害怕。

6 伯:诸侯之长叫“伯”,读如“霸”。这里用如动词,称霸。

6.悼公赏韩穆子

原文

韩献子老,使公族穆子受事于朝。[1] 辞曰:“厉公之乱[2],无忌备公族[3],不能死。臣闻之曰:‘无功庸者[4],不敢居高位。’今无忌,智不能匡君,使至于难,仁不能救,勇不能死,敢辱君朝以忝[5]韩宗,请退也。”固辞不立。悼公闻之,曰:“难虽不能死君而能让,不可不赏也。”使掌公族大夫。

译文

韩献子告老,叫(他的儿子)公族穆子到朝廷上接受职务。(公族穆子)辞让说:“厉公的乱事,无忌我在同姓之列,却不能殉难而死。臣听说:‘没有功劳不敢做高官。’现在无忌我,智慧不能使国君纠正过失,以致他蒙难,仁不能救国君(使他免死),勇不能自己去死,怎么敢玷辱国君的朝堂,玷辱韩氏宗族?请允许我引退。”坚持辞让不立(为卿)。晋悼公听了,说:“国君有难虽不能死,但能谦让,不可不奖赏。”任命他掌管公族大夫的职事。

注释

1 韩献子:韩厥,晋卿。 穆子:韩厥长子无忌。

2 厉公之乱:鲁成公十八年(前 573 年),栾书、中行偃弑晋厉公。

3 公族:同姓。

4 国功曰功，民功曰庸。

5 忝：辱没，谦辞。

7.悼公使魏绛佐新军

原文

悼公使张老为卿[1]，辞曰："臣不如魏绛。夫绛之智能治大官[2]，其仁可以利公室不忘[3]，其勇不疚于刑[4]，其学不废其先人之职。若在卿位，外内必平。且鸡丘之会，其官不犯而辞顺，不可不赏也。"公五命之，固辞，乃使为司马。使魏绛佐新军。

译文

晋悼公任命张老为卿，（张老）推辞说："臣不如魏绛。韩绛的智慧能治理大官的职事，他的仁德可坚持不懈地使公族受益，他的勇敢不怕得罪，他的学识可以使他不废弃祖先的职守。如果在卿的位置上，国内外都会相安无事。再说，鸡丘之会，他履行职责不受干扰，而且言辞顺当，不可以不奖赏。"晋悼公五次任命张老，张老坚决推辞，就派他为司马。任命魏绛为新军副帅。

注释

1 卿：各军的正、副统帅官阶都是卿，这里是指新军的副帅。

2 大官：卿。

3 利公室不忘：不忘利公室。

4 不疚于刑：能下决断。疚，疾病，痛苦。

8.悼公赐魏绛

原文

十二年，公伐郑，军于萧鱼。[1]郑伯嘉来纳女、工、妾三十人，女乐二八，歌钟二肆，及宝镈，辂车十五乘。[2]公锡魏绛女乐一八，歌钟一肆，曰："子教寡人和诸戎、狄而正诸华，于今八年，七合诸侯，寡人无不得志，请与子共乐之。"

魏绛辞曰："夫和戎、狄，君之幸也。八年之中，七合诸侯，君之灵也，二三子之劳也，臣焉得之？"公曰："微子，寡人无以待戎，无以济河。二三子何劳焉？子其受之。"君子曰："能志善也。"

译文

晋悼公十二年，晋悼公讨伐郑国，军队在萧鱼驻扎。郑伯嘉来献美女、乐师、婢妾三十人，歌舞女子两队、歌钟二列、宝贵的大钟，还有大车十五乘。晋悼公赏赐魏绛一队歌舞女子，一列歌钟，说："您教我与戎狄各族和好，整顿华夏族各国，到现在八年，七次会合诸侯，我没有不得志的地方，请允许我同您共享快乐。"

魏绛不接受，说："与戎狄和好，是您的幸运。八年之中，七次会合诸侯，是您的威灵，诸位大臣的辛劳，臣怎能专有这些大功？"晋悼公说："没有您，我无法对付戎族各部落，也没有法子渡过黄河（降服郑国）。各位大臣（在这两点上）有什么功劳呢？您请接受！"君子说："（晋悼公）能记住人家的好处啊！"

注释

1 十二年：晋悼公十二年，公元前 561 年。 萧鱼：郑地，在今河南原阳县西南。

2 郑伯嘉:伯是爵位,嘉是名,就是郑简公。 二八:两队,每队八人,两队十六人。 歌钟:唱歌时演奏的编钟。 二肆:二列,就是两套。

9.司马侯荐叔向

原文

悼公与司马侯[1]升台而望曰:“乐夫!”对曰:“临下之乐则乐矣,德义之乐则未也。”公曰:“何谓德义?”对曰:“诸侯之为,日在君侧,以其善行,以其恶戒,可谓德义矣。”公曰:“孰能?”对曰:“羊舌肸习于《春秋》[2]。”乃召叔向,使傅太子彪[3]。

译文

晋悼公和司马侯登台远望,说:“快乐啊!”回答说:“居高临下的快乐,倒真是快乐了,树德行义,这样的快乐那就还没有享受到。”晋悼公说:“什么叫德义?”回答说:“诸侯国君所行的事,天天在国君旁边。拿他们的善行作榜样加以实行。拿他们的恶行作为鉴戒,可以说是德义了。”晋悼公说:“谁能这样做?”回答说:“羊舌肸熟习《春秋》(,他可以辅佐君主做到)。”于是召见叔向,叫他辅佐太子彪。

注释

1 司马侯:晋大夫汝叔齐。

2 羊舌肸(xī):晋大夫叔向,后为平公太傅。《春秋》:一种史书。不是现在见到的经过孔子删定的《春秋》。

3 傅:辅佐,教导。 太子彪:悼公的太子,名彪,后为晋平公。

卷十四　晋语八

1.平公灭栾氏

原文

平公六年，箕遗及黄渊、嘉父作乱，不克而死。[1]公遂逐群贼，谓阳毕[2]曰："自穆侯[3]以至于今，乱兵不辍，民志不厌，祸败无已。离民且速寇，恐及吾身，若之何？"阳毕对曰："本根犹树，枝叶益长，本根益茂，是以难已也。今若大其柯，去其枝叶，绝其本根，可以少闲。"

译文

晋平公六年，箕遗及黄渊、嘉父作乱，未成被杀。晋平公于是驱逐乱党，对阳毕说："从穆侯到现在，乱兵不断，民心不足，祸乱不停。使人民离散而且招致外国入侵，恐怕祸害到我自身，怎么办？"阳毕回答说："祸乱的根本还在，枝叶越是长得多，根本越是壮大，所以难以制止乱事。现在如果把斧柄装得大大的，砍去那些枝叶，砍断树的根本，可以稍稍好些。"

注释

1 平公六年……不克而死：平公六年为公元前552年。箕遗、黄渊、嘉父：都是晋国大夫，栾盈的党羽。栾盈的父亲栾黡，娶范宣子（士匄）的女儿叔祁。叔祁与人私通，栾盈不满。叔祁便向父亲告儿子的状，说栾盈将作乱。栾盈好施，有一批士人归附于他，当时范宣子执政，也怕因此导致命令不得执行，有驱逐栾盈的意思。箕遗等知道了这一意图，于是作乱。

2 阳毕：晋大夫。

3 穆侯：晋开国君主唐叔的八世孙，桓叔的父亲。晋国内乱，从桓叔开始。

公曰："子实图之。"对曰："图在明训，明训在威权，威权在君。君抡贤人之后有常位于国者而立之[1]，亦抡逞志亏君以乱国者之后而去之，是遂威而远权。民畏其威，而怀其德，莫能勿从。若从，则民心皆可畜。畜其心而知其欲恶，人孰偷生？若不偷生，则莫思乱矣。且夫栾氏之诬晋国久也，栾书实覆宗[2]，弑厉公以厚其家，若灭栾氏，则民威矣。今吾若起瑕、原、韩、魏之后而赏立之[3]，则民怀矣。威与怀各当其所，则国安矣，君治而国安，欲作乱者谁与？"

晋平公说："请您谋划这事！"回答说："谋划在于明确教训，明确教训在于使用威权，使用威权在于国君。国君挑选那些在国家有固定高位的贤人的后嗣，立他们为官，也挑选出那些使自己志意得逞、亏待君主、扰乱国家的人的后代，把他们除掉，这就能明扬君威，并且使后世还能掌权。人民害怕君主的威权，怀恋君主的恩德，没有人不顺从的。如果顺从了，那么，人民的心思就可以加以诱导。诱导他们的心思，就知道他们的好恶，人谁愿苟且生存？如果不苟且生存，就没有人想作乱了。再说，栾氏欺骗晋国人也已经好久了，栾书覆灭了大宗，杀死晋厉公，使他的家族获得重利，如果消灭栾氏，那人民就会畏威了。现在我们如果振兴瑕、原、韩、魏的后人，赏赐他们，立他们为官，那人民就将怀恋君的恩德了。威权与怀恩都非常合适，国家就安定了。国君治理得好，国家安定，谁还想作乱呢？"

注释

1 抡(lún):挑选,选拔。 常位:世袭的高位。

2 栾书实覆宗:栾书,栾盈的祖父。他杀了厉公,“覆宗”就是指这事说的。栾书杀厉公,立悼公,人民不以为恶,而认为他做了好事,所以前文说“栾氏之诬晋国久也”。照阳毕的看法,栾书是杀君的贼,人民反以为德,是受了栾氏的欺骗。

3 瑕、原、韩、魏:往世晋国有功的贤臣。瑕,瑕嘉。原,原轸。韩,韩万。魏,指毕万。毕万在晋献公时为戎右,封于魏。

君曰:“栾书立吾先君,栾盈不获罪,如何?”阳毕曰:“夫正国者,不可以昵于权[1],行权不可以隐于私。昵于权,则民不导;行权隐于私,则政不行。政不行,何以导民?民之不导,亦无君也。则其为昵与隐也,复害矣,且勤身。君其图之!若爱栾盈,则明逐群贼,而以国伦数而遣之,厚箴戒图以待之。彼若求逞志而报于君,罪孰大焉,灭之犹少。彼若不敢而远逃,乃厚其外交而勉之,以

晋平公说:“栾书立我先君,栾盈又没有犯罪,怎么办呢?”阳毕说:“使国家走上正道,不可以只顾近期权力,行使权力不可以被私恩所蒙蔽。只顾近期权力,引导人民就会不对路;被私恩所蒙蔽,政令就会行不通。政令行不通,怎么引导人民呢?人民不能引导,也就谈不上君主的权力。那么,浅近和蒙蔽就是反复为害于国家了,而且也将劳损君主自身。请您谋虑这件事!如果爱护栾盈,就明令驱逐乱党,用国家的大道理宣布栾盈的罪,打发他走,严加规劝,警惕他的阴谋,这样来对付他。假如他想使自己的心意得逞,对您实行报复,罪恶还有比这更大的吗?消灭他都还不够抵罪。假如他不敢报复,远逃他国,就与他所在国家敦睦外交,(使所在国优待他,)劝勉他好自为之,以此报答

报其德,不亦可乎?”

栾氏之德,不也可以吗?”

公许诺,尽逐群贼而使祁午及阳毕适曲沃逐栾盈,栾盈出奔楚。遂令于国人曰:“自文公以来有力于先君而子孙不立者,将授立之,得之者赏。”

晋平公同意这些意见,全部驱逐乱党,派祁午和阳毕到曲沃去驱逐栾盈,栾盈出奔到楚国。于是对国内人民发号令说:“从文公以来,对先君有功而他的子孙没有爵位的,将授予爵位,立他为官,访得功臣之后的有赏。”

居三年,栾盈昼入,为贼于绛。范宣子以公入于襄公之宫。栾盈不克,出奔曲沃。遂刺栾盈,灭栾氏。是以没平公之身无内乱也。

过了三年,栾盈白昼回国,到绛城做反贼。范宣子保卫晋平公进入襄公庙里避难。栾盈没有成功,出奔到曲沃。于是杀死栾盈,族灭栾氏。因此直到晋平公死都没有内乱。

注释

1 昵(nì)于权:亲近权力。昵,同“暱”,亲近。

2.平公遣辛俞

原文

栾怀子[1]之出,执政使栾氏之臣勿从,从栾氏者为大戮施[2]。栾氏之臣辛俞行,吏执之,献诸公。公曰:“国有大令,何故犯之?”

译文

栾怀子出奔,执政命令栾氏的家臣不要跟随,跟随的将处死,陈尸示众。栾氏家臣辛俞跟栾盈出走,官吏抓住他,献给晋平公。晋平公说:“国家有重大的命令,为什么违犯?”回

对曰:“臣顺之也,岂敢犯之?执政曰‘无从栾氏而从君’,是明令必从君也。臣闻之曰:‘三世事家,君之;再世以下,主之。’事君以死,事主以勤,君之明令也。自臣之祖,以无大援[3]于晋国,世隶于栾氏,于今三世矣,臣故不敢不君。今执政曰‘不从君者为大戮’,臣敢忘其死而叛其君,以烦司寇?”

答说:“臣顺从命令,岂敢违犯?执政说‘不要跟从栾氏而要跟从君主’,这是明确命令一定要跟从君。臣听说:‘三代事大夫之家,以大夫为君;两代以下,以大夫为主。’用死侍奉君,用勤劳侍奉主,是国君明确的政令。从我祖父起,因为在晋国没有大的助力,世世代代从属于栾家,到现在三世了,所以臣不敢不以栾家为君。现在执政说‘不顺从君的死罪’,臣岂敢忘记死罪而背叛我的君主来麻烦司寇呢?”

注释

1 栾怀子:栾盈。

2 大戮:处死且示众。　施:施行。

3 援:助,助力。

公说,固止之,不可,厚赂之。辞曰:“臣尝陈辞矣,心以守志,辞以行之,所以事君也。若受君赐,是堕[1]其前言。君问而陈辞,未退而逆之,何以事君?”君知其不可得也,乃遣之。

晋平公喜悦,坚决制止他跟栾氏出走,他不肯听从,于是送给他丰厚的财物。辛俞推辞不受,说:“臣已陈述自己的话语了,心意坚持志向,话语实行志向,这是用来侍奉君主的行为。如果接受您的赏赐,那就是毁坏刚才前面陈述的话语了。国君垂问就说一套,还没有退下去就违背这些话,用什么侍奉君主?”晋平公知道留不住,只好打发他走。

注释

1 堕(huī)：同“隳”，毁坏，破坏。

3.叔鱼杨食我之生

原文

叔鱼[1]生，其母视之，曰：“是虎目而豕喙，鸢肩而牛腹，谿壑[2]可盈，是不可餍也，必以贿死。”遂不视。

译文

叔鱼出生时，母亲察看他，说：“这孩子虎视眈眈，嘴长而尖，像猪一样，两肩高耸，像鸱鹰一样，腹部膨胀，像牛一样；沟谷能填满，这孩子的欲望却填不满，一定会贪财而死。”就不照看抚育。

注释

1 叔鱼：晋大夫羊舌鲋(fù)，叔向母弟。

2 溪壑(xī hè)：溪谷。这里是说叔鱼难以满足的贪欲比溪谷还填不满。

杨食我[1]生，叔向之母闻之，往，及堂，闻其号也，乃还，曰：“其声，豺狼之声，终灭羊舌氏之宗者，必是子也。”

杨食我出生时，叔向的母亲知道了，前去看望，到了堂屋，听到孩子的哭声，就回去了，说：“他的声音，是豺狼的声音，最终灭亡羊舌氏宗族的，一定是这孩子。”

注释

1 杨食我：叔向的儿子伯石。

4.叔孙穆子论死而不朽

原文

鲁襄公使叔孙穆子来聘[1],范宣子问焉,曰:"人有言曰'死而不朽',何谓也?"穆子未对。宣子曰:"昔匄之祖,自虞以上为陶唐氏,在夏为御龙氏,在商为豕韦氏,在周为唐、杜氏。周卑,晋继之,为范氏,其此之谓也。[2]"对曰:"以豹所闻,此之谓世禄,非不朽也。鲁先大夫臧文仲[3],其身殁矣,其言立于后世,此之谓死而不朽。"

译文

鲁襄公派叔孙穆子来聘问,范宣子问他,说:"人们有句话说:'死而不朽',什么意思?"穆子没有回答。宣子说:"从前我士匄的祖先,在虞以上是陶唐氏,在夏为御龙氏,在商为豕韦氏,在周为唐、杜氏。周王室卑弱,晋继承它,为范氏,大概就是这个意思吧?"回答说:"据我叔孙豹所知,这叫世世代代为官食禄,不是不朽。鲁国过世的大夫臧文仲,他身死了,他的话却在后世长存,这就叫'死而不朽'。"

注释

1 鲁襄公:鲁国国君,名午,公元前572年至前542年在位。 叔孙穆子:鲁卿叔孙豹。

2 商代末年,豕韦氏迁于唐,周成王灭唐,以封弟叔虞。迁唐于杜,首领叫杜伯。周宣王时,杜伯为大夫。宣王杀杜伯,他的儿子隰叔迁到晋国,生子舆。子舆在晋为管刑狱的官。子舆孙子士会为晋正卿,范是他的食邑,称为范武子。

3 藏文仲:鲁卿臧孙辰。参见《鲁语上》第五至第十条篇。

5.范宣子争田

原文

范宣子与和大夫[1]争田，久而无成。宣子欲攻之，问于伯华[2]。伯华曰："外有军，内有事。赤也，外事也，不敢侵官。且吾子之心有出焉，可征讯也。"问于孙林甫[3]，孙林甫曰："旅人，所以事子也，唯事是待。"问于张老[4]，张老曰："老也以军事承子，非戎，则非吾所知也。"问于祁奚[5]，祁奚曰："公族之不恭，公室之有回，内事之邪，大夫之贪，是吾罪也。若以君官从子之私，惧子之应且憎也。"问于籍偃[6]，籍偃曰："偃也以斧钺从于张孟，日听命焉，若夫子之命也，何二之有？释夫子而举，是反吾子也。"问于叔鱼[7]，叔鱼曰："待吾为子杀之。"

译文

范宣子与和大夫争田，长期没有解决。宣子想攻打和大夫，问伯华是否可行。伯华说："外有军事，内有政事。我是做外事的，不敢越权。如果您的心意想要对外出征，可以召我来问。"问孙林甫，孙林甫说："我是客居的人，是侍候您的，只等着侍候您。"问张老，张老说："我在军事方面听您的命令，不是军事活动，就不是我所知道的了。"问祁奚，祁奚说："公族中有不恭敬的人，公室中有邪恶的事，朝内的不公，大夫的贪浊，那是我的罪过。如果以国君的官职为您做私事，我害怕您表面上应承实际上憎恨我。"问籍偃，籍偃说："我啊，拿着兵器跟随张孟，每天听候他的命令，如果他下令，我哪有二话可说？如果背着他行动，那就是违反了您的命令。"问叔鱼，叔鱼说："等我为您杀掉他。"

注释

1 和大夫：治理晋国和邑的大夫。

2 伯华：铜鞮伯华，羊舌职的儿子羊舌赤，当时是中军的副尉。

3 孙林甫：卫大夫孙文子。卫国内乱，逃来晋国为晋臣。

4 张老：张孟，这时是上军统帅。

5 祁奚：平公元年，又出任公族大夫。

6 籍偃(jí yǎn)：上军司马籍游。

7 叔鱼：叔向的弟弟。

叔向闻之，见宣子曰："闻子与和未宁，遍问于大夫，又无决，盍访之訾祏[1]？訾祏实直而博，直能端辨之，博能上下比之，且吾子之家老也。吾闻国家有大事，必顺于典刑，而访咨于耇老[2]，而后行之。"司马侯[3]见，曰："闻吾子有和之怒，吾以为不信。诸侯皆有二心，是之不忧，而怒和大夫，非子之任也。"祁午见，曰："晋为诸侯盟主，子为正卿，若能靖端诸侯，使服听命于晋，晋国其谁不为子从，何必和？盍密和，和大以平小乎？"

叔向听说了，来见宣子说："听说您与和大夫不和，问遍了大夫们，仍没有决定，何不去征求訾祏的意见？訾祏正直而博学，正直就能正确地辨识事理，博学就能上下各方面进行比较，而且他又是您的家老。我听说，国与家有了大事，一定要顺着法典办，还访问老人家，然后才行动。"司马侯求见，说："听说您对和大夫动了怒气，我以为不是事实。诸侯国都有二心(想离叛晋)，不操心这个，而发和大夫的怒，不是您应当做的事。"祁午来见，说："晋是诸侯的盟主，您是正卿，如果能够安定诸侯，使他们服从晋，听晋的号令，晋国还有谁不服从您，何必计较一个和邑大夫呢？何不和平相处，以大德平小怨呢？"

注释

1 訾祏(zī shí):范宣子的家老。家老,家臣之长。

2 耇(gǒu)老:老年人。

3 司马侯:晋大夫汝叔齐。

宣子问于訾祏,訾祏对曰:"昔隰叔子违周难于晋国,生子舆为理,以正于朝,朝无奸官;为司空,以正于国,国无败绩。世及武子[1],佐文、襄为诸侯,诸侯无二心。及为卿,以辅成、景,军无败政。及为成[2]师,居太傅,端刑法,缉训典,国无奸民。后之人可则,是以受随、范。[3]及文子[4]成晋、荆之盟,丰兄弟之国,使无有间隙,是以受郇、栎。今吾子嗣位,于朝无奸行,于国无邪民,于是无四方之患,而无外内之忧,赖三子之功而飨其禄位。今既无事矣,而非和,于是加宠,将何治为?"宣子说,乃益和田而与之和。

宣子问訾祏,訾祏回答说:"以前隰叔子避周难来到晋国,生下子舆当掌刑狱的官,整顿朝纲,朝廷没有奸官;做司空,整顿全国,国内没有不成功的功业。传到武子,辅佐文公、襄公,治理诸侯国的事,诸侯没有二心。等到做了正卿,辅佐成公、景公,军队没有不成功的政事。后来做成公军师,官为太傅,整顿刑法,编辑教训的法典,国内没有奸民。后人可以他为楷模,所以受封于随、范。到文子,完成了晋楚结盟的大业,兄弟之邦获益匪浅,使他们之间没有隔阂,所以受封于郇、栎。现在您继位为卿,朝内没有奸邪的行为,国内没有邪恶的居民,于是没有四方的祸患,没有外部和内部的忧虑,依靠三位先辈的功业,享受着这禄位。现在已经无事了,却憎恨和,如果晋再加恩宠于您,将怎么治理国家呢?"宣子高兴,就把有争议的田给和大夫,与他和好。

注释

1 武子:范武子,即士芀的孙子士会。

2 成:当为“景”误。

3 受随、范:士会初封子随,后封于范,故称范武子。

4 文子:范文子,名士燮。

6.范宣子谓范献子

原文

訾祏死,范宣子谓献子[1]曰:“鞅乎!昔者吾有訾祏也,吾朝夕顾焉,以相晋国,且为吾家。[2]今吾观女也,专则不能,谋则无与也,将若之何?[3]”对曰:“鞅也,居处恭,不敢安易,敬学而好仁,和于政而好其道,谋于众不以贾好,私志虽衷,[4]不敢谓是也,必长者之由。”宣子曰:“可以免身。”

译文

訾祏死了,范宣子对献子说:“范鞅啊!以前我有訾祏,我朝夕可以问他,辅佐晋国,同时也为我们这个家族。现在我看你啊,自己不能做主,谋划又没有贤臣,将怎么办?”回答说:“我办事谨慎,处世端恭;不敢安闲,不敢草率;恭谨地学习,喜好仁义;从政以和为贵,并且钻研从政之道;和众人一起谋划,并不是为了讨好;个人的想法即使好,也不敢自以为是;一定要依顺长者的教导。”宣子说:“自身可以免祸。”

注释

1 献子:宣子的儿子范鞅。

2 顾:问。 相:辅佐。

3 专:独自做事。 无与:指没有可以与之商量的贤臣。

4 贾:谋求。 衷:善,好。

7.师旷论乐

原文

平公说新声,师旷[1]曰:“公室其将卑乎?君之明兆于衰矣[2]。夫乐以开山川之风也,以耀德于广远也。风[3]德以广之,风山川以远之,风物以听之,修诗以咏之,修礼以节之。夫德广远而有时节,是以远服而迩不迁。”

译文

平公爱听新乐曲,师旷说:“晋国就要衰败了吧?衰微的迹象在国君身上已经显示出来了。音乐是用来开通山河的风气的,是用来使德行的光辉照耀到广阔遥远的地方去的。歌颂功德的乐曲使人心胸开阔,歌颂山河的乐曲使人眼光远大,歌颂景物的乐曲使人听了心旷神怡,创作诗篇来吟咏,修治礼仪来节制。功德广大长久而行有时限,动有仪节,所以远方国家归服,近处诸侯没有二心。”

注释

1 师旷:晋国首席乐师子野。

2 君之明兆于衰矣:大概平公喜欢听的是一种流行歌曲,师旷则是正统的音乐家,所以才有这番感叹。

3 风:风化,教化。

8.叔向谏杀竖襄

原文

平公射鴳[1],不死,使竖襄搏之,失。公怒,拘将杀之。叔向闻之,夕,君告之。叔向曰:“君必杀之。昔吾先君唐叔射兕于徒林,殪[2],以为大甲,以封于晋。今君嗣吾先君唐叔,射鴳不死,搏之不得,是扬吾君之耻者也。君其必速杀之,勿令远闻!”君忸怩[3],乃趣赦之。

译文

晋平公射鴳没有射死,叫宫内小臣襄去逮,也没有逮住。晋平公发怒,拘禁襄,将要杀他。叔向听说,晚上朝见国君,国君把这事告诉叔向。叔向说:“您一定要杀掉他。从前,我们的先君唐叔在徒林射野牛,一箭射死,用皮做成坚固的铠甲,受封于晋地。现在您是先君唐叔的后嗣,射鴳射不死,逮又没逮住,这是宣扬我君的耻辱。您一定从速杀了他,不要让这种事传到远处。”晋平公感到羞愧,就赶快赦免了襄。

注释

1 鴳(yàn):麦收时的一种候鸟。

2 殪(yì):杀死。

3 忸怩(niǔ ní):这里是羞愧的意思。

9.叔向论比别

原文

叔向见司马侯之子,

译文

叔向看见司马侯的儿子,边抚摸边

抚而泣之，曰："自此其父之死，吾蔑与比而事君矣！昔者此其父始之，我终之，我始之，夫子终之，无不可。"籍偃在侧，曰："君子有比乎？"叔向曰："君子比而不别。比德以赞事，比也。引党以封己，利己而忘君，别也。"

哭泣，说："从这孩子的父亲死后，我没有能合作侍奉国君的人了。以前他父亲在前倡导，我在后完成，我在前倡导，他在后完成，没有事办不好。"籍偃当时在旁边，说："君子也有合作吗？"叔向说："君子团结合作，但不结党营私。同心办事叫团结合作。拉帮结派，加强自己的势力，利益归己所有，置国君于度外，那就是结党营私。"

10.叔向子朱不心竞而力争

原文

秦景公使其弟鍼来求成[1]，叔向命召行人[2]子员。行人子朱曰："朱也在此。"叔向曰："召子员。"子朱曰："朱也当御。"叔向曰："肸也欲子员之对客也。"子朱怒曰："皆君之臣也，班爵同，何以黜朱也？"抚剑就之。叔向曰："秦、晋不和久矣，今日之事幸而集，子孙飨之。不集，三军之士暴

译文

秦景公派他弟弟鍼来订立盟约，叔向叫人找外事人员子员。外事人员子朱说："我子朱在这里。"叔向说："找子员来。"子朱说："是我当班。"叔向说："我希望子员和客人打交道。"子朱发怒说："都是国君的臣子，官阶也相同，为什么不用我？"手按剑柄向叔向走来。叔向说："秦晋长时间不和了，今天的事有幸谈成了，子孙都享福。如果谈不成，三军将士的骨骸将要暴露在沙场上。子员传达宾主的话没有

骨。夫子员导宾主之言无私，子常易之。奸以事君者，吾所能御也。”拂衣从之，人救之。

平公闻之曰：“晋其庶乎！吾臣之所争者大。”师旷侍，曰：“公室惧卑，其臣不心竞而力争。”

私心，而你常常改变原意。用邪道侍奉君主的人，我能够对付。”说罢撩衣上前，（幸亏）有人来把他们劝开了。

晋平公听了说：“晋国大概治理得差不多了吧！我的臣下所争吵的是大事。”师旷在旁侍立，说：“晋国公室恐怕要衰败了，臣子不用心思互相竞争却用武力相互对抗。”

注释

1 秦景公：秦国国君，公元前576年至前537年在位。　鍼(zhēn)：景公的弟弟伯车，又叫后子。

2 行人：外交官，外事人员。

11.叔向论忠信

原文

诸侯之大夫盟于宋[1]，楚令尹子木[2]欲袭晋军，曰：“若尽晋师而杀赵武，则晋可弱也。”文子[3]闻之，谓叔向曰：“若之何？”叔向曰：“子何患焉？忠不可暴，信不可犯，忠自中，而信自

译文

诸侯国的大夫们在宋缔结盟约。楚令尹子木想袭击晋国军队，说：“如果歼灭晋军，杀死赵武，那么晋就可以削弱了。”文子听到了这个消息，对叔向说：“怎么办？”叔向说：“您担心什么呢？忠不可以施暴，信不可以侵犯，忠出自肺腑，信出自亲身，作为德行，可说

身，其为德也深矣，其为本也固矣，故不可抈[4]也。今我以忠谋诸侯，而以信覆之，荆之逆诸侯也亦云，是以在此。若袭我，是自背其信而塞其忠也。信反必毙，忠塞无用，安能害我？且夫合诸侯以为不信，诸侯何望焉？为此行也，荆败我，诸侯必叛之，子何爱于死？死而可以固晋国之盟主，何惧焉？"

是深厚的了，作为根本，可说是巩固的了，所以是不可以动摇的。现在我们用忠为诸侯打算，而用信来证明我们的忠，楚国迎接到会各路诸侯也说要忠信，所以我们在这里结盟。如果袭击我们，那就是违背信义，断绝忠诚。不守信一定会挫败，不讲忠就建不了功勋，怎么能加害于我们？再说，会合诸侯干不守信的事，诸侯指望什么？在这次行事中，楚如果打败我们，诸侯一定会背叛它，您吝惜死干什么？死了可以巩固晋国盟主的地位，怕什么？"

注释

1 盟于宋：这次结盟在公元前546年，晋楚开始同盟，相约诸侯间不进行争战。

2 令尹子木：楚国的屈建。令尹是官名，相当于晋国执政的正卿。

3 文子：晋卿赵武，文子是谥号。

4 抈(yuè)：动摇。

是行也，以藩为军，攀辇即利而舍，候遮扞卫不行[1]，楚人不敢谋，畏晋之信也。自是没平公无楚患。

这次活动，用篱笆做军队的围墙，把车拉到水草便利的地方宿营，不用瞭望和隐蔽，也不用放哨巡逻，楚人不敢有阴谋，因为怕晋的讲信用。从这次盟会到晋平公死都没有来自楚国的祸患。

注释

1 候遮(hòu zhē):候和遮,两种侦察敌情的兵卒。 扞卫:军队于夜间设垒壁以护卫。正常行军,“昼则候遮,夜则扞卫”,白天瞭望和隐蔽,晚上筑工事放哨守卫。这次都没有用。

12.叔向论务德

原文

宋之盟,楚人固请先歃。[1]叔向谓赵文子曰:“夫霸王之势,在德不在先歃,子若能以忠信赞君,而裨诸侯之阙,[2]歃虽在后,诸侯将载之,何争于先?若违于德而以贿成事,今虽先歃,诸侯将弃之,何欲于先?昔成王盟诸侯于岐阳[3],楚为荆蛮,置茅蕝,设望表,与鲜卑守燎,[4]故不与盟。今将与狎[5]主诸侯之盟,唯有德也。子务德,无争先!务德,所以服楚也。”乃先楚人。

译文

在宋的结盟,楚人坚持首先歃血。叔向对赵文子说:“霸主的权势,在于德行,不在于首先歃血。您如果能用忠信辅佐晋君,补救诸侯的缺失,即使歃血在后,诸侯也将拥戴您,何必要争先呢?如果背离美德,靠财货办成大事,现在就是先歃,诸侯也将背弃您,何必争先?从前成王在岐阳与诸侯盟会,楚是荆州的蛮族,负责摆放茅蕝,设立望表,与鲜卑一起看守庭燎,所以没有参与盟会。现在将与我们晋国更替主持诸侯的盟会,是因为有德行。您全力修德,不要争先歃血!全力修德,这是制服楚国的办法。”于是让楚人先歃。

注释

1 宋之盟：就是上篇说的那次结盟，诸侯国在宋签订盟约，停止战争。 歃(shà)：歃血，结盟的一种仪式，与盟者口含一点牲血，表示誓愿遵守盟约。通常首先歃血的应当是盟会的主持人。

2 赞：辅助。 裨(pí)：辅佐。

3 岐阳：岐山南面。

4 茅蕝(jué)：以表位次的茅束。 望表：望祭山川时木制的牌位。 鲜卑：东夷的一个国家。 庭燎：庭院中燃烧木柴照明。

5 狎：更替，交替，轮流。

13.赵文子请免叔孙穆子

原文

虢之会，鲁人食言，楚令尹围将以鲁叔孙穆子为戮[1]，乐王鲋[2]求货焉，不予。赵文子谓叔孙曰："夫楚令尹有欲于楚[3]，少懦于诸侯。诸侯之故，求治之，不求致也。其为人也，刚而尚宠，若及，必不避也。子盍逃之？不幸，必及于子。"对曰："豹也受命于君，以从诸侯之盟，为社稷也。若鲁有罪，

译文

在虢地的盟会，鲁国不守信用，楚令尹围将杀死叔孙穆子，乐王鲋向穆子索取财货遭到拒绝。赵文子对叔孙说："楚令尹对楚国有欲望，以为诸侯弱小(可欺)。诸侯的故例，要把事情办好，不是要把大家召集来就算了。他为人刚愎自尊，如果谁有罪，一定不会不治。您何不逃走？如果发生不幸，就一定会治罪到您。"回答说："我叔孙豹接受君命，追随在诸侯之后参与结盟，是为了国家。如果鲁国有罪，而与盟的人逃走，鲁国一定不免于诸侯的诛伐，那就是我

而受盟者逃，鲁必不免，是吾出而危之也。若为诸侯戮者，鲁诛尽矣，必不加师，请为戮也。夫戮出于身，实难，自他及之，何害？苟可以安君利国，美恶一心[4]也。”

个人得以逃脱却危及国家。如果我成为诸侯杀戮的对象，对鲁的诛伐就完了，一定不再加兵于鲁国，就请杀掉我吧。杀戮由于自己犯罪，确实难堪；如果是别人连累到我，又有什么妨害？假如可以使国君平安，使国家得利，生与死是一样的。”

注释

1 虢：郑地，在今河南荥阳东北。公元前541年，诸侯的大夫们在这里集会，重申在宋国的盟会的宗旨。会还没有散，鲁国攻莒，夺取郓邑（今山东郓城县东）。这就使鲁国与盟代表叔孙豹处于为难境地。 令尹围：楚共王的儿子王子围，当时是楚国的令尹。

2 乐王鲋：晋大夫乐桓子。

3 楚令尹有欲于楚：王子围想作楚的国君。

4 美恶一心：这里“心”当是衍文，“美恶一”的意思是生与死是一样的。

文子将请之于楚，乐王鲋曰：“诸侯有盟未退，而鲁背之，安用齐盟？纵不能讨，又免其受盟者，晋何以为盟主矣？必杀叔孙豹。”文子曰：“有人不难以死安利其国，可无爱乎？若皆恤国如是，则大不丧威，而小不见陵

文子将向楚请求不杀叔孙穆子，乐王鲋说：“诸侯正在结盟还没有散会，鲁就背弃盟约，那又何必缔结盟约？即使不能讨伐鲁国，又使与盟的鲁国代表逍遥法外，晋怎么当盟主呢？一定要杀叔孙豹。”文子说：“有这样的人，他甘愿用死的代价去求得国家的安全和利益，难道可以不保护他吗？如果都这样为国操劳，那大国就不会丧失权威，小国就

矣。若是道也果[1],可以教训,何败国之有？吾闻之曰:‘善人在患,弗救不祥;恶人在不去亦不祥。’必免叔孙。”固请于楚而免之。

不会被欺凌了。如果这种精神贯彻到底,可以用来作为教训,哪里还有什么败亡的国家？我听说:‘好人在灾难中,不救不吉利;恶人在位,不除掉也不吉利。’一定要赦免叔孙。”坚持向楚国请求,赦免了叔孙穆子。

注释

1 若是道也果:如果将这种精神坚持到底。果,自始至终,从头到尾。

14.赵文子为室

原文

赵文子为室,斫其椽而砻[1]之。张老夕焉而见之,不谒而归。[2]文子闻之,驾而往,曰:“吾不善,子亦告我,何其速也？”对曰:“天子之室,斫其椽而砻之,加密石[3]焉;诸侯砻之,大夫斫之,士首[4]之。备其物,义也;从其等,礼也。今子贵而忘义,富而忘礼,吾惧不免,何敢以告？”文

译文

赵文子造宅第,椽经砍削后又磨光它。张老晚间去时看到了,不谒见禀告就回去了。文子听说了,驾车前往张老家,说:“我不好,你也告诉我,为什么走得这样快？”回答说:“天子的宫室,椽经砍削后磨光它,再用细纹的磨石加磨;诸侯的只磨光,大夫的只砍削,士的只砍削椽头。办齐那些该办的东西,叫义;依从等级,叫礼。现在您贵为正卿却忘了德义,富有了就忘了礼节,我恐怕您不免于灾祸,怎敢相告呢？”

子归，令之勿砻也。匠人请皆斫之，文子曰："止。为后世之见之也。其斫者，仁者之为也，其砻者，不仁者之为也。"

文子回来，命令不要再磨了。工匠请求砍削所有的椽，文子说："不必。为了让后世的人看到这里的椽。那些砍削的，是仁人所为；那些磨光的，是不仁的人所为。"

注释

1 砻(lóng)：打磨。

2 张老：字孟，名老，晋悼公大夫，中军司马。 谒(yè)：进见。

3 密石：光滑细密的磨刀石。

4 首：椽木的头。这里用如动词，意思是打磨椽木的头。

15.赵文子与叔向游

原文

赵文子与叔向游于九原[1]，曰："死者若可作也，吾谁与归？"叔向曰："其阳子[2]乎！"文子曰："夫阳子行廉直于晋国，不免其身，其知不足称也。"叔向曰："其舅犯[3]乎！"文子曰："夫舅犯见利而不顾其君，其仁不足称也。其随武子[4]

译文

赵文子和叔向在九原游览，说："死者如果可以再生，我们将同谁在一起？"叔向说："大概是阳子吧！"文子说："阳子在晋清廉刚直，自身未能免祸，他的智慧不值得称道。"叔向说："大概是舅犯吧！"文子说："舅犯看到私利就不顾君主，他的仁不值得称道。该是随武子吧！进谏不忘记说是师长的教导，别人谈到自己的优点不忘

乎！纳谏不忘其师，言身不失其友，事君不援而进，不阿而退。”

记夸奖自己的朋友，侍奉君主不帮自己人入朝为官，不曲从君意，坚决斥退小人。”

注释

1 九原：晋国墓地所在。

2 阳子：太傅阳处父。为狐射姑所杀。

3 舅犯：晋文公舅父子犯，又叫狐偃。随晋文公在外流亡十九年。到文公将过黄河返回晋国为君时，他请求离开文公，以免在文公为君时遭到不测之祸，经文公挽留而止。下文说他“见利而不顾其君”就是指这事说的。

4 随武子：范武子士会，封于范，又封于随，所以又叫随武子。

16.秦后子来奔

原文

秦后子来奔。赵文子见之，问曰：“秦君道[1]乎？”对曰：“不识。”文子曰：“公子辱于敝邑，必避不道也。”对曰：“有焉。”文子曰：“犹可以久乎？”对曰：“鍼闻之，国无道而年谷和熟，鲜不五稔。[2]”文子视

译文

秦后子逃奔到晋。赵文子来见他，问道：“秦君有道吗？”回答说：“不清楚。”文子说：“公子受辱来到敝国，一定是逃避无道了。”回答说：“是有无道的事。”文子说：“（秦君）仍然可以持久吗？”回答说：“我嬴鍼听说，国无道而庄稼成熟（收成好），少有不能度过五年的。”文子看着日光说：“早上恐怕到

日曰:“朝夕不相及,谁能俟五!”文子出,后子谓其徒曰:“赵孟[3]将死矣!夫君子宽惠以恤后,犹恐不济。今赵孟相晋国,以主诸侯之盟,思长世之德,历远年之数,犹惧不终其身;今忨日而澈岁,怠偷甚矣,[4]非死逮之,必有大咎。”

冬,赵文子卒。

不得晚上,谁能等待五年!”文子退出,秦后子对他的随从说:“赵文子将要死了!君子宽厚仁惠,为未来而操心,仍怕事不能办成。现在赵文子为晋国相,主持诸侯的结盟,(就算)考虑长垂后世的功德,经历久远的年数,还怕不能保持晚节终其一生;现在得过且过,认为时光太长,懈怠苟且到了极点了,如果不是死神到来,就一定有大的灾祸。”

这年冬天,赵文子命终。

注释

1 道:按贤君之道治理国家,国家治理得好叫有道,反之就叫无道。

2 鍼(zhēn):秦景公的弟弟伯车,又叫后子。 五稔(rěn):五年。

3 赵孟:是春秋时代人们对晋国赵氏历代宗主的尊称,这里指赵武,即赵文子。

4 忨(wán)日而澈(kě)岁:贪求岁月无绝期,就是不把日子当数。忨,贪图。澈,“渴”的本字,渴求,贪求。 怠:懈怠。 偷:苟且。

17.医和视疾

原文

平公有疾,秦景公使医和[1]视之,出曰:“不可为也。是谓远男而近

译文

晋平公有病,秦景公派医和来看平公的病。医和看病出来说:“病不可治了。这就叫远离男人,亲昵女人,被女人

女，惑以生蛊[2]；非鬼非食，惑以丧志。良臣不生，天命不祐。若君不死，必失诸侯。”赵文子闻之曰：“武从二三子以佐君为诸侯盟主，于今八年矣，内无苛慝[3]，诸侯不二，子胡曰‘良臣不生，天命不祐’？”对曰：“自今之谓。和闻之曰：‘直不辅曲，明不规暗，拱木不生危，松柏不生埤[4]。’吾子不能谏惑，使至于生疾，又不自退而宠其政，八年之谓多矣，何以能久！”文子曰：“医及国家乎？”对曰：“上医医国，其次疾人，固医官也。”文子曰：“子称蛊，何实生之？”对曰：“蛊之慝，谷之飞实生之。物莫伏于蛊，莫嘉于谷，谷兴蛊伏而章明者也。故食谷者，昼选男德以象谷明，宵静女

迷惑得了蛊病；不是由于鬼神，也不是由于饮食，是被女人迷惑丧失了神志。良臣不能使他永生，天命也不能帮助他长存。如果国君不死，也一定会丧失诸侯的拥护。”赵文子听了说：“我赵武跟随在各位大臣之后，辅佐我君做诸侯盟主，到现在八年了，内政不烦不恶，诸侯没有二心，您怎么说‘良臣不能使他永生，天命也不能帮助他长存’？”回答说：“是指从今以后。我听说：‘直的不能矫正弯的，明的不能规劝暗的，大树不生在高险的地方，松柏不生在低湿的地方。’君主受到蛊惑，您不能谏阻，导致他生病，又不自行引退，反而专擅国政，八年已经是够多了，怎么还能更为长久？”文子说：“医病医到国家上来了吗？”回答说：“上等医生医治国家，其次才医治病人，医本来就是一种官职。”文子说：“您说到蛊，蛊是怎样产生的？”回答说：“邪恶的蛊，谷类作物受害飘飞就产生了它。事物没有比蛊更隐蔽的了，没有比谷更美好的了。谷气兴起，蛊就隐蔽，这就光明正大了。所以吃谷子的，白天选择有德行的男人亲近，像人吃谷子因而聪明正直，晚上安于有德的女人，除去蛊害之疾，现在国君

德以伏蛊慝，今君一之，是不飨谷而食蛊也，是不昭谷明而皿蛊也。夫文，‘虫’‘皿’为‘蛊’，吾是以云。”文子曰：“君其几何？”对曰：“若诸侯服，不过三年；不服，不过十年。过是，晋之殃也。”

是岁也，赵文子卒，诸侯叛晋。十年，平公薨。[5]

把昼当夜，日夜与女人混在一起，那就是不吃谷子而吃蛊害，不发扬像谷一样美好的德行而为蛊作器皿(接受蛊的毒害)。依文字说，‘虫’与‘皿’就是‘蛊’，我所以这样说。”文子说：“国君还能活多久？”回答说：“如果诸侯服从，不过三年，诸侯不服，不过十年。过了这个年限，是晋国的灾殃。”

这一年，赵文子命终，诸侯背叛晋国。十年后，晋平公死。

注释

1 医和：医生，名和。

2 蛊(gǔ)：腹内寄生虫。这个字又有毒虫、谷的害虫、蛊惑等意思。在这一篇里，医和把“蛊”的几种意义揉在一起说，又牵涉到蛊的读音(蛊、谷音近)和蛊的字形，牵强的成分居多。

3 苛慝(kē tè)：暴虐邪恶。苛，烦扰。慝，邪恶，灾害，阴气。

4 埤(bèi)：低湿的地方。

5 十年，平公薨：平公死于公元前532年。

18.叔向均禄

原文

秦后子来仕，其车

译文

秦后子来晋做官，他(带来)的车

千乘。楚公子干[1]来仕，其车五乘。叔向为太傅，实赋禄，韩宣子[2]问二公子之禄焉。对曰："大国之卿，一旅之田，上大夫，一卒之田。夫二公子者，上大夫也，皆一卒可也。"宣子曰："秦公子富，若之何其钧之？"对曰："夫爵以建事，禄以食爵，德以赋之，功庸以称之，若之何以富赋禄也？夫绛之富商，韦藩木楗以过于朝[3]，唯其功庸少也，而能金玉其车，文错其服，能行诸侯之贿，而无寻尺之禄，无大绩于民故也。且秦、楚匹也，若之何其回于富也？"乃均其禄。

一千乘。楚公子干来做官，他的车五乘。叔向做太傅，是他主管发放俸禄，韩宣子向他问二位公子的俸禄。叔向回答说："大国的卿，五百顷田赋的俸禄，上大夫，一百顷田赋的俸禄。两位公子是上大夫，可给他们一百顷田赋作俸禄。"宣子说："秦公子富，俸禄怎么可以相同呢？"回答说："爵位是用来建立职事的，俸禄是用来供养爵位的，按照德行发放俸禄，功勋要和俸禄相称，怎么可以根据贫富发给俸禄呢？绛都富有的商人，乘坐皮革遮蔽的木制车子来往闹市，就因为缺乏功勋，他们（尽管）能够用金玉装饰自己的车子，衣服上有绣花和金缕，能用钱财和诸侯结交，可是没有一点点俸禄，是因为对人民没有大的功绩的缘故。再说，秦、楚是地位相当的国家，为什么回护富有的公子（给他多的俸禄）呢？"于是给他们同样多的俸禄。

注释

1 公子干：楚恭王的庶子公子比。楚公子围杀君自立，公子干投奔到晋。

2 韩宣子：韩起，代赵文子在晋执政。

3 韦藩：皮制的车篷。　木楗（jiàn）：木制肩舆。都是无爵禄者所用的。

19.郑子产来聘

原文

郑简公使公孙成子[1]来聘，平公有疾，韩宣子赞授客馆。客问君疾，对曰："寡君之疾久矣，上下神祇无不遍谕[2]，而无除。今梦黄熊入于寝门，不知人杀乎，抑[3]厉鬼邪？"子产曰："以君之明，子为大政，其何厉之有？侨闻之，昔者鲧违帝命，殛之于羽山，[4]化为黄熊，以入于羽渊，实为夏郊，三代举之。夫鬼神之所及，非其族类，则绍其同位。是故天子祀上帝，公侯祀百辟，自卿以下不过其族。今周室少卑，晋实继之，其或者未举夏郊邪？"

宣子以告，祀夏郊，董伯为尸[5]。五日，公见子产，赐之莒鼎[6]。

译文

郑简公派公孙成子到晋国来聘问。平公有病，韩宣子陪同客人到宾馆。郑国客人问候晋君的病。回答说："敝国国君得病时间长了，上下神灵没有未祷告的，病还是没有好。而今梦见黄熊进入卧室，不知是人间的凶煞呢，还是恶鬼？"子产说："以你们国君的贤明，您做执政大臣，哪有什么恶鬼？我听说，从前鲧违逆帝尧的治水命令，帝尧把他诛杀在羽山，鲧变为黄熊，进入羽山的深水湖里，他就是夏代祭天时配祀的对象，祭天之礼，夏、商、周三代，代代不废。鬼神降祸赐福的目标，如果不是他的族类，就是接他位置的人。所以天子祭祀天帝，公侯祭祀各代有功的君主，自卿以下，所祭祀的不超过他的同族祖先。现在周室地位降低，晋国实际上继续了周的事业，大概是因为没有祭祀夏代祭天时配祀的对象吧？"

宣子把这些话报告给国君，于是祭祀夏代祭天时配祀的对象，董伯做尸主。五天之后，晋平公接见子产，赐给他莒鼎。

注释

1 公孙成子：郑国执政子产，又名公孙侨，成子是谥号。

2 谕(yù)：告诉，这里的意思是祷告。

3 抑：连词，表选择。

4 鲧(gǔn)违帝命：这里说的“违帝命”是指违背尧的治水之命，鲧治水没有成功。 殛(jí)：诛杀。

5 董伯：晋大夫，姒姓。 尸：尸主作为神的替身，代神接受祭祀。

6 莒(jǔ)鼎：从莒出土的鼎。莒，国名，地在今山东莒县一带。

20.叔向贺贫

原文

叔向见韩宣子，宣子忧贫，叔向贺之。宣子曰：“吾有卿之名，而无其实，无以从二三子，吾是以忧。子贺我，何故？”

对曰：“昔栾武子无一卒之田[1]，其宫不备其宗器，宣其德行，顺其宪则，使越于诸侯，诸侯亲之，戎、狄怀之，以正晋国，行刑不疚，以免于难。及桓子骄泰奢侈，贪欲无艺，

译文

叔向见到韩宣子，韩宣子以贫穷为忧，叔向祝贺他。韩宣子说：“我有卿的名义，却没有卿的实际内容，没有用来跟随各位大臣的，我因此忧虑。您祝贺我，什么缘故？”

回答说：“以前栾武子田还不到一百顷，他家里祭器不全，发扬美德，遵行法度，把这些施行到诸侯中去，诸侯亲近他，戎狄归附他，用来整顿晋国，执行刑法没有弊病，靠这些免于遭难。传到桓子，他非常骄傲，奢侈无度，贪婪的欲望没有止境，为了使自己快意，不惜

略则行志，假贷居贿，宜及于难[2]，而赖武之德，以没其身。及怀子改桓之行，而修武之德，可以免于难，而离桓之罪，以亡于楚。[3]夫郤昭子，其富半公室，其家半三军，恃其富宠，以泰于国。其身尸于朝，其宗灭于绛。不然，夫八郤，五大夫三卿[4]，其宠大矣，一朝而灭，莫之哀也，唯无德也。今吾子有栾武子之贫，吾以为能其德矣，是以贺。若不忧德之不建，而患货之不足，将吊不暇，何贺之有？”

违犯法则，靠借贷牟取财利，本当遭到灾难，全靠他父亲的功德，本身才得善终。传到怀子，改变桓子的行径，修治武子的德业，可以免受灾难，却因父亲的过错而遭罪，流亡到楚国。郤昭子财富有公室的一半，他的家族人员为将帅的占了三军的一半，依靠他的富有和国君的宠信，在国内过着非常的奢侈生活。他自身被杀在朝廷上陈尸示众，他的宗族在绛都被完全消灭。如果不如此，八位姓郤的大官，三卿五大夫，那光荣可算是大了，一个早上就败灭了，没有人哀怜他们，就是因为没有德行。现在您有栾武子的贫穷，我以为您就能建立栾武子那样的德业，所以祝贺。如果不忧虑德行没有树立，却担心财货不足，那么吊唁还来不及，有什么可贺的？”

注释

1 栾武子无一卒之田：栾武子栾书为晋正卿，应食俸禄田五百顷，可他不到一百顷。一百顷是上大夫食禄标准。

2 宜及于难：栾武子杀死过厉公，按叔向的意见，理当遭难，但因家贫德高功大，得免于难。

3 及怀子改桓之行……以亡于楚：怀子栾盈，他的父亲桓子栾黡。栾黡娶范宣子女叔祁，叔祁与人私通被儿子栾盈发现，到父亲（当时是执政大臣)处告栾盈的状,说栾盈想造反,结果栾盈被驱逐出境。叔向以为罪在栾黡,不在栾盈。

4 三卿:郤锜、郤犨、郤至。

宣子拜稽首焉,曰:"起也将亡,赖子存之,非起也敢专承之,其自桓叔以下嘉吾子之赐[1]。"

宣子下拜叩头,说:"我韩起将要灭亡,依靠您把我保存下来,(这恩德)不是我一个人敢于担当的,从桓叔以下各位祖先都感谢您的赐予。"

注释

1 其自桓叔以下嘉吾子之赐:桓叔的儿子韩万,是韩氏的始祖,受封于韩为大夫。

卷十五 晋语九

1.叔向断狱

原文

士景伯如楚，叔鱼为赞理。[1]邢侯与雍子争田[2]，雍子纳其女于叔鱼以求直[3]。及断狱之日，叔鱼抑邢侯，邢侯杀叔鱼与雍子于朝。韩宣子患之。叔向曰："三奸同罪，请杀其生者而戮其死者。"宣子曰："若何？"对曰："鲋也鬻狱[4]，雍子贾之以其子[5]，邢侯非其官也而干之。夫以回鬻国之中[6]，与绝亲以买直，与非司寇而擅杀，其罪一也。"邢侯闻之，逃。遂施邢侯氏，而尸叔鱼与雍子于市。

译文

士景伯到楚国去(聘问)，叔鱼暂代他的官职。邢侯和雍子争田，雍子把自己的女儿嫁给叔鱼，用来求得胜诉。到判决那天，叔鱼压制邢侯，邢侯就在朝廷上杀死叔鱼和雍子。韩宣子忧虑这事。叔向说："三个坏家伙罪行相同，请杀他们中活着的，对死的就陈尸示众。"宣子说："为什么这样？"回答说："叔鱼枉法，雍子用他的女儿收买法官，邢侯不是法官却干犯法官的职务。用奸邪手段在国中枉法，和抛弃亲生女儿买通法官以求胜诉，和不是法官却擅自杀人，罪是一样的。"邢侯听说后逃走。于是追捕邢侯一家，把叔鱼和雍子的尸体搬到市场上去示众。

注释

1 士景伯：管理刑法的官士弥牟。 叔鱼：羊舌鲋(fù)，叔向的弟弟。

2 邢侯:楚申公巫臣的儿子。巫臣投奔晋,晋封他于邢。 雍子:楚大夫,投奔到晋,晋封他于鄐(chù),在今河北省邢台市附近。文中邢侯与雍子争的是鄐田的疆界。

3 直:公平,正义。

4 鬻(yù)狱:受贿而枉法,指叔鱼收受雍子的女儿后,雍子理本不直,叔鱼在判决时袒护他。叔鱼等于是以一个女子的价钱,把刑法的公正出卖给雍子。

5 贾:买,购买。 子:女儿。

6 回:邪曲,即歪门邪道。

2.中行穆子伐狄

原文

中行穆子帅师伐狄,围鼓。[1]鼓人或请以城叛,穆子不受。军吏曰:“可无劳师而得城,子何不为?”穆子曰:“非事君之礼也。夫以城来者,以将求利于我。夫守而二心,奸之大者也;赏善罚奸,国之宪法也。许而弗予,失吾信也;若其予之,赏大奸

译文

中行穆子率领军队攻狄,围困鼓邑。鼓邑有请求献城叛变的,穆子不接受。军中吏员说:“可以不使军队受损失就得到一座城,您为什么不干?”穆子说:“这不是侍奉君主的礼。那献城来降的人,必定将向我们索取利益。守土而有二心,是大奸恶;奖赏善行,惩罚奸恶,是国家的大法。许诺他所求的利益,却又不给,失去我们的信用;如果给,那就是奖赏大的奸恶。奸恶的人得到优厚的俸禄,做好事的人将怎么样呢?再说狄人中(对

也。奸而盈禄[2],善将若何?且夫狄之憾者以城来盈愿,晋岂其无?是我以鼓教吾边鄙贰也[3]。夫事君者,量力而进,不能则退,不以安贾贰[4]。”令军吏呼城,儆将攻之,未傅而鼓降。[5]中行伯既克鼓,以鼓子苑支来。令鼓人各复其所,非僚勿从。

他的君主)有怨恨的人用献城的办法来满足他的心愿,晋国难道没有?那样做就是用鼓的事例来教我边疆臣民怀有二心。侍奉君主,量力而行,办不到就退下来,不用部队不受损失去换取臣民怀有二心。”命令军中吏员向城内呼叫,警告他们要攻城了,部队还没有靠近鼓城,鼓邑人就投降了。中行伯已夺取鼓邑,把鼓君苑支带回国。叫鼓人各自回到自己原来的地方,不是执事服役的臣子不要跟从首领来晋。

注释

1 中行(háng)穆子:晋卿荀吴,下文又称中行伯。 鼓:鼓国的都城。鼓国在今河北晋州市西,其民人为白狄的一支。

2 奸而盈禄:怀有二心而能满足爵禄。盈,满足。下文“盈愿”意思是满足愿望。

3 贰,指怀有二心,两属。这里是指让边境小国鼓国既属于狄又属于晋。

4 不以安贾贰:不用招安的手段买来怀有二心的人。安,招安。

5 儆(jǐng):警戒,警告。 傅:附着,靠近。 降:投降。

鼓子之臣曰夙沙厘,以其孥行[1],军吏执之,辞曰:“我君是事,非事土也。名曰君臣,岂曰土臣?今君实迁,臣何赖于

鼓君的臣子叫夙沙厘的,率领他的妻子儿女跟着苑支,军中吏员逮捕他,他辩解说:“我是侍奉君主,不是侍奉土地。名叫君臣,怎能称为土臣?现在君主被带走了,臣有什么要依赖于鼓的?”穆

鼓？”穆子召之，曰：“鼓有君矣，尔止事君，吾定而禄爵。[2]”对曰：“臣委质于狄之鼓，未委质于晋之鼓也。臣闻之：委质为臣，无有二心。委质而策死[3]，古之法也。君有烈名，臣无叛质。敢即私利，以烦司寇而乱旧法？其若不虞何？”穆子叹而谓其左右曰：“吾何德之务而有是臣也？”乃使行。既献，言于公[4]，与鼓子田于河阴[5]，使夙沙厘相之。

子把他叫去，说：“鼓已有了新君，你留在鼓侍奉新君，我为你制定爵禄。”回答说：“臣以身献给狄的鼓，没有献给晋的鼓。臣听说：委身为臣，没有二心。献身于人，姓名上了书策，有死而已，这是古代的法则。君有功名，臣无叛事。岂敢追求私利，麻烦司寇扰乱古法？（假如允许这么做，）将怎样处置料想不到的祸患呢？”穆子赞叹，对自己左右亲近的人说：“我将修什么样的德才可以得到这样的臣属？”就让他跟鼓的首领苑支同行。（穆子向晋君）献功之后，把夙沙厘的言行报告给晋顷公，（晋顷公）把河阴的土地赐给鼓君苑支，派夙沙厘做他的辅相。

注释

1 以其孥行：率领他的妻子儿女跟着（苑支）走。孥，妻儿。

2 尔、而：都是第二人称代词你的意思。

3 委质而策死：委身为臣，姓名上了书策，必须忠贞到死。策，花名册，臣子的名册。

4 公：顷公，晋君，名去疾，公元前525年至前512年在位。

5 与：赐予。 河阴：晋黄河以南的地区。

3.范献子聘于鲁

原文

范献子聘于鲁[1]，问具山、敖山[2]，鲁人以其乡对。献子曰："不为具、敖乎？"对曰："先君献、武之讳也[3]。"献子归，遍戒其所知曰："人不可以不学。吾适鲁而名其二讳，为笑焉，唯不学也。人之有学也，犹木之有枝叶也。木有枝叶，犹庇荫人，而况君子之学乎？"

译文

范献子到鲁国聘问，问到具山、敖山。鲁国人用两山所在的乡名回答。献子说："不是叫具山、敖山吗？"回答说："那是先君献公、武公的名讳。"献子回国，告诫他所有认识的人说："人不可以不学习。我到鲁国去，说了他们避讳的两个名字，被人嘲笑，是因为没有学习。人有学问，就如同树有枝叶。树有枝叶还可以为人庇护遮阴，何况是君子的学习呢？"

注释

1 范献子：范宣子的儿子士鞅，后为晋国执政。

2 具山、敖山：两山相连，均在鲁国。

3 献公：鲁献公，伯禽的曾孙，名具。 武公：鲁武公，鲁献公的庶子，名敖。

4.董叔将娶于范氏

原文

董叔将娶于范氏[1]，

译文

董叔将娶范家女子为妻。叔向说：

叔向曰:“范氏富,盍已乎?”曰:“欲为系援焉。”

他日,董祁愬[2]于范献子曰:“不吾敬也。”献子执而纺于庭之槐,叔向过之,曰:“子盍为我请乎?”叔向曰:“求系,既系矣;求援,既援矣。欲而得之,又何请焉?”

“范家富有,为何不取消这门亲事?”董叔说:“想作为联系的纽带和援引的阶梯。”

有一天,董祁向范献子告状,说:“(董叔)不尊重我。”献子抓住董叔,把他吊在庭院里的槐树上,叔向打那儿经过,董叔说:“您何不为我请求宽恕呢?”叔向说:“你求‘联系’,已经系上了;求‘援引’,已经引长了。想得到的都得到了,还请求什么?”

注释

1 董叔:晋大夫。 范氏:范宣子的女儿,范献子的妹妹,就是下文说的董祁。

2 愬(sù):告诉,诉说。

5.叔向对赵简子

原文

赵简子[1]曰:“鲁孟献子[2]有斗臣五人。我无一,何也?”叔向曰:“子不欲也。若欲之,肸也待交捽可也[3]。”

译文

赵简子说:“鲁国孟献子有善斗的家臣五人。我一个都没有,什么缘故?”叔向说:“是您不想要。如果想要,就是我羊舌肸也愿意等着与人互相搏斗。”

注释

1 赵简子:晋卿赵鞅,赵文子的孙子。

2 孟献子:鲁国大夫仲孙蔑。

3 肸(xī):叔向名羊舌肸。 捽(zuó):揪头发,扭打。

6.阎没叔宽谏受贿

原文

梗阳人有狱,将不胜,请纳赂于魏献子,[1]献子将许之。阎没谓叔宽曰[2]:"与子谏乎?吾主[3]以不贿闻于诸侯,今以梗阳之贿殃之,不可。"二人朝,而不退。

译文

有个梗阳人打官司,恐怕打不赢,向魏献子纳贿求情,魏献子打算答应接受它。阎没对叔宽说:"和您一起劝谏怎么样?我们的主人以不贪财在诸侯中闻名,现在梗阳人用贿赂败坏他的名声,不能允许。"两人朝见献子,却不退下。

注释

1 梗阳:魏家所属的城邑,在今山西清徐县。 魏献子:晋正卿魏舒。

2 阎没,阎明。叔宽,叔褎。两人都是晋国大夫。

3 主:对卿大夫的尊称。称国君为君,称卿大夫为主。这里指魏献子。

献子将食,问谁于庭,曰:"阎明、叔褎在。"召之,使佐食。比已食,

献子将要吃饭,问谁在庭院里没有走。回答说:"阎明、叔褎在。"(献子)唤他俩进来陪同吃饭。到吃完饭,(两

三叹。既饱，献子问焉，曰："人有言曰：唯食可以忘忧。吾子一食之间而三叹，何也？"同辞对曰："吾小人也，贪。馈之始至，惧其不足，故叹。中食而自咎也，曰：岂主之食而有不足？是以再叹。主之既已食，愿以小人之腹，为君子之心，属餍而已[1]，是以三叹。"

献子曰："善。"乃辞梗阳人。

人）已经叹息了三次。已经吃饱了，献子问他俩说："人们有句话说：只有饮食可以忘记忧愁。你们两位吃一顿饭叹息三次，怎么回事？"两人异口同声回答说："我们是小人，贪心。饮食开始送到，恐怕不够，所以叹息。吃到一半，认为自己会吃不饱，心想：难道主人的饮食会不够吃？所以再次叹息。主吃完后，我们唯愿自己的肚子也跟您的君子之心一样，刚一吃饱就不再要了，所以第三次叹息。"

献子说："好。"就谢绝了梗阳人所送的贿赂。

注释

1 属餍(zhǔ yàn)而已：刚一吃饱就停下不吃了。属，副词，刚好，恰好。餍，吃饱。已，停止。

7.董安于辞赏

原文

下邑之役，董安于多。[1]赵简子赏之，辞。固赏之，对曰："方臣之少

译文

下邑之战，董安于有战功。赵简子赏赐他，董安于不接受。坚持给予奖赏，董安于回答说："当臣年少的时候，进到

也，进秉笔，赞为名命，称于前世，立义于诸侯，而主弗志。及臣之壮也，耆其股肱以从司马[2]，苛慝不产。及臣之长也，端委韠[3]带以随宰人，民无二心。今臣一旦为狂疾，而曰'必赏女'，与余以狂疾赏也，不如亡！"趋而出。乃释之。

朝堂，拿着笔杆，辅助主上起草文告，为前代所称誉，为诸侯所肯定，您却不记得。到臣壮年的时候，竭尽全力跟随司马服务，（军队里）暴虐与邪恶的事没有发生。到臣年长的时候，身穿礼服，头戴礼帽，系上蔽膝，腰围大带，跟随宰官治事，人民没有二心。现在臣一旦疯狂作战，就说'必定要奖赏你'，与其因疯狂作战而受奖，还不如逃走。"（说罢）快步走出。简子这才打消赏他的决定。

注释

1 下邑之役，董安于多：公元前 497 年，晋国内乱。赵简子杀邯郸大夫赵午。邯郸叛变，荀寅、范吉射攻打赵简子，简子避入晋阳（在今山西太原市西南）。知、韩、魏三家又攻打荀寅、范吉射。下邑之战，当是以赵简子为一方，荀寅、范吉射为另一方，双方作战过程中的一次战役。下邑，晋地。董安于：简子家臣。多，多功。周礼："战功曰多"。上述下邑战乱中，董安于力战有功。

2 耆(zhǐ)其股肱以从司马：竭尽全力跟随司马。耆，献上，献出。韦昭注"耆，致也"，即使达到。

3 韠(bì)：蔽膝，礼服的组成部分，类似于围腰而稍长，延伸到膝盖部位，皮制。

8.赵简子使尹铎为晋阳

原文

赵简子使尹铎[1]为晋阳。请曰："以为茧丝乎？抑为保鄣乎？[2]"简子曰："保鄣哉！"尹铎损其户数[3]。简子戒襄子[4]曰："晋国有难，而无以尹铎为少，无以晋阳为远，必以为归。"

译文

赵简子派尹铎治理晋阳。(尹铎)向简子请示说："是把晋阳当作赋税征收地呢，还是把它当作一个保护的屏障呢？"简子说："保护的屏障啊！"尹铎精简晋阳的户口数。简子告诫他的儿子襄子说："晋国如果内乱，你不要认为尹铎年轻，不要认为晋阳路远，一定把它当作归宿地。"

注释

1 尹铎：赵简子家臣。

2 茧(jiǎn)丝：本义是蚕丝，这里指赋税，因为敛赋如抽丝于茧。 抑：连词，表选择，还是。保鄣：保护的屏障，"鄣"同"障"。

3 损其户数：精简户口，择优选留居民。户口少，赋税就轻。

4 襄子：赵简子的儿子无恤。

9.邮无恤谏杀尹铎

原文

赵简子使尹铎为晋阳，曰："必堕其垒培[1]。吾将往焉，若见垒培，是见

译文

赵简子派尹铎治理晋阳，说："一定要毁坏那里的壁垒。我将要到那里去，如果见到壁垒，就是见到了荀寅与范吉

寅与吉射也。”尹铎往而增之[2]。简子如晋阳，见垒，怒曰：“必杀铎也而后入。”大夫辞之，不可，曰：“是昭余仇也。”

射。”尹铎到晋阳反而增高了原有的壁垒。简子到晋阳去，看见了壁垒，发怒说：“一定先杀了尹铎然后才进城。”大夫们请求不杀尹铎，简子不答应，说：“这是夸耀我的仇敌（来羞辱我）。”

注释

1 必堕其垒培：公元前497年，荀寅、范吉射围晋阳，攻赵简子。垒培，壁垒，部队向晋阳推进时所筑的军用围墙。

2 往而增之：加高壁垒是为了利用这些壁垒作为守备。

邮无恤[1]进，曰：“昔先主文子少衅于难，从姬氏于公宫[2]，有孝德以出在公族，有恭德以升在位，有武德以羞[3]为正卿，有温德以成其名誉，失赵氏之典刑，而去其师保[4]，基于其身，以克复其所。及景子[5]长于公宫，未及教训而嗣立矣，亦能纂修其身以受先业，无谤于国，顺德以学子，择言以教子，择师保以相子。今吾子嗣位，有文之典刑，有景之教训，重之以师

邮无恤上前说：“从前先主赵文子年少时遭到祸难，跟随母亲庄姬住在公宫；文子有孝顺的德行，出为公族大夫；有恭敬的德性，升到卿的爵位；有战功的德业，晋升为正卿；有温和的品德，成就了他美好的名誉；（他在特殊环境中长大，）失去了赵家的常规，也没有师保的辅导，依靠他自身的努力，能恢复到他先人曾有过的高位。到景子在公宫长大，还没有来得及受到教训就继承先人得到官位了，但也能修养自身，继承先人的事业，国内没有人说他坏话；让您学习遵行美德，挑选前圣的名言教导您，选择师保辅导您。现在您继位了，有文子的榜样，有景子的教训，再加上

保,加之以父兄,子皆疏之,以及此难[6]。夫尹铎曰:'思乐而喜,思难而惧,人之道也。委土[7]可以为师保,吾何为不增?'是以修之,庶曰可以鉴而鸠赵宗[8]乎!若罚之,是罚善也。罚善必赏恶。臣何望矣?"

简子说,曰:"微子,吾几不为人矣!"以免难之赏赏尹铎。

初,伯乐与尹铎有怨,以其赏如伯乐氏,曰:"子免吾死,敢不归禄!"辞曰:"吾为主图,非为子也。怨若怨焉。"

师保和同宗父兄的辅导和教育,而您都疏远这些,以致遭到这场灾难。尹铎说:'想到欢乐就高兴,想到患难就恐惧,这是人的常情。积累土块就可以作为师保,我们为什么不加高它?'所以修筑壁垒,(这样做)也许可以作为借鉴使赵氏得以安稳吧!如果惩罚他,那就是惩罚善行。惩罚善行就一定会赏赐恶行。臣子们还有什么希望?"

简子高兴了,说:"没有您,我几乎不能做人了!"用免去灾难的功勋赏赐尹铎。

当初,伯乐与尹铎有旧怨,(这时,尹铎)带着他所得的赏赐到伯乐家去,说:"您使我免于被杀,岂敢不把所得赏赐送给您!"邮无恤谢绝说:"我为君主打算,不是为您。(您我之间,)怨恨还是存在。"

注释

1 邮无恤:晋大夫邮良,又叫王良,王子期,下文称他为伯乐。"恤",明道本作"正",据王引之《春秋名字解诂》改为"恤"。《左传》也作"邮无恤"。

2 从姬氏于公宫:姬氏,庄姬,晋景公的女儿。他的丈夫赵朔死,与赵朔父亲的异母弟赵婴私通。赵婴的兄长赵同、赵括放逐赵婴。庄姬诬陷同、括作乱,二人为景公所杀,赵氏族灭。赵文子年幼,随母住进公宫,得免于难。

3 羞:进,晋升。

4 师保:教诲贵族子弟的官。师,教育。保,保护。

5 景子:文子的儿子赵成,年少时随祖母住在公宫。

6 指荀寅、范吉射围攻晋阳。

7 委土:积累土块,指增筑壁垒。增筑壁垒,看到它就可以警惕戒惧,就像师保的教训一样。

8 可以鉴而鸠赵宗:可以作为借鉴使赵氏得以安稳。鸠,安定,安稳。

10.铁之战

原文

铁之战[1],赵简子曰:"郑人击我,吾伏弢衉血[2],鼓音不衰。今日之事,莫我若也。"卫庄公为右[3],曰:"吾九上九下,击人尽殪[4]。今日之事,莫我加也。"邮无恤御,曰:"吾两鞁[5]将绝,吾能止之。今日之事,我上之次也。"驾而乘材,两鞁皆绝。

译文

铁之战,赵简子说:"郑人攻击我军,我倒在弓衣上吐血不止,鼓音仍然不绝。今天的战事,功劳没有比得上我的。"卫庄公为车右,他说:"我九次上车,九次下车(救护简子),所攻击的人全都死了。今天的战事,功劳没有比我更高的了。"邮无恤驾车,说:"我两根靷绳将断,我能控制马,使马慢走。今日的战事,我的功劳仅次于功劳最大的。"(为了证明他说的不错,)他于是驾车,车内装一点木材,(一拉马,)两根靷绳同时断绝。

注释

1 铁之战:荀寅、范吉射据朝歌叛晋,齐国、郑国支持他们。公元前493

年，齐国输送粮食给叛乱者，郑军护送，范吉射去接粮，赵简子领兵与范吉射的部队、郑国的军队对抗，在铁发生战事。铁，卫地，在今河南濮阳市西北五里。

2 弢(tāo)：装弓的袋子。 略(kè)：古同“喀”，呕，吐。

3 卫庄公为右：卫灵公的太子蒯聩(kuǎi kuì)，得罪灵公出走，后投奔晋国。当时作赵简子的车右。公元前480年归国，曾为卫君数年。

4 殪(yì)：杀，死。

5 鞁(bèi)：靷(yǐn)绳，马拉车的大皮带。

11.卫庄公祷

原文

卫庄公祷，曰：“曾孙蒯聩以谆赵鞅之故，[1]敢昭告于皇祖文王、烈祖康叔、文祖襄公、昭考灵公，夷请无筋无骨，无面伤，无败用，无陨惧，死不敢请。”简子曰：“志父寄也[2]。”

译文

卫庄公（战前）祷告说：“曾孙蒯聩，因为辅佐赵鞅的缘故，恭敬地明告太祖文王、有功业的开国始祖康叔、有文德的祖父襄公、德行昭明的父亲灵公，战伤请不断筋、不折骨，不伤到脸上，不毁坏兵器，不因为失败而恐惧，生死就不敢请求了。”简子说：“他的祷告是我的祷告所寄托的。”

注释

1 卫庄公：名蒯聩(kuǎi kuì)，卫灵公的儿子。谆：谆谆教诲，辅佐。 赵鞅：晋国赵氏的领袖，又名志父，亦称赵孟。

2 志父:赵鞅自称名。 寄:寄托,意思是我祷告的内容与他的相同,他的祷告可以代表我的祷告,即“不断筋、不折骨”那些话。

12.史黯谏田于蝼

原文

赵简子田于蝼[1],史黯[2]闻之,以犬待于门。简子见之,曰:“何为?”曰:“有所得犬,欲试之兹囿。”简子曰:“何为不告?”对曰:“君行臣不从,不顺。主将适蝼而麓不闻,臣敢烦当日?[3]”简子乃还。

译文

赵简子到蝼去打猎。史黯听说了,带着猎犬在苑囿门边等待。简子见了,说:“你这是干什么?”史黯说:“得到一只猎犬,想到这苑囿里试试它。”简子说:“为什么不事先报告?”回答说:“主人有所行动,臣下如果不跟着做,那就是不顺。主人将到蝼来打猎,苑囿官不知道,臣怎么敢麻烦您的值日官?”简子于是回去了。

注释

1 蝼:晋君的苑囿(yuàn yòu)名。

2 史黯:晋太史墨,当时是简子的史官。这里记录他劝阻赵简子僭越去晋国国君的园林“蝼”去围猎。

3 麓:主管国君苑囿的官。韦昭注“山林之木,衡麓守之”。 当日:值日官。

13.少室周知贤而让

原文

少室周[1]为赵简子之右，闻牛谈有力，请与之戏，弗胜，致右焉。简子许之，使少室周为宰[2]，曰："知贤而让，可以训矣。"

译文

少室周担任赵简子的车右，听说牛谈有力，请求与他角力，少室周不胜，把车右的位置让出来。简子同意了，派少室周做宰臣，说："知道别人强些就让位给他，这可以作为教训为臣的人的内容。"

注释

1 少室周：赵简子的车右及家宰，善礼让，有勇力。

2 宰：这里指卿大夫的家臣，掌管家务。

14.史黯论良臣

原文

赵简子曰："吾愿得范、中行之良臣[1]。"史黯侍，曰："将焉用之？"简子曰："良臣，人之所愿也，又何问焉？"对曰："臣以为不良故也。夫

译文

赵简子说："我希望得到范、中行二家的良臣。"史黯在旁侍立，说："将用他们干什么？"简子说："良臣是人们所希望得到的，又问什么呢？"回答说："因为臣认为他们不良。侍奉君主的人，谏正过失，成其好事；提出好的建议，废弃不

事君者，谏过而赏善，荐可而替否，献能而进贤，择材而荐之，朝夕诵善败而纳之。道之以文，行之以顺，勤之以力，致之以死。听则进，否则退。今范、中行氏之臣不能匡相其君，使至于难；君出在外，又不能定，而弃之，则何良之为？若弗弃，则主焉得之？夫二子之良，将勤营其君，复使立于外，死而后止，何日以来？若来，乃非良臣也。”简子曰：“善。吾言实过矣。”

当行的政令；把能人贤人，提升到重要位置上，挑选有才干的人向君主推荐，早晚讲述善事恶事给君主听，使他纳善除恶。用文德劝导君主，使君主顺理而行，竭力为君主勤劳办事，有急难就献出自己的生命。听我的话就上前努力，不听就退下来。现在范、中行两家的臣属不能匡救和辅佐他们的君主，使之落到灾难的境地；君主逃奔在外，意志又不坚定，反而抛弃君主，谈得上什么‘良’呢？如果不抛弃君主，那您如何能得到他们？若这两位是良臣，将为他们的君主辛苦经营，使之在国外能够立足，死了才终结，（如此，）哪天才可以到来？如果来了，那就不是良臣了。”简子说：“对。我的话实在说过头了。”

注释

1 范、中行之良臣：范、中行(háng)，范吉射、中行寅。中行寅就是荀寅。寅的高祖荀林父统帅过中行（即中军），便以中行为氏。范吉射、荀寅二人于公元前 497 年围攻赵简子，嗣后智、韩、魏三家攻范、荀，范、荀被逐出国。后据朝歌叛晋，公元前 493 年与赵简子作战失败。公元前 490 年又逃亡去齐国。

15.赵简子问贤

原文

赵简子问于壮驰兹[1]曰:“东方之士孰为愈?”壮驰兹拜曰:“敢贺!”简子曰:“未应吾问,何贺?”对曰:“臣闻之:国家之将兴也,君子自以为不足;其亡也,若有余。今主任晋国之政而问及小人,又求贤人,吾是以贺。”

译文

赵简子问壮驰兹说:“东方人士谁最贤能?”壮驰兹跪拜说:“恭贺您!”简子说:“还没有回答我的提问,贺什么?”回答说:“臣听说:国家将要兴盛,君子自以为不够;当国家要灭亡的时候,自以为好像有余。现在主人为晋国的执政却问到我这样的小人,所问的又是求取贤人,我因此恭贺。”

注释

1 壮驰兹:晋大夫,大概是吴人。

16.窦犨谓君子哀无人

原文

赵简子叹曰:“雀入于海为蛤,雉入于淮为蜃。[1]鼋鼍鱼鳖[2],莫不能化,唯人不能。哀夫!”窦犨[3]侍,曰:“臣闻之:君子

译文

赵简子叹息道:“麻雀落到海里成为蛤蜊,野鸡进入淮水变成河蚌。鼋鼍鱼鳖,没有不能变化的。只有人不能变,悲哀啊!”窦犨站在一旁侍候,说:“臣听说:君子愁没有贤人,不愁没

哀无人，不哀无贿；哀无德，不哀无宠；哀名之不令，不哀年之不登。夫范、中行氏不恤庶难[4]，欲擅晋国，今其子孙将耕于齐，宗庙之牺为畎亩之勤[5]，人之化也，何日之有！”

有财货；愁没有德，不愁不得宠信；愁名声不美好，不愁寿数不高。范与中行两家不忧虑众人的疾苦，却想专擅晋的国政，现在他们的子孙将在齐国耕田种地，本来是主持宗庙祭祀的贵人，却变成田野间耕作的苦力。人的变化，哪天不在发生！”

注释

1 雀入于海为蛤，雉入于淮为蜃：只是传说。
2 鼋(yuán)：在河中生活的癞头鼋，又称绿团鱼。 鼍(tuó)：扬子鳄。
3 窦犨(dòu chōu)：晋国大夫。
4 恤：忧虑，操心。 庶：众，老百姓。
5 牺：用作祭品的纯色牲畜，这里喻指祭主。 畎亩：田地。

17.赵襄子使新稚穆子伐狄

原文

赵襄子使新稚穆子伐狄，胜左人、中人，[1]遽人来告，襄子将食，抟饭有恐色。[2]侍者曰：“狗之事大矣，而主之色不怡，何也？”襄子曰：“吾闻之：德不纯而福禄并至，谓之幸[3]。夫幸

译文

赵襄子派新稚穆子征伐狄族，夺取了左人、中人两邑，传信的人来报告，襄子将要进餐，将饭捏成团时脸上现出恐惧的神色。侍候吃饭的人说：“狗的事是大好事，您却不高兴，什么缘故？”襄子说：“我听说，德行不纯却福禄双至，叫侥幸。侥幸不是福，没有

非福，非德不当雍[4]，雍不为幸，吾是以惧。”

德行就担当不起和乐，和乐不是由于侥幸，我因此恐惧。”

注释

1 赵襄子：晋正卿赵无恤，赵简子的儿子。 新稚穆子：晋大夫新稚狗。 左人：在今河北唐县西北。 中人：在今河北唐县西南。

2 遽人：驿站传递消息的人。 抟饭：将饭捏成团，以便食用。据韦昭：抟饭，原各本都作“寻饭”。据王引之《经义述闻》二十一，“寻”当为“专”，“专”为古“抟”字。据改。

3 幸：侥幸。

4 雍：和乐。

18.智果对智宣子

原文

智宣子将以瑶为后[1]，智果曰：“不如宵也。”[2]宣子曰：“宵也佷[3]。”对曰：“宵之佷在面，瑶之佷在心。心佷败国，面佷不害。瑶之贤于人者五，其不逮者一也。美鬓长大则贤，射御足力则贤，伎艺毕给则贤，巧文辩惠则贤，强毅果敢则贤。如

译文

智宣子将立智瑶为继承人。智果说：“不如立智宵。”宣子说：“宵凶狠。”回答说：“宵的凶狠在脸上，瑶的凶狠在心里。心狠灭国亡家，脸狠没有害处。智瑶过人的地方有五处，不如人的地方一处。鬓发美观，身材高大过人；射箭驾车，气力充足过人；多才多艺过人；能言善辩过人；刚毅果敢过人。像这样却很不仁惠。凭

是而甚不仁。以其五贤陵人,而以不仁行之,其谁能待[4]之?若果立瑶也,智宗必灭。”弗听。

智果别族于太史为辅氏[5]。及智氏之亡也,唯辅果在。

着他五处过人的地方欺凌别人,又以不仁慈的心肠去实施,谁能宽待他?如果真要立瑶,智氏宗族必被消灭。”智宣子不听。

智果到太史那里另立氏族,名为辅氏。到智氏灭亡,只有辅果还在。

注释

1 智宣子:晋卿,荀跞(lì)的儿子。 瑶:智瑶,宣子的儿子襄子,史书又称他为智伯。

2 智果:晋大夫,与智宣子同族。又叫智过。下文说他改氏为辅,称为辅果。 宵:智宵,宣子的庶子。

3 佷(hěn):古同“很”,犟,不顺从,凶狠。

4 待:善待,宽容。

5 智果别族于太史为辅氏:当时的户籍制度,太史掌管氏姓,所以智果改氏要到太史那里去备案,取得太史同意。

19.智襄子室美

原文

智襄子为室美,士茁夕焉。[1]智伯曰:“室美夫!”对曰:“美则美矣,抑臣亦有惧也。”智伯曰:“何惧?”对曰:

译文

智襄子建造的房屋华丽,士茁晚上去见他。智伯说:“宫室华丽啊!”回答说:“华丽倒是华丽,但臣有所恐惧。”智伯说:“恐惧什么?”

"臣以秉笔事君。志有之曰：'高山峻原，不生草木。松柏之地，其土不肥。'今土木胜，臣惧其不安人也。"室成，三年而智氏亡。

回答说："臣以拿笔杆子来侍奉君主。古书上有这样的话：'高原峻岭，不生草木。生松柏的地方，土地不肥沃。'现在大兴土木，我恐怕它不能使人安宁。"房屋建成三年后，智氏灭亡。

注释

1 智襄子：智伯，谥号襄子。 茁：智伯家臣。

20.智伯国谏智襄子

原文

还自卫，三卿宴于蓝台，[1]智襄子戏韩康子而侮段规[2]。智伯国[3]闻之，谏曰："主不备，难必至矣。"曰："难将由我，我不为难，谁敢兴之！"对曰："异于是。夫郤氏有车辕之难，赵有孟姬之谗，栾有叔祁之诉，范、中行有亟治之难，皆主之所知也。[4]《夏书》[5]有之曰：'一人三失，怨岂在明？不见是图。'《周书》有之曰：

译文

（智襄子讨伐郑国，）从卫国回来，三卿在蓝台宴饮。智襄子戏弄韩康子并侮辱段规。智伯国听说这件事，谏劝说："主人不做准备，大难就要临头了。"智伯说："发难将由我，我不发难，谁敢发难？"回答说："和您说的不同。郤犨有过车辕之难，赵家有孟姬的谗言，栾氏有叔祁告状，范与中行有亟治的灾祸，这些都是主人所知道的。《夏书》有这样的话：'一个人三次失去民心，怨恨难道在明处？要在还不显露时谋虑。'《周书》有这样的话：'（导致

'怨不在大，亦不在小。'[6]夫君子能勤小物，故无大患。今主一宴而耻人之君相，又弗备，曰'不敢兴难'，无乃不可乎？夫谁不可喜，而谁不可惧？蜹蚁蜂虿[7]，皆能害人，况君相乎？"弗听。

危亡的）怨恨不在大，也不在小。'君子在小事上都殷勤谨慎，所以没有大的祸害。现在主人一次宴饮就使人的君主和辅相都蒙受耻辱，又不做准备，说'（别人）不敢发难'，恐怕不可以吧？谁不使人可喜，谁不使人惧怕？蚊子、蚂蚁、蜜蜂、蝎子都能害人，何况是君主和辅相呢？"智伯不听。

注释

1 还自卫：智伯讨伐郑国后，由卫国返回晋国。 三卿：智襄子、韩康子、魏桓子。 蓝台：地名，无考。

2 段规：韦昭认为是魏桓子的辅相。《韩非子·十过》说段规是韩康子的谋臣。

3 智伯国：晋大夫。智襄子的同族人。或者就是智果、智过。

4 车辕之难：郤犨与长鱼矫争田，郤犨逮捕长鱼矫一家人，把长鱼矫和他的父母妻子同铐在一根车辕上。后来长鱼矫成了晋厉公的嬖臣，以厉公命杀死郤犨、郤锜、郤至。 孟姬之谗：孟姬，赵文子的母亲庄姬，庄姬诬告赵同、赵括谋反，同、括被杀。 叔祁之诉：叔祁是范宣子的女儿，栾盈的母亲，她向父亲告儿子的状，说栾盈谋反，栾家因而被灭。 亟治之难：亟治，范皋夷的属邑。皋夷不受范吉射宠信，想在范家作乱。正值范吉射、荀寅攻伐赵简子，便与人联合反攻范吉射、荀寅，范、荀兵败出逃。

5《夏书》：佚书，后世不传。今见于伪古文《尚书》的《夏书·五子之歌》。

6 所引见于《尚书·周书·康诰》。

7 蜹蚁蜂虿（ruì yǐ fēng chài）：四种能伤人的小虫。

自是五年，乃有晋阳之难[1]。段规反，首难，而杀智伯于师，遂灭智氏。

从此以后五年，就有晋阳的灾难。段规反叛，首先发难，把智伯杀死在军队里，于是消灭了智氏。

注释

1 晋阳之难：智伯率领自家和韩、魏两家的兵力把赵襄子围困在晋阳。最后韩、赵、魏三家联合反而杀死智伯。事在公元前 453 年。

21.晋阳之围

原文

晋阳之围，张谈[1]曰："先主为重器也，为国家之难也，盍姑无爱宝于诸侯乎？"襄子曰："吾无使也。张谈曰："地也可。"襄子曰："吾不幸有疾，不夷于先子，不德而贿。夫地也求饮吾欲，是养吾疾而干吾禄也。吾不与皆毙。"

译文

晋阳被围之前，张谈说："先主制作宝器，是为了防备国家有灾难，何不对诸侯不吝惜宝器呢？"襄子说："我没有使者。"张谈说："地这个人可以。"襄子说："不幸我有毛病，赶不上我的先人，没有德行，只好用财货去求人帮助。地这个人哪，追求的是满足我的欲望，这是助长我的毛病、窃取我的俸禄。我不想同他一块儿死。"

注释

1 张谈：赵襄子的家务总管。宝器：圭璧钟鼎之类。

襄子出，曰："吾何走乎？"从者曰："长子[1]近，且城厚完。"襄子曰："民罢力以完之，又毙死以守之，其谁与我？"从者曰："邯郸[2]之仓库实。"襄子曰："浚民之膏泽以实之，又因而杀之，其谁与我？其晋阳乎！先主之所属也[3]，尹铎之所宽也，民必和矣。"

乃走晋阳，晋师围而灌之，沉灶产蛙，民无叛意。

襄子出城，说："我逃到哪里去？"随从人员说："长子近，而且城墙厚实完好。"襄子说："人民精疲力尽修好城墙，又要他们舍生忘死去守卫，谁肯和我们在一起？"随从人员说："邯郸仓库充实。"襄子说："榨取人民的血汗去充实仓库，接着又想置他们于死地，谁肯和我们在一起？还是到晋阳去吧！这是先主所嘱托的地方，是尹铎为政宽仁的处所，人民一定和睦团结。"

于是逃到晋阳。晋军围困晋阳，(掘开汾水)引水淹城。城中的饭灶都泡在水里，蛙在原来的灶里繁殖，人民都没有反叛的念头。

注释

1 长子：晋邑，在今山西长子县西部。

2 邯郸：在今河北邯郸市。

3 先主：赵简子。 属：嘱咐，指前面第八篇"赵简子使尹铎为晋阳"中的话："无以尹铎为少，无以晋阳为远，必以为归。"

卷十六　郑语

1.史伯论兴衰

原文

桓公为司徒[1]，甚得周众与东土之人[2]，问于史伯[3]曰："王室多故，余惧及焉，其何所可以逃死？"

译文

郑桓公担任周幽王的司徒，得到西周民众和周土以东百姓的竭诚拥护。他问史伯说："王室多灾多难，我恐怕灾难会牵连到我，什么地方将可以逃避横死？"

注释

1 桓公：名友，周厉王的小儿子，宣王的弟弟。宣王封他于郑，幽王八年（前774年）为司徒。 司徒：官名，掌管土地和人民。

2 东土之人：西周所辖地东方的人。东，通常指陕西以东。

3 史伯：周太史。

史伯对曰："王室将卑，戎、狄必昌，不可偪也。当成周者，南有荆蛮、申、吕、应、邓、陈、蔡、随、唐；北有卫、燕、狄、鲜虞、潞、洛、泉、徐、蒲；西有虞、虢、晋、隗、霍、杨、

史伯回答说："王室地位将要降低，戎狄一定会昌盛，不可以向他们逼近。成周所处的位置，南边有荆蛮、申、吕、应、邓、陈、蔡、随、唐；北边有卫、燕、狄、鲜虞、潞、洛、泉、徐、蒲；西边有虞、虢、晋、隗、霍、杨、魏、芮；东边有齐、鲁、曹、宋、滕、薛、邹、莒。这些不是王的支子、

魏、芮；东有齐、鲁、曹、宋、滕、薛、邹、莒。[1]是非王之支子[2]母弟甥舅也，则皆蛮、荆、戎、狄之人也。非亲则顽，不可入也。其济、洛、河、颍之间乎！是其子男之国，虢、郐为大，[3]虢叔恃势，郐仲恃险，[4]是皆有骄侈怠慢之心，而加之以贪冒。君若以周难之故，寄孥与贿焉，不敢不许。周乱而弊，是骄而贪，必将背君，君若以成周之众，奉辞伐罪，无不克矣。若克二邑，邬、弊、补、舟、依、𫘫、历、华[5]，君之土也。若前华后河，右洛左济，主芣、騩而食溱、洧[6]，修典刑以守之，是可以少固。"

外戚、外甥、舅父，就是蛮、荆、戎、狄等异族人。不是亲人就是顽民，他们的地域都不可以进入。（可以发展的地方，）大概在济水、洛河、黄河、颍水之间吧！这块土地上子、男的国家以虢、郐为大。虢叔依靠地势，郐仲依靠险阻，他们都有骄横、奢侈、懈怠、轻慢的心思，还加上贪得无厌。您如果以周室遭难的缘故，把妻子儿女和财货寄在他们那里，不敢不同意。周王室混乱破落，这两国骄恣贪婪，一定会背弃与您的情谊，您如果率领成周的士众，以天子的命令，讨伐有罪的国家，没有不胜利的。如果夺取了这两个地方，邬、弊、补、舟、依、𫘫、历、华八邑，就都是您的土地了。如果前面是颍水，后面是黄河，右边是洛河，左边是济水，为芣、騩二山的主祭人，喝溱、洧二河里的水，修治旧有的常法，用以守卫这片土地，这就可以稍稍稳固了。"

注释

1 荆蛮：芈(mǐ)姓蛮族。 申、吕：姜姓国。 应、蔡、随、唐：都是姬姓国。应，武王儿子所封。 邓：曼姓国。 陈：妫(guī)姓国。 卫：康叔所封国，姬姓国。 燕：邵公所封国，姬姓国。 狄：北狄。 鲜虞：在狄之中的姬姓国。 潞、洛、泉、徐、蒲：都是赤狄的部族，隗(wěi)姓。 虞：虞仲的后代所立国。虢:西虢,虢叔的后裔。晋:唐叔所封国,后为晋国。虞、虢、晋与隗、霍、杨、魏、芮八国都是姬姓。齐:姜姓国。鲁、曹、滕:姬姓国。宋:子姓国。薛:任姓国。邹:曹姓国。莒(jǔ):己姓,东夷国。

2 王之支子:除嫡长子以外的王的儿子。

3 子、男之国:国君的爵位是子、男的国家,一般是小国。虢:东虢,在今河南荥阳市东北。郐(kuài):妘(yún)姓国,地在今河南新密市东。

4 虢叔:当时虢的国君。郐仲:当时郐的国君。

5 华:颍水,上文"济、洛、河、颍之间乎",韦昭《注》:"左济右洛前颍后河。"可知在前面的是颍水而不是"华"。

6 主芣(fú)、騩(guī)而食溱(zhēn)、洧(wěi):芣、騩二山,芣山无考,想必在今河南省地界。一说是东首阳山。騩山在今河南新安县西北。溱、洧二河,溱水是洧水的支流。洧水就是现在河南的双洎河,源出河南登封,流入颍水。

公曰:"南方不可乎?"对曰:"夫荆子熊严生子四人:伯霜、仲雪、叔熊、季纠。[1]叔熊逃难于濮而蛮,季纠是立,薳氏将起之,祸又不克。是天启之心也,又甚聪明和协,盖其先王。臣闻之,天之所启,十世不替。夫其子孙必光启土,不可偪也。且重、黎之后也,夫黎为高辛

桓公说:"南方不可以吗?"回答说:"荆君熊严生了四个儿子:伯霜、仲雪、叔熊、季纠。叔熊逃难到濮,同化于蛮。季纠被立为君。薳氏将扶起叔熊来立他为君,碰上祸患,没有立成。这是天启迪季纠的心,他又聪明,能团结和好臣民,超过他的先王。臣听说,天所启迪的,十世不衰。他的子孙一定会光大前人事业,开拓疆土,不可以向他们逼近。再说,他们是重、黎的后代,黎是高辛氏的火正,以(他们的)光

氏火正，以淳耀敦大，天明地德，光照四海，故命之曰‘祝融’，[2] 其功大矣。

明厚大，使天的光明更加辉煌，使地的德性更为厚重，四海之内阳光普照，所以称他为‘祝融’，他的功劳大着呢。

注释

1 熊严：楚国国君为子爵，熊严是楚国国君名。 季紃(xún)：楚子熊紃。

2 高辛氏：帝喾。 火正：掌火的官。发明用火，是人类的一大进步。火正是一个重要的官位。 祝融：据韦昭注，“祝融”字面的意思是始明，始得光明。

“夫成天地之大功者，其子孙未尝不章，虞、夏、商、周是也。虞幕[1]能听协风，以成乐物生者也。夏禹能单平水土，以品处庶类者也。商契能和合五教[2]，以保于百姓者也。周弃[3]能播殖百谷蔬，以衣食民人者也。其后皆为王公侯伯。祝融亦能昭显天地之光明，以生柔嘉材者也，其后八姓[4]于周未有侯伯。佐制物于前代者，昆吾为夏伯矣，大彭、豕韦为商伯矣。[5]当周未有。己姓昆吾、苏、顾、温、董，董姓鬷

“凡建立了天地之间的大功的，他的子孙没有不显耀的，虞、夏、商、周都是如此。虞幕是能凭乐感听知和风将至，使乐曲得以成就，使谷物得以生长的人。夏禹是能消除水患、平治土地，使万物各得其所的人。商契是能够总括五教，使之协调，用来保养百姓的人。周弃是能播种百谷种植菜蔬，使人民有衣穿有饭吃的人。他们的后人都做王、公、侯、伯。祝融也是能使天地的光明更加辉煌，使美材嘉谷得以生殖的人，他的后代八姓在周没有做诸侯之长的。在前代辅佐治理政事的，昆吾为夏伯，大彭、豕韦为商伯。在周代没有。己姓昆吾、苏、顾、温、董五国，董姓鬷夷、

夷、豢龙，则夏灭之矣。彭姓彭祖、豕韦、诸稽，则商灭之矣。秃姓舟人，则周灭之矣。妘姓邬、郐、路、偪阳，曹姓邹、莒，皆为采卫[6]，或在王室，或在夷、狄，莫之数也。而又无令闻，必不兴矣。斟姓无后。融之兴者，其在芈姓乎？芈姓夔越[7]，不足命也。蛮芈蛮矣，唯荆实有昭德，若周衰，其必兴矣。姜、嬴、荆芈，实与诸姬代相干也。姜，伯夷之后也；嬴，伯翳[8]之后也。伯夷能礼于神以佐尧者也，伯翳能议百物以佐舜者也。其后皆不失祀而未有兴者，周衰其将至矣。”

豢龙两国，在夏代就被消灭了。彭姓彭祖、豕韦、诸稽各氏族，在商代就被消灭了。秃姓的舟人国，在周代就被消灭了。妘姓的邬、郐、路、偪阳，曹姓的邹、莒，都是采服、卫服，还有的在王室为官，有的与夷狄杂处，没有人能完全数得清了。他们又没有美好的名声，一定兴盛不起来了。斟姓没有后嗣。祝融的后人能兴盛的，恐怕在芈姓了吧？芈姓中的夔越，不值得赋予天命了。蛮芈已经蛮化，只有荆确有明德，如果周室衰微，它一定会兴盛了。姜、嬴、荆芈姓，他们与姬姓各国更替强大，互相干犯。姜姓是伯夷的后代；嬴姓是伯翳的后代。伯夷是能以礼祀神辅佐尧的，伯翳是能使生物各得其宜辅佐舜的。他们的后代都有人祭祀先祖但没有人兴旺发达的，周的衰微就将到来了。”

注释

1 虞幕：虞舜的祖先。

2 契(xiè)：商的祖先，舜时为司徒，掌管民的教化。　五教：父义、母慈、兄友、弟恭、子孝。

3 弃：周的始祖，尧舜时的农官。

4 八姓：祝融的后人八姓，即己、董、彭、秃、妘、曹、斟、芈。

5 昆吾：祝融的孙子、陆终的长子，己姓。 大彭：陆终的三儿子，彭姓。 豕韦：彭姓的分支。

6 采卫：即采服、卫服，离王都较远的地区。

7 蘷(kuí)越：芈姓别封国。楚熊绎六世孙熊挚的后代被封之国。蘷，公序本作“夔”。

8 伯翳：舜时掌管畜牧田猎的官，又叫伯益，少皞的后代。

公曰：“谢西之九州[1]，何如？”对曰：“其民沓贪而忍，不可因也。唯谢、郏之间，其冢君侈骄，其民怠沓其君，而未及周德；若更君而周训之，是易取也，且可长用也。”

郑桓公说：“谢国以西的九州怎么样？”回答说：“那里的居民贪婪残忍，不可接近。只有谢与郏之间，那里的首领奢侈骄恣，那里的人民对君主轻慢，没有达到忠信的境界；如果换一个君主普遍训导他们，那里是容易取得的，而且可以长期待下去。”

注释

1 谢：周宣王舅父申伯的国家。在今河南省南阳市北。 州：二千五百家为一州。

公曰：“周其弊乎？”对曰：“殆于必弊者也。《泰誓》[1]曰：‘民之所欲，天必从之。’今王弃高明昭显，而好谗慝暗昧；恶角犀丰盈，而近顽童穷固。去和而取同[2]。夫

郑桓公说：“周要衰败了吗？”回答说：“大概一定要衰败了。《泰誓》说：‘人民所想的，天一定顺从它。’现在周幽王抛弃高尚明智的贤臣，喜爱愚昧的和进邪恶谗言的奸臣；讨厌贤明正直的人，接近愚顽无知和鄙陋的小人。不求和协，只取相同。和协就能产生万物，相同就

和实生物，同则不继。以他平他谓之和，故能丰长而物归之；若以同裨同，尽乃弃矣。故先王以土与金木水火杂，以成百物。是以和五味以调口，刚四支以卫体，和六律以聪耳，正七体以役心，平八索以成人，建九纪以立纯德，合十数以训百体。[3] 出千品，具万方，计亿事，材兆物，收经入，行姟极。[4] 故王者居九畡之田，收经入以食兆民，周训而能用之，和乐如一。夫如是，和之至也。于是乎先王聘后于异姓，求财于有方，择臣取谏工而讲以多物，务和同也。声一无听，物一无文，味一无果，物一不讲。王将弃是类也而与剸同。天夺之明，欲无弊，得乎？

难以持久。用别的事物去协调另外的事物，叫‘和协’，所以能丰厚增长并吸引万物；如果在事物之上加上相同的事物，（相同的事物是有限的，）加完了就被废置不用了。所以先王把土和金、木、水、火合成各种事物。因此调和五味适应口的需要，强健四肢保卫身体，和谐六律使耳朵聪灵，端正七窍为心服务，安放八体形成完人，建立九脏统一机体的性能，用十个等级来排列百物。由此出现了上千个种类，具备了数以万计的方法，合计上亿的东西，处理十亿事物，收取百亿的缴纳，达到千亿的极大数目。所以王拥有田亩九畡，收取百亿粮食，用来养活众多的人民，以忠信教导他们，按才能使用他们，于是普天之下同样和谐安乐。像这样，就是‘和协’的顶点了。于是先王向异姓聘娶王后，向有某种货物的地方征收某种货物，选择臣属，挑选谏官要多角度考察，不拘一格，这是为了努力做到‘和协’。声音单一没有音乐，色调单一没有文彩，味道单一没有美食，事物单一没有比较。王抛弃这个‘和协’，而赞许片面的‘相同’。天夺去他的明察，想不衰败，能行吗？

注释

1《泰誓》:《尚书·周书》篇名。

2 和、同:这里都是政治、哲学名词。和,和协,用一高尚的思想,协调事物的各个部分、各个方面,使成为一个和谐的统一体。同,相同,欲望相同,或利害相同,或志趣相同,把纯相同的合到一起,而不顾其他。

3 六律:本指六根长短不同(因而音的高低不同)的定音器。这里指不同音阶的音。　七体:即七窍,眼、耳、鼻各二窍,加口为七窍。所谓役心,是说眼为心而看,耳为心而听,口为心而说,鼻为心而嗅。　八索:即八体,指头、腹、足、股、目、口、耳、手。九纪:即九脏,心、肝、肺、脾、肾、胃、膀胱、肠、胆。　合十数以训百体:即用十个等级来排列百物,前面都是具体说,这一句较为抽象。例如人的关系极为复杂,假如用“十”来排列的话,就分出十个等级来,自王开始,依次排列起来是公、大夫、士、皂、舆、隶、僚、仆、台。

4 出千品……行姟极:古人常把数字引到哲学、政治学领域,这里便是。很难作出具体的解说。兆,即十亿。经,即“京”,百亿。姟(gāi),又作“晐”,千亿。下文即用“晐”字。亿、兆、经或京、姟或晐,它们所表示的数量和意义古书解释不完全相同。现在取十进制,十万为亿,十亿为兆,十兆为京,十京为姟。

“夫虢石父,谗谄巧从之人也,而立以为卿士,与剸同也;弃聘后而立内妾,好穷固也;侏儒戚施,实御在侧,近顽童也;周法不昭,而妇言是行,用谗慝也;不建立卿

“虢石父是一个谗毁别人、阿谀逢迎的家伙,王却立他为卿士,这就是赞许片面的‘相同’;废掉聘娶的王后,立所纳的妾为妃,这就是喜爱鄙陋;侏儒、驼背这些演滑稽小品的角色,他们侍候在王身旁,这是接近愚顽无知;周的法制不明,而听信妇人的话,这是信用邪恶

士，而妖试幸措，行暗昧也。是物也，不可以久。且宣王之时有童谣曰：‘檿弧箕服[1]，实亡周国。’于是宣王闻之，有夫妇鬻是器者，王使执而戮之。府之小妾生女而非王子也，惧而弃之。此人也，收以奔褒[2]。天之命此久矣，其又何可为乎？《训语》[3]有之曰：‘夏之衰也，褒人之神化为二龙，以同于王庭，而言曰：“余，褒之二君也。”夏后卜杀之，与去之，与止之，莫吉。卜请其漦[4]而藏之，吉。乃布币焉，而策告之，龙亡而漦在，椟而藏之，传郊之。’及殷、周，莫之发也。及厉王之末，发而观之，漦流于庭，不可除也。王使妇人不帏[5]而噪之，化为玄鼋，以入于王府。府之童妾未既龀[6]而遭之，既笄而孕，当宣王

的谗言；不任命卿士，而使用和安置妖冶嬖幸的小人，这就是行为愚昧。这样的事不能持久。而且宣王的时候有童谣说：‘山桑木弓，箕草箭囊，使周灭亡。’宣王听到这样的童谣，有一对夫妇卖这样的弓和箭囊，王派人去抓他们，准备在路上杀了示众。在王府藏中供使唤的小丫头生一个女孩，不是王子，小丫头惧怕，抛弃了女婴。这对夫妇收养了这个女婴逃到褒国。上天安排这事已久，又怎么可以人为地改变呢？《训语》有这样的话：‘夏代衰败的时候，褒人的神灵化为两条龙，一同到王的朝廷里，说：“我们是褒的两位君主。”夏王占卜是杀掉它们，还是驱逐它们，还是拘留它们，都不吉利。占卜请留下龙的涎沫藏起来，吉利。于是陈列玉帛，用文书向龙祷告，龙走了，它们的涎沫保留着，用匣子藏起来，相传下来，在郊外祭祀它。’到殷、周，没有人打开匣子。到周厉王末年，打开匣子来看，涎沫流到庭院里，不能抹去。王叫妇人不穿衣服而喊叫，涎沫化为黑鼋，进入王的府藏。王府藏中乳齿还没换完的一个小丫头碰上了这只黑鼋，到十五岁成年怀了孕，在宣王在位时生下来。没有丈

时而生。不夫而育，故惧而弃之。为弧服者方戮在路，夫妇哀其夜号也，而取之以逸，逃于褒。褒人褒姁有狱，而以为入于王，王遂置之，而嬖是女也[7]，使至于为后，而生伯服。天之生此久矣，其为毒也大矣，将使候[8]淫德而加之焉。毒之酋腊者，其杀也滋速。申、缯、西戎方强[9]，王室方骚，将以纵欲，不亦难乎？王欲杀太子以成伯服，必求之申，申人弗畀，必伐之。若伐申，而缯与西戎会以伐周，周不守矣！缯与西戎方将德申，申、吕[10]方强，其隩爱太子亦必可知也。王师若在，其救之亦必然矣。王心怒矣，虢公从矣，凡周存亡，不三稔矣！君若欲避其难，其速规所矣，时至而求用，恐无及也！”

夫却产下孩子，所以害怕，就抛弃了婴儿。造弓和箭囊卖的夫妇正在路上被追杀，两人哀怜婴儿晚上啼哭，就（把婴儿）抱起来带走，逃到褒。褒君褒姁有罪，把这个女孩进献给周幽王，周幽王就赦免了褒姁，而宠爱这个女子，直到封她为后，生下伯服。天生下这个人已经很久了，她的毒害也已经很大啦，等待王有荒淫的德行时把她送给王。制作很久的毒酒，它杀死人也越快。申、缯、西戎正强大，周王室正处于骚乱之中，周幽王还放纵私欲，（想不衰败）不是困难吗？周幽王想杀死太子改立伯服，一定向申索取太子，申人不给，周幽王必定会攻伐申。如果攻伐申，那么，缯与西戎就会与申联合攻周，周就守不住了。缯与西戎正好要感谢申的恩德，申、吕正处在强盛时期，它们爱护太子必定是可以预知的。周幽王的军队如果在申不撤，缯与西戎救助申、吕，也是必定无疑的。周幽王的心已经愤怒起来了，虢石父跟着王怒气冲冲了，周的灭亡，不超过三年了！您如果想避开这场灾难，就赶快规划逃亡的地方吧，祸到临头才想办法，恐怕就来不及了！”

注释

1 檿(yǎn)弧:以桑木做成的弓。 箕服:箕草编制成的箭袋。

2 褒:褒国,姒姓,在今陕西勉县东褒城镇。

3《训语》:《周书》篇名,后佚。

4 漦(chí):(鱼或龙的)涎沫。

5 帏(wéi):帐子、幔幕。"不帏"是委婉的说法,意思是不穿衣服。

6 龀(chèn):儿童换乳齿。

7 嬖(bì):宠爱,用邪僻行径宠爱。 是女:这个女子,指褒姒。周幽王三年(公元前779年),褒国把她献给幽王,很受幽王宠爱。为了讨她欢心,幽王无故燃烧报警用的烽火。后来犬戎进攻,点燃烽火真的报警,诸侯以为仍是幽王讨褒姒的欢心,不发兵救援,结果镐京陷落,幽王被杀,褒姒被俘。文章记的是"烽火戏诸侯"故事前传,讲褒姒的来历。

8 侯:伺机,等候时机。

9 申:申国,姜姓,幽王太子宜臼的舅父为国君。 缯:姒姓,申的盟国。 西戎:就是犬戎,后来进攻幽王的主力。

10 申、吕:申国与吕国都是姜姓国。

公曰:"若周衰,诸姬其孰兴?"对曰:"臣闻之:武实昭文之功,文之祚尽,武其嗣乎!武王之子,应、韩不在[1],其在晋乎!距险而邻于小,若加之以德,可以大启。"公曰:"姜、嬴其孰兴?"对曰:"夫国大而

桓公说:"如果周室衰微了,姬姓各国谁能兴盛?"回答说:"臣听说:武王他光大文王的功业,文王后嗣已经衰落,武王的后人将要来继承吧!武王的儿子,不在应、韩,那大概就在晋国了!守险要的处所,邻近弱小的国家,如果施行德义,可以大开疆土。"桓公说:"姜、嬴两姓谁将兴旺?"回答说:

有德者近兴，秦仲、齐侯，姜、嬴之隽也，且大，其将兴乎？”

公说，乃东寄帑与贿，虢、郐受之，十邑[2]皆有寄地。

“国土广大而富有美德的将要兴旺，秦仲、齐侯是姜、嬴两姓中杰出的人，而且国土广大，大概会要兴旺吧？”

郑桓公喜悦，就向东方寄存妻儿与财货，虢国、郐国接受了他的寄托，十邑都有桓公家人寄居的地方。

注释

1 应：始封国君为周武王的儿子，在今河南鲁山县东。 韩：周代诸侯国，始封国君为武王的儿子，一说在今陕西韩城市南，一说在今山西河津市东；宣王徙封，在今河北固安县东南。

2 十邑：虢、郐、邬、蔽、补、舟、依、騥、历、华。后来郑桓公的儿子郑武公夺取这十邑为己有。十邑大致在今河南新郑一带。

2.平王之末

原文

幽王八年而桓公为司徒，九年而王室始骚，十一年而毙[1]。及平王[2]之末，而秦、晋、齐、楚代兴，秦景、襄于是乎取周土，[3]晋文侯[4]于是乎定天子，齐庄、僖于是乎小伯[5]，楚蚡冒于是乎始启濮[6]。

译文

周幽王八年，郑桓公为司徒。九年，王室开始骚乱。十一年，郑桓公死。到周平王末年，秦、晋、齐、楚交替兴起强大。秦景公、秦襄公在这时取西周的领地作为秦的国土，晋文侯在这时使天子坐稳王位，齐庄公、齐僖公在这时主持小规模的诸侯盟会，楚蚡冒在这时开始把濮开拓为疆土。

注释

1 十一年,周幽王十一年,公元前 771 年。周幽王伐申,申、缯联合引来西戎伐周,杀周幽王于骊山之下,郑桓公死难。

2 平王:名宜臼,周幽王太子。他迁都洛邑,从此开始了春秋时代。他公元前 770 年至前 720 年在位,计 51 年。

3 秦本附庸,传到秦仲,宣王以为大夫。秦仲的孙子秦襄公,公元前 777 年至前 766 年在位。公元前 771 年,戎兵杀周幽王,秦襄公与戎力战有功,以兵护送周平王东迁。周平王封秦襄公为诸侯。秦公从西戎手中夺取了原来属于西周的丰镐地区。景公是比襄公后两百年的秦君,这里有误,当为庄公。

4 晋文侯:名仇,公元前 780 年至前 746 年在位。他派兵迎接周平王东迁,定都洛邑。

5 伯:通“霸”,主持诸侯盟会。

6 坌(fén)冒:楚厉王,季紃的儿子熊眴,公元前 757 年至前 741 年在位。濮:楚国西南一带的一个部族。

卷十七　楚语上

1.申叔时论傅太子

原文

庄王使士亹傅太子箴[1],辞曰:"臣不才,无能益焉。"王曰:"赖子之善善之也。"对曰:"夫善在太子,太子欲善,善人将至;若不欲善,善则不用。故尧有丹朱,舜有商均,启有五观,汤有太甲,文王有管、蔡。[2]是五王者,皆有元德也,而有奸子。夫岂不欲其善?不能故也。若民烦,可教训。蛮、夷、戎、狄,其不宾[3]也久矣,中国所不能用也。"王卒使傅之。

译文

楚庄王命士亹为太子箴的师傅,士亹推辞说:"臣没有才能,不能使太子受益。"楚庄王说:"依靠您的善行使太子为善。"回答说:"善不善在于太子,太子想要善,善人就将来到;如果不想要善,有善人也不能用。所以尧有丹朱,舜有商均,启有五观,汤有太甲,文王有管叔、蔡叔。这五位帝王都有大德,却有奸邪的子孙。难道是不想要子孙善吗?是因为不能够。如果人民扰乱,可以教训。蛮、夷、戎、狄不顺服已经久了,中原各国不能驾驭。"楚庄王最后要士亹做太子的师傅。

注释

1 庄王:楚庄王,名旅,公元前613年至前591年在位。　士亹(wěi):楚大夫。　太子箴(zhēn):日后的楚恭王。箴,也作审。

2 丹朱：尧的儿子，传说他傲慢荒淫。 商均：舜的儿子，传说他品德不好。启：禹的儿子，他是“家天下”的首创者。启的小儿子五观，被放逐到西河，五观据西河叛变。 太甲：汤的孙子，不遵循汤的政令和法规，被放逐到桐。 管、蔡：管叔鲜和蔡叔度，文王的两个儿子，武王的弟弟。武王死，成王嗣位，周公（也是武王的弟弟）摄政，管、蔡不服，起兵反叛。

3 宾：服从。

问于申叔时，叔时曰：“教之春秋，而为之耸善而抑恶焉，[1]以戒劝其心；教之世[2]，而为之昭明德而废幽昏焉，以休惧其动；教之诗，而为之导广显德，以耀明其志；教之礼，使知上下之则；教之乐[3]，以疏其秽而镇其浮；教之令，使访物官；教之语，使明其德，而知先王之务用明德于民也；教之故志[4]，使知废兴者而戒惧焉；教之训典，使知族类，行比义焉。

士亹向申叔时求教，叔时说：“教他学历史，向他夸赞善，贬抑恶，来告诫和鼓励他的心思；教他学国君的谱系，向他宣扬贤明美德声名显扬而废黜愚昧糊涂，来鼓励和约束他的行为；教他学诗，用光辉的德业去开阔他的心胸，来使他的心意清明；教他学礼，使他懂得上下的规矩；教他学音乐，来洗涤头脑中的污浊，制止言行中的轻浮；教他学习法令，使他能议论为官的职事；教他学习善言，使他懂得美德，懂得先王致力于用美德对待人民的道理；教他学习古书，让他了解历代的兴亡，于是戒慎恐惧；教他学习先王的教导，使他了解宗族的繁衍发展，行为符合道义。

注释

1 春秋：历史知识。 耸善而抑恶：赞美良善，贬抑丑恶。抑，贬抑。

2 世：国君的谱系。
3 教之乐：用音乐教育他。强调音乐的教化作用，即品味高洁，荡涤淫秽。
4 故志：记载从前兴衰成败的书籍。

“若是而不从，动而不悛，则文咏物以行之，求贤良以翼之。悛而不摄[1]，则身勤之，多训典刑以纳之，务慎惇笃以固之。摄而不彻，则明施舍以导之忠，明久长以导之信，明度量以导之义，明等级以导之礼，明恭俭以导之孝，明敬戒以导之事，明慈爱以导之仁，明昭利以导之文，明除害以导之武，明精意以导之罚，明正德以导之赏，明齐肃以耀之临[2]。若是而不济，不可为也。

“如果这样还不顺从，行为不改，就用文辞吟咏事物来打动他，寻求贤人来辅佐他。改正了还不巩固，就以身作则劝勉他，多用常法教训使他接受，专心致志地实行敦厚之道来巩固他的品德。巩固了还不能应用到各个方面，就阐明赐予的精义，教导他忠；阐明持久不懈的道理，教导他信；阐明长短利害的道理，教导他义；阐明等级制度，教导他有礼；阐明恭谨俭约，教导他孝顺；阐明敬慎戒惧的意义，教导他办事；阐明慈爱的必要，教导他仁惠；阐明利人利己的关系，教导他具备文德；阐明除害的道理，教导他勇武；阐明尽心尽意断案的道理，教导他怎样处罚；阐明为公的美德，教导他怎样赏赐；阐明恭整严肃的含义，指示他如何处置军政大事。像这样去教导仍然不成功，那就没有办法了。

注释

1 悛而不摄：改正但是不彻底。
2 明齐肃以耀之临：阐明恭整严肃的含义，指示他如何处置具体的军政大事。

“且夫诵诗以辅相之，威仪以先后之，体貌以左右之，明行以宣翼之，制节义以动行之，恭敬以临监之，勤勉以劝之，孝顺以纳之，忠信以发之，德音以扬之，教备而不从者，非人也。其可兴乎！夫子践位则退，自退则敬，否则赧[1]。”

“还有，朗诵诗歌辅助他，用威严去熏陶他，用礼仪去支配他，身体力行处处扶持他，用节义去制约他的行动，用恭敬去监督他，用勤勉去鼓励他，用孝顺去教育他，用忠信去启发他，用善言去激励他，教导他这样完备仍不听从，就不是一个可教的人了。这样的人还能有所成就吗！（这样做过了，）太子一登位（您就应该）引退，主动引退会受到尊敬，不引退就会忧惧。”

注释

1 否则赧：不然的话就应该担心了。

2.子囊议谥

原文

恭王[1]有疾，召大夫曰：“不穀不德，失先君之业，覆楚国之师[2]，不穀之罪也。若得保其首领以殁，唯是春秋所以从先君者，请为‘灵’若‘厉’[3]。”大夫许诺。

译文

楚恭王有病，召集大夫们说：“我没有德行，丢失了先君的霸业，毁了楚国的军队，是我的罪过。如果我能够保全头颈而死，请谥为‘灵’或‘厉’，以此作为春秋祭祀跟随先君的名号。”大夫们答应照办。

王死，到下葬的时候，子囊议论谥

王卒，及葬，子囊议谥。大夫曰："王有命矣。"子囊曰："不可。夫事君者，先其善，不从其过。赫赫楚国，而君临之，抚征南海[4]，训及诸夏，其宠大矣。有是宠也，而知其过，可不谓'恭[5]'乎？若先君善，则请为'恭'。"大夫从之。

号。大夫们说："王已有命在先了。"子囊说："不可以。侍奉君主的人，先举君的善行作为谥号，而不依据他的过失。堂堂的楚国，国君治理它。安抚整顿南海，教令到达中原各路诸侯，他的光荣很大啊。有这般光荣，又自知自己的过失，可以不叫'恭'吗？如果先举国君的善行以为谥号，就请谥为'恭'。"大夫们依从他的意见。

注释

1 恭王：楚恭王，名箴，又作"审"，公元前590年至前560年在位。
2 覆楚国之师：指晋楚鄢陵之战，楚军大败。事在公元前575年。
3 请为"灵"若"厉"：按照谥法，不能用治去减轻乱的程度叫作"灵"，杀戮无辜叫作"厉"。
4 南海：近海的南方地区。
5 恭：知错能改叫作"恭"。

3.屈建祭父

原文

屈到[1]嗜芰。有疾，召其宗老[2]而属之，曰："祭我必以芰。"及祥，宗老将荐

译文

屈到喜爱吃菱角。生病时，把他的宗老找来嘱咐说："（日后）祭祀我必定要用菱角。"（等到屈到去世），举行

芰，屈建[3]命去之。宗老曰："夫子[4]属之。"子木曰："不然。夫子承楚国之政，其法刑在民心而藏在王府[5]，上之可以比先王，下之可以训后世，虽微楚国，诸侯莫不誉。其祭典有之曰：国君有牛享，大夫有羊馈，士有豚犬之奠，庶人有鱼炙之荐，笾豆、脯醢则上下共之。不羞[6]珍异，不陈庶侈。夫子不以其私欲干国之典。"遂不用。

周年祭祀时，宗老准备献上菱角，屈建命令去掉菱角。宗老说："夫子是这样嘱咐的。"子木说："不对。夫子执楚国的政，他的法典深入民心，保藏在王府，上可以与先王相比，下可以为后世楷模，即使不是楚国，诸侯没有不称誉的。那祭祀法规有这样的规定：国君用牛祭，大夫用羊祭，士用猪、狗祭，平民用烤鱼祭，至于果品、肉汁、肉干、肉酱之类，上下共用，不进献珍异的物品，不陈列杂七杂八的东西。夫子不因他个人的嗜欲而违反国家的法典。"就没有用菱角祭祀。

注释

1 屈到：楚卿子夕。

2 宗老：宗族家臣，主管家族祭祀之礼。

3 屈建：屈到的儿子子木。

4 夫子：对男子的敬称，这里指屈到。

5 府：保藏文书和财物的地方。

6 羞：进献，供奉。

4.蔡声子论楚材晋用

原文

椒举娶于申公子牟[1],子牟有罪而亡,康王[2]以为椒举遣之,椒举奔郑,将遂奔晋。蔡声子将如晋,遇之于郑,飨之以璧侑,曰:"子尚良食,二先子其皆相子[3],尚能事晋君以为诸侯主。"辞曰:"非所愿也。若得归骨于楚,死且不朽。"声子曰:"子尚良食,吾归子。"椒举降三拜,纳其乘马,声子受之。

译文

椒举娶申公子牟的女儿为妻,子牟有罪出逃,康王以为是椒举放他走的,椒举出逃到郑国,将要到晋国去。蔡声子将到晋国去聘问,在郑国遇见椒举,请他吃饭,席上送给椒举玉璧,说:"您好好吃吧!您、我过世的父亲(在天之灵)都将帮助您,还可以侍奉晋君使他成为诸侯的霸主。"椒举辞谢说:"这不是我的愿望。如果能让这把骨头回到楚国,即使是死了也是不朽的。"声子说:"您好好吃吧,我设法让您回国。"椒举降位三拜,送四匹马给声子,声子接受。

注释

1 椒举:楚大夫伍举。 申公子牟:王子牟曾为申公,叫申公子牟。

2 康王:楚康王,名昭,恭王之子。公元前 559 年至前 545 年在位。

3 二先子其皆相子:蔡声子就是公孙归生,当时大概已在楚为官。声子的父亲是蔡国太师子朝,伍举的父亲伍参,两人是好朋友。声子与伍举也是好朋友。

还见令尹子木[1],子木与之语,曰:"子虽兄弟于

声子回到楚国谒见令尹子木,子木同他谈话,说:"您虽然和晋国是同

晋,然蔡,吾甥也,[2] 二国孰贤?”对曰:“晋卿不若楚,其大夫则贤,其大夫皆卿材也。若杞梓、皮革焉,楚实遗之。虽楚有材,不能用也。”子木曰:“彼有公族、甥、舅,若之何其遗之材也?”对曰:“昔令尹子元之难,或谮王孙启于成王,[3] 王弗是,王孙启奔晋,晋人用之。及城濮之役,晋将遁矣,王孙启与于军事,谓先轸[4] 曰:‘是师也,唯子玉欲之,与王心违,故唯东宫与西广实来。[5] 诸侯之从者,叛者半矣,若敖氏[6] 离矣,楚师必败,何故去之?’先轸从之,大败楚师,则王孙启之为也。

姓兄弟,但蔡君是我楚国的外甥,晋楚二国谁更贤能?”回答说:“晋卿不如楚卿,但晋大夫比楚大夫贤能,晋的大夫都是为卿的材料。就像杞木、梓木、皮革一样,是楚国送去的。楚虽有良材,但不能使用。”子木说:“晋君也有公族、外甥、舅父,为什么把良材送给晋国?”回答说:“以前令尹子元的祸难,有人到楚成王面前说王孙启的坏话,楚成王没有主持公道,楚成王孙启逃到晋国,晋人任用他。到城濮之战,晋军将要跑了,王孙启参与晋的军事活动,对先轸说:‘这次战争只有子玉想打,违背楚王的心愿,所以只有东宫和西广两支部队参战。诸侯跟从楚军的,背叛的有一半了,若敖氏人心涣散,楚军必败无疑,为什么撤离?’先轸听从了这些话,大败楚军,那是王孙启造成的。

注释

1 令尹:楚国的执政官。　子木:屈建。

2 蔡,吾甥也:蔡、晋都是姬姓,所以说“兄弟”。楚国芈姓,异姓诸侯互称甥、舅。

3 子元:楚武王子,文王弟。文王死,想引诱文王夫人,被杀。事在公元前 664 年。　王孙启:子元的儿子。有人说他与父同罪。

4 先轸:晋中军主帅。

5 子玉:楚令尹得臣。 东宫、西广:楚军营名。

6 若敖氏:若敖本楚先君名,就是熊仪。想必若敖氏是他的后裔。子玉属于若敖氏。这里指若敖氏在军队中服役的人,他们大概是一支部队的骨干。

"昔庄王方弱,申公子仪父为师,王子燮为傅,使师崇、子孔帅师以伐舒。[1]燮及仪父施二帅而分其室。师还至,则以王如庐[2],庐戢黎杀二子而复王。或谮析公臣[3]于王,王弗是,析公奔晋,晋人用之。实谗败楚[4],使不规东夏,则析公之为也。

"从前楚庄王还年轻,申公子仪父为师,王子燮为傅,派师崇、子孔率领军队征伐舒的各部族。王子燮和仪父加罪于两位统帅,瓜分了他们的家财。(师崇、子孔率领)部队回朝,王子燮和仪父又挟持楚庄王到庐。庐大夫戢黎杀死王子燮和仪父两人,送楚庄王复位。有人向楚庄王说析公臣的坏话,楚庄王不主持公道,析公出逃到晋,晋人任用他。他向晋进言,打败了楚军,使楚国不能在东方经营华夏各国,那是析公造成的。

注释

1 申公子仪父:大司马鬭克。 王子燮:楚公子名。 师崇:楚太师潘崇。 子孔:楚令尹成嘉。

2 庐:楚邑,在今湖北襄阳南。

3 析公臣:楚大夫。有人说师崇、子孔作乱,他知情不报。

4 实谗败楚:公元前585年,晋楚两军在绕角(蔡地,今河南鲁山县东南)相遇。晋军将要避开,析公臣说:"楚师轻佻,容易动摇。如果用许多战鼓敲出同样的鼓声,晚上全军迫近,楚军一定会逃跑。"晋人依用他的意见,楚军夜间溃散。

“昔雍子之父兄谮雍子于恭王[1]，王弗是，雍子奔晋，晋人用之。及鄢之役，晋将遁矣，雍子与于军事，谓栾书曰：‘楚师可料也，在中军王族而已。若易中下，楚必歆之[2]。若合而臽[3]吾中，吾上下必败其左右，则三萃以攻其王族，必大败之。’栾书从之，大败楚师，王亲面伤[4]，则雍子之为也。

“从前雍子的父兄向楚恭王说雍子的坏话，楚恭王不主持公道，雍子逃到晋国，晋人任用他。到鄢陵之战，晋军将要逃了，雍子参与军事，对栾书说：‘楚军的情况可以料定。在中军（的主力）是王的同族，如果晋军中下两军互易其位，楚军一定贪便宜攻击下军。如果合战陷入我中军的圈套，我国的上下军一定会打败他的左右军，于是三军会战，攻击楚王族组成的军队，一定会把他们打得大败。’栾书依从他的意见，楚军大败，王本人面部被射伤，那是雍子造成的。

注释

1 雍子：楚国大夫。 父兄：同宗的长辈。

2 歆（xīn）：羡慕。晋军中下军已互易其位，下军将是实际上的中军，即楚军将碰上了主力。

3 臽（xiàn）：同“陷”，这里用如动词，使……陷入。

4 王亲面伤：指恭王的一只眼睛被吕锜射伤。

“昔陈公子夏为御叔娶于郑穆公，生子南。[1]子南之母[2]乱陈而亡之，使子南戮于诸侯。庄王既以夏氏之室赐申公巫臣，则

“从前陈公子夏为御叔娶郑穆公的女儿，生了子南。子南的母亲使得陈国大乱，导致陈国灭亡，导致子南被诸侯杀死。庄王已把夏姬赐给申公巫臣，（子反反对，）又想把她给子反，（巫臣又反

又畀之子反，卒于襄老。[3]襄老死于郯，二子争之，未有成。恭王使巫臣聘于齐，以夏姬行，遂奔晋。晋人用之，实通吴、晋。使其子狐庸为行人[4]于吴，而教之射御，导之伐楚。至于今为患，则申公巫臣之为也。

对，）最后给了襄老。襄老在郯战死，子反和巫臣争夏姬，没有结果。恭王派巫臣到齐聘问，巫臣安排连同夏姬一起上路，于是逃奔到晋国，晋人任用他。是他沟通了吴国与晋国的关系，叫他的儿子狐庸做外交使节，出使到吴，教吴人射箭驾车，引导吴国征伐楚国。吴到现在还是楚的祸患，那是申公巫臣造成的。

注释

1 公子夏：陈宣公的儿子，御叔的父亲。御叔娶郑穆公女儿夏姬为妻。子南：御叔的儿子夏徵舒。

2 子南之母：就是夏姬。御叔早死，陈灵公、孔宁、仪行父三人与夏姬淫乱。夏徵舒杀死灵公，陈国大乱。楚庄王率诸侯国的军队平乱，杀死徵舒，灭了陈国。

3 申公巫臣：做楚国申公的屈巫，字子灵。子反：楚司马公子侧。襄老：楚的连尹，连尹是军官名。

4 行人：使节，外交官。

“今椒举娶于子牟，子牟得罪而亡，执政弗是，谓椒举曰：‘女实遣之。’彼惧而奔郑，缅然[1]引领南望，曰：‘庶几赦吾罪。’又不图也，乃遂奔晋，晋人又用之

“现在椒举娶子牟的女儿，子牟得罪逃亡，执政不主持公道，对椒举说：‘是你打发他走的。’椒举恐惧，逃奔到郑，在那里远远地伸长脖颈向南远望，说：‘或许会赦免我的罪吧！’如果还不做打算，那他就要逃到晋国去了，晋人

矣。彼若谋楚,其亦必有丰败也哉!”

子木愀然[2],曰:“夫子何如?召之,其来乎?”对曰:“亡人得生,又何不来为[3]?”子木曰:“不来,则若之何?”对曰:“夫子不居矣。春秋相事,以还轸于诸侯。若资东阳[4]之盗使杀之,其可乎?不然,不来矣。”子木曰:“不可。我为楚卿,而赂盗以贼一夫于晋,非义也。子为我召之,吾倍其室。”乃使椒鸣[5]召其父而复之。

又将任用他了。他到了晋国如果打楚国的主意,恐怕又有大败到来了吧!”

子木听了,脸色显出愁烦的样子,说:“夫子怎么样?召他回来他肯来吗?”回答说:“逃亡的人得条生路,有什么不来的?”子木说:“如果不回来,怎么办?”回答说:“夫子不会停留在郑国的。春秋各季互相聘问,本就可以在诸侯间回旋往来。如果买通东阳的盗贼,派去杀死椒举,可以吗?否则,他不会回来了。”子木说:“不可。我为楚卿,却买通盗贼到晋去杀孤身一人,是非正义的。您替我把他召来,我加倍给他家产。”于是叫椒鸣把父亲召回来,恢复他原来的官位。

注释

1 缅然(miǎn rán):遥远的样子,思念的样子。

2 愀然(qiǎo rán):形容神色变得严肃或不愉快;忧愁的样子;脸色改变的样子。 夫子:指椒举。

3 为:句尾语气词。

4 东阳:韦昭注为楚国北部城邑。疑泛指晋国所属太行山以东的河北南部、河南北部地区。

5 椒鸣:椒举的儿子。

5.灵王为章华之台

原文

灵王为章华之台,与伍举升焉[1],曰:“台美夫!”对曰:“臣闻国君服宠以为美,安民以为乐,听德以为聪,致远以为明。不闻其以土木之崇高、彤镂为美,而以金石匏竹之昌大、嚣庶为乐;不闻其以观大、视侈、淫色以为明,而以察清浊为聪。

译文

楚灵王在章华筑一座高台,和伍举登上去,说:“高台真美啊!”回答说:“臣听说,国君以任用贤人为美,以安定人民为快乐,以听到善言为耳聪,以招致远方人归附为目明。没有听说把建筑物高大华丽当作美,把各种乐器发出的声音盛大喧杂当作快乐,没有听说观赏的对象大、看的东西多、经眼的色彩乱杂就是目明,能够审音的清浊就是耳聪。

注释

1 灵王:楚灵王熊虔,公元前540年至前529年在位。 章华:地名。 伍举:就是上一篇的椒举,他的封地在椒。

“先君庄王为匏居之台,高不过望国氛[1],大不过容宴豆,木不妨守备,用不烦官府,民不废时务,官不易朝常。问谁宴焉,则宋公、郑伯[2];问谁相礼,则华元、驷騑[3];问谁赞事,则

“先君楚庄王建匏居台,高只够观望显示国家吉凶的气象,大只够举行宴会,所用木材不妨碍守备,所用经费不由府库支出,人民没有因建台而耽搁按时务农,官吏没有因建台而改变正常的上班秩序。要问谁在台上宴饮?是宋公、郑伯。要问谁在赞礼?是华

陈侯、蔡侯、许男、顿子[4]，其大夫侍之。先君以是除乱克敌，而无恶于诸侯。今君为此台也，国民罢焉，财用尽焉，年谷败焉，百官烦焉，举国留[5]之，数年乃成。愿得诸侯与始升焉，诸侯皆距[6]无有至者。而后使太宰启疆请于鲁侯，惧之以蜀之役[7]，而仅得以来。使富都那竖赞焉，而使长鬣之士相焉，臣不知其美也。

元、驷騑。要问谁为辅佐？是陈侯、蔡侯、许男、顿子。他们各自的大夫侍候在左右。先君就靠这个平定乱事、战胜敌人，诸侯也不憎恶。现在您建筑这座高台，国家人民都因而疲困，钱财因而用尽，谷类作物因而歉收，各级官吏因而烦扰，全国动员干这件事，好几年才建成。希望和诸侯们第一次上台，诸侯都拒绝，没有肯来的。然后派太宰启疆邀请鲁侯，进军到鲁国的蜀地威胁他，才勉强来人。叫一些漂亮的有风度的男孩子赞礼，派一些长髯美须的人相助行礼，我不理解这有什么美。

注释

1 氛：预示吉凶的云气。

2 宋公：宋国君。　郑伯：郑国君。这里是说宋、郑二国朝楚。

3 华元：宋卿。　驷騑(fēi)：郑穆公的儿子子驷，名騑。

4 陈、蔡、许、顿，都是国名。顿在今河南项城市西南。陈侯、蔡侯、许男、顿子，分别指他们的国君。

5 留：治理。

6 距：同“拒”，拒绝。

7 惧之以蜀之役：公元前 589 年，楚公子婴齐领兵侵鲁，到达蜀（鲁邑，今山东泰安市东南）。鲁国恐惧，派孟孙使楚，献上财货，请求结盟。

“夫美也者，上下、内外、小大、远近皆无害焉，故曰美。若于目观则美，缩于财用则匮，是聚民利以自封而瘠民也，胡美之为？夫君国者，将民之与处；民实瘠矣，君安得肥？且夫私欲弘侈，则德义鲜少；德义不行，则迩者骚离而远者距违。天子之贵也，唯其以公侯为官正也，而以伯子男为师旅。其有美名也，唯其施令德于远近，而小大安之也。若敛民利以成其私欲，使民蒿[1]焉忘其安乐，而有远心，其为恶也甚矣，安用目观？

“所谓美，对上下、内外、小大、远近都没有害处，所以叫美。如果眼看起来是美，却把钱财用尽了，这是搜刮民财使自己富厚却使百姓贫穷，算得什么美？做国君的人，应当和人民共处；人民瘦了，国君何能肥？况且私欲广大，德义就寡少；德义不行，近处的遭罪离心，远处的抗拒背叛。天子之所以贵，只在于他以公侯为官长，以伯子男为众官。他之所以有美名，就只因为他把德政施行到远近各处，尊卑大小都安于他的政令。如果征收人民的财利来满足私人的欲望，使人民损耗财力，失去安乐，产生疏远的心思，作恶就大了，看起来舒服有什么用？

注释

1 蒿：通“耗”，消耗，耗尽财力物力。

“故先王之为台榭[1]也，榭不过讲军实，台不过望氛祥。故榭度于大卒之居，台度于临观之高。其所不夺穑地，其为不匮财用，其事

“所以先王建造台榭，榭不过用来讲习军事，台不过用来观望显示吉凶的气象。所以榭以能见到卫兵所在地为度，台以能望见高远处为度。那台址不占庄稼地，建台不过量耗费

不烦官业,其日不废时务。瘠硗之地,于是乎为之;城守之木,于是乎用之;官僚之暇,于是乎临之;四时之隙,于是乎成之。故《周诗》曰:'经始灵台,经之营之。庶民攻之,不日成之。经始勿亟,庶民子来。王在灵囿,麀鹿攸伏。'[2] 夫为台榭,将以教民利也,不知其以匮之也。若君谓此台美而为之正,楚其殆矣!"

钱财,施工不烦扰官吏,建台时日不误农时。瘠薄的土地,在上面建台;守备城邑多余的用料,用来建台;官吏业余的时间,临场组织施工;在四时的空隙,把它建造完成。所以《周诗》说:'丈量设计,创建灵台。民众来建,没几天就建成了台。动工了就不要急,民众踊跃来建台。王在灵囿游玩,母鹿伏在那里悠闲。'建造台榭,是为了使民得利,没有听说反而使民劳困。如果您认为这高台很美而且做得正确,楚国就危险了!"

注释

1 榭(xiè):也是台,但有殿无室,没有墙壁。

2 这八句诗选自《诗经·大雅·灵台》。麀(yōu),母鹿。

6.范无宇论城

原文

灵王城陈、蔡、不羹,使仆夫子皙问于范无宇,[1] 曰:"吾不服诸夏而独事晋。何也?唯晋近我远

译文

楚灵王在陈、蔡、不羹三个属国筑城,叫仆夫子皙去问范无宇,说:"我心里不服华夏各国只以晋为盟主。为什么以晋为盟主呢?是因为晋国近,我国

也。今吾城三国,赋皆千乘[2],亦当晋矣。又加之以楚,诸侯其来乎?”对曰:“其在志也,国为大城,未有利者。昔郑有京、栎,卫有蒲、戚,宋有萧、蒙,鲁有弁、费,齐有渠丘,晋有曲沃,秦有徵、衙。[3]叔段以京患庄公,郑几不克,[4]栎人实使郑子不得其位[5]。卫蒲、戚实出献公[6],宋萧、蒙实弑昭公[7],鲁弁、费实弱襄公[8],齐渠丘实杀无知[9],晋曲沃实纳齐师[10],秦徵、衙实难桓、景[11],皆志于诸侯,此其不利者也。

远。现在我在三个属国筑城,各赋千乘,就和晋相当了。再加上楚国的本土,诸侯会来朝楚吗?”回答说:“书籍上所记载的,国内建大城,没有什么好处。从前,郑有京、栎,卫有蒲、戚,宋有萧、蒙,鲁有弁、费,齐有渠丘,晋有曲沃,秦有徵、衙。叔段盘踞在京,为郑庄公的患害,郑差点儿没战胜他,栎人使郑子不得君位。卫国蒲人、戚人赶跑了卫献公;宋国萧、蒙是公子鲍的属邑,是他杀死宋昭公;鲁国弁、费二城削弱了鲁襄公的地位;齐国渠丘是雍廪的属邑,是他杀死了公孙无知;晋国的曲沃迎入齐军,危害公室;秦国公子鍼领有徵、衙,使秦桓公、秦景公为难。这些都被诸侯所记录,都说明国有大城是不利的。

注释

1 陈、蔡:公元前534年楚灭陈,公元前531年灭蔡,两国都已成为楚国属地。 不羹(láng):有两个不羹城,一在今河南舞阳西北,一在今河南襄城东南。 仆夫子皙:楚大夫。 范无宇:楚大夫申无宇。

2 千乘(shèng):地方十里为成。每成出兵车一乘,马四匹,牛十二头,步卒七十二人,甲士三人。千乘就是千成。

3 京:在今河南荥阳市东南二十余里。栎(lì):在今河南禹州市。蒲,在今河南长垣。戚:在今河南濮阳市北。萧:在今安徽萧县西北。蒙:在今河南商丘东北。弁:在今山东泗水县东五十里。费(bì):在今山东费县西北。渠丘:即葵丘,在今山东淄博市临淄区西。曲沃:在今山西闻喜县东北。徵(zhēng):在今陕西澄城县。衙:在今陕西白水县东北。

4 叔段以京患庄公,郑几不克:叔段是郑庄公的弟弟,谋划夺取庄公的君位,未成,出奔。事在公元前722年。

5 栎人实使郑子不得其位:公元前697年,郑厉公突被迫退位,出居于栎。公元前680年厉公引诱劫持郑大夫傅瑕,要他杀死郑子(郑庄公儿子、厉公的弟弟子仪,《史记》作"子婴"),迎立厉公。傅瑕这样做了,郑厉公于公元前679年复位。

6 卫蒲、戚实出献公:公元前559年,甯殖、孙林父合谋驱逐卫献公,献公奔齐。蒲是甯殖的属邑,戚是孙林父的属邑。

7 宋萧、蒙实弑昭公:事在公元前611年。

8 鲁弁、费实弱襄公:公元前562年,季武子作三军,自为统帅,鲁公室地位自此急剧下降。费是季氏的属邑。公元前544年,季氏又取弁作为自己的属邑。

9 齐渠丘实杀无知:公元前686年,公孙无知杀齐襄公自立,次年,雍廪杀公孙无知。

10 晋曲沃实纳齐师:晋驱逐栾盈,栾盈奔齐,齐庄公设法把栾盈送进曲沃。曲沃原是栾盈的封邑。栾盈率领曲沃的兵力,袭击晋都绛,事败被杀。这是公元前550年的事。

11 秦徵、衙实难桓、景:公子鍼是秦桓公的儿子,秦景公的弟弟。秦景公时,公子鍼的权势威胁景公的君位。公元前541年公子鍼投奔到晋,随从的车辆千乘。

"且夫制城邑若体性焉，有首领股肱，至于手拇毛脉，大能掉小，故变而不勤。地有高下，天有晦明，民有君臣，国有都鄙，古之制也。先王惧其不帅，故制之以义，旌之以服，行之以礼，辩之以名，书之以文，道之以言。既其失也，易物之由。夫边境者，国之尾也，譬之如牛马，处暑之既至，虻蟹[1]之既多，而不能掉其尾，臣亦惧之。不然，是三城也，岂不使诸侯之心惕惕焉？"

"而且筑大城就像人的身体一样，有头颈腿臂，以至于手指、毛发、筋脉，大的能指挥小的，所以动作不劳累。地有高低，天有阴晴，民有君臣，国有首都边城，这是古代传下来的制度。先王恐怕有人不遵行，所以用德义来控制，用服饰来表明，用礼义来推行，用名分来分辨，用文字来记载，用言语来称述。已经失误的，就是由于改变了原有的规矩。边境是国家的尾巴，好像牛马一样，处暑到来，牛虻滋生已经很多，可是不能摆动它的尾巴，臣也怕国家会出现尾大不掉的局面。否则，这三座城嘛，难道不使诸侯提心吊胆吗？"

子皙复命，王曰："是知天咫，安知民则？是言诞也。"右尹子革[2]侍，曰："民，天之生也。知天，必知民矣。是其言可以惧哉！"

子皙把这些话转告给楚灵王，楚王说："这个人知道一点天道，哪里懂得治民的法则？这些话是虚妄之谈。"右尹子革侍候在侧，说："民是天所生的。知道天，就一定了解民了。他的这些话应该引起戒惧啊！"

三年，陈、蔡及不羹人纳弃疾而弑灵王。[3]

三年之后，陈、蔡和不羹人拥立弃疾，杀死楚灵王。

注释

1 蝱蠁(méng wèi):牛虻,大的叫蝱,小的叫蠁。蝱,通“虻”。

2 右尹子革:子革,官为右尹,原为郑人。

3 三年:指三年以后,就是公元前529年。 弃疾:楚恭王的儿子,楚灵王的弟弟楚平王。楚灵王在外地久游未归,弃疾乘机在国内作乱。楚灵王因众人反叛势单力孤,自缢而死。和这里所说的不尽相同。

7.左史倚相儆申公子亹

原文

左史倚相迋见申公子亹[1],子亹不出,左史谤之,举伯[2]以告。子亹怒而出,曰:“女无亦谓我老耄而舍我,而又谤我!”

译文

左史倚相往见申公子亹,子亹不出来相见,左史论其是非功过,举伯把左史的议论告知子亹。子亹发怒,出来说:“你不要认为我老朽了就不要我了,还议论我!”

注释

1 左史:官名。 倚相:人名。 迋(wǎng):古“往”字。 申公子亹(wěi):申公史老,楚国长老。

2 举伯:楚大夫。

左史倚相曰:“唯子老耄,故欲见以交儆子。若子方壮,能经营百事,

左史倚相说:“正因为您年老,所以想见到您,好帮助并告诫您。如果您正身强力壮,能经办各种事务,我倚

倚相将奔走承序，于是不给，而何暇得见？昔卫武公[1]年数九十有五矣，犹箴儆于国，曰：‘自卿以下至于师长士，苟在朝者，无谓我老耄而舍我，必恭恪于朝，朝夕以交戒我；闻一二之言，必诵志而纳之，以训导我。’在舆有旅贲之规，位宁有官师之典，倚几有诵训之谏，居寝有亵御之箴，临事有瞽史之导，宴居有师工之诵。史不失书，矇不失诵，以训御之，于是乎作《懿》[2]戒，以自儆也。及其没也，谓之睿圣武公。子实不睿圣，于倚相何害？《周书》曰：‘文王至于日中昃，不皇暇食[3]。惠于小民，唯政之恭。’文王犹不敢骄。今子老楚国而欲自安也，以御数者，王将何为？若常如此，楚其难哉！”

子亹惧，曰：“老[4]之过也。”乃骤见左史。

相将往来侍候，接受您的安排，这样做还恐怕来不及，有什么空闲来见您？从前卫武公九十五岁了，还告诫国人说：‘自卿以下，直至大夫众士，如果在朝的，不要认为我老了就不要我，一定要在朝恭谨，早晚帮助并告诫我；听到一点关于议论我的话，一定要背诵记录下来，转告给我，用来教导我。’在兵车上有勇士的规劝，在朝有官长们的法典，靠着几案，几案上的书有工师们所诵的谏言，就寝时有近臣的箴规，处理大事前有工师和太史的引导，平时休息有乐师的朗诵。太史不漏记事件，乐师不失去诵诗的机会，把训导进献给王。于是作《抑》诗告诫自己。到他逝世，称他为圣明的武公。您实在不愿圣明，对我倚相有什么害处？《周书》说：‘文王直到过了中午，还没有时间吃饭，施恩惠给小小老百姓，只要是政务就恭敬慎重处理。’文王都不敢骄傲，现在您在楚国摆老资格，自求安逸，抵制告诫，（人臣尚且如此，）王将干什么呢？如果经常这样，楚国就难治理了。”

子亹听了恐惧，说：“这是我史老的过错。”于是立刻与左史礼见。

注释

1 卫武公:名和,卫僖公的儿子,为王卿士。《诗经·大雅》中的《抑》诗,相传是他所作。

2《懿》:读为《抑》,即《诗经·大雅·抑》,是大臣自我警惧的诗。认为应当表里如一,注重仪表,执法谨慎,说话小心,对人有礼,还要自我修养。指出如果不听善言,就有灭国的灾祸。

3 昃:日头偏西。 不皇暇食:没有时间吃饭,形容工作紧张、辛勤。皇,副词,通"遑",闲暇。

4 老:申公子亹名老,此乃自称。

8.白公子张讽灵王纳谏

原文

灵王虐,白公子张[1]骤谏。王患之,谓史老曰:"吾欲已子张之谏,若何?"对曰:"用之实难,已之易矣。若谏,君则曰:'余左执鬼中,右执殇宫,[2]凡百箴谏,吾尽闻之矣,宁闻他言。'"

译文

楚灵王暴虐,白公子张多次劝谏。楚灵王觉得讨嫌,对史老说:"我想要制止子张的谏劝,怎样才好?"回答说:"接受人家的意见的确不易,制止人家提意见就没有什么困难。下次再劝谏,您就说:'我左手掌握录鬼簿,右手抓住横死鬼本身,所有的箴言劝谏,我都听说过了,宁愿听到别的什么话。'"

注释

1 白公子张:楚大夫。

2 中：身。 殇宫：鬼神待的地方。这两句是说鬼神都在他掌握之中，无所畏惧。

白公又谏，王如史老之言。对曰："昔殷武丁能耸其德，至于神明，以入于河，自河徂亳，[1] 于是乎三年，默以思道。卿士患之，曰：'王言以出令也，若不言，是无所禀令也。'武丁于是作书，曰：'以余正四方，余恐德之不类，兹故不言。'如是而又使以象梦[2]旁求四方之贤，得傅说[3]以来，升以为公，而使朝夕规谏，曰：'若金，用女作砺。若津水，用女作舟。若天旱，用女作霖雨。启乃心，沃朕心。若药不瞑眩，厥疾不瘳。[4] 若跣不视地，厥足用伤。'若武丁之神明也，其圣之睿广也，其智之不疚也，犹自谓未乂，故三年默以思道。既得道，犹不敢专制，使以象旁求圣人。既得以为辅，又恐

白公又进谏，灵王像史老告诉他的那样说话。白公回答说："从前殷武丁能提高他的美德，以至于能和神明相通，迁到河内，又从河内迁往亳，从此三年默不作声，思考治国之道。卿士担心这个，说：'王说话是发布政令的，如果不说，就没有办法接受命令了。'武丁于是写字说：'要我来纠正四方，我恐怕德不善，因此不说话。'这样写了之后，又派人对照梦中所见贤人的相貌访求四方的贤人。找到傅说来，提拔他做上公，叫他早晚规劝进谏，说：'像金属一样，我用你作为磨石。像渡河一样，我用你作为船。好比天旱，我把你当作甘雨。敞开你的心，滋润我的心。好像用药，如果吃了不头晕目眩，他的病就不会好。好像赤脚走路不看地面，他的脚就会受伤。'像武丁那样能和神明相通，他的圣明深广，他的智慧没有缺点，仍然自以为没有治理好国家，所以三年默不作声，思考治民之道。已经得道，仍然不敢专断，派人拿着画像到处寻求圣人。已得贤人

其荒失遗忘，故使朝夕规诲箴谏，曰：'必交修余，无余弃也。'今君或者未及武丁，而恶规谏者，不亦难乎！

以为辅佐，又恐怕自己荒废忘事，所以叫人早晚箴规劝谏，说：'一定要帮助、告诫我，不要把我丢在一边不管。'现在您或许还不如武丁，却讨厌规谏的人，（要想治理国家，）不是困难吗！

注释

1 殷武丁：殷高宗，名武丁。 河：河内，黄河以北。古人以河北为河内，以河南为河外。 徂：往。 亳(bó)：在今河南商丘市北。

2 象梦：据王引之，当为"梦象"，意思是梦中所见贤人的相貌。

3 得傅说(yuè)：传说殷商高宗武丁梦见贤人相貌，在傅岩找到了筑墙的奴隶，名傅说。后傅说辅佐武丁安邦治国，形成了历史上有名"武丁中兴"的辉煌盛世，留有"知之非艰，行之唯艰"的名句，被尊称为"圣人"。

4 瞑眩(míng xuàn)：眩晕。 厥(jué)：代词，相当于"其"。这里的意思是"他的"。 瘳(chōu)：病愈。

"齐桓、晋文，皆非嗣也，还轸诸侯，不敢淫逸，心类德音，以德有国。近臣谏，远臣谤，舆人诵，以自诰也。是以其入也，四封不备一同，而至于有畿田，以属诸侯，至于今为令君。桓、文皆然，君不度忧于二令君，而欲自逸也，无

"齐桓公、晋文公都不是嫡长子，在诸侯中游历，不敢放纵，一心向善，靠德行领有国家。近臣进谏，远臣议论功过，众人讽谏，用这些来告诫自己。所以他们回国时，四境还不到一百里，但最终发展到领有地方千里的国土，用来聚会诸侯，到现在还承认他们是好的君主。齐桓公、晋文公都如此，您不忧虑赶不上两位贤君，却想

乃不可乎？《周诗》有之曰：'弗躬弗亲，庶民弗信。'臣惧民之不信君也，故不敢不言。不然，何急其以言取罪也？"[1]

自我放纵，恐怕不可以吧？《周诗》上有这样的句子：'事不躬亲，民众就不相信。'臣恐怕人民不相信君王，所以不敢不说。否则，何必急急忙忙进言因而获罪呢？"

注释

1 今见于《诗经·小雅·节南山》。

王病之，曰："子复语。不穀虽不能用，吾憖[1]置之于耳。"对曰："赖君用之也，故言。不然，巴浦之犀、牦、兕、象，其可尽乎，[2]其又以规为瑱也？"遂趋而退，归，杜门不出。七月，乃有乾溪之乱[3]，灵王死之。

楚王仍嫌麻烦，说："您可以再说。我虽不能采用，但愿意把您的劝谏放在耳朵里。"回答说："就是全靠君王能够采用，所以我才说。否则，巴浦的犀牛、牦牛、野牛、大象，难道能够猎尽（以致不够材料做塞耳），要用规谏的话来做塞耳吗？"就快步退下，回家后，闭门不出。七个月后，发生了乾溪之乱，楚灵王在这场乱事中自杀。

注释

1 憖(yìn)：宁愿，愿意。

2 巴浦：地名，巴水边上。 犛(máo)：牦牛。 兕(sì)：野牛。犀、牦、兕、象，它们的角、牙可做塞耳。塞耳是头部装饰品，由冠冕下垂到耳两侧，约当耳的部位，有塞耳悬垂。塞耳通常用玉，也有用骨、角、象牙做的。

3 乾溪之乱：公元前529年，发生在乾溪的反叛楚灵王的乱事。乾溪，在今安徽亳州市东南。

9.左史倚相论唯道是从

原文

司马子期[1]欲以妾为内子，访之左史倚相，曰："吾有妾而愿，欲笄[2]之，其可乎？"对曰："昔先大夫子囊违王之命谥[3]；子夕嗜芰，子木有羊馈而无芰荐。[4]君子曰：违而道。谷阳竖爱子反之劳也，而献饮焉，以毙于鄢；[5]芋尹申亥[6]从灵王之欲，以陨于乾溪。君子曰：从而逆。君子之行，欲其道也，故进退周旋，唯道是从。夫子木能违若敖[7]之欲，以之道而去芰荐，吾子经营楚国，而欲荐芰以干之，其可乎？"子期乃止。

译文

司马子期想把妾扶正，作为正妻，找左史倚相商量，说："我有一个妾很老实，我想为她把头发梳上去插上笄，可以吗？"回答说："从前先大夫子囊违背楚恭王起谥号的遗命；子夕爱吃菱角，（遗命用菱角祭祀，）子木祭祀时用羊肉而不用菱角。君子说：违命但合于道。谷阳竖心疼子反的劳苦，献酒给他喝，使子反死在鄢陵；芋尹申亥顺从楚灵王的想法，楚灵王死在乾溪。君子说：从命但违背道。君子的行为，是要它合乎道，所以进退周旋，只以符合道为准则。子木能违背若敖的愿望，用道来处事，不用菱角祭祀，您在楚国经营事业，却想进献菱角来干犯道，难道可以吗？"子期就没有把妾扶正。

注释

1 司马子期：楚平王的儿子，子西的弟弟公子结，为楚国大司马。

2 笄(jī)：把头发梳上去，用一根簪子别好，改变头发式样，这里表示扶正。

3 见本卷第二篇所记。

4 见本卷第三篇所记。

5 谷阳竖:子反的内小臣。 子反:公子侧,楚国司马,掌军事。鄢陵之战他是中军统帅。晋楚鄢陵之战,楚恭王眼被射伤,当晚召子反商议,准备明日再战。谷阳竖让子反喝了酒,子反醉酒不能见楚恭王。楚恭王说:"是天要打败楚国。"连夜命令军队撤退。子反因而自杀。

6 芋尹申亥:芋尹,官名。申亥,人名。乾溪之乱,楚灵王人众叛去。申亥找到楚灵王,把他接回家去调养。楚灵王见大势已去,自缢而死。申亥用自己的两个女儿殉葬。

7 若敖:楚国的一个氏,这里指子夕。

卷十八 楚语下

1.观射父论绝地天通

原文

昭王[1]问于观射父,曰:“《周书》[2]所谓重、黎实使天地不通者,何也?若无然,民将能登天乎?”

译文

楚昭王问观射父说:“《周书》所说重、黎他们两位使天地不通,是怎么回事?如果不是这样,人能够登天吗?”

注释

1 昭王:楚平王的儿子昭王熊轸。公元前515年至前489年在位。观射父:楚大夫。

2《周书》:指《尚书·周书·吕刑》。里面有这样的话:“乃命重、黎,绝地天通,罔有降格。”意为:“命令重和黎,禁止地民和天神互相感通,神和民再不能升降往来了。”

对曰:“非此之谓也。古者民神不杂。民之精爽不携贰[1]者,而又能齐肃衷正,其智能上下比义,其圣能光远宣朗,其明能光照之,其聪能听彻之,如是则明神

回答说:“不是说的这个。古时候人民与神灵不相混杂。民众之中那些精明没有二心的人,又能恭敬、公正;他的智慧能上合天意,下顺民情;他的通达能够广远明朗;他的视力能看到一切,像阳光普照;他的听力能听到一切,无处不到,像这样,神灵就降到他那里,

降之，在男曰觋，在女曰巫。[2]是使制神之处位次主，而为之牲器时服，而后使先圣之后之有光烈，而能知山川之号、高祖之主、宗庙之事、昭穆之世、齐敬之勤、礼节之宜、威仪之则、容貌之崇、忠信之质、禋洁之服，而敬恭明神者，以为之祝[3]。使名姓之后，能知四时之生、牺牲之物、玉帛之类、采服之仪、彝器[4]之量、次主之度、屏摄之位[5]、坛场之所、上下之神、氏姓之出，而心率旧典者，为之宗[6]。于是乎有天地神民类物之官，是谓五官，各司其序，不相乱也。民是以能有忠信，神是以能有明德，民神异业，敬而不渎，故神降之嘉生，民以物享，祸灾不至，求用不匮。

男的叫觋，女的叫巫。让他制定神灵的主次位置，作出祭祀用的牺牲、器具、服饰的规定，然后叫前代圣人的后嗣中有光明德行的，懂得山川的名位、高祖庙里的奉祀对象、宗庙祭祀的事情、祖宗的世系、情意恳切的端庄恭敬、合宜的礼节、可供效法的威仪、庄严的容貌、真正的忠信、清洁的服饰，还能恭恭敬敬地侍奉神灵的人，用他们作为太祝。让旧姓大族的后人中，懂得四季所生的物品、祭牲的毛色、玉石布帛的类别、祭服色彩的标准、彝器的大小、衡量尊卑先后的尺度、祭祀的位次、祭坛的处所、上下的神灵、姓氏的源流，而且思想上遵循古人法典的人，用他为宗伯。于是有天、地、神、人民和辨别事物类别的官，这就叫五官，五官各按次序管自己的事，不相杂乱。人民因此有忠信的品质，神灵因此有降福不降灾的美德，人民和神灵的事不同，对神恭敬不亵渎，所以神灵赐给人民美好的事物，人民又将美好的东西献给神灵，灾祸不来，所求就有，所用不缺。

注释

1 携贰：怀有贰心。
2 觋(xí)：男巫。巫是女巫，觋是男巫。巫觋是人与神之间的连接者。
3 祝：太祝，官名，掌管祈神求福。
4 彝器：青铜器中的礼器。
5 屏：屏风。 摄：可以举起来的大型扇状物。 确定屏风和摄的位置，是准备祭祀时确定尊卑的一个环节。
6 宗：宗伯，官名，掌管祭祀的礼仪。

"及少皞之衰也，九黎乱德，[1]民神杂糅，不可方物。夫人作享，家为巫史[2]，无有要质。民匮于祀，而不知其福。烝享无度，民神同位。民渎齐盟，无有严威。神狎民则，不蠲其为。嘉生不降，无物以享。祸灾荐臻，莫尽其气。颛顼受之，乃命南正重司天以属神，命火正黎司地以属民，[3]使复旧常，无相侵渎，是谓绝地天通。

"到少皞氏衰落，九黎扰乱德政，人民和神灵杂糅，不能辨别名物。人人祭祀，每家都有巫史，没有诚实的盟约。人民因祭祀繁数而贫困，却不知道得福与否。祭祀没有控制，人与神的位置不分。人民亵渎庄严的盟誓，无所敬畏。神习惯了人的做法，认为他们作为不干不净，神不赐给人美好的谷物，人也就没有东西可以祭祀。灾祸接连到来，上天所赋予的，没有人能完全承受。颛顼氏继承少皞氏，派南正重掌管天事与神打交道，派火正黎掌管地事和人民打交道，恢复原来的秩序，使人神的位置不互相干犯，这就叫隔绝天与地的通路。

注释

1 少皞(hào)：一作少昊，传说是黄帝的儿子。他是传说中古代东夷族首领，号称金天氏。 九黎：部族名，也用作这个部族族长的名字。

2 巫史：巫是接神的，史是列位次顺序的。

3 颛顼(zhuān xū)：高阳氏，传说中的部族首领。 南正：官名，主管与天有关的事。 火正：官名，一说作“北正”，主管与地有关的事。

“其后，三苗[1]复九黎之德，尧复育重、黎之后不忘旧者，使复典之。以至于夏、商，故重、黎氏世叙天地，而别其分主者也。其在周，程伯休父其后也，当宣王时，失其官守，而为司马氏。宠神其祖，以取威于民，曰：‘重实上天，黎实下地。’遭世之乱，而莫之能御也。不然，夫天地成而不变，何比之有？”

“那以后，三苗走九黎的老路，扰乱德政；尧也培养重、黎的后代中没有忘记重、黎勋业的人，派他们仍然掌管重、黎掌管过的政事。直到夏、商都如此，所以重氏、黎氏世世代代按规矩掌管天事地事，分辨并安排人神的位次。在周代，程伯休父是他们的后代，在周宣王时，丢掉了他的职事，转做司马官。休父和他的后人尊崇他们的祖先，使祖先神化，以便取得人民的敬畏，说：‘是重把天举高，是黎把地压低。’碰上乱世，没有人能够阻止(这样的说法)。要不然，天地已经形成不能变化，哪能互相靠近呢？”

注释

1 三苗：苗族各部落，据说是九黎的后代。

2.观射父论祀牲

原文

子期[1]祀平王，祭以牛俎于王，王问于观射父，曰："祀牲何及？"对曰："祀加于举[2]。天子举以大牢[3]，祀以会；诸侯举以特牛，祀以太牢；卿举以少牢[4]，祀以特牛；大夫举以特牲，祀以少牢；士食鱼炙，祀以特牲；庶人食菜，祀以鱼。上下有序，则民不慢。"

译文

子期祭祀楚平王，祭完了把祭祀用过的牛肉送给楚昭王。楚昭王问观射父说："祭祀用的牲畜有哪些？"回答说："祭祀用牲要多于初一十五食丰盛的食品。天子初一十五食用太牢，祭祀用三份太牢；诸侯初一十五食用一头牛，祭祀用太牢；卿初一十五食用少牢，祭祀用一头牛；大夫初一十五食用猪，祭祀用少牢；士吃烤鱼，祭祀用猪；平民吃蔬菜，祭祀用鱼。上下有等级次序，人民就不敢怠慢。"

注释

1 子期：《楚语上》第九篇作"司马子期"。楚平王的儿子公子结。
2 举：人君初一十五丰盛的食品。
3 太牢：牛、羊、猪。
4 少牢：羊、猪。

王曰："其小大何如？"对曰："郊禘不过茧栗[1]，烝尝不过把握。"王曰："何其小也！"对曰：

王说："祭祀用的牲畜大小怎么样？"回答说："春祭、夏祭用牲，它们的角不超过蚕茧、栗子那么大；秋祭、冬祭用牲，它们的角不超过一握那么大。"王

"夫神以精明临民者也,故求备物,不求丰大。是以先王之祀也,以一纯、二精、三牲、四时、五色、六律、七事、八种、九祭、十日、十二辰以致之,[2] 百姓、千品、万官、亿丑、兆民经入畡数以奉之[3],明德以昭之,和声以听之,以告遍至,则无不受休。毛以示物,血以告杀,接诚拔取以献具,为齐敬[4]也。敬不可久,民力不堪,故齐肃[5]以承之。"

说:"为什么这样小?"回答说:"神是用精细明察监临百姓的,所以只求物全,不求物大。所以先王的祭祀,用一纯、二精、三牲、四时、五色、六律、七事、八种、九祭、十日、十二辰招致神灵,用百姓、千品、万官、亿类、兆民的全部收入来侍奉神灵,用美好的德行表明孝敬之意,用中和的乐音让神明倾听,用来祈求神灵全都来到,这样就没有不受吉祥的。毛用来表明色气,血用来告诉神灵是刚刚杀的,诚心地拔毛取血,奉献齐备,这都是为了端庄恭敬。恭敬不可能持久,人们的体力和物力都承受不了,所以准备齐了就赶紧奉祀。"

注释

1 茧栗(jiǎn lì):形容牛角初生之状,借指牛犊,指植物的幼芽或蓓蕾;古以小牛祭祀,因以"茧栗"泛指祭品。

2 一纯、二精、七事:后面有解释。 三牲:牛、羊、豕。 四时:春、夏、秋、冬。 五色:青、赤、黄、白、黑。 六律:六个音阶。 八种:金、石、土、革、丝、木、匏、竹八种材料制成的乐器奏出的声音。 九祭:九州助祭。 十日:甲、乙、丙、丁、戊、己、庚、辛、壬、癸。 十二辰:子、丑、寅、卯、辰、巳、午、未、申、酉、戌、亥。说"十日"和"十二辰"是说选择吉日良辰。

3 经入:常规赋税收入。 畡(gāi):同"垓",指一万万。这些数字后面有解释。这里的意思是说所有的人和全部财力都用来祭祀。

4 齐敬：虔敬。

5 齐肃：齐全，整齐。

王曰："刍豢几何？"对曰："远不过三月，近不过浃日[1]。"王曰："祀不可以已乎？"对曰："祀所以昭孝息民、抚国家、定百姓也，不可以已。夫民气纵则底，底则滞，滞久而不振，生乃不殖。其用不从，其生不殖，不可以封。是以古者先王日祭、月享、时类、岁祀。诸侯舍[2]日，卿、大夫舍月，士、庶人舍时。天子遍祀群神品物，诸侯祀天地、三辰，及其土之山川，卿、大夫祀其礼，士、庶人不过其祖。日月会于龙狵[3]，土气含收，天明昌作，百嘉备舍，群神频行。国于是乎蒸尝，家于是乎尝祀。百姓夫妇择其令辰，奉其牺牲，敬其粢盛，洁其粪除[4]，慎其采服，禋其酒

王说："祭祀牲畜要养多久？"回答说："远不过三个月，近不过十天。"王说："祭祀不可以废止吗？"回答说："祭祀是为了宣扬孝德、繁衍人民、抚慰国家、安定百姓，不可以废止。人的思想一放纵，就会染上坏习气，坏习气久了就会百事无成，这样久了就不能振作了，牲畜和庄稼就不能繁殖。百姓不听从指挥，生物也繁殖不了，就不可以立国。所以古时先王每天、每月、每个季度、每年都有祭祀。诸侯有日祭，卿和大夫有月祭，士和平民有季度祭。天子普遍祭祀各种神灵和各种生物（例如猫、虎、昆虫之类），诸侯祭祀天地、日、月、星和他们土地上的山河，卿和大夫按礼祭祀金木水火土之神和祖先，士和平民只祭祀祖先。（夏历十月）日月相会于尾宿，地的阴气收敛，天的阳气兴盛，各种作物、各种牲畜已经成熟，各种神灵频繁行动。国家于是有冬秋二祭，私家于是有尝新的祭祀。百姓夫妇挑一个好日子，敬奉祭

醴，帅其子姓，从其时享，虔其宗祝[5]，道其顺辞，以昭祀其先祖，肃肃济济，如或临之。于是乎合其州乡朋友婚姻，比尔兄弟亲戚。于是乎弭其百苛，殄其谗慝，合其嘉好，结其亲昵，亿其上下，[6]以申固其姓。上所以教民虔也，下所以昭事上也。天子禘郊之事，必自射其牲，王后必自舂其粢；诸侯宗庙之事，必自射牛、刲[7]羊、击豕，夫人必自舂其盛。况其下之人，其谁敢不战战兢兢，以事百神！天子亲舂禘郊之盛，王后亲缲[8]其服，自公以下至于庶人，其谁敢不齐肃恭敬致力于神！民所以摄固者也，若之何其舍之也？”

牲和祭米，打扫干净屋宇，谨慎地穿上祭服，滤清甜酒，领着儿子和同姓族人，按时祭祀，使宗祝虔诚，念那些遵循礼制的言辞，好好地祭祀先祖，恭恭敬敬，济济一堂，好像神灵就在眼前一样。这时会合所在乡里的朋友、亲家、同族兄弟和亲戚。于是制止各种粗暴行动，消除怨恨邪恶，融汇美好情谊，结成亲密关系，使上下安宁，用来巩固和发展族姓。上用祭祀来教民虔诚，下用祭祀表明侍候长上的心意。天子祭天，一定亲自射祭祀用的牛，王后一定亲自舂祭祀用的米；诸侯祭祀宗庙，必定亲自杀牛、杀羊、杀猪，诸侯夫人一定亲自舂祭米。更何况天子诸侯以下，谁敢不战战兢兢侍奉各种神灵！天子亲自率领王后舂祭天的米，王后亲自缫丝做祭服，从公以下至于平民，谁敢不端庄、严肃、恭敬、尽力祭神呢？百姓靠祭祀来维持巩固，为什么要废了呢？”

注释

1 浃日(jiā rì)：以干支纪日，自甲至癸一周十日为“浃日”。

2 舍(shè)：舍奠，古代祭祀的一种仪式。舍，通“释”。

3 斲(zhuó)：二十八宿尾宿名。
4 粪除：扫除。
5 宗：掌管祭祀的官。 祝：掌管祝祷的官。
6 弭、殄：消灭。 亿：使安宁。
7 刲(kuī)：宰杀。
8 缲(qiāo)：缝制。本义是缝纫方法，做衣服边或带子时把布边儿往里头卷进去，然后藏着针脚缝。

王曰："所谓一纯、二精、七事者，何也？"对曰："圣王正端冕，以其不违心，帅其群臣精物以临监享祀，无有苛慝于神者，谓之一纯。玉、帛为二精[1]。天、地、民及四时之务为七事。"王曰："三事者，何也？"对曰："天事武，地事文，民事忠信。"王曰："所谓百姓、千品、万官、亿丑、兆民经入畡数者，何也？"对曰："民之彻官百。王公之子弟之质能言能听彻其官者，而物赐之姓，以监其官，是为百姓。姓有彻品，十于王谓之千品。五物之官，陪属万为万官。官有

王说："所说的一纯、二精、七事，是什么回事？"回答说："圣明的君王穿戴好礼服礼帽，是因为心思端正，率领群臣以最清洁的物品亲临祭祀，对神灵没有任何邪恶的念头，这叫一纯。璧玉、布帛是二精。天、地、人民和四季的大事，叫七事。"王说："天、地和人民的事是什么？"回答说："天事是威武，地事是温文，人民的事是忠信。"王说："所说的百姓、千品、万官、亿类、兆民经入畡数，是什么意思？"回答说："统治人民能以自己的名字上达于朝廷的官员一百名。王公子弟中资质能说会道、能处理好职守范围内事的，凭着业绩赐给他姓，监守他的官职，这就是百姓。每个官守也就是每姓有十倍的僚属，百姓就有千名，叫千品。天、地、神、人民和辨别事物的官员千品，又有十

十丑，为亿丑。天子之田九畡，以食兆民，王取经入焉，以食万官。[2]”

倍的属官，就有万官。每官所属十类，万官就有亿类。天子的田九畡，养活兆民，王收取赋税一经，用来养活万官。”

注释

1 精：意思是美好清洁。

2 天子之田……以食万官：这里说到的基数，说法不一，我们取十进制。即十百为千，十千为万，十万为亿，十亿为兆，十兆为经（京），十经为畡（gāi）。一畡就是现在的一亿，一万个万。

3.鬬且迋见令尹子常

原文

鬬且迋见令尹子常[1]，子常与之语，问蓄货聚马。归以语其弟曰：“楚其亡乎！不然，令尹其不免乎！吾见令尹，令尹问蓄聚积实，如饿豺狼焉，殆必亡者也。

译文

鬬且往见令尹子常，子常和他谈话，问到积聚财货和马匹。鬬且回来告诉他弟弟说：“楚国将要灭亡了吧！否则，令尹将不免于灾祸吧！我往见令尹，令尹问积聚财货，像饥饿的豺狼一样，恐怕一定要灭亡了。

注释

1 鬬且：楚大夫。 迋见：本作“廷见”，韦昭据王引之《经义述闻》卷二一改。“迋”，古“往”。 子常：子囊的孙子囊瓦，当时作令尹。

“夫古者聚货不妨民衣食之利，聚马不害民之财用，国马足以行军，公马足以称赋[1]，不是过也。公货足以宾献，家货足以共用，不是过也。夫货、马邮则阙于民[2]，民多阙则有离叛之心，将何以封矣？

“古时候，积聚财货不妨碍人民穿衣吃饭的切身利益，集养马匹不妨碍人民的财利，国家的马匹足够用来行军，公侯的马匹足够用来和兵赋相称，不超过这个数目。公侯的财货足够用来馈赠和进贡，私家的财货足够使用，不超过这个极限。货财、马匹过多就有损于人民，人民受损太多就有背叛的心思，将用什么来立国呢？

注释

1 称赋：和兵赋相称。周代兵赋制度，十六井为丘，每丘出军马一匹，牛三头。公侯的马匹数量要能用来指挥兵赋所得的总量，这就叫相称。

2 货、马邮则阙于民：财货、马匹过多就有损于人民。邮，过度，过多。

“昔鬬子文[1]三舍令尹，无一日之积，恤民之故也。成王闻子文之朝不及夕也，于是乎每朝设脯一束、糗一筐，以羞子文。[2]至于今秩之。成王每出子文之禄，必逃，王止而后复。人谓子文曰：‘人生求富，而子逃之，何也？’对曰：‘夫从政者，以庇民也。

“以前鬬子文三次辞去令尹的职位，没有一天的积蓄，是因为体恤百姓。楚成王听说子文吃了早餐没有晚餐，于是每次朝会准备一束干肉，一筐干粮，送给子文。到现在令尹还享受这样的待遇。楚成王每次提出给子文俸禄，子文一定逃避，等到楚成王不提的时候他才复职。别人对子文说：‘人生追求富有，而你却逃避，什么缘故？’回答说：‘从政的人是保护百姓

民多旷者，而我取富焉，是勤民以自封也，死无日矣。我逃死，非逃富也。’故庄王之世，灭若敖氏，唯子文之后在，至于今处郧，[3]为楚良臣。是不先恤民而后己之富乎？

的。现在人民多有贫困，而我发财致富，那就是劳苦百姓使自己富有，离死亡没有几天了。我是逃避死，不是逃避富。’所以楚庄王时代若敖氏被灭了，只有子文的后代还在，到现在还居住在郧，是楚国的良臣。这不是先体恤民众，把自己的富有置之脑后吗？

注释

1 鬬子文：就是鬬於菟(wū tú)，史书上常称他为令尹子文。

2 糗(qiǔ)：干粮，炒熟的米或面等；饭或面食粘连成块状或糊状。 羞：进献。

3 庄王：楚成王的孙子，名旅，又作侣，公元前613年至前591年在位。子文弟弟的儿子鬬椒作乱，楚庄王平定乱事，消灭了鬬椒和子文所属的若敖氏。楚庄王因子文的缘故，赦免了子文的孙子箴尹克黄。克黄的子孙当楚昭王时为郧(yún)公。 郧：在今湖北安陆。

“今子常，先大夫[1]之后也，而相楚君，无令名于四方。民之羸馁，日已甚矣。四境盈垒，道殣相望，盗贼司目，民无所放。[2]是之不恤，而蓄聚不厌，其速怨于民多矣。积货滋多，蓄怨滋厚，不亡何待？

“现在子常是先大夫的后人，辅佐楚君，在四方没有美好的声誉。老百姓贫弱挨饿，一天比一天严重了。四方边境布满堡垒，路上饿死的人这个与那个不过一望之遥，盗贼伺机窥探（以便抢劫），人民没有依靠。这些不去忧虑，却贪得无厌，招来百姓的怨恨多着啦。聚敛的财货越多，积蓄的怨恨就越厚，不灭亡还能等着什么？

注释

1 先大夫:指子囊。

2 殣(jìn):饿死。 司目:伺机窥探。司,通“伺”。 放:依赖。

“夫民心之愠也,若防大川焉,溃而所犯必大矣。子常其能贤于成、灵乎?成不礼于穆[1],愿食熊蹯,不获而死。灵不顾于民,一国弃之,如遗迹焉。子常为政,而无礼不顾,甚于成、灵,其独何力以待之?”

“民心的恼怒,就像防大河的洪水一样,堤一溃决,破坏一定巨大。子常能比楚成王、楚灵王更好些吗?楚穆王对楚成王不客气,楚成王想等吃了熊掌才死都不可得,自杀而死。楚灵王不顾人民死活,全国人民都抛弃他,就像行人抛弃自己的足迹一样。子常执政,所作所为超过了楚成王、楚灵王,他有什么力量能够对付乱事?”

注释

1 穆:楚穆王,楚成王的儿子商臣。楚成王想废商臣,商臣领兵围攻楚成王。楚成王请求吃了熊掌才死,商臣不允许,于是楚成王自杀。

期年,乃有柏举之战,子常奔郑,昭王奔随。[1]

过了一年,就有发生在柏举的战事,子常逃奔到郑,楚昭王逃奔到随。

注释

1 柏举:楚地,在今湖北麻城市东北。公元前506年,吴、蔡、唐三国联军向楚发动进攻。经过三次战役,吴楚两军在柏举对阵,楚军大败而逃。 随:姬姓国,在今湖北随州市,当时是楚的保护国。

4.昭王出奔

原文

吴人入楚,昭王出奔,济于成臼,见蓝尹亹载其孥。[1]王曰:“载予!”对曰:“自先王莫坠其国,当君而亡之,君之过也。”遂去王。

译文

吴人进入楚的国都,楚昭王出逃,在成臼渡口过河,看到蓝尹亹,船上坐着他的老婆孩子。楚昭王说:“让我坐你的船。”回答说:“从先王到现在没有人丢失国家,却在您为君王的时候丢失了,这是君王您的过错。”于是抛下楚昭王而去。

注释

1 成臼:楚境内有成臼河。渡口或在湖北钟祥南汉水旁的旧口。 蓝尹亹(wěi):楚大夫。

王归,又求见,王欲执之,子西[1]曰:“请听其辞,夫其有故。”王使谓之曰:“成臼之役,而弃不穀,今而敢来,何也?”对曰:“昔瓦[2]唯长旧怨,以败于柏举,故君及此。今又效之,无乃不可乎?臣避于成臼,以儆君也,庶悛而更乎?今之敢见,观君之德也,曰:庶忆

楚昭王回到国都,蓝尹亹又求见,楚昭王想逮捕他,子西说:“请听听他说些什么,想必有他的缘故。”楚昭王派人对蓝尹亹说:“成臼渡口的事,你抛下了我,现在仍然敢于回朝,什么原因?”回答说:“从前囊瓦只积旧怨,以致在柏举战败,所以使您落到那地步。现在您又仿效囊瓦,恐怕不可以吧?臣在成臼避开,是对您的警告,也许可以让您改正错误改弦更张吧?现在敢于来见您,是看看您的德行怎么样,心想:您也许会想起那时

惧而鉴前恶乎？君若不鉴而长之，君实有国而不爱，臣何有于死？死在司败[3]矣，唯君图之！”

子西曰：“使复其位，以无忘前败。”王乃见之。

的恐惧，以从前的过错为鉴戒吧？您如果不鉴戒，反而发展以前的过失，那么，您是有国而不爱国，臣死了又有什么关系？死当然死在司败那里，希望您加以考虑！”

子西说：“让他官复原职，好不忘记前次的惨败。”楚昭王这才接见他。

注释

1 子西：楚平王的儿子，楚昭王的庶兄，令尹子申。

2 瓦：令尹子常的名。囊瓦，芈姓，囊氏，名瓦，字子常，楚平王十年（前519年）任令尹。是楚庄王第三子王子贞的孙子，所以囊瓦是楚国王族。令尹子常的财富态度见上篇。柏举之战事见上篇。

3 司败：楚国主管刑狱的官名，别的诸侯国叫司寇。

5.昭王奔郧

原文

吴人入楚，昭王奔郧[1]。郧公之弟怀将弑王，郧公辛止之。怀曰：“平王杀吾父[2]，在国则君，在外则仇也。见仇弗杀，非人也。”郧公曰：“夫事君

译文

吴人进入楚的国都，楚昭王出奔到郧。郧公的弟弟鬭怀要杀死楚昭王，郧公鬭辛制止他。鬭怀说：“楚平王杀死我们的父亲，（他的儿子楚昭王）在国都是君，到外面来就是仇人。看到仇人不杀死他，就不是人。”郧公说：“侍奉君主的

者，不为外内行，不为丰约举，苟君之，尊卑一也。且夫自敌以下则有仇，非是不仇。下虐上为弑，上虐下为讨，而况君乎？君而讨臣，何仇之为？若皆仇君，则何上下之有乎？吾先人以善事君，成名于诸侯，自鬬伯比以来[3]，未之失也。今尔以是殃之，不可。”怀弗听，曰：“吾思父，不能顾矣。”郧公以王奔随。

人，不因国君在外或在内改变态度，不因国家的盛衰而对国君有不同的举动，如果以他为君，君尊臣卑总是一样的。再说，地位相当和自此以下才有仇人，否则就不能报仇。下级虐杀上级叫‘弑’，上级虐杀下级叫‘讨’，何况是国君呢？以君‘讨’臣，有什么仇？如果都要向国君报仇，那还有什么上级下级呢？我们的先人用美好的德行侍奉君主，在诸侯中有好名声，从鬬伯比以来，没有失误过。现在你在这里加害国君，不可以。”鬬怀不听，说：“我爱父亲，不能依从您的话了。”郧公护送楚昭王逃奔到随。

注释

1 郧(yún)：原为国名，后为楚县，在今湖北安陆市。

2 平王杀吾父：鬬辛的父亲蔓成然，立楚平王有功。后因贪求无厌，被楚平王杀死。

3 自鬬伯比以来：鬬伯比是令尹子文的父亲。令尹子文的孙子是箴尹克黄，蔓成然是克黄的玄孙，鬬辛兄弟是蔓成然的儿子。

王归而赏及郧、怀。子西谏曰：“君有二臣，或可赏也，或可戮也。君王均之，群臣惧矣。”王曰：“夫子期[1]之二子耶？吾知之矣。或

楚昭王回到国都奖赏到郧公和鬬怀。子西谏劝说：“您有两个臣子，一个可赏，一个可杀。君王一般对待他们，臣子们就害怕了。”楚昭王说：“您说的是子期的两个儿子吧？我已

礼于君，或礼于父，均之，不亦可乎？”

经知道了。有以礼待君的，有以礼待父的，一样对待，不是也可以吗？”

注释

1 子期：蔓成然的字。

6.蓝尹亹论吴将毙

原文

子西叹于朝，蓝尹亹曰：“吾闻君子唯独居思念前世之崇替者，与哀殡丧，于是有叹，其余则否。君子临政思义，饮食思礼，同宴思乐，在乐思善，无有叹焉。今吾子临政而叹，何也？”子西曰：“阖庐[1]能败吾师。阖庐即世，吾闻其嗣又甚焉。吾是以叹。”

译文

子西在朝廷上叹气，蓝尹亹说：“我听说，君子只有在独居的时候想到前世的兴废和哀悼人的死丧，在这样情况下才有叹息，其余就不叹息。君子在处理政事时想到义，在饮食的时候想到礼，一同宴饮就想到快乐，在快乐之中就想到做好事，在这些情况下是没有叹息的。现在您在处理政事时叹息，什么缘故？”子西说：“阖庐能打败我们的军队。阖庐逝世，我听说他的继承人还厉害些。我因此叹气。”

注释

1 阖庐：一作阖闾，名光，吴国国君，公元前514年至前496年在位。他曾灭亡徐国，攻破楚国，一度占领楚的国都。后被越王勾践打败，重伤而死。

对曰："子患政德之不修，无患吴矣。夫阖庐口不贪嘉味，耳不乐逸声，目不淫于色，身不怀于安，朝夕勤志，恤民之羸，闻一善若惊，得一士若赏，有过必悛，有不善必惧，是故得民以济其志。今吾闻夫差[1]好罢民力以成私好，纵过而翳谏[2]，一夕之宿，台榭陂池必成，六畜玩好必从。夫差先自败也已，焉能败人？子修德以待吴，吴将毙矣。"

回答说："您（应该）忧虑没有实行德政，不要忧虑吴国了。阖庐口不贪美味，耳不喜听淫声，眼不贪看美色，身不恋安逸，每天从早到晚都劳心费力，体恤贫弱的百姓，听到一句有益的话就惊喜，得到一个士人好像受了赏赐，有过必改，有不好的一定警惕，所以得到人民拥护，达到了他的目的。现在我听说，夫差经常使民力疲敝，用来满足个人私利，放纵过失，掩盖谏言，哪怕是只住一个晚上，也要建筑亭台水池，狗、马等六畜和别的喜好玩赏的东西也一定带着。夫差先自己打败了自己，怎能打败别人？您实行德政对待吴国，吴国将要垮台了。"

注释

1 夫差：吴国君，阖庐的儿子。公元前 495 年至前 473 年在位。他曾打败越国，大破齐兵，与晋争霸。后被越王勾践打败，自杀而死。

2 翳：遮蔽，掩盖。 谏：规劝之言，谏言。

7.王孙圉论楚宝

原文

王孙圉聘于晋,定公飨之。[1] 赵简子鸣玉以相,问于王孙圉曰:“楚之白珩犹在乎[2]?”对曰:“然。”简子曰:“其为宝也,几何矣?”

译文

王孙圉到晋国聘问,晋定公宴请他。赵简子鸣响佩玉,辅佐定公行礼,赵简子问王孙圉说:“楚国的白珩还在吗?”回答说:“在。”简子说:“作为国宝,有多久了?”

注释

1 王孙圉(yǔ):楚大夫。 定公:晋定公名午,公元前511年至前475年在位。

2 珩(héng):佩玉的一种,弧形,似磬而小。

曰:“未尝为宝。楚之所宝者,曰观射父,能作训辞,以行事于诸侯,使无以寡君为口实。又有左史倚相,能道训典,以叙百物,以朝夕献善败于寡君,使寡君无忘先王之业;又能上下说于鬼神,顺道其欲恶,使神无有怨痛于楚国。又有薮曰云连徒洲,金木竹箭之

王孙圉说:“白珩从没有被作为宝贝看待。楚国所宝贵的,叫观射父,他能创作循理的辞令,交结诸侯,使诸侯没有人拿敝国国君作为话柄。又有左史倚相,能说出经典上的道理,用来理顺各种事物,用来随时向敝国国君提供成败的事例,使敝国国君不忘记先王的事业;又能取悦天上地上的鬼神,不违反鬼神的爱恶,使他们对楚没有怨恨。又有一片大沼泽地叫云连徒洲,是出产金属、树木、竹子和箭杆的地方。(这里出产的)龟壳、

所生也。龟、珠、角、齿、皮、革、羽、毛，所以备赋，以戒不虞者也。所以共币帛，以宾享于诸侯者也。若诸侯之好币具，而导之以训辞，有不虞之备，而皇神相之，寡君其可以免罪于诸侯，而国民保焉。此楚国之宝也。若夫白珩，先王之玩也，何宝之焉？

“圉闻国之宝六而已。明王圣人能制议百物，以辅相国家，则宝之；玉足以庇荫嘉谷，使无水旱之灾，则宝之；龟足以宪臧否，则宝之；珠足以御火灾，则宝之；金足以御兵乱，则宝之；山林薮泽足以备财用，则宝之。若夫哗嚣之美[1]，楚虽蛮夷，不能宝也。”

珍珠、兽角、象牙、兽皮、犀皮、鸟羽、牦牛尾，是用来作为战备的需要，提防发生不测的事件的。是用来作为赠送的礼品，赠送和进献给诸侯的。如果具备了赠给诸侯的好礼品，又用顺理的辞令为先导，有预防发生不测事件的准备，还有天神保佑，敝国国君大概可以不被诸侯加罪，国家和人民能够保全了。这些是楚的国宝。至于白珩，那是先王的玩赏品，怎能当宝看待？

“我听说国宝只有六种而已。在英明的君王之下，其人通晓一切，有创造力，能论断各种事物，用来辅佐国家，就当作宝贝；祭祀用的玉，可以用来保护庄稼，使水旱灾害得以免除，就当作宝贝；龟甲可以用来作为占卜吉凶的准则，就当作宝贝；珍珠可以用来抵御火灾，就当作宝贝；金属可以用来防御兵乱，就当作宝贝；山林沼泽可以提供财用，就当作宝贝。至于劈里啪啦响个不停的那种所谓美，楚虽然是蛮夷之邦，也不能把它看作是宝。”

注释

1 若夫哗嚣之美：这话是暗暗讽刺赵简子的佩玉发出响声。

8.惠王以梁与鲁阳文子

原文

惠王以梁与鲁阳文子[1],文子辞,曰:“梁险而在境,惧子孙之有贰[2]者也。夫事君无憾,憾则惧逼,逼则惧贰。夫盈而不逼,憾而不贰者,臣能自寿,不知其他。纵臣而得全其首领以没,惧子孙之以梁之险,而乏臣之祀也。”王曰:“子之仁,不忘子孙,施及楚国,敢不从子!”与之鲁阳[3]。

译文

楚惠王把梁地赐给鲁阳文子,文子推辞不受,说:“梁险要,又在楚国边境,恐怕子孙当中会产生有二心的人。侍奉君王应当没有怨恨,有怨恨就怕会势逼上级,势逼上级就怕会产生二心。得意不势逼主上,即使不满意也不怀二心,臣能保自己做到,别人就不知道了。纵使臣能保全我的首级而死,还是担心子孙凭借梁的险要,断绝臣的祭祀。”楚惠王说:“您的仁爱,不忘记子孙,把仁德实施到楚国,怎敢不依从您?”把鲁阳赐给他。

注释

1 惠王:楚惠王,名章,公元前488年至前432年在位。 梁:在今河南汝州市西南。 鲁阳文子:司马子期的儿子鲁阳公。

2 贰:背叛国家,生贰心。

3 鲁阳:在今河南鲁山县。

9.子高杀白公胜

原文

子西使人召王孙胜[1]，沈诸梁闻之[2]，见子西曰："闻子召王孙胜，信乎？"曰："然。"子高曰："将焉用之？"曰："吾闻之，胜直而刚，欲置之境。"

译文

子西派人把王孙胜召回来。沈诸梁听说了，往见子西，说："听说您要召回王孙胜，真的吗？"子西说："是的。"子高说："将用他干什么？"子西说："我听说胜正直刚毅，想把他安排在边境。"

注释

1 王孙胜：楚平王太子建的儿子白公胜。当初费无极做太子少师，不为太子建所亲信。太子娶秦女有姿色，费无极劝楚平王娶为王妃，并诬陷太子，说他要造反。太子奔郑，郑人杀死太子，太子的儿子胜逃奔到吴。召王孙胜在公元前487年，当时楚惠王在位。

2 沈诸梁：下文称为子高，封于叶，所以叫叶公子高。就是叶公。

子高曰："不可。其为人也，展而不信，爱而不仁，诈而不智，毅而不勇，直而不衷，周而不淑。复言而不谋身，展也；爱而不谋长，不仁也；以谋盖人，诈也；强忍犯义，毅也；直而不顾，不衷也；周言弃德，不淑也。是六德

子高说："不可以。王孙胜的为人，诚实但不算守信用，爱人但并未具备仁德，欺诈算不得足智多谋，刚毅却不勇敢，直率但不能行中正之道，言谈周密但用心不善。说话算数但不计自身利害，叫诚实；爱人，但不能为人作长远打算，是不仁；用智谋去胜过别人，是诈；强硬狠心，违犯义理，是刚毅；正直但不顾隐讳，是不行中正之道；只图自圆其说，

者，皆有其华而不实者也，将焉用之？

“彼其父为戮于楚，其心又狷而不洁。若其狷也，不忘旧怨，而不以洁悛德，思报怨而已。则其爱也足以得人，其展也足以复之，其诈也足以谋之，其直也足以帅之，其周也足以盖之，其不洁也足以行之，而加之以不仁，奉之以不义，蔑不克矣。

“夫造胜之怨者，皆不在矣[1]。若来而无宠，速其怒也。若其宠之，毅贪无厌，既能得人，而耀之以大利，不仁以长之，思旧怨以修其心，苟国有衅，必不居矣。非子职之，其谁乎？彼将思旧怨而欲大宠[2]，动而得人，怨而有术，若果用之，害可待也。余爱子与司马[3]，故不敢不言。”

不以道德为准则，是用心不善。(他)这六种品性，都是华而不实，将怎样使用他呢？

“他的父亲为楚所杀，他的心又固执不纯。像他这样固执，就不会忘记过去的怨仇，不会用纯洁的心去改正自己的德行，所想到的只有报仇而已。那么，他的爱人足够用来笼络人心，他的诚实足够用来实现从前说过的话，他的欺诈足够用来谋算，他的正直足够用来率领人众，他的自圆其说足够用来掩饰罪恶，他内心肮脏足够用来支配他的行动；再实施不仁，奉行不义，没有不能成功的了。

“制造王孙胜的怨仇的人，都不在了。如果回国没有受到宠信，就是引发他的愤怒。如果受到宠信，他强取无厌，既能笼络人心，又用大利去引诱人，用不仁去培养人，用报仇来熏陶他们的心，如果国家出现了什么空子，那他一定不会坐视不理了。不由你负这个责，谁负呢？他会只想报仇，想得到大的宠信，行动能得人心，怨恨有他的办法，假如果真用他，祸害能立即等待得到。我爱您与司马，所以不敢不说。”

注释

1 皆不在矣:指费无极等人已死。

2 彼将思旧怨而欲大宠:指想作令尹、司马之类掌握军政大权的官。

3 余爱子与司马:子西当时为令尹,子期为司马。子高的意思是说,王孙胜如果作乱,他兄弟俩都难于免祸。

子西曰:"德其忘怨乎。余善之,夫乃其宁。"子高曰:"不然。吾闻之,唯仁者可好也,可恶也,可高也,可下也。好之不逼,恶之不怨,高之不骄,下之不惧。不仁者则不然。人好之则逼,恶之则怨,高之则骄,下之则惧。骄有欲焉,惧有恶焉,欲恶怨逼,所以生诈谋也。子将若何?若召而下之,将戚而惧;为之上者,将怒而怨。诈谋之心,无所靖矣。有一不义,犹败国家,今壹五六,而必欲用之,不亦难乎?吾闻国家将败,必用奸人,而嗜其疾味[1],其子之谓乎?

子西说:"给予恩德,大概可以忘却旧怨吧。我好好待他,他会安宁的。"子高说:"不是这样。我听说,只有仁人,待他好可以,待他不好也可以,处高位可以,处于下位也可以。待他好他不倚势逼迫你,待他不好他也不怨恨你,让他处高位他不骄傲,让他处下位他也不恐惧。不仁的人就不是这样。待他好他倚势逼人,待他不好就怨恨,让他处高位他骄傲,让他处下位他忧惧。骄傲就有更大的野心,忧惧就憎恨他的上级,野心、憎恶、怨恨、倚势逼人,这是产生巧诈阴谋的动因。您将怎么办呢?如果召他回国让他处下位,他将不安而忧惧;对他的上级,将恼怒怨恨。巧诈、谋算别人的心思就不得安静了。有一项不义的事情,也可以败坏国家,现在一身兼有五六项,却一定要任用他,不是困难吗?我听说国家将要衰败,一定会任用坏人,就像贪吃致病的饮食一样,大概指的就是您这种情况吧?

注释

1 疾味：指致病的美食。比喻邪恶的品质和行为。

“夫谁无疾眚[1]？能者早除之。旧怨灭宗，国之疾眚也，为之关籥蕃篱而远备闲之，犹恐其至也，是之为日惕。若召而近之，死无日矣。人有言曰‘狼子野心’，怨贼之人也，其又何善乎？若子不我信，盍求若敖氏与子干、子皙之族而近之[2]？安用胜也？其能几何？

“谁能无病无灾？只有贤人能早点消除它。旧怨消灭宗族，是国家的疾病和灾害，设立关卡篱笆防备它，使它离得远远的，还恐怕它接近，这就叫天天警惕。如果把王孙胜召回来，接近他，离死亡没有几天了。人们有句话叫‘狼子野心’，心怀怨恨准备残害他人的人，又有什么‘好好地’相待呢？如果您不相信我，何不去找若敖氏和子干、子皙的同族人来亲近？哪里用得着王孙胜？王孙胜又能延续多久？

注释

1 疾眚(jí shěng)：病患，灾害。

2 若敖氏：庄王所灭的鬬椒的氏族。　子干、子皙：楚恭王的庶子公子比、公子黑肱。楚乾溪之乱，公子比立为王，公子黑肱为司马。时乱事未平，人心惊惶，在公子弃疾策划之下，二人恐惧自杀。事在公元前 529 年。

“昔齐驺马繻以胡公入于具水，邴歜、阎职戕懿公于囿竹，晋长鱼矫杀三郤于榭，鲁圉人荦杀子般

“从前，齐国驺马繻把胡公抛进具水里，邴歜、阎职杀害齐懿公弃尸于园中竹林，晋国长鱼矫在台榭上杀死三郤，鲁国养马人荦在临时住的地方

于次，[1]夫是谁之故也？非唯旧怨乎？是皆子之所闻也。人求多闻善败，以监戒也。今子闻而弃之，犹蒙耳也。吾语子何益？吾知逃也已。”

杀了子般，这都是什么原因呢？难道不就是旧怨吗？这些都是您听说过了的。人们想多听善恶成败的故事，是为了用作鉴戒。现在您听了却置之不顾，等于塞上了耳朵。我同您说有什么益处？我知道我该逃避祸乱了。”

注释

1 驺(zōu)马繻(xū)：齐大夫。 胡公：齐国君，名靖。胡公虐待驺马繻，为驺马繻所杀，尸体被抛进具水(河名)里。 邴歜(chù)、阎职：都是齐臣。 懿公：齐桓公的儿子商人。商人为公子时，与邴歜父亲争田不胜，即位后把邴歜父亲的尸体掘出来，砍断他的脚。同时又叫邴歜为自己驾车。齐懿公夺取阎职的妻子，同时又叫阎职作为陪乘(乘车时站在车右)。公元前609年，邴歜、阎职合谋，杀死齐懿公。 长鱼矫：晋大夫。 三郤：郤锜、郤犨、郤至。郤犨与长鱼矫争田，逮捕长鱼矫，把他的父母妻子铐在同一根车辕上。后来长鱼矫为晋厉公所宠信，受命杀死三郤。 子般：鲁庄公太子，为太子时鞭打过养马人荦(luò)。鲁庄公的弟弟庆父与鲁庄公夫人哀姜私通，鲁庄公死后，庆父想杀子般代立，指使荦在守丧的地方杀死子般。事在公元前662年。

子西笑曰：“子之尚胜也。”不从，遂使为白公[1]。子高以疾闲居于蔡。及白公之乱，子西、子期死。叶公闻之，曰：“吾怨其弃吾言，而德其治楚国，楚国之

子西笑道：“您把王孙胜看得太高了。”不听子高的劝告，就叫王孙胜做白公。子高称病在蔡闲居。到白公作乱，子西、子期死难。叶公听到这个消息说：“我恨他不听我的话，感激他治理楚国，楚国能治理好、能恢复先王的

能平均以复先王之业者，夫子[2]也。以小怨置大德，吾不义也，将入杀之。”帅方城之外以入，杀白公而定王室，葬二子之族。

功业的人，是子西。因小小的不满而抛弃大大的功德，我不认为是恰当的，我将起兵进入楚都杀掉白公。”带领方城以外的人进入国都，杀掉白公，安定王室，以礼安葬子西、子期被害的族人。

注释

1 白公：白邑的长官。楚称县邑之长为公，为尹。白在今河南息县东七十余里。

2 夫子：指子西。

卷十九　吴语

1.诸稽郢行成于吴

原文

吴王夫差起师伐越，越王勾践起师逆之。[1]大夫种[2]乃献谋曰："夫吴之与越，唯天所授，王其无庸战！夫申胥、华登简服吴国之士于甲兵[3]，而未尝有所挫也。夫一人善射，百夫决拾[4]，胜未可成也。夫谋必素见成事焉，而后履之，不可以授命。王不如设戎，约辞行成，以喜其民，以广侈吴王之心。吾以卜之于天，天若弃吴，必许吾成而不吾足也，将必宽然有伯诸侯之心焉。既罢弊其民，而天夺之食，安受其烬，乃无有命矣。"

译文

吴王夫差兴兵攻伐越国，越王勾践兴兵迎战。大夫种于是献策说："吴国和越国，只看天授命给谁，王请不用作战！申胥、华登训练吴国人作战，从没有受过挫折。一个人善于射箭，就有一百个人作射箭的装束(练习射箭)，我们能否战胜没有把握。谋划必须事先能看到成功的希望，然后才去实行，不可以拼命。王不如做好战备，用谦卑的语言求和，使吴国人高兴，使吴王的心膨胀起来。我们把这事向上天卜问，天如果抛弃吴国，一定会允许吴国同我们讲和，并且不以我们求和为满足，将一定会有称霸诸侯这种宏大的野心。既劳民伤财，(发生水灾虫灾等，)天又夺去他们的粮食，稳稳当当趁吴受灾之后去收拾它，吴国就没有天命了。"

注释

1 夫差：吴国国君，吴太伯的后代，姬姓。 勾践：越国国君，祝融之后，芈姓，也作句(gōu)践。公元前496年至前465年在位。公元前496年，吴伐越，被越打败，吴王阖庐伤重而死。后三年，阖庐的儿子吴王夫差再度伐越，大败越军，深入越境。

2 大夫种：越国大夫文种。

3 申胥：楚人伍子胥，名员(yún)，在吴为臣，赐给他申地，所以叫申胥。华登：宋大夫司马华费遂的儿子，华氏作乱失败，华登逃到吴国，为大夫。 简服：经过训练使熟悉某种武艺。服，习惯，适应。

4 决拾：古代射箭用具。决，通“抉”，扳指，多以骨制，套在右手拇指上，用以钩弦。拾，套袖，革制，套在左臂上，用以护臂。

越王许诺，乃命诸稽郢行成[1]于吴，曰：“寡君勾践使下臣郢，不敢显然布币行礼，敢私告于下执事曰：昔者越国见祸，得罪于天王。天王亲趋玉趾，以心孤勾践，而又宥赦之。君王之于越也，繄起死人而肉白骨也[2]。孤不敢忘天灾，其敢忘君王之大赐乎？今勾践申祸无良，草鄙之人，敢忘天王之大德，而思边垂之小怨，以重得罪于下执事？勾

越王同意，就派诸稽郢到吴求和，说：“敝国国君勾践派贱臣郢，不敢正式赠送玉帛行外交礼节，斗胆私下里向贵国下面的办事人员报告：从前越国遭祸，得罪天王。天王亲劳大驾，想灭掉我勾践，随后又饶恕了我。君王对于越国来说，恩德好比是使死人复生，使枯骨长肉。我不敢忘记天灾，又怎敢忘记君王的盛大恩赐？现在我勾践没有善行，重遭灾祸，我们这些乡下的鄙陋小人，怎敢忘记天王的大恩大德，反而记住边境上小小的摩擦，以致再次得罪下面的办事人

践用帅二三之老，亲委重罪，顿颡于边[3]。

员？勾践因而率领几位老臣，亲认重罪，在边境上叩头(请求宽恕)。

注释

1 行成：讲和，求和。

2 繄：发语词。 起死人而肉白骨：使死人复生，使枯骨长肉。

3 顿颡(sǎng)于边：在边境上磕头。颡，额，脑门子。

“今君王不察，盛怒属兵，将残伐越国。越国固贡献之邑也，君王不以鞭棰使之，而辱军士使寇令焉。勾践请盟：一介嫡女，执箕帚以晐姓于王宫[1]；一介嫡男，奉槃匜以随诸御[2]；春秋贡献，不解[3]于王府。天王岂辱裁之？亦征诸侯之礼也。

“现在君王没有细察，勃然大怒，发兵进攻，将要毁灭越国。越国本是进贡的城邑，君王不用鞭子役使它，而使贵国将士屈尊执行入侵的命令。勾践请求缔结盟约：一个嫡亲女儿，到吴王宫里拿扫把打扫，在王宫里充数；一个嫡亲儿子，捧着水盆随在近臣之后，到吴王宫里当差；春季秋季向吴国府库进献财货，不敢怠慢。天王又何必屈尊来制裁越国？这也是向诸侯征收赋税的礼节。

注释

1 晐(gāi)姓于王宫：让王宫集齐所有的姓。晐，包括，完备。

2 奉：同“捧”。 槃匜(pán yí)：盥沐用具。槃，用以承水。匜，用以注水。

3 解(xiè)：懈怠，后写作“懈”。

“夫谚曰：‘狐埋之而狐搰[1]之，是以无成功。’今

“俗谚说：‘狐狸埋藏东西，狐狸又掘出来，所以没有成功。’现在天王既

天王既封植[2]越国，以明闻于天下，而又刈亡之，是天王之无成劳也。虽四方之诸侯，则何实以事吴？敢使下臣尽辞，唯天王秉利度义焉！”

已扶植了越国，天下人都明白无误地知道了这一点，却又灭亡它，这就是天王没有取得成功。即使四方的诸侯想侍奉吴国，又怎样去侍奉呢？让贱臣我冒昧地把话说透了，希望天王根据利害关系权衡哪样做是合适的！”

注释

1 狐埋之而狐搰(hú)之：狐性多疑，不放心，把东西埋起来；又不放心，再掘出来。搰，掘。

2 封植：培植，扶持。

2.吴越荒成不盟

原文

吴王夫差乃告诸大夫曰：“孤将有大志于齐，吾将许越成，而无拂吾虑。若越既改，吾又何求？若其不改，反行，吾振旅焉。”

申胥谏曰：“不可许也。夫越，非实忠心好吴也，又非慑畏吾兵甲之强

译文

吴王夫差于是对各位大夫说：“我将有一个针对齐国的宏大志愿，我将允许越国求和，你们不要反对我的意见。如果越国已经悔改，我还要求什么？如果越国不改，回过头来，我整顿军队（再伐越国）就是了。”

申胥劝谏说：“不可答应越国求和。越国不是真心实意要跟吴国交好，也不是怕我们军队强大。大夫文种勇敢又

也。大夫种勇而善谋，将还玩吾国于股掌之上[1]，以得其志。夫固知君王之盖威以好胜也，故婉约其辞，以从逸王志，使淫乐于诸夏之国，以自伤也。使吾甲兵钝獘[2]，民人离落，而日以憔悴，然后安受吾烬。夫越王好信以爱民，四方归之，年谷时熟，日长炎炎。及吾犹可以战也，为虺[3]弗摧，为蛇将若何？”

多智，是想玩弄吴国于股掌之上，使他们的志意得逞。他们本就知道君王崇尚武威，逞强好胜，所以说些卑顺的话，使王心意放纵，到中原各国去淫乐，自己伤害自己。使我们军力疲敝，人民流落，一天天地削弱，然后安安稳稳地趁我们虚弱的时候收拾我们。越王讲信义，爱护人民，四方都归附他，五谷丰登，蒸蒸日上。趁我国还可以作战的时候(灭亡越国)，它是条小蛇不打死它，变成了大蛇怎么办？”

注释

1 还：通“旋”，转动。

2 钝獘(dùn bì)：即“钝弊”。甲兵钝獘，铠甲残破，兵器不锋利。

3 虺(huǐ)：传说中的一种毒蛇。

吴王曰：“大夫奚隆于越，越曾足以为大虞乎？若无越，则吾何以春秋曜吾军士？”乃许之成。

将盟，越王又使诸稽郢辞曰：“以盟为有益乎，前盟口血未干[1]足以结信矣；以盟为无益乎，君王舍

吴王说：“大夫为什么要长越人的志气，越国竟然可以成为大患吗？如果没有越国，春秋两季阅兵，将凭什么扬我们的军威？”于是答应讲和。

将举行盟誓时，越王又派诸稽郢来推辞，说：“认为结盟有益吧，前次盟约歃血时口边的血迹还没有干，足够用来结成信实的盟约了；认为结盟没有益

甲兵之威以临使之,而胡重于鬼神而自轻也?”吴王乃许之,荒成不盟[2]。

处吧,君王可以不用军威,亲临越国役使越人,为什么要看重鬼神而看轻自己呢?”吴王于是同意了,只讲和,不结盟。

注释

1 前盟口血未干:夸张表示上次结盟到现在时间极短。口血,结盟时以表诚意喝的一口牲血。

2 荒成不盟:空口讲和,没有结盟。荒,空。

3.夫差伐齐

原文

吴王夫差既许越成,乃大戒师徒,将以伐齐。申胥进谏曰:“昔天以越赐吴,而王弗受。夫天命有反,今越王勾践恐惧而改其谋,舍其愆令[1],轻其征赋,施民所善,去民所恶,身自约也,裕其众庶,其民殷众,以多甲兵。越之在吴,犹人之有腹心之疾也。夫越王之不忘败吴,于其心也佽然[2],服士以伺吾

译文

吴王夫差已经答应越国讲和,于是大规模地对军队进行战争动员,准备攻伐齐国。申胥进谏说:“从前上天把越赐给吴,王却不接受。天命有反复,现在越王勾践恐惧,改变了他的策略,废除那些有失误的政令,减轻赋税,施行百姓认为好的,去掉百姓认为坏的,本身俭约,使民众富裕,他的百姓众多,因而军队数量大。越国对于吴国,就像人有心腹之患。越王不忘记打败吴国,他心里时刻想着这件事,训练士卒等候我们出现什么空子。现在

间[3]。今王非越是图，而齐、鲁以为忧。夫齐、鲁譬诸疾，疥癣也，岂能涉江、淮而与我争此地哉？将必越实有吴土。

王不考虑怎样对付越国，却操心对付齐鲁的事。把齐、鲁比作疾病，那它们是疥癣一类的皮肤病，它们怎么能够渡过长江、淮河与我们争这块土地呢？将来越国一定会占有吴的国土。

注释

1 愆(qiān)令：有疏失的政令。愆，过失。

2 伬(chì)：忧愁，惊恐，心不安。

3 服士以伺吾间：训练他们的士兵，等待我们出现漏洞。服，习惯，适应。这里是使动用法，训练使其习惯。伺，伺机。间，缝隙。

“王其盍亦鉴于人，无鉴于水！昔楚灵王不君，其臣箴谏以不入。乃筑台于章华之上，阙为石郭，陂汉，以象帝舜。[1]罢弊楚国，以间陈、蔡。[2]不修方城之内，逾诸夏而图东国，[3]三岁于沮、汾以服吴、越[4]。其民不忍饥劳之殃，三军叛王于乾溪。王亲独行，屏营彷徨于山林之中，三日乃见其涓人畴。[5]王呼之曰：‘余不食三日

“您何不以人为镜子，不要只以水为镜子！从前楚灵王不行为君之道，他的臣属的箴规谏劝他都不听。于是在章华之上筑台，在旁边凿出一副大石棺，引来汉水，(使绕石棺一周，)仿效帝舜的墓葬。把楚国搞得疲惫不堪，还等候陈、蔡出漏子，乘机灭了它们。不把方城山以内的楚本土治理好，却越过陈、蔡各国打东方国家的主意，在沮、汾地区驻军多年，想征服吴国、越国。他的百姓不能忍受饥饿疲困的痛苦，三军在乾溪叛变，离王而去。楚灵王一个人忧心忡忡地在山林之中彷徨，三天才看到他的宫内小臣畴。楚灵王喊他说：‘我已经三天没吃饭

矣。'畴趋而进,王枕其股以寝于地。王寐,畴枕王以墣[6]而去之。王觉而无见也,乃匍匐将入于棘闱[7],棘闱不纳,乃入芋尹申亥氏焉。王缢,申亥负王以归,而土埋之其室。此志也,岂遽忘于诸侯之耳乎?

了。'畴快步上前(侍候楚灵王),楚灵王把畴的大腿当作枕头睡在地上。楚灵王睡着了,畴把土块塞在灵王头下,抽身而去。楚灵王睡醒后,畴已经不见了,于是向前爬行,想进入棘城大门,棘城闭门不纳,只得进入芋尹申亥的家。楚灵王自缢而死,申亥把楚灵王的尸体背回家,用土掩埋在房里。这是书上记载着的,难道在诸侯的耳边一下子都忘记了?

注释

1 阙:通"掘"。 郭:通"椁"。 陂(bēi):壅塞。 汉:汉水。 以象帝舜:来效仿舜帝。

2 罢弊楚国,以间陈、蔡:公元前534年,楚灭陈。公元前531年,楚灭蔡。

3 方城:楚北境山名,在今河南叶县南,方城县北,西连伏牛山脉。东国:东方国家,指徐、夷、吴、越。

4 沮、汾:二水名,在楚东部边境。沮汾地区,指乾溪一带,乾溪在今安徽亳州市东南七十里。公元前536年,楚令尹子荡率军伐吴,军队曾在乾溪驻扎。 服吴、越:使吴国、越国服从,征服吴国、越国。

5 屏营(bīng yíng):叠韵连绵词,彷徨,引申为惶恐的样子。 涓人:宫中内侍。 畴:侍人名。

6 枕王以墣(pú):用土块给灵王作枕头。墣,土块。

7 棘闱(jí wéi):楚国棘邑的城门。

"今王既变鲧、禹之功,而高高下下,以罢民

"现在王完全改变鲧、禹治水的业绩,高的再加高,深的再挖深,使人民在

于姑苏。[1]天夺吾食，都鄙荐饥。[2]今王将很[3]天而伐齐。夫吴民离矣，体有所倾，譬如群兽然，一个负矢，将百群皆奔，王其无方收也。越人必来袭我，王虽悔之，其犹有及乎？”

姑苏精疲力尽。天夺去我们吃的东西，从国都到边境连年饥荒。现在王将违背天意去征伐齐国。吴国人心涣散了，（好比一个人，）身体已有所倾斜（要倒下去了），譬如一群野兽，只要一只中了箭，整个兽群上百头野兽都将逃跑，王将没有法子收拾。越人一定会来袭击我们，王即使后悔，还能来得及吗？”

注释

1 高高下下：高的再加高，深的再挖深。高高指筑台，台总是筑在高地上；下下指下挖以疏浚池沼，以为观赏之用。 姑苏：台名，在吴国西部。

2 天夺吾食：天夺走我们的食物，是说稻蟹为害，使粮食歉收。 都鄙荐饥：从国都到边境连年饥荒。荐，一再，频频。

3 很：不听从，违背。

王弗听。十二年[1]，遂伐齐。齐人与战于艾陵[2]，齐师败绩，吴人有功。

吴王不听。十二年，征伐齐国。齐与吴在艾陵作战，齐军大败，吴人建有战功。

注释

1 十二年：夫差十二年，公元前 484 年。

2 艾陵：齐地，在今山东济南市莱芜区东北。

4.奚斯释言于齐

原文

吴王夫差既胜齐人于艾陵，乃使行人奚斯释言于齐[1]，曰："寡人帅不腆吴国之役，遵汶之上，不敢左右，唯好之故。今大夫国子[2]兴其众庶，以犯猎[3]吴国之师徒，天若不知有罪，则何以使下国胜？"

译文

吴王夫差已经在艾陵战胜齐军，于是派外交官员奚斯到齐国去作解释，说："我率领不大的一支吴国军队，沿着汶水北上，为了交情的缘故，不敢横向延伸(抢掠齐国人民)。现在贵国大夫国子发动他的人众，侵犯吴国部队，天如果不知道谁有罪，怎么会让敝国得胜？"

注释

1 行人：外交官。 奚斯：吴大夫。

2 国子：齐卿国书。艾陵之战时，他是齐中军统帅，战败被俘，接着被杀。

3 犯猎：侵扰。

5.申胥自杀

原文

吴王还自伐齐，乃讯申胥曰："昔吾先王体德明圣，达于上帝。譬如农夫作耦，以刈杀四方之蓬蒿，以立名

译文

吴王伐齐凯旋，诘问申胥说："从前，我先王实行圣明的德政，直传到上天那里。譬如农民并排耕田，铲除四边的蓬蒿，在楚国建立了威名，这

于荆，此则大夫之力也。今大夫老，而又不自安恬逸，而处以念恶，出则罪吾众，挠乱百度，以妖孽吴国。今天降衷于吴，齐师受服[1]。孤岂敢自多，先王之钟鼓，实式灵之。[2] 敢告于大夫。"

是大夫的功劳。现在大夫老了，又不自甘寂寞，在家就想些坏点子，出门就给我的人加上罪名，扰乱各种法度，成为吴国的妖孽。现在天降福给吴国，齐军降服。我岂敢自己夸功，实在是先王的钟鼓，在战场上显出了威灵。冒昧地把这件事告知大夫。"

注释

1 受服：被降服。

2 先王之钟鼓，实式灵之：钟鼓的声音在战场起着指挥作用。意思是，不是我夫差的功劳，而是先王遗留下来的钟鼓显了灵。这是归功于先王的意思。实，是。式，语气助词，没有实际的词汇意义。

申胥释剑而对曰："昔吾先王世有辅弼之臣，以能遂疑计恶，以不陷于大难。今王播弃黎老，而近孩童焉比谋，曰'余令而不违'。夫不违，乃违也。夫不违，亡之阶也。夫天之所弃，必骤近其小喜，而远其大忧。王若不得志于齐，而以觉寤王心，而吴国犹世。吾先君得之也，必有以取之；其亡之也，亦有以

申胥解下佩剑回答说："从前我们先王世世代代都有辅佐的大臣，能解决疑难，考虑到可能的坏结果，因而没有陷入大灾大难中去。现在王抛弃老臣，而与年幼无知的孩子合计，说'我的命令你们不得违背'。什么都不违背，就是违背。只能依从，那是灭亡的阶梯。天所抛弃的，一定多次让他接近小小的欢喜，使他离大忧远远的。王如果不在齐国得志，使王的内心觉悟，吴国还可以世代相传。我们先君得胜，有他能够得胜的根据；他的失

弃之。用能援持盈以没，而骤救倾以时。今王无以取之，而天禄亟至，是吴命之短也。员不忍称疾辟易，以见王之亲为越之擒也。员请先死。”遂自杀。将死，曰：“以悬吾目于东门，以见越之入，吴国之亡也。”王愠曰：“孤不使大夫得有见也。”乃使取申胥之尸，盛以鸱鵜[1]，而投之于江。

败，也有导致失败的缘由。因贤能的人支持才得成功而死，才得多次及时挽救危难。现在王没有取得胜利的政绩，却屡屡获得上天的赐福，这是吴国短命的象征。我伍员不忍心称疾退避，看王亲自做越国的俘虏。请允许我先死。”于是自杀。将死时，说：“把我的眼睛挂在城的东门，好让它看见越军进城和吴国的灭亡。”吴王夫差愤怒，说：“我不让大夫能看得见。”就叫人把申胥的尸体装进皮袋，扔到江里。

注释

1 鸱鵜(chī yí)：即鸱夷，革囊。

6.勾践袭吴

原文

吴王夫差既杀申胥，不稔于岁，乃起师北征。阙为深沟，通于商、鲁之间，北属之沂，西属之济，[1] 以会晋公午于黄池[2]。

译文

吴王夫差已经杀了申胥，不等庄稼成熟，就发兵北征。开凿深沟，从宋鲁之间经过，北边与沂水连接，西边与济水沟通，(带领军队北上，)和晋定公午在黄池盟会。

注释

1 沂:沂水,源出山东沂源县北,流入泗水。 济:这里指黄河以南的济水。本是从黄河分出的支派,从今荥阳市北分黄河东出,流经原阳县南、封丘县北,至山东菏泽市定陶区西,折东北注入巨野泽。

2 黄池:在今河南封丘县西南。

于是越王勾践乃命范蠡、舌庸,率师沿海溯淮以绝吴路。败王子友于姑熊夷[1]。越王勾践乃率中军溯江以袭吴,入其郛[2],焚其姑苏,徙其大舟。

这时候越王勾践就派范蠡、舌庸,带部队沿海进发,接着逆淮水而上,断绝吴军的归路。在姑熊夷打败王子友。越王勾践亲自率领中军逆吴江而上,偷袭吴的国都,进入外城,烧毁姑苏台,把吴王的大船夺走。

注释

1 王子友:夫差太子。 姑熊夷:吴都郊区地名。

2 郛(fú):城外面围着的大城,外城。

吴、晋争长未成,边遽乃[1]至,以越乱告。吴王惧,乃合大夫而谋曰:"越为不道,背其齐盟。今吾道路修远,无会而归,与会而先晋,孰利?"王孙雒[2]曰:"夫危事不齿[3],雒敢先对。二者莫利。无会而归,越闻章矣,

吴晋争当盟主还没有结果,边境驿车就到了,报告越人进犯的消息。吴王恐惧,于是集合大夫们商议说:"越不守信义,违背同盟。现在我们道路遥远,不举行盟会就回去,和举行盟会让晋占先,哪样有利?"王孙雒说:"碰到危急事情,不按年龄大小决定发言的次序,我斗胆先说。两样都不利。不举行盟会就回去,越入侵的消息传开了,将士因害怕而逃

民惧而走，远无正就。齐、宋、徐、夷曰[4]：'吴既败矣！'将夹沟而移我[5]，我无生命矣。会而先晋，晋既执诸侯之柄以临我，将成其志以见天子。吾须[6]之不能，去之不忍。若越闻愈章，吾民恐叛。必会而先之。"

走，部队离国这么远，没有一个恰当的地方可逃。齐、宋、徐、夷会说：'吴已经败退了！'将从深沟两边对我们进行夹击，我们就没命了。举行盟会让晋占先，晋既已掌握盟主的大权来挟制我们，他将达到他的目的去朝见天子。我们在这里等待不行，离开又不忍心。如果越的威名进一步传开，恐怕人民会叛变。一定要举行盟会而且要位在晋先。"

注释

1 边遽(biān jù)：以边地的驿车传递警报，即边境警报。遽，驿车。
2 王孙雒(luò)：吴大夫，一作王孙雄。
3 危事不齿：紧急的事情不按照年龄顺序发言。齿代指年龄。
4 徐：国名，在今江苏泗洪县南。 夷：淮夷，部族名。这里指淮夷所立国。
5 移(chǐ)：旁击。 夹沟：实际上是人工开凿的河。前文"阙为深沟，通于商、鲁之间"，就是指这条河。
6 须：等待。

王乃步就王孙雒曰："先之，图之将若之何？"王孙雒曰："王其无疑！吾道路悠远，必无有二命，焉可以济事。"王孙雒进，顾揖诸大夫曰："危事不可以为安，死事不可

吴王于是走到王孙雒面前说："要抢先，将怎么打算呢？"王孙雒说："王请不要动摇。我们道路遥远，必定没有第二条生路，坚持这个决定才可以成事。"王孙雒走上前，环顾议事的大夫们，向他们作揖说："危险不能转化为安全，在死亡面前找不到生路，那就不是高超的智

以为生，则无为贵智矣。民以恶死而欲贵富以长没也，与我同。虽然，彼近其国，有迁；我绝虑，无迁。彼岂能与我行此危事也哉？事君勇谋，于此用之。今夕必挑战，以广民心。请王励士，以奋其朋势。劝之以高位重畜，备刑戮以辱其不励者，令各轻其死。彼将不战而先我，我既执诸侯之柄，以岁之不获也，无有诛焉，而先罢之，诸侯必说。[1]既而皆入其地，王安挺志，一日惕，一日留，以安步王志。必设以此民也，封于江、淮之间，乃能至于吴。”吴王许诺。

谋了。晋人不愿意死而且贪图富贵直到终老，和我们相同。虽然如此，他们接近自己的国家，有地方转移；我们路远，没有考虑的余地，无法转移。他们岂能同我们拼死较量呢？侍奉君主应当有勇有谋，到现在都用得上了。今晚一定要向晋国挑战，来安定人心。请王鼓励将士，激发对敌人的愤怒。用高官厚禄激励他们，预备刑罚去惩治不努力作战的人，使将士们各个舍生忘死。晋人将不敢作战而让我们占先，我们既已掌握盟主大权，因为年岁收成不好，不向诸侯征收贡赋，先叫他们各自回国，诸侯一定高兴。接着他们都回到了自己的地盘，王可以安安稳稳、放宽心思、紧一天、慢一天地行军，妥当地实现王的意图。一定许诺那些受到鼓励勇于作战的将士，把他们分封到长江、淮河之间，这样才能安全回到吴国。”吴王同意。

注释

1 诛：强求，索取，这里指征税。 罢：撤兵。 说：悦。

7.吴欲为盟主

原文

吴王昏乃戒，令秣马食士。夜中，乃令服兵擐甲[1]，系马舌，出火灶，陈士卒百人，以为彻行百行。行头皆官师，拥铎拱稽，建肥胡，奉文犀之渠。[2]十行一嬖大夫，建旌[3]提鼓，挟经秉枹。十旌一将军，载常[4]建鼓，挟经秉枹。万人以为方阵，皆白裳、白旂[5]、素甲、白羽之矰，望之如荼。王亲秉钺，载白旗[6]以中陈而立。左军亦如之，皆赤裳、赤旟[7]、丹甲、朱羽之矰，望之如火。右军亦如之，皆玄裳、玄旗、黑甲、乌羽之矰，望之如墨。为带甲三万，以势攻，鸡鸣乃定。既陈，去晋军一里。昧明，王乃秉枹，亲就鸣钟鼓、

译文

吴王黄昏时就进行战斗动员，命令喂饱马，让将士们吃饱饭。夜半时，命令将士手拿兵器，身披铠甲，结系马舌，把火移出灶外照明，士卒一百人列成一行，一百行组成方阵。每行打头的是上士，抱着铃铎，拿着士兵名册，竖立旗幡，捧着有纹理的犀牛皮盾牌。十行一个下大夫(率领)，竖立旌旗，提着战鼓，挟着兵书，拿着鼓槌。百行一个将军，竖立日月旗，鼓搁在鼓架子上，挟着兵书，拿着鼓槌。万人构成一个方阵，都是白色下衣、白色交龙旗、白色铠甲，装有白色羽毛的箭，远望就像茅的一簇簇白花。吴王亲持大斧，兵车上竖立白色熊虎旗，站在阵中。左军也是这样，都是赤色下衣、赤色鸷鸟旗、赤色铠甲，装有赤色羽毛的箭，远望就像一团红火。右军也是这样，都是黑色下衣、黑色旗帜、黑色铠甲，装有黑色羽毛的箭，远望一片漆黑。披铠甲的将士共三万人，作出进攻的态势，到鸡叫时才部署完毕。已列好阵，离晋军一里。天还没有大亮，吴王就操起鼓槌，亲

丁宁、錞于[8]，振铎，勇怯尽应，三军皆哗釦[9]以振旅，其声动天地。

自擂鼓击钟摇铃，敲响丁宁、錞于，勇敢的怯懦的全都响应，三军都大声喧呼，振奋士气，那声音震天动地。

1 服：执持，手拿。 擐(huàn)：穿着。

2 铎(duó)：一种大铃。军用铃铎金身铁舌，发布命令前摇动它，唤起士兵注意。“拥铎”即抱着铃铎，不让它发出响声。下文“振铎”是摇铃，让它发出响声。 肥胡：窄长的旗幡。 文犀：绘有纹理的犀牛皮。 渠：盾牌。

3 旌：旗杆用旄牛尾和鸟羽装饰的旗。征伐时有各种各样的旗帜，用来表示部队的性质，挥动它表示不同的命令。

4 常：日月旗，旗上画有日月。

5 旂(qí)：交龙旗，旗幅上画有两龙相交。

6 旗：熊虎旗，旗幅上画有熊与虎，这是中军指挥旗。

7 旟(yú)：鸟隼旗。

8 丁宁：就是钲(zhēng)，古代行军乐器，像钟，但狭长，有柄，口向上。 錞(chún)于：战争中指挥进退的乐器，青铜制，形如圆筒，上圆下空，顶有纽可以悬挂。

9 哗釦(huá kòu)：喧哗。

晋师大骇不出，周军饰垒，乃令董褐请事，曰：“两君偃兵接好，日中为期。今大国越录[1]，而造于弊邑之军垒，敢请乱故。”

晋军大惊，不敢出来应战，在营地周围整治壁垒，命董褐询问道：“两国国君休兵和好，以日中为期。现在贵国越过次序来到敝国的军营，冒昧地请问，贵国乱了次序是什么缘故？”

注释

1 越录：越过次序。录，次第，次序。

吴王亲对之曰:“天子有命,周室卑约,贡献莫入,上帝鬼神而不可以告。无姬姓之振也,徒[1]遽来告。孤日夜相继,匍匐就君。君今非王室不平安是忧,亿负晋众庶,不式诸戎、狄、楚、秦;[2]将不长弟[3],以力征一二兄弟之国。孤欲守吾先君之班爵,进则不敢,退则不可。今会日薄矣,恐事之不集,以为诸侯笑。孤之事君在今日,不得事君亦在今日。为使者之无远也,孤用亲听命于藩篱之外。”

吴王亲自回答说:“天子有令,周王室衰微,进贡的物品没有人送,没有用来告祭于天地鬼神的祭品。这是因为没有姬姓大国振救,步行的使节和驿站的快车都来相告。我夜以继日,艰难地爬行到您这里。您现在不忧虑王室的不平安,心安理得地仗着晋国人口众多,却不用来征伐戎、狄、楚、秦这些弱化周王室的国家;不遵循尊长爱幼之理,却用武力征伐兄弟国家。我想要守住我先君的爵位次第,超过先君不敢,不及先君也不可。现在时间紧迫了,恐怕事办不成,使诸侯嘲笑。我能侍奉您在今天,不能侍奉也在今天。派遣使者又没有多远,所以我亲自到壁垒外边听候您的命令。”

注释

1 徒:即靠人工步行投递信息,与用驿车投递信息的“遽”相对。

2 亿:安心。 负:倚靠。 式:用。

3 长弟:先后顺序。

董褐将还,王称左畸,曰:“摄少司马兹与王士五人,坐于王前。”乃皆进,自刭[1]于客前以酬客。

董褐将回去,吴王对军的左部喊道:“带少司马兹与士兵五人,坐到王前面来。”兹和五名士兵都被带上来了,在董褐面前割脖子自杀,用来答谢客人。

注释

1 刭(yā)：用刀割颈。

董褐既致命，乃告赵鞅曰："臣观吴王之色，类有大忧，小则嬖妾、嫡子死，不则国有大难；大则越入吴。将毒，不可与战。主其许之先，无以待危，然而不可徒许也。"赵鞅许诺。

晋乃令董褐复命曰："寡君未敢观兵身见，使褐复命曰：'曩君之言，周室既卑，诸侯失礼于天子，请贞于阳卜，收文、武之诸侯。孤以下密迩于天子，无所逃罪，讯让[1]日至，曰：昔吴伯父不失[2]，春秋必率诸侯以顾在余一人。今伯父有蛮、荆之虞，礼世不续，用命孤礼佐周公[3]，以见我一二兄弟之国，以休君忧。今君掩王东海，以淫名闻于天子，君有短垣，而自逾之，况蛮、荆则何有

董褐传话后，对赵鞅说："臣看吴王的脸色，好像有重大的忧愁，小则爱妾、嫡子死，要不就是因为国内有人反叛；大则越军入侵吴国。吴王将非常凶暴，不可与他作战。您还是允许他盟会占先，不要冒险，但也不可以白白地让他领先。"赵鞅同意。

晋国于是命董褐复命说："敝国国君不敢陈兵亲自露面，派我董褐复命说：'刚才您的话，说周王室已卑弱，诸侯对天子失礼，请问占卜(当如何办)，(占卜告知要)收复文王、武王时代的诸侯。我和我以下的人靠近天子，没有逃罪的地方，天天都受责备，说：以前吴伯父不失朝聘之礼，春秋四时一定带领诸侯来看望我。现在伯父要对付蛮、荆，朝聘之礼不得世代相续，所以命我辅佐周公行礼，使我和几个兄弟国家相见，免得周王室操心。现在您的声势盖过天子的东海地区，僭称为王的坏名声让天子都知道了，您本有防范越礼的短墙，而您自己越过了它，何况蛮、荆他们

于周室？夫命圭有命，固曰吴伯，不曰吴王。诸侯是以敢辞。夫诸侯无二君，而周无二王，君若无卑天子，以干其不祥，而曰吴公，孤敢不顺从君命长弟！’许诺。”

吴王许诺，乃退就幕而会。吴公先歃，晋侯亚之。吴王既会，越闻愈章，恐齐、宋之为己害也，乃命王孙雒先与勇获帅徒师，以为过宾于宋，以焚其北郛焉而过之。

心目中哪里有周天子？本就有明确的策命，叫吴伯，不叫吴王。诸侯因为这个，敢于不奉吴为盟主。诸侯没有两个国君，周王室也没有两个君王，您如果不卑视天子，以致招来不吉利，而叫吴公，我岂敢不顺从您关于歃血先后的命令！’（我们）同意您的要求。”

吴王同意，就退进帐幕参加盟会。吴公先歃，晋侯接着歃。吴王盟会之后，越进军的传闻越来越显著，恐怕齐、宋会加害于己，就命王孙雒先与勇获率领步兵，以回国路过为名来到宋国，烧了宋都北部的外城，然后通过宋国。

注释

1 讯让：以言辞斥责。

2 吴伯父：指吴国的先君。天子称同姓诸侯为伯父。这一句是转述天子的话。

3 周公：周太宰，大概由他管理诸侯的事。这里的“我”，是晋君自称。

8.夫差退于黄池

原文

吴王夫差既退于黄池，乃使王孙苟[1]告劳于周，曰："昔者楚人为不道，不承共王事，以远我一二兄弟之国。吾先君阖庐不贯不忍，被甲带剑，挺铍搢铎，以与楚昭王毒逐于中原柏举。[2]舍其衷，楚师败绩，王去其国，遂至于郢[3]。王总其百执事，以奉其社稷之祭。其父子、昆弟不相能，夫概王[4]作乱，是以复归于吴。今齐侯壬[5]不鉴于楚，又不承共王命，以远我一二兄弟之国[6]。夫差不贯不忍，被甲带剑，挺铍搢铎，遵汶伐博[7]，簦[8]笠相望于艾陵。天舍其衷，齐师还。夫差岂敢自多，文、武实舍其衷。归不稔于岁，余沿江溯淮，阙沟深水，出于商、鲁之间，以彻于兄弟之

译文

吴王夫差已经自黄池撤退，于是派王孙苟到周王室报告功绩，说："从前楚人不尽为臣的义务，不承担天子的贡赋，疏远我们几个兄弟国家。我先君阖庐对此不能宽恕，不能容忍，披甲带剑，挺起长矛，振动铃铎，与楚昭王在中原地区的柏举进行恶战。天赐福给吴国，楚师大败，楚昭王逃离楚国，吴军就开进楚国都郢。吴王总领楚的百官，供奉楚国的祭祀。我们吴国父子兄弟不和，夫概王作乱，所以吴军仍旧回到吴国。现在齐简公壬不接受楚国的教训，又不恭奉周王室的命令，疏远我们几个兄弟国家。夫差我对此不能宽恕，不能容忍，披甲带剑，挺起长矛，振动铃铎，沿汶水北上，攻打博城，打伞戴笠，不避暑雨，战于艾陵。天赐福给吴国，齐军败退。夫差我岂敢自夸，实在是文王、武王降福给我。归国不等庄稼成熟，我沿着长江进军，逆淮水而上，开凿深水人工河，从宋、鲁之间经过，抵达

国。夫差克有成事，敢使苟告于下执事。”

各兄弟国家。夫差事有成功，派遣王孙苟来向王室下面的办事员报告。”

注释

1 王孙苟：吴大夫。

2 贳(shì)：赦免，宽恕。 铍(pī)：长矛。 搢(jìn)：摇动。 铎：金属大铃。 毒：暴烈。柏举之战，在鲁定公四年。

3 郢(yǐng)：在今湖北荆州市荆州区西北。

4 夫概王：阖庐的弟弟。吴军攻入郢，夫概王先行班师，自立为王。

5 齐侯壬：齐简公，名壬。公元前 484 年至公元前 481 年在位。

6 以远我一二兄弟之国：指公元前 484 年，齐军侵伐鲁国。

7 汶：汶水，今称大汶河，源出山东济南市莱芜区北。 博：博城，齐的陪都，在今山东泰安市东南旧县村。

8 簦(dēng)：有柄的笠，类似伞。

周王[1]答曰：“苟，伯父令女来，明绍享余一人，若余嘉之。昔周室逢天之降祸，遭民之不祥[2]，余心岂忘忧恤，不唯下土之不康靖。今伯父曰：‘戮力同德。’伯父若能然，余一人兼受而介福。伯父多历年以没元身，伯父秉德已侈大哉！”

周王回答说：“苟，伯父命您来，明确地承继先王的礼仪，向我献功，我表示赞赏。从前周王室遭到天降灾祸，和来自人民的不吉利。我的心所忧虑的，不仅是诸侯国的不安宁。现在伯父说：‘并力同德。’伯父如果能这样做，我也会受到大福。唯愿伯父延年益寿，伯父所具备的功德伟大啊！”

注释

1 周王:周敬王匄,公元前519年至前476年在位。

2 民之不祥:来自人民的不吉利,指成周民众跟着王子朝作乱。子朝篡立,敬王出奔。

9.勾践灭吴

原文

吴王夫差还自黄池,息民不戒。越大夫种乃唱谋[1]曰:"吾谓吴王将遂涉吾地,今罢师而不戒以忘我,我不可以怠。日臣尝卜于天[2],今吴民既罢,而大荒荐饥,市无赤米,而囷鹿[3]空虚,其民必移就蒲蠃于东海之滨。天占既兆,人事又见[4],我蔑卜筮矣。王若今起师以会,夺之利,无使夫悛。夫吴之边鄙远者,罢而未至,吴王将耻不战,必不须至之会也[5],而以中国之师与我战。若事幸而

译文

吴王夫差从黄池回国,与民休息,不作戒备。越大夫文种于是倡议说:"我原以为吴王将要入侵我国境,现在他休兵,不作戒备,忘了我们,(但)我们不可以懈怠。前时臣曾经向天卜问,现在吴国百姓已经疲惫,闹大灾荒,连年饥馑,市场上糙米都没有,粮仓空虚,他的居民必定迁移到东海边上去吃嫩香蒲和螺蚌。向天卜问已有应验,人事方面也已看出问题,我们用不着卜筮了。王如果现在兴兵会战,就可以从敌国夺取有利条件,不让他得到整改的机会。吴国边远地区的人,刚回去还没有赶到,吴王将以不战为耻辱,必定不会等到远方兵来会合,就用国都里的军队和我们作战。事情如果侥幸地顺从我们的意愿,我们就能攻入吴

从我，我遂践其地，其至者亦将不能之会也已，吾用御儿[6]临之。吴王若愠而又战，奔遂可出。若不战而结成，王安厚取名而去之。”越王曰：“善哉！”乃大戒师，将伐吴。

国的土地，那些从边远地区赶来的军队也将不能与吴王会合了，我们用御儿的民众对抗他们。吴王如果发怒再战，就可以打得他逃出国去。如果吴国不战，向我们求和，王可安稳地取得大的威名，然后离开吴国。”越王说：“好啊！”就大规模动员部队，将征伐吴国。

注释

1 唱谋(chàng móu)：带头谋划，倡议。

2 日臣尝卜于天：指文种在本卷第一篇说过的话：“天若弃吴，必许吾成而不吾足也，将必宽然有伯诸侯之心焉。既罢弊其民，而天夺之食，安受其烬，乃无有命矣。”

3 囷鹿(qūn lù)：粮仓，圆曰囷，方曰鹿。

4 人事又见：指人民艰难的处境和必然有的怨谤。

5 须：等待。 至：边界，现在还有“四至”的说法。

6 御儿：地名，在今浙江桐乡市西南。越国北境，与吴相邻。

楚申包胥[1]使于越，越王勾践问焉，曰：“吴国为不道，求残我社稷宗庙，以为平原，弗使血食[2]。吾欲与之徼天之衷，唯是车马、兵甲、卒伍既具，无以行之。请问战奚以而可？”包胥辞曰：“不知。”

楚国申包胥出使越国，越王勾践向他发问说：“吴国所为不合天道，企图毁了我的国家宗庙，把它们夷为平地，不让我祖先享受祭祀。我想和他竞争，看谁能得到上天的赐福，兵车战马、武器装备、军队兵员都已经齐备，只是还没有使用的机会。请问怎样才能作战？”包胥推辞说：“不知道。”越王坚持询问，

王固问焉，乃对曰："夫吴，良国也，能博取于诸侯。敢问君王之所以与之战者？"王曰："在孤之侧者，觞酒、豆肉、箪食，未尝敢不分也。饮食不致味，听乐不尽声，求以报吴。愿以此战。"包胥曰："善则善矣，未可以战也。"王曰："越国之中，疾者吾问之，死者吾葬之，老其老，慈其幼，长其孤，问其病，求以报吴。愿以此战。"包胥曰："善则善矣，未可以战也。"王曰："越国之中，吾宽民以子之，忠惠以善之。吾修令宽刑，施民所欲，去民所恶，称其善，掩其恶，求以报吴。愿以此战。"包胥曰："善则善矣，未可以战也。"王曰："越国之中，富者吾安之，贫者吾与之，救其不足，裁其有余，使贫富皆利之，求以报吴。愿以此战。"

才回答说："吴国，是一个具备有利条件的国家，它能从许多诸侯国那里取得贡赋。请问君王用来与它作战的凭借是什么？"越王说："在我身边的人，一杯酒，一盘肉，一碗饭，从不敢不分给他们。饮食不吃最好的，听音乐不听得尽兴，用来达到报复吴国的目的。愿凭借这一点作战。"包胥说："好倒是好，但单凭它还不能取胜。"越王说："越国之中，患病的我慰问他，死了的我埋葬他，尊敬老人，爱护小孩，养育孤子，访问人民疾苦，用来达到报复吴国的目的。愿凭借这一点作战。"包胥说："好倒是好，但单凭它还不能取胜。"越王说："越国之中，我待民宽厚，把他们当儿子一样看，用忠诚、仁惠和他们增进感情。我修治法令，刑罚从宽，人民喜欢的就实行，人民厌恶的就除去，表彰他们的善行，制止他们的恶行，用来达到报复吴国的目的。愿凭借这一点作战。"包胥说："好倒是好，但单凭它还不能取胜。"越王说："越国之中，富人我使他心安，穷人我给他钱财，拯救财用不足的人，有余钱剩米的酌征赋税，使穷人富人都能得利，用来达到报复吴国的目的。愿

包胥曰："善则善矣，未可以战也。"王曰："越国南则楚，西则晋，北则齐，春秋皮币、玉帛、子女以宾服焉[3]，未尝敢绝，求以报吴。愿以此战。"包胥曰："善哉！蔑以加焉，然犹未可以战也。夫战，智为始，仁次之，勇次之。不智，则不知民之极，无以诠度天下之众寡；不仁，则不能与三军共饥劳之殃；不勇，则不能断疑以发大计。"越王曰："诺。"

凭借这一点作战。"包胥说："好倒是好，但单凭它还不能取胜。"越王说："越国南面是楚，西面是晋，北面是齐，春秋四时，馈送毛皮、布帛、璧玉、美女这些东西，向他们表示顺服，从不敢中断，用来达到报复吴国的目的。愿凭这一点作战。"包胥说："好啊！无以复加了，但还是不能全靠这些取得胜利。战争，智谋是第一位的，仁爱第二，勇敢第三。没有智谋，就不懂民心的向背，没有法子衡量天下众寡强弱的形势；如果不仁，就不能和三军将士同甘共苦、忍饥挨饿；不勇敢的话，就不能决断疑难，作出重大的战略决策。"越王说："是。"

注释

1 申包胥：楚大夫王孙包胥。

2 血食：享受祭品。杀牲取血以祭。

3 春秋皮币、玉帛、子女以宾服焉：一年四时，用纳上各种贡品（皮币、玉帛、子女）的方式表示臣服。宾服，诸侯入贡朝见天子，引申为归顺臣服。《礼记·乐记》："暴民不作，诸侯宾服。"

越王勾践乃召五大夫[1]，曰："吴为不道，求残吾社稷宗庙，以为平原，

越王勾践便召集五位大夫，说："吴国所为不合天道，企图毁了我们的国家和宗庙，把它们夷为平地，不让我们的祖

不使血食。吾欲与之徼天之衷，唯是车马、兵甲、卒伍既具，无以行之。吾问于王孙包胥，既命孤矣；敢访诸大夫，问战奚以而可？勾践愿诸大夫言之，皆以情告，无阿孤，孤将以举大事[2]。”大夫舌庸乃进对曰：“审赏则可以战乎？”王曰：“圣。”大夫苦成进对曰：“审罚则可以战乎？”王曰：“猛。”大夫种进对曰：“审物则可以战乎？”王曰：“辩。”大夫蠡进对曰：“审备则可以战乎？”王曰：“巧。”大夫皋如进对曰：“审声则可以战乎？”王曰：“可矣。”王乃命有司大令于国曰：“苟任戎者，皆造于国门之外。”王乃命于国曰：“国人欲告者来告，告孤不审，将为戮不利，及五日必审之，过五日，道将不行。”

先享受祭祀。我想和他竞争，看谁能得到上天的赐福，兵车战马、武器装备、军队兵员都已齐备，只是还没有使用的机会。我向王孙包胥请教，他已经对我有过教命了；现在和各位大夫商量，请问怎样才能作战？我勾践希望各位都说说，都要说实话，不要曲意迎合我，我将依赖各位举办大事。”大夫舌庸上前回答说：“奖赏得当，可赖以战胜吗？”越王说：“那就是英明了。”大夫苦成上前回答说：“惩罚得当，可赖以战胜吗？”越王说：“那就是从严治军了。”大夫文种上前回答说：“军旗（设置）得当，可赖以战胜吗？”越王说：“那样，接受指挥就可以明确无误了。”大夫范蠡上前回答说：“守备得当，可赖以战胜吗？”越王说：“那是工巧。”大夫皋如上前回答说：“军乐声得当，可赖以战胜吗？”越王说：“可以了。”越王于是命令主管官员在全国范围内发布命令说：“负担了军事任务的，都到国都城门外集合。”越王于是在国都发布命令：“国都人民有想告发的都来告发，告到我这里如果不实在，将受处罚，得到不利的结果，五天之内必审慎地思考清楚，过了五天，（军队出发，）道路将走不通了。”

注释

1 五大夫：就是下面发言的五位大夫，舌庸、苦成、文种、范蠡、皋如。

2 大事：指灭亡吴国。

王乃入命夫人。王背屏而立，夫人向屏。王曰："自今日以后，内政无出，外政无入。内有辱，是子也；外有辱，是我也。吾见子于此止矣。"王遂出，夫人送王，不出屏，乃阖左阖，填之以土，去笄侧席而坐，不扫。[1]王背檐而立，大夫向檐。王命大夫曰："食土不均，地之不修，内有辱于国，是子也；军士不死，外有辱，是我也。自今日以后，内政无出，外政无入，吾见子于此止矣。"王遂出，大夫送王不出檐，乃阖左阖，填之以土，侧席而坐，不扫。

越王于是进宫命令夫人。越王背着屏风站，夫人向着屏风。越王说："从今天以后，宫内的政事不出宫，宫外的政事不进宫。宫内的事有差错，是你的责任；宫外的大政有差错，是我的责任。我见到你在这里为止。"越王就出宫，夫人送越王，不超过屏风，闭上左边侧门，用土填塞。拿下头上的发簪，在席位上侧身而坐，不修饰洒扫。越王背对屋檐站立，大夫面向屋檐。越王命令大夫说："出产食品的土地分配不均，荒地没有开垦出来，内有国耻，是你们的责任；将士不拼命作战，在国外蒙受耻辱，是我的责任。从今天以后，国内政事管内政的大臣处理，不拿到外面来讨论，军事也不转到内政方面去，我看到你们也在这里为止。"越王退出，大夫送越王不过屋檐，于是关上左边侧门，用土填塞，在席上侧身而坐，不再修饰洒扫。

注释

1 王遂出……不扫：这样做表示处在忧患之中。

王乃之坛列，鼓而行之，至于军，斩有罪者以徇[1]，曰："莫如此以环瑱通相问也。"明日徙舍，斩有罪者以徇，曰："莫如此不从其伍之令。"明日徙舍，斩有罪者以徇，曰："莫如此不用王命。"明日徙舍，至于御儿，斩有罪者以徇，曰："莫如此淫逸不可禁也。"

越王于是来到坛台，在鼓声中行进，到达军营，斩罪人示众，说："不要像这些人一样，用玉环、塞耳这类装饰品进行贿赂(扰乱军纪)！"第二天迁到新的驻地，斩罪人示众，说："不要像这些人，违抗军令。"又过一天进到新的驻地，斩罪人示众，说："不要像这些人，违抗王的命令。"又过一天迁移住处，到达御儿，斩罪人示众，说："不要像这些人，荒淫放荡，不可自制。"

注释

1 徇(xùn)：当众宣布，示众。

王乃命有司大徇于军，曰："有父母耆老而无昆弟者，以告。"王亲命之曰："我有大事，子有父母耆老，而子为我死，子之父母将转于沟壑，子为我礼已重矣。子归，殁而父母之世。后若有事，吾与子图之。"明日徇于军，曰："有兄弟四五人皆在此者，以告。"王亲命之曰："我有大事，子有昆弟四五人

越王于是命主管官员在全军巡回宣布说："有父母老迈而没有兄弟的，向上报告。"越王亲自对他们说："我有打仗的大事，您有年老的父母。您如果为我而死，您的父母死了，尸体将落到山谷坑沟之中，无人埋葬。您为我效劳，已是重礼了。您回家去，侍候您的父母，给他们送终。此后如果还有事，我再同您商量。"第二天向全军巡回宣布说："有兄弟四五人都在军队里服役的，向上报告。"越王亲自对他们说："我有打仗的大事，您有兄弟四五人都

皆在此，事有不捷，则是尽也。择子之所欲归者一人。”明日徇于军，曰：“有眩瞀之疾者，以告。”王亲命之曰：“我有大事，子有眩瞀之疾，其归若已。后若有事，吾与子图之。”明日徇于军，曰：“筋力不足以胜甲兵，志行不足以听命者归，莫告。”明日，迁军接和，斩有罪者以徇，曰：“莫如此志行不果。”于是人有致死之心。王乃命有司大徇于军，曰：“谓二三子归而不归，处而不处，进而不进，退而不退，左而不左，右而不右，身斩，妻子鬻。”

于是吴王起师，军于江北[1]，越王军于江南。越王乃中分其师以为左右军，以其私卒君子六千人为中军。明日将舟战于江，及昏，乃令左军衔枚溯江五里以须[2]，亦令右军衔枚

在这里。战争如果不利，那就全完了。从你们中间挑一个愿意回去的。”第二天向全军巡回宣布说：“有头昏目眩的病的，向上报告。”越王亲自对他们说：“我有打仗的大事，您有头昏目眩的病，将遣送你们回去。以后如果有事，再与你们商量。”第二天向全军巡回宣布说：“体力不足，不能完成战斗任务，智力不行，不能理解和接受命令的，你们回去好了，毋须报告。”第二天军队转移，迅速敏捷，上下同心；斩了罪人示众，说：“不要像这些人，三心二意，迟疑动摇。”这样一来，人人都有拼死的决心。越王命令主管官员向全军公开宣布说：“叫你们回去又不回，留下来又不安心，命令进却不进，命令退却不退，命令向左却不左，命令向右却不右，本人斩首，妻与子出卖(为奴隶)。”

与此同时，吴王发兵，驻扎在松江之北，越王的军队驻扎在江南。越王就把自己的军队分为左右两军，把自己有卓越表现的亲兵六千人作为中军。第二天将在江中用船接战，到黄昏时，(越王)命令左军衔枚逆江而上，到离驻地五里的地方等待，又命令右军衔

逾江五里以须。夜中,乃命左军、右军涉江鸣鼓中水以须。吴师闻之,大骇,曰:“越人分为二师,将以夹攻我师。”乃不待旦,亦中分其师,将以御越。越王乃令其中军衔枚潜涉,不鼓不嗓以袭攻之,吴师大北。越之左军、右军乃遂涉而从之,又大败之于没,又郊败之,三战三北,乃至于吴。越师遂入吴国,围王台。

枚过江,行进五里等待命令。半夜,命令左右军涉水而进,在江中擂鼓待命。吴军听了大惊,说:“越人分为两支,将夹攻我军。”不等天明,也把军队分成两半,将以此抵抗越军。越王就命令中军衔枚不声不响地渡河,不击鼓,不喧哗,偷袭吴军,吴军大败。越的左军右军立即渡到对岸追赶,在没地又把吴军打得大败,又在吴都郊区打败吴军,吴军三战三败,败退到吴国国都。越军就深入吴境,把吴王围困在姑苏台。

注释

1 江北:松江之北,松江现在叫吴淞江。

2 衔枚:口中衔一根类似于筷子的东西,以防说话发出声音。 须:等待。

吴王惧,使人行成[1],曰:“昔不穀先委制于越君[2],君告孤请成,男女服从。孤无奈越之先君何,畏天之不祥,不敢绝祀,许君成,以至于今。今孤不道,得罪于君王,君王以亲辱于弊邑。孤敢请成,男女服为臣御。”越王曰:“昔天以越赐吴,而吴不受;

吴王恐惧,派人求和说:“从前,我先把控制权交给越君您,您向我请求讲和,子女到吴国服役。我不能对越国的先君怎么样,怕上天降下不吉利,不敢断绝越国的祭祀,同意您讲和,直到现在。现在我不行道义,得罪您,您因而亲临敝国。我斗胆请和,子女到越国服役,做您的臣仆。”越王说:“从前天把越国赐给

今天以吴赐越，孤敢不听天之命，而听君之令乎？”乃不许成。因使人告于吴王曰：“天以吴赐越，孤不敢不受。以民生之不长，王其无死！民生于地上，寓也，其与几何？寡人其达王于甬句东[3]，夫妇三百，唯王所安，以没王年。”夫差辞曰：“天既降祸于吴国，不在前后，当孤之身，实失宗庙社稷。凡吴土地人民，越既有之矣，孤何以视于天下？”夫差将死，使人说于子胥曰：“使死者无知，则已矣；若其有知，吾何面目以见员也！”遂自杀。

越灭吴，上征上国，宋、郑、鲁、卫、陈、蔡执玉之君皆入朝。夫唯能下其群臣，以集其谋故也。

吴国，吴国不接受；现在把吴国赐给越国，我岂敢不听天命，却去听从您的命令？”于是不同意讲和。于是派人告诉吴王说：“天把吴国赐给越国，我不敢不接受。因为人生不长，您请不要死。人生在地上，是临时寄住，能有多久？我将把您送到甬句东，男女各三百人侍候，但愿您能在那里安度晚年。”夫差拒绝说：“天既降祸给吴国，不在前也不在后，恰恰在我身上，是我丧失了宗庙国家。吴国所有的土地人民，越国都全部占有了，我有什么理由在天下人面前现眼？”夫差将死，派人向子胥祝告说：“如果死者无知，就罢了；如果有知，我有何面目去见伍员啊！”于是自杀。

越灭亡吴，北上征伐中原各国。宋、郑、鲁、卫、陈、蔡的国君都捧着璧圭来朝见。那是因为越君他能对臣属自我卑下，集中他们的智慧的缘故。

注释

1 行成：参见“诸稽郢行成于吴”。

2 昔不穀先委制于越君：应该说吴君控制了越君。这里反说，表示谦逊。

3 甬句东：即甬句之东，现在的舟山群岛。甬，甬江，在今浙江东部。句，句章，在今浙江姚市东南。

卷二十　越语上

1.勾践雪耻

原文

越王勾践栖于会稽[1]之上，乃号令于三军曰："凡我父兄昆弟及国子姓，有能助寡人谋而退吴者，吾与之共知越国之政。"大夫种进对曰："臣闻之，贾人夏则资皮，冬则资絺，旱则资舟，水则资车，以待乏也。夫虽无四方之忧，然谋臣与爪牙之士，不可不养而择也。譬如蓑笠，时雨既至，必求之。今君王既栖于会稽之上，然后乃求谋臣，无乃后乎？"勾践曰："苟得闻子大夫之言，何后之有？"执其手而与之谋。

译文

越王勾践退居到会稽山上，于是向三军宣布号令说："凡我父老兄弟和国内同姓，有能帮助我谋划打退吴军的，我和他共同管理国家的政事。"大夫文种上前回答说："臣听说，商人夏天买进皮货，冬天买进葛布，干旱时买船，下雨天买车，用来在需要时卖出。即使没有四方边境的忧虑，不可不养谋臣与武士，以备到时候挑选任用。譬如蓑衣斗笠，雨季到时一定要找来用。现在君王已退到会稽山上，然后才求谋臣，恐怕迟了吧？"勾践说："如果能听到大夫您的话，有什么迟的？"握着他的手与他商讨退吴之策。

注释

1 会稽：山名，在今浙江省中部绍兴、嵊州、诸暨、东阳之间。

遂使之行成于吴，曰："寡君勾践乏无所使，使其下臣种，不敢彻声闻于天王，私于下执事曰：寡君之师徒不足以辱君矣，愿以金玉、子女赂君之辱，请勾践女女于王，大夫女女于大夫，士女女于士。越国之宝器毕从，寡君帅越国之众，以从君之师徒，唯君左右之！若以越国之罪为不可赦也，将焚宗庙，系妻孥，沉金玉于江，有带甲五千人，将以致死，乃必有偶。是以带甲万人事君也，无乃即伤君王之所爱乎？与其杀是人也，宁其得此国也，其孰利乎？"

夫差将欲听与之成，子胥谏曰："不可！夫吴之与越也，仇雠敌战之国也。三江[1]环之，民无所移，有吴则无越，有越则无吴，将不可改于是矣。员闻之，陆人居陆，水人居水。夫

就派他向吴求和，说："敝国国君勾践缺乏人才，没有人可以派遣，派遣他的贱臣文种，不敢向天王直接报告，只能私下里向下面的办事员说：敝国国君的部队不值得委屈您来讨伐了，愿意把金玉财宝、男女奴隶奉献给您，酬答您所受的委屈。请允许勾践的女儿做吴王的女奴，越国大夫的女儿做吴国大夫的女奴，越国士的女儿做吴国士的女奴。越国的宝器全部奉送，敝国国君率领越国人众，跟从在您的部队后面，听从您的命令。如果认为越国的罪不可赦，就将毁灭宗庙，把妻子儿女捆绑起来(一起去死)，把金玉宝器沉到江底，有披甲将士五千人拼死抵抗，一人顶俩，就是用披甲的斗士一万人对付您，莫不是会伤害王所爱的将士？与其杀了这些人，还不如得到这个国家，哪样更有利呢？"

夫差想同意与越国讲和，子胥进谏说："不可讲和！吴国和越国，是互相仇恨、拼死战斗的敌国。三条江水围绕它们，人民没有地方迁徙。有吴国就没有越国，有越国就没有吴国，这是不可改变的了。我听说：大陆人在大陆

上党之国,我攻而胜之,吾不能居其地,不能乘其车。夫越国,吾攻而胜之,吾能居其地,吾能乘其舟。此其利也,不可失也已,君必灭之。失此利也,虽悔之,必无及已。”

越人饰美女八人,纳之太宰嚭[2],曰:“子苟赦越国之罪,又有美于此者将进之。”太宰嚭谏曰:“嚭闻古之伐国者,服之而已。今已服矣,又何求焉?”夫差与之成而去之。

居住,水边人在水边居住。处于高处的中原各国,我们攻打并战胜它们,(但)不能在那里安居,不能乘它们的车。而越国不同,我们战胜它,我们能居住在它那里,我们能乘它的船。这就是利益所在,不可丢失啊,您一定灭亡它。失去这项利益,将来即使后悔也来不及了。”

越人把八个美女打扮得漂漂亮亮,进献给太宰嚭,说:“您如果赦免越国的罪,还有比这更漂亮的美女送给您。”太宰嚭向吴王进谏说:“我听说古人征伐他国,使它服从而已。现在已经归服了,还要求什么呢?”夫差和越讲和,离开了越国。

注释

1 三江:指吴淞江、钱塘江、浦阳江。
2 太宰嚭(pǐ):吴正卿,本籍楚,楚大夫伯州犁的儿子。

勾践说于国人曰:“寡人不知其力之不足也,而又与大国执仇,以暴露百姓之骨于中原,此则寡人之罪也。寡人请更。”于是葬死者,问伤者,养生者,

勾践向国内人民解释说:“我不知道我们力量不足,反而又和大国结仇,使百姓的尸骨暴露在原野之上,这是我的罪过。请允许我改正。”于是埋葬死者,问候伤员,养育活着的人,慰问有忧患的人,祝贺有喜事的人,送往迎来,除

吊有忧，贺有喜，送往者，迎来者，去民之所恶，补民之不足。然后卑事夫差，宦士三百人于吴，其身亲为夫差前马。

勾践之地，南至于句无，北至于御儿，东至于鄞，西至于姑蔑，[1] 广运百里。乃致其父母昆弟而誓之曰："寡人闻，古之贤君，四方之民归之，若水之归下也。今寡人不能，将帅二三子夫妇以蕃。"令壮者无取老妇，令老者无取壮妻。女子十七不嫁，其父母有罪；丈夫二十不娶，其父母有罪。将免[2]者以告，公令医守之。生丈夫，二壶酒，一犬；生女子，二壶酒，一豚。生三人，公与之母；生二人，公与之饩。当室者死，三年释其政；支子死，三月释其政。必哭泣葬埋之，如其子。令孤子、寡妇、疾疹、贫病者，纳宦

去人民所憎恶的，补充人民所缺乏的。然后卑躬屈膝地侍候夫差，派三百人到吴国当差，像宦官小使一样。勾践自身亲做吴王的马前卒。

勾践的地盘，南到句无，北到御儿，东到鄞，西到姑蔑，方圆一百里。于是召集他的父老兄弟，向他们发誓说："我听说，古代贤明的君主，四方的人民归附他，就像水往下流一样。现在我做不到，将带领你们夫妻，生儿育女，使人口众多。"命令壮年人不要娶老年妻子，老年人不要娶年轻妻子。女子十七岁不嫁人，她的父母有罪；男子二十岁不娶亲，他的父母有罪。将要产孩子的向上报告，公家派医生守护。生男孩，奖赏二壶酒、一只狗；生女孩，奖赏二壶酒、一头小猪。一胎生三个，公家给他们请乳母；一胎生两个，公家供应吃的。嫡子死了，免除他父亲三年劳役；庶子死了，免除他父亲三个月的劳役。勾践一定哭泣埋葬他们，像对待自己的儿子一样。独子、寡妇、疾病患者，又穷困又害病的人，命令将他们的儿子送到官府教养。那些有学识、通晓事理的人士，收拾好他们

其子。其达士，洁其居，美其服，饱其食，而摩厉之于义。四方之士来者，必庙礼之。勾践载稻与脂于舟以行，国之孺子之游者，无不餔也，无不歠也，[3]必问其名。非其身之所种则不食，非其夫人之所织则不衣，十年不收于国，民俱有三年之食。

的住所，给他们好衣服穿，叫他们吃饱，使他们接受道义的训练。从别国来的人士，一定在庙堂上以礼接见他们。勾践船里装着米饭和肉食巡行各地，国内还没有做官的贵族子弟，没有不请他们吃的，没有不请他们喝的，一定问他们的姓名。不是他自己种的粮食不吃，不是他夫人所织的布不穿。十年不向国内征收赋税，人民都有三年的粮食。

注释

1 句(gōu)无：山名，在今浙江诸暨市南。 鄞(yín)：地名，在今浙江宁波市奉化区东北。 姑蔑：地名，在今浙江衢州市东龙游镇。

2 免：通“娩”，生孩子。

3 餔(bū)：吃，给食物吃。 歠(chuò)：饮，给水饮。

国之父兄请曰：“昔者夫差耻吾君于诸侯之国，今越国亦节矣，请报之。”勾践辞曰：“昔者之战也，非二三子之罪也，寡人之罪也。如寡人者，安与知耻？请姑无庸战。”父兄又请曰：“越四封之内，亲吾君也，犹父母

国中的父老请求说：“从前夫差在诸侯面前羞辱我们的国君。现在越国也算克制够了，请报复他。”勾践推辞说：“以前的战争，不是你们的罪过，是我的罪过。像我这样的人，哪里知道羞耻不羞耻？请暂且不要作战。”父老又请求说：“越国四境之内，爱我们的国君，就像爱父母一样。

也。子而思报父母之仇，臣而思报君之仇，其有敢不尽力者乎？请复战。”勾践既许之，乃致其众而誓之曰：“寡人闻，古之贤君，不患其众之不足也，而患其志行之少耻也。今夫差衣水犀之甲者亿有三千，不患其志行之少耻也，而患其众之不足也。今寡人将助天灭之。吾不欲匹夫之勇也，欲其旅进旅退。进则思赏，退则思刑，如此则有常赏。进不用命，退则无耻，如此则有常刑。”果行，国人皆劝，父勉其子，兄勉其弟，妇勉其夫，曰：“孰是君也，而可无死乎？”是故败吴于囿，又败之于没，[1]又郊败之。

儿子想报父母的仇，臣子想报君主的仇，岂有不尽力的？请再次作战。”勾践已答应再战，于是召集他的民众发誓说：“我听说，古代的贤君，不怕他的人数不够多，而怕他们的志向操行寡廉鲜耻。现在夫差有穿着犀牛皮铠甲的勇士十万三千人，不怕他们的志向操行寡廉鲜耻，而唯恐他的人数不多。我现在将帮助昊天消灭他。我不需要个人逞能的那种勇敢，我需要大家同进同退。前进想到奖赏，后退想到刑罚，这样便会有必得的赏赐。前进不听命令，后退不知耻辱，这样便会有应得的惩罚。”到出征时，国内人民都互相鼓励，父亲勉励儿子，兄长勉励弟弟，妻子勉励丈夫，说：“有谁爱戴国君，却不为他效死呢？”因此，在囿打败吴军，又在没打败它，又在城郊打败它。

注释

1 囿：水名，又叫笠泽，在今江苏苏州市吴江区一带。一说即今太湖。没：古地名，在今江苏苏州市南。

夫差行成，曰："寡人之师徒，不足以辱君矣。请以金玉、子女赂君之辱。"勾践对曰："昔天以越予吴，而吴不受命；今天以吴予越，越可以无听天之命，而听君之令乎？吾请达王甬句东，吾与君为二君乎！"夫差对曰："寡人礼先壹饭矣，君若不忘周室，而为弊邑宸宇[1]，亦寡人之愿也。君若曰：'吾将残汝社稷，灭汝宗庙。'寡人请死，余何面目以视于天下乎？越君其次[2]也！"遂灭吴。

夫差请求讲和，说："我的军队，不值得委屈您再讨伐了。请允许用金玉财宝和以子女充当奴隶来赎使您蒙受耻辱的罪。"勾践回答说："从前天把越国赐给吴国，吴国不接受天命；现在天把吴国赐给越国，越国难道可以不接受天的命令而接受君的命令吗？请允许我把您送到甬江、句章以东去，我待您如同待越国的第二君王一样吧！"夫差回答说："按长幼之礼，我比您多吃了一些饭，岁数大些。您如果没有忘记周室，作为敝国的庇护者，也是我的愿望。您如果说：'我将毁掉你的江山，消灭你的宗庙。'请让我死，我有什么脸活着在天下人面前现眼呢？越君就请进驻吴都吧！"越国于是灭了吴国。

注释

1 宸宇(chén yǔ)：屋檐。比喻庇荫。

2 次：驻扎，进驻。

卷二十一 越语下

1.范蠡论持盈定倾节事

原文

越王勾践即位三年而欲伐吴。范蠡进谏曰："夫国家之事，有持盈，有定倾，有节事。"王曰："为三者，奈何？"对曰："持盈者与天，定倾者与人，节事者与地。王不问，蠡不敢言。天道盈而不溢，盛而不骄，劳而不矜其功。夫圣人随时以行，是谓守时。天时不作，弗为人客[1]；人事不起，弗为之始。今君王未盈而溢，未盛而骄，不劳而矜其功，天时不作而先为人客，人事不起而创为之始，此逆于天而不和于人。王若行之，将妨于国家，靡王躬身。"王弗听。

译文

越王勾践即位三年，想要进攻吴国。范蠡进谏说："国家的大事有三条：守成、转危为安、办事节制。"越王说："要做到这三条，应当如何做？"回答说："守成的效法天，转危为安的争取人，办事节制的效法地。王不问，我范蠡不敢说。天理是盈满却不溢出，昌盛却不骄恣，勤劳却不自夸有功。圣人根据时势行事，这叫守时。天时没有具备，不要做进攻的一方；人事条件不具备，不要首先发动。现在君王您还没有盈满就溢出来了，还没有昌盛便骄恣起来，没有勤劳却自夸有功，天时没有具备就先做进攻的一方，人事条件不具备就挑起事端，这是违逆天意，失去人和。王如果实行这些，将妨害国家，有损于王自身。"越王不听。

注释

1 客:发起侵略战争的一方。《康熙字典》:"外寇亦曰客。"《易经·系辞》:"重门击柝以御暴客。"

范蠡进谏曰:"夫勇者,逆德也;兵者,凶器也;争者,事之末也。阴谋逆德,好用凶器,始于人者,人之所卒也;淫佚之事,上帝之禁也,先行此者,不利。"王曰:"无是贰言[1]也,吾已断之矣!"果兴师而伐吴,战于五湖,不胜,栖于会稽。

范蠡进谏说:"勇,是与礼让相反的品性;兵,是杀害人的凶器;争,是处理政事的下策。策划用兵、勇于争夺、好用凶器,首先害人的,最终将被人所害;放荡不检,是上帝所禁止的,首先这么做,不吉利。"越王说:"不要这样说反对的话了,我已经做了决定了。"终于兴兵进攻吴国,在太湖地区作战,没有夺得胜利,屯驻到会稽山上。

注释

1 贰言:不一样的言论,异议。

王召范蠡而问焉,曰:"吾不用子之言,以至于此,为之奈何?"范蠡对曰:"君王其忘之乎?持盈者与天,定倾者与人,节事者与地。"王曰:"与人奈何?"对曰:"卑辞尊礼,玩好女乐,尊之以名。如此不已,又身与之

越王叫范蠡来问道:"我不听您的话,落到现在这步田地,怎么办呢?"范蠡回答说:"君王您难道忘记了吗?守成的效法天,转危为安的争取人,办事节制的效法地。"越王说:"怎么争取人?"回答说:"说谦卑的话,行尊崇的礼,奉送金玉宝玩、美女伎乐,尊称吴王为天王。这样还不行,又亲身为他服役。"越王说:"好。"就派大夫文种到吴

市。”王曰：“诺。”乃命大夫种行成于吴，曰：“请士女女于士，大夫女女于大夫，随之以国家之重器。”吴人不许。大夫种来而复往，曰：“请委管籥，属国家，以身随之，君王制之。”吴人许诺。王曰：“蠡为我守于国。”对曰：“四封之内，百姓之事，蠡不如种也。四封之外，敌国之制，立断之事，种亦不如蠡也。”王曰：“诺。”令大夫种守于国，与范蠡入宦于吴。

三年，而吴人遣之归。及至于国，王问于范蠡曰：“节事奈何？”对曰：“节事者与地。唯地能包万物以为一，其事不失。生万物，容畜禽兽，然后受其名而兼其利。美恶皆成，以养其生。时不至，不可强生；事不究，不可强成。自若以处，以度

国求和，说：“请让越国士的女儿做吴国士的女奴，越国大夫的女儿做吴国大夫的女奴，接着奉上越国的宝器。”吴人不同意。大夫文种回来又再去，说：“请允许越国把城门钥匙交给吴国，越国属吴国所有，越君本人也受吴王的支配，请君王钧裁！”吴人这才同意。越王说：“范蠡为我看守国家。”范蠡回答说：“处理四境之内百姓的事务，我不如文种。四境之外，应付敌国，处理当机立断的事，文种也不如我范蠡。”越王说：“好。”命令大夫文种看守国家，越王自己和范蠡到吴国为臣仆。

三年以后，吴人打发越王等人走。越王回国，问范蠡说：“办事节制，怎么节制？”回答说：“办事节制的效法地。只有地才能包容万物，使万物成为一体，它的事体万无一失。大地生长万物，养育禽兽，然后享有功名利益。好的差的都生长出来，用来养活生物。时节没有到，不可以勉强它生长万物；事情没有到瓜熟蒂落的地步，不可以勉强它把事办成。处之自然，用来作为天下的法则，等待事情的到来才按规律去办，根据恰当的时势去把事办成。男耕女织，

天下，待其来者而正之，因时之所宜而定之。同男女之功，除民之害，以避天殃。田野开辟，府仓实，民众殷。无旷其众，以为乱梯。时将有反，事将有间，必有以知天地之恒制，乃可以有天下之成利。事无间，时无反，则抚民保教以须之。”[1]

王曰：“不穀之国家，蠡之国家也，蠡其图之！”对曰：“四封之内，百姓之事，时节三乐，不乱民功，不逆天时，五谷睦熟，民乃蕃滋，君臣上下交得其志，蠡不如种也。四封之外，敌国之制，立断之事，因阴阳之恒，顺天地之常，柔而不屈，强而不刚，德虐之行，因以为常；死生因天地之刑，天因人，圣人因天；人自生之，天地形之，圣人因而成之。是故战胜而不报，取地而

同时并举，消除人民的灾害，避开上天降下的祸殃。田地开垦，仓库充实，人民富足。不要让民众有空闲的日子，有了空闲，就将成为祸乱的阶梯。时机将会再来，人事方面必将有隙可乘，一定要有了解天地常规的认识能力，才可以享有天下有利的成果。如果人事方面无隙可乘，时机没有再来，那就安抚民众，教育他们，以等待时机。”

越王说：“我的国家，也是范蠡你的国家，范蠡你考虑怎样治理好国家！”回答说：“四境之内百姓的事情，春夏秋三时安居乐业，不打乱人民耕作常规，不违天时，粮食作物生长得好，成熟丰收，人民因而繁衍增殖，君臣上下都称心如意，（要做到这些，）我不如文种。四境之外，应付敌国，处理当机立断的大事，按照阴阳的规律，遵循天地的常法，柔和但不屈服，坚强而不刚硬，仁德与刑杀兼行，从而立法作为常规；刑、杀根据天地所显示的迹象，天根据人的善恶给予祸福，圣人根据天所显示的迹象行事；祸福由人自己招致，天地显现吉凶的兆头，圣人因而让吉凶成为现实。所以战胜了敌国无法报复，夺取到土地

不反，兵胜于外，福生于内，用力甚少，而名声章明，种亦不如蠡也。”王曰：“诺。”令大夫种为之。

不再归还，国外打了胜仗，国内获得福利，用力很少，功名却很大，(要做到这些，)文种也不如我。”越王说：“好。”叫大夫文种治理国家。

注释

1 须：等待。《诗经·邶风·匏有苦叶》：“人涉卬否，卬须我友。”这个意义后来也写作“盨”。

2.范蠡谓无蚤图吴

原文

四年，王召范蠡而问焉，曰：“先人[1]就世，不穀即位。吾年既少，未有恒常，出则禽荒，入则酒荒。吾百姓之不图，唯舟与车。上天降祸于越，委制于吴。吴人之那[2]不穀，亦又甚焉。吾欲与子谋之，其可乎？”

译文

过了四年，越王叫范蠡来询问，说：“先人逝世，我即位为王。我年纪轻轻，没有个定准，出宫就打猎无度，进宫就饮酒无度。不为百姓打算，只知道乘船乘车游玩。上天降祸给越国，把对越国的控制权拱手送给了吴国。吴人对待我，又变本加厉了。我想同你谋划进击吴国，可以吗？”

注释

1 先人：指勾践的父亲允常。

2 那(nuó)：介词，对于。

对曰："未可也。蠡闻之，上帝不考[1]，时反是守，强索者不祥。得时不成，反受其殃。失德灭名，流走死亡。有夺，有予，有不予，王无蚤图。夫吴，君王之吴也，王若蚤图之，其事又将未可知也。"王曰："诺。"

回答说："不可以。我听说，上帝如不成全，要等待时机再来，强求的不吉利。已得到时机却不乘机取得成功，反会遭受灾殃。（不守天时将）丧失德行，败坏名声，流落他乡，以至死亡。（天对人）有夺取，有赐予，有不赐予，王不要过早策划。吴国（迟早）是君王您的吴国，王如果过早打主意，那事情成功与否仍在未知之数。"越王说："好。"

注释

1 考：成，成就，成全。

3.范蠡谓人事天应

原文

又一年，王召范蠡而问焉，曰："吾与子谋吴，子曰'未可也'。今吴王淫于乐而忘其百姓，乱民功，逆天时；信谗喜优，憎辅远弼，圣人不出，忠臣解骨；皆曲相御，莫适相非，上下相偷。其可乎？"

译文

又过了一年，越王叫范蠡来询问，说："我和您谋划攻打吴国，您说还不可以攻打。现在吴王沉溺于声色，忘掉百姓，扰乱人民的耕作常规，违背天时；相信谗言，喜爱戏子，憎恨辅相，疏远谏官，贤能智慧的人不出来做事，忠臣不再尽力；大家都曲意逢迎，没有谁提出批评，上下苟且偷安。可以攻打吴国了吗？"

对曰："人事至矣，天应未也。王姑待之！"王曰："诺。"

回答说："人事方面有隙可乘了，但天还没有作出反应，王请暂且等待！"越王说："好。"

4.范蠡谓先征事不成

原文

又一年，王召范蠡而问焉，曰："吾与子谋吴，子曰'未可也'。今申胥骤谏其王，王怒而杀之，其可乎？"对曰："逆节萌生。天地未形，而先为之征，其事是以不成，杂受其刑。王姑待之。"王曰："诺。"

译文

又过了一年，越王叫范蠡来询问，说："我和您谋划攻打吴国，您说还不可以攻打。现在伍子胥多次谏劝吴王，吴王发怒，把他杀了，将可以攻打了吗？"回答说："违背常道的气质已经开始萌发了。(但)天地还没有显出迹象，如果现在就先行征伐，事情办不成功，大家都将受到祸害。王请暂且等待！"越王说："好。"

5.范蠡谓人事与天地相参

原文

又一年，王召范蠡而问焉，曰："吾与子谋吴，子

译文

又过了一年，越王叫范蠡来询问，说："我和您谋划攻打吴国，您说还不可

曰‘未可也’。今其稻蟹不遗种,其可乎?”对曰:“天应至矣,人事未尽也,王姑待之。”王怒曰:“道固然乎,妄其欺不穀邪?吾与子言人事,子应我以天时;今天应至矣,子应我以人事。何也?”范蠡对曰:“王姑勿怪。夫人事必将与天地相参,然后乃可以成功。今其祸新民恐,其君臣上下,皆知其资财之不足以支长久也,彼将同其力,致其死,犹尚殆。王其且驰骋弋猎,无至禽荒;宫中之乐,无至酒荒;肆与大夫觞饮,无忘国常。彼其上将薄其德,民将尽其力,又使之望而不得食,乃可以致天地之殛。王姑待之。”

以攻打。现在吴国螃蟹吃稻吃得连种子都没有了,将可以攻打了吧?”回答说:“上天显现出迹象了,但人事方面还没到尽头,王请暂且等待一下。”越王发怒说:“道理本来如此呢,还是妄言欺骗我呢?我与您说人事,您回答我天时未到;现在上天已有迹象了,您又用人事没到尽头来回答我。到底是怎么回事?”范蠡回答说:“王请暂且不要见怪。人事要与天互相配合,然后才可以成功。现在他们天灾刚到,人民恐惧,他们君臣上下,都知道他们的财力不足以长久支持,他们将同心协力,不怕牺牲,(现在攻吴)还很危险。王请暂且驰驱射猎,但不至于打猎无度;在宫中享乐,但不至于饮酒无度;放肆与大夫们喝酒,但不要忘记国家的常法。(吴国)他们上面就将减损德行,耗尽人民的财力,招致怨恨,人民得不到吃的,这才可以把天地的惩罚加到吴国。王请暂且等待!”

6.范蠡论战

原文

至于玄月[1],王召范蠡而问焉,曰:“谚有之曰:‘觥饭不及壶飧[2]。’今岁晚矣,子将奈何?”对曰:“微君王之言,臣故将谒之。臣闻从时者,犹救火、追亡人也。蹶而趋之,唯恐弗及。”王曰:“诺。”遂兴师伐吴,至于五湖。

译文

到了九月,越王叫范蠡来询问,说:“谚语有这样的话:‘丰盛的肴馔赶不上一顿便餐。’现在时间拖得很长了,您打算怎么办?”回答说:“没有君王的问话,臣本想谒见君王了。臣听说抓紧时机,就像救火、追捕逃犯一样,急走快跑,唯恐赶不上。”越王说:“好。”就发兵攻伐吴国,军队进到太湖。

注释

1 玄月:指鲁哀公十六年九月,哀公十六年是公元前 479 年。

2 觥(gōng)饭不及壶飧(sūn):丰盛的肴馔赶不上一顿便餐。觥,用兽角做的酒器。飧,晚饭,亦泛指熟食,饭食。

吴人闻之,出而挑战,一日五反。王弗忍,欲许之。范蠡进谏曰:“夫谋之廊庙,失之中原,其可乎?王姑勿许也。臣闻之,得时无怠,时不再来,天予不取,反

吴人听到这一消息,出阵挑战,一天之内挑战五次。越王忍耐不住,想应战。范蠡进谏说:“在朝廷上谋划,到战场上不用,难道可以吗?王请暂且不要应战。臣听说,得到时机不要怠慢,时机不会再来,上天赐予而不接受,反会因此受祸。进退变化不定,将来后悔莫及。天

为之灾。赢缩转化，后将悔之。天节固然，唯谋不迁。”王曰：“诺。”弗许。

范蠡曰：“臣闻古之善用兵者，赢缩以为常，四时以为纪，无过天极，究数而止。天道皇皇，日月以为常，明者以为法，微者则是行。阳至而阴，阴至而阳；日困而还，月盈而匡。古之善用兵者，因天地之常，与之俱行。后则用阴，先则用阳；[1]近则用柔，远则用刚。[2]后无阴蔽，先无阳察，[3]用人无艺，往从其所。刚强以御，阳节不尽，不死其野。彼来从我，固守勿与。若将与之，必因天地之灾，又观其民之饥饱劳逸以参之。尽其阳节，盈吾阴节而夺之。宜为人客，刚强而力疾；阳节不尽，

的禀性本来如此，既然谋划好了就不可改变。”越王说：“好。”于是不同意接战。

范蠡说：“臣听说古人善于用兵的，把进退变化当作常规，随着四时变迁而实施用兵之道，不超过天道的标准，穷尽天数便不再作为。天道彰明，用日月来显示它的意象，于光明时进取，幽暗时就隐遁。阳到极点就转化成阴，阴到了极点就转化为阳；日（到西方）落下又（从东方）升起，月圆了又变缺。古代善于用兵的，根据天地间（阴阳变化、日月运行这一类）的常规，跟着一起行动。在敌人行动之后才行动用阴道，先发制人就用阳道；敌人接近使用柔道，敌人远距离就要刚强。后行动的不要太隐蔽，先行动的不要太显露，行军用人没有定准，到战场上才看得明白。敌军刚猛顽强，阳气未衰，不要（去硬拼）死在战场上。他来找我军作战，固守阵地不战。如果将要作战，一定要乘敌人遭受灾祸的时机，还要看敌国民众饥饱劳逸的情况，把几个因素综合起来考虑。耗尽敌军的阳气，我军阴气充满，然后才可进攻夺取。作为能进攻的一方，应当刚猛，强而有力；阳气不衰，轻捷迅疾，不可战胜。作为能守

轻而不可取。宜为人主,安徐而重固;阴节不尽,柔而不可迫。凡陈之道,设右以为牝,益左以为牡,蚤晏无失,必顺天道,周旋无究。今其来也,刚强而力疾,王姑待之。”王曰:“诺。”弗与战。

御的一方,应该安稳沉着,厚重坚固;阴气不衰,柔韧顽强,不会处于困境。大凡用兵布阵的方法,安排右军作为阴(以作守备),安排左军作为阳(用作进攻),早晚都没有疏失,一定顺应天道,运转无穷。现在吴军的到来,其势刚猛,强而有力,王请暂且等待。”越王说:“好。”于是不与吴军交战。

注释

1 阴,指具有安稳、厚重、坚固、密闭这样一些属性的方法。阳,指具有轻捷、有力、刚猛、严厉这样一些属性的方法。这里讨论军事,使用了阴阳的概念,如暗是阴,明是阳;后动是阴,先动是阳;防守是阴,进攻是阳;牝是阴,牡是阳;隐蔽是阴,显露是阳。

2 柔:柔顺的方法,示敌以弱。 刚:这里指大张声威,盛气凌人。

3 后无阴蔽,先无阳察:后行动是阴,隐蔽也是阴;先行动是阳,显露也是阳。这里是说阴阳都不可过分。

7.范蠡谏勾践勿许吴成

原文

居军三年,吴师自溃。吴王帅其贤良,与其重禄,以上姑苏。使王孙

译文

在军营中过了三年,吴军自行崩溃。吴王率领他的亲信和大臣,退到姑苏台上。派王孙雒到越军求和,说:“以

雒行成于越，曰："昔者上天降祸于吴，得罪于会稽[1]。今君王其图不穀，不穀请复会稽之和。"

王弗忍，欲许之。范蠡进谏曰："臣闻之，圣人之功，时为之庸。得时不成，天有还形。天节不远，五年复反。小凶则近，大凶则远。先人有言曰：'伐柯者其则不远[2]。'今君王不断，其忘会稽之事乎？"王曰："诺。"不许。

使者往而复来，辞愈卑，礼愈尊，王又欲许之。范蠡谏曰："孰使我蚤朝而晏罢者，非吴乎？与我争三江、五湖[3]之利者，非吴耶？夫十年谋之，一朝而弃之，其可乎？王姑勿许，其事将易冀已。"王曰："吾欲勿许，而难对其使者，子其对之！"

前上天降祸给吴国，在会稽山得罪了君王。现在君王将报复我，我请求恢复会稽山那样的和议。"

越王不忍心，想答应讲和。范蠡进谏说："臣听说，圣人建功，要利用时机。有了时机仍不夺取胜利，上天将有相反的惩罚。天的气数不远，五年会再来一次。像失败这样的小祸很快就会发生，死亡这样的大祸就稍远一些。古人有话说：'拿斧砍木头做斧把，斧把的式样、尺寸就在眼前。'现在君王不做决断，难道忘记了在会稽蒙受的耻辱了吗？"越王说："好。"不同意讲和。

吴国的使者去了又再来，言辞更加谦卑，礼节更加尊崇，越王又想同意讲和。范蠡劝谏说："谁使我们早上朝晚退朝的，难道不是吴国吗？和我们争夺三江五湖的利益的，难道不是吴国吗？谋划了十年，一下子就抛弃前功，难道可以吗？王请暂且不同意，那事情很快就有希望了。"越王说："我想不同意，但难于回答使者的恳求，由您去对答吧！"

注释

1 参见上卷第一篇。事在公元前494年。

2 伐柯者其则不远：源自《诗经·豳风·伐柯》："伐柯伐柯，其则不远。"则，法则。

3 五湖：太湖。

范蠡乃左提鼓、右援枹，以应使者，曰："昔者上天降祸于越，委制于吴，而吴不受。今将反此义以报此祸，吾王敢无听天之命，而听君王之命乎？"王孙雒曰："子范子，先人有言曰：'无助天为虐，助天为虐者不祥。'今吴稻蟹不遗种，子将助天为虐，不忌其不祥乎？"范蠡曰："王孙子，昔吾先君，固周室之不成子也。故滨于东海之陂，鼋鼍鱼鳖之与处，而蛙黾之与同渚。余虽靦[1]然而人面哉，吾犹禽兽也，又安知是谖谖[2]者乎？"王孙雒曰："子范子将助天为虐，助天为虐不祥。雒请反辞于王。"范蠡

范蠡于是左手提鼓、右手拿鼓槌来对付使者，说："从前上天降祸给越国，使越国受吴国的控制，吴国不接受。现在反过来了，降祸给吴国，使吴国受越国控制，我们的君王岂敢不听天命而听命于吴王吗？"王孙雒说："尊敬的范先生，古人有话说：'不要帮助上天作恶，帮助上天作恶的不吉利。'现在吴国稻蟹成灾，连稻种都没剩下，您将帮助上天作恶，不怕这样做不吉利吗？"范蠡说："王孙先生，从前我越国的先君，在周王室那里，本是子爵的国都不够格的。所以住到东海边上，和鼋鼍鱼鳖相处，同蛙一起栖息在水边。我们虽然具备人的面目，但还是像禽兽一样，又哪里知道这些美好的言辞呢？"王孙雒说："尊敬的范先生将帮助上天作恶，帮助上天作恶的不吉利。我请转向

曰："君王已委制于执事之人矣。子往矣，无使执事之人得罪于子。"

使者辞反。范蠡不报于王，击鼓兴师以随使者，至于姑苏之宫，不伤越民，遂灭吴。

越王报告。"范蠡说："君王已经把事情交给办事人员处理了。您去吧，不要让办事人员得罪您。"

吴使辞归。范蠡不向越王报告，击鼓发兵跟随在使者后面，直到姑苏台前，越军无一伤亡，就把吴国灭掉了。

注释

1 靦(tiǎn)：人的面貌。

2 诚诚(jiàn jiàn)：巧辩之言，谗言。

8.范蠡辞越王

原文

反至五湖，范蠡辞于王曰："君王勉之！臣不复入越国矣。"王曰："不穀疑子之所谓者何也？"对曰："臣闻之，为人臣者，君忧臣劳，君辱臣死。昔者君王辱于会稽，臣所以不死者，为此事也。今事已济矣，蠡请从会稽之罚。"王

译文

大军回到太湖地区，范蠡向越王告辞，说："君王请勉力行事吧！臣不再回到越国去了。"越王说："我不明白您所说的是什么？"回答说："臣听说，做臣子的，君王忧患，臣子劳苦，君王受辱，臣子该死。以前君王在会稽蒙受耻辱，臣所以不死，是为了复仇这件事。现在事已成功，臣范蠡请接受在会稽时应得的惩罚。"越王说："有

曰："所不掩子之恶，扬子之美者，使其身无终没于越国。子听吾言，与子分国。不听吾言，身死，妻子为戮。"范蠡对曰："臣闻命矣。君行制，臣行意。"遂乘轻舟以浮于五湖，莫知其所终极。

王命工以良金写[1]范蠡之状而朝礼之，浃日[2]而令大夫朝之，环会稽三百里者以为范蠡地，曰："后世子孙，有敢侵蠡之地者，使无终没于越国，皇天后土、四乡地主正之[3]！"

不掩盖您的过失，不表彰您的美名的，就让他在越国不得好死。您听我的话，和您共享越国的利益。不听我的话，处死刑，老婆孩子治罪。"范蠡回答说："臣知道君王的用意了。君王行使他的权力，臣子按自己的意思行事。"于是乘小船在太湖上泛游，没有人知道他的最后结果。

越王命工匠用铜铸成范蠡的像，对它朝见行礼，每十天命令大臣们朝拜一次，围绕会稽山划出三百里地方作为范蠡子孙的封地，说："后世子孙有敢侵犯范蠡的土地的，让他在越国不得善终。天神地祇、四方土地的长官都保证范蠡的封疆不受侵犯！"

注释

1 写：写真，画像。

2 浃(jiā)日：古代以干支纪日，自甲至癸十日一周为浃日。

3 皇天后土、四乡地主正之：天神地祇、四方神主来征讨，正其封疆。

译后小记

《国语》是分国记载春秋战国时期历史人物某些可以传世的语言的书。记言也得记事，记载当时的人在某种历史条件下、某种历史事件的具体环境中所说的那些话。所以也是史书。它所记载的历史从公元前990年到公元前453年，前后538年。据《汉书·艺文志》记载，《左传》和《国语》都是左丘明所作。早于班固的司马迁也说过："左丘失明，厥有《国语》。"（《报任少卿书》）在没有更确凿的证据拿出来之前，我们只好相信左丘明是《国语》的作者了。他在著《左传》前后或同时，利用所搜集的材料编一部历史人物的"嘉言善语"集，是完全可能的。至于史实与《左传》或有不同，那只是传闻异辞的缘故，左丘明只是尽编辑整理的责任罢了。

《国语》最早的也是最重要的注本是三国时吴韦昭的《国语解》。依靠它，我们对《国语》才有比较全面的了解。清人研究《国语》，多有成绩。比较重要的著作有洪亮吉的《〈国语〉韦昭注疏》，董增龄的《〈国语〉正义》，汪远孙的《〈国语〉发正》等。后两种是我们翻译时较多用到的参考书。还有王引之的《经义述闻》，其中《国语》171条，所论精到。我们的翻译多处采用了他的说法。在我们译本书约到三分之二的时候，见到了吉林文史出版社出版的《国语译注》（薛安勤、王连生注译），译文流畅可读，有其可取之处。

《国语》最早的版本是宋明道本和公序本。《四部备要》用明道本，《四部丛刊》用公序本。1978年上海古籍出版社据明道本、参照公序本出版了一种标点本《国语》，是现在较易见到的、对读者提供了方便的本子。1988年岳麓书社出版了《国语》《战国策》合装本。合装本参用《四部备要》本、《四部丛刊》本和上海古籍社的标点本，进行校勘整理，形成了一个简化字本子。我们现在这个译本就是以岳麓书社的合装本为底本的。但在标点和分段方面，也未全受它的约束，间有改动。标点和分段本有可此可彼的情形，拘泥未必是可取的。好在合装本是我校勘的，这个本子也是我翻译的，这里不会产生任何纠葛。如果要说哪一种是我现在的意见，当然是以最近的为准。

当初刘皓宇同志约我翻译《国语》，我立即满口应承。那时我在做行政工作，心想别把业务忘光了，业余做点轻松的翻译，何乐而不为？后来证明我把问题看简单了些，翻译并不是一件轻而易举的事。翻译的前提是要把原文“吃透”，了解它的内容，以至风格韵味。我和《国语》打交道的时间较长，不久前还标点过它，似乎已经读懂了。但要真的翻译，才发现某些地方并未全懂。特别是讲礼仪、政制、卜筮、天文、音乐的那些篇章，有时不得不把译事暂时搁置，去就某个问题进行钻研，然后再来翻译，以致迁延时日，超过预定计划一年，才拿出一个可供编辑处理的稿子来。在翻译的时候，还有另外一些实际困难。例如古人的用语找不到对应得恰到好处的词语来表达，搜索枯肠，查遍词典，还是没有结果。古人说话与今人不同，有其特定习惯，如果照译，简直不知道在说什么。古人的名物典制早已不存，白话完全无法译出，照搬又非我们现在所能了解。几经踌躇，决定采用一些现在仍然不很满意的办法。一是在译文中加上一些原文中没有的话，但用括弧括起来，以使语言连贯，语意显豁。二是在译文后作一些注释，是译文的注释，不是原文的注释，有些是注时间、人物、地点的；有些是注典章制度、名词术语的；有些是注译文中的话究竟是什么意思、对译文作补充说明的；有些是注校勘意见、译文之所本的。注释一多，就把篇幅给拉长了。但这是出于不得已，如果不这样，译文还是难以通读。

辛辛苦苦做下来，虽然不尽满意，但总算有了一个成果，勉强拿出来了。虽然和别的译本相比，也许间或有不及之处，但是也还有它自己的特点。到底如何，敬请读者批评。

这部稿子的全部抄写工作，都是由我妻邹文芳承担的。她还帮我译了好几卷稿子。不管是她执笔还是我执笔，碰到疑难往往互相切磋讨论，求得一个比较满意的解决。不仅这个译本，还有我别的著述，我妻也给予了类似的支持。请求编辑同志允许我在这里记她一笔，不要把这句话删掉了。

李维琦

图书在版编目(CIP)数据

国语/李维琦,张幼军导读、注译.—长沙:岳麓书社,2024.8
(古典名著全本全注全译)
ISBN 978-7-5538-1889-4

Ⅰ.①国…　Ⅱ.①李…②张…　Ⅲ.①《国语》—注释②《国语》—译文
Ⅳ.①K225.04

中国国家版本馆 CIP 数据核字(2023)第 115557 号

GUOYU

国语

导读注译:李维琦　张幼军
出 版 人:崔　灿
责任编辑:周家琛
责任校对:舒　舍
封面设计:罗志义

岳麓书社出版发行
地址:湖南省长沙市爱民路 47 号
直销电话:0731-88804152　0731-88885616
邮编:410006

版次:2024 年 8 月第 1 版
印次:2024 年 8 月第 1 次印刷
开本:890mm×1240mm　1/32
印张:17.5
字数:440 千字
ISBN 978-7-5538-1889-4
定价:58.00 元

承印:湖南省众鑫印务有限公司
如有印装质量问题,请与本社印务部联系
电话:0731-88884129